Bruce Goldberg

Über die Grenzen der Zeit

Gedankenreisen in andere Leben

Aus dem Amerikanischen von
Tatjana Kruse

BASTEI-LÜBBE-TASCHENBUCH
Band 60378

Dieses Buch ist all meinen Patienten und Patientinnen
gewidmet (aus Vergangenheit, Gegenwart und Zukunft),
ohne die dieses Buch nicht möglich gewesen wäre.

Deutsche Erstveröffentlichung
© 1982 by Dr. Bruce Goldberg
Originaltitel: PAST LIVES, FUTURE LIVES
© für die deutsche Ausgabe 1994
by Gustav Lübbe Verlag GmbH, Bergisch Gladbach
Printed in Germany, Oktober 1994
Einbandgestaltung: Jutta Schneider, Frankfurt/Main
Titelillustration: Siggi Gwosdz, Frankfurt/Main
Satz: Bosbach & Siebel Print Media Concept, Lindlar
Druck und Bindung: Clausen & Bosse, Leck
ISBN 3-404-60378-8

INHALTSANGABE

EINFÜHRUNG

Mit meinem Buch *Über die Grenzen der Zeit* möchte ich den Leserinnen und Lesern die Vorstellung von Reinkarnation und Karma nahebringen. Ich versuche zu erklären, warum wir hier sind und wie wir uns alle weiterentwickeln können. Es liegt nicht in meiner Absicht, irgend jemanden zum Glauben an die Parapsychologie zu bekehren oder auf irgendeine Art und Weise mit Ihren individuellen religiösen oder spirituellen Überzeugungen in Konkurrenz zu treten.

Wenn Sie jedoch mit den überlieferten Vorstellungen von Geburt und Tod unzufrieden sind, dann kann dieses Buch bestimmt Ihr Leben verändern. Diejenigen unter Ihnen, die sich gefragt haben, wie es ist zu sterben und welche Wahlmöglichkeiten man nach dem Tod hat – wenn überhaupt – werden Ihre Fragen hier beantwortet finden.

In diesem Buch beschreibe ich tatsächliche Fallgeschichten von Inkarnationsregressionen (Rückführung in ein früheres Leben) und Zukunftsprogressionen (angeleitete Reise in ein zukünftiges Leben) und erkläre so die Gesetze des Karma. Jeder unterliegt dem karmischen Kreislauf, und je besser wir diesen Kreislauf verstehen, desto leichter wird unser Leben sein. Das ist der wahre Grund, warum ich dieses Buch geschrieben haben – ich möchte, daß die Menschen verstehen, warum sie das tun, was sie tun, und ich möchte den Menschen zeigen, wie sie die ständige Wiederholung ein- und desselben Fehlers verhindern können. Wenn dieses Buch auch nur einem einzigen Leser hilft, seinen karmischen Kreislauf zu verbessern, dann waren die Zeit und die Energie, die ich für meine Forschungen und meine Arbeit aufgewendet habe, gerechtfertigt.

Jedes Mal, wenn ich durch Hypnose einen Patienten bzw. eine Patientin in ein früheres Leben zurückführe oder in eine zukünftige Inkarnation leite, vergrößert sich mein Verständnis des menschlichen Geistes und des menschlichen Verhaltens ungleich mehr, als dies durch irgendeine andere Quelle möglich wäre. Darüber hinaus machen die Mechanismen des karmischen Kreislaufs umso mehr Sinn, je besser ich darin bin, meine Patienten und Patientinnen anzuleiten.

Dieses Buch wurde nicht geschrieben, um die Vorstellung der Reinkarnation zu beweisen oder zu widerlegen. Trotz all der hier aufgeführten Fälle gibt es immer noch Menschen, die an der Stichhaltigkeit der Reinkarnation zweifeln. Das ist ihr gutes Recht. Ich will jedoch die Öffentlichkeit über die Wirksamkeit hypnotischer Regression und Progression aufklären. Auch nachdem die *American Medical Association* 1958 die Hypnose formal anerkannt hat, gibt es relativ wenig Ärzte, die diese Technik ausüben. Falsche Informationen über Hypnose müssen durch ein exaktes Wissen dieser wirkungsvollen therapeutischen Disziplin ersetzt werden. Die Gesetze von Angebot und Nachfrage werden daraufhin die Zahl der Hypnotherapeuten erhöhen.

Meine eigene Erfahrung in der therapeutischen Anwendung der Hypnose hat meinen persönlichen Glauben an die Reinkarnation geboren und gefestigt. Ich wurde nicht so sehr von östlichen Religionen, Gurus oder Okkultisten beeinflußt, als vielmehr durch die Erfolge, die ich erzielte, als ich anderen Menschen Hilfe zur Selbsthilfe gab. Die Reinkarnation und die Gesetze des Karma erklären völlig logisch die Resultate, die ich bei der Hypnotherapie erzielt habe.

Wenn beispielsweise die Höhenangst eines Patienten auf die Tatsache zurückgeführt werden kann, daß er in einem früheren Leben von einer Klippe fiel, und wenn das erneute Durchleben dieser Szene ihn dauerhaft von seiner Angst befreit, wer bin ich dann, daß ich die Gültigkeit dieses Vorgangs in Frage stelle? In diesem Zusammenhang kommt es nur auf die Beseitigung des Problems an.

Wenn wir versuchen, den Sinn unseres Lebens auf diesem Planeten zu erklären, reichen die herkömmlichen Theorien meiner Meinung nach nicht aus. Karma ist für mich die logische Folgerung, und ich hoffe, dies auch Ihnen nahezubringen.

Bitte beachten Sie: Einige unwesentliche Einzelheiten der Fallgeschichten wurden verändert, um die Privatsphäre meiner Patienten und Patientinnen zu schützen. Alle Namen, mit Ausnahme der Kapitel über die Regressionen und Progressionen von Harry Martin und Ken Manelis, wurden geändert. Ansonsten entspricht alles, was auf diesen Seiten steht, der Wahrheit.

KAPITEL 1

DIE FRÜHEREN INKARNATIONEN EINES TV-TALKSHOW-MODERATORS

An einem kalten, bewölkten Mittwoch nachmittag im März 1980 machte sich Harry Martin auf seine Reise in die Vergangenheit.

Von dem Moment an, in dem Harry mein Büro betrat, gab er mir zu verstehen, daß er der Hypnose sehr skeptisch gegenüberstände und daß er noch skeptischer hinsichtlich der Rückführung in frühere Leben wäre. Dennoch wußte ich, daß dieser 28jährige TV-Talkshow-Moderator ein hochintelligenter Mann mit großer Konzentrationsfähigkeit war – das machte ihn, zumindest potentiell, zu einem hervorragenden Hypnosekandidaten. (Die Skepsis hinsichtlich der Regression hat nur wenig mit der eigenen Fähigkeit zur Rückführung zu tun. Die Beeinflußbarkeit des Patienten sowie die Beziehung zwischen Arzt und Patienten bestimmt Erfolg oder Mißerfolg in der Regressionstherapie.)

Nachdem ich Harry erklärt hatte, was Hypnose ist – oder vielmehr, was Hypnose *nicht* ist –, leitete ich einen hypnotischen Trancezustand ein und wies Harry an, sich beim Aufwachen an alles zu erinnern. Ich wendete die einfache Altersregression an, um Harry in ein Alter von fünf Jahren zurückzuversetzen. Er beschrieb eine Szene, in der er einen Kreis auf einen Pappkarton gemalt hatte und vorgab, dies sei ein Fernsehbildschirm. Er versuchte, seine sechsjährige Spielgefährtin, für ihn eine »ältere Frau«, mit seinen Kommunikationsfähigkeiten zu beeindrucken.

Schon in diesem frühen Alter zeigte Harry Interesse an einer Fernsehkarriere. Die Einzelheiten dieser Szene, so wie Harry sich an sie erinnerte, waren äußerst lebhaft. Er beschrieb die Kleidung, die er trug, die Farbe des Buntstiftes, den er benutzte, um den Bildschirm zu zeichnen und das Wetter an jenem Tag.

Es war eine sehr gelungene Sitzung. Hinterher hatte sich Harrys Skepsis hinsichtlich der Hypnose weitgehend aufgelöst – jedoch nicht hinsichtlich der Inkarnationsregression. (Später erzählte mir Harry bei meiner zweiten Einladung zu der Show »Hello Baltimore«, daß er nur an diesem Projekt teilgenommen habe, weil ich einen so ausgezeichneten Ruf als Zahnarzt und als Mensch hatte.)

Zwei Wochen später wurde die zweite Sitzung abgehalten. Es war ein herrlicher Nachmittag im Frühling, und wir führten eine zweite einfache Altersregression durch. Diesmal wurde Harry in das Alter von zwei Jahren zurückgeführt. Er sah und beschrieb einige äußerst detaillierte Szenen im Haus seiner Großmutter. Nach der Regression drückte er seine Zweifel in bezug auf einige seiner Angaben aus. Zum einen stimmte die Farbe der Tapete im Schlafzimmer nicht mit der Farbe überein, an die er sich wachbewußt erinnerte. Zum anderen unterschied sich die Türglocke von jener, an die er sich jetzt erinnerte.

Ich schlug vor, er solle die Richtigkeit der Informationen mit seiner Großmutter überprüfen. Ich gab ihm auch eine »Konditionierungs«-Kassette für die Inkarnationsregression. Auf diesem Band war eine verbale Hypnoseeinleitung aufgezeichnet sowie Suggestionen für das Unterbewußtsein, seine Erinnerungsdatenbanken nach jenen Informationen abzusuchen, die es gern erforschen würde. Das Unterbewußtsein verfügt über eine perfekte Erinnerungsdatenbank. Da dieses gewaltige Lagerhaus nur dann angezapft werden kann, wenn das Wachbewußtsein angemessen entspannt und somit aus dem Weg geräumt ist (siehe Kapitel 2), erleichtert der Einsatz einer »Konditionierungs«-Aufzeichnung dem Patienten den Zugang zu diesen Informationen. Ich bat Harry, die Kassette anfangs im völligen Wachzustand abzuspielen, um sicherzustellen, daß er nicht in ein rein imaginäres früheres Leben geführt wird. Im völligen Wachzustand ist sowohl das normal funktionierende Wachbewußtsein tätig als auch das Unterbewußtsein. Im hypnotischen Zustand ist ausschließlich das Unterbewußtsein tätig (siehe Kapitel 2). Die Kassette enthält keinerlei Weisungssuggestionen, und wenn Patienten es in Trance hören, fühlen sie sich zuversichtlich in bezug auf die Eindrücke, die sie erhalten.

Vor der nächsten Sitzung rief Harry aufgeregt an und erzählte mir von mehreren positiven Ereignissen. Erstens hatte er meine Kassette im Wachzustand abgespielt und war mit der Wirkung zufrieden. Zweitens hatte er die Kassette eines Nachts abgespielt und dabei eine weitere Altersregression erlebt. Drittens hatte er die Einzelheiten der Szenen im Haus seiner Großmutter überprüft. Die Türglocke und die Tapete waren tatsächlich so gewesen, wie er es in der Regression sah, nicht so, wie er es wachbewußt in Erinnerung hatte. (Das zeigt, wie unheimlich genau die Erinnerungsdatenbank unseres Unterbewußtseins arbeitet.)

In der ersten Aprilwoche suchte Harry mein Büro erneut auf und erlebte seine erste Rückführung in ein früheres Leben. Wir unterhielten uns kurz über seine Fortschritte mit meiner »Konditionierungs«-Kassette, dann begaben wir uns zur Regression in meinen Hypnoseraum. Harry schien ganz ruhig, deutete jedoch sein Erstaunen darüber an, daß er nicht im geringsten nervös war. Mein Hypnoseraum besteht aus einem Sessel für den Patienten, einem Schreibtisch und einem Stuhl für mich. Dort befindet sich auch eine Drehscheibe, auf die sich der Patient während der Einleitung des hypnotischen Trancezustandes konzentriert. Die Temperatur in diesem Raum liegt etwas über dem Durchschnitt; auch dies erleichtert die Einleitung der Trance.

Ich leitete den Trancezustand ein und fragte Harry, was er sah. (Leider wurden diese einleitenden Sitzungen nicht auf Band aufgezeichnet, aber ich kann mich gut an Einzelheiten dieser Regressionen erinnern.) Er beschrieb ein Schiff, konnte aber zuerst keine Details erkennen. In der Szene, die er beschrieb, lief ein Schiff in einen Hafen auf einer Insel ein. Sobald er das Problem, sich in dieser Szene zu orientieren, gelöst hatte, konnten viele Informationen hinsichtlich der Situation und ihrer Randbedingungen erlangt werden.

Der Name des Schiffes lautete *The Dove,* und es handelte sich um ein Frachtschiff aus dem 18. Jahrhundert. Harrys Name war Michael Bartholomew. 1740 wurde Michael auf diese Insel gebracht, um eine Reederei zu übernehmen. Das Lagerhaus, in dem die Fracht gelagert wurde, befand sich im Besitz von Michaels Onkel, aber beim Tode des Onkels ging es auf Michael über.

Harry beschrieb viele Szenen, in denen Michael schwer daran arbeitete, daß im Lager alles gut lief. Die Fracht mußte be- und entladen werden, und das war harte, körperliche Arbeit. Michael mußte auch alles überwachen. (Es ist äußerst interessant, daß Harry in seinem gegenwärtigen Leben ein extrem hart arbeitender Mensch ist, und nicht nur als einer der Gastgeber seiner Talkshow fungiert, sondern auch intensiv an der technischen Seite seiner Sendung mitarbeitet. Sein karmisches Muster blieb bestehen.)

Als er aus der Trance erwachte, machte Harry noch eine Beobachtung. In dem Augenblick, als ich ihm eine Frage stellen wollte (»Was geschieht jetzt?«), gab er mir bereits die Antwort (»Ich gehe ans andere Ende der Insel, um einige der Arbeiter zu kontrollieren.«). Für mich ist das eindeutig ein Beispiel von Telepathie. Diese Erfahrung ist ganz alltäglich, und sie erfordert keinen tiefen Trancezustand. Alles in allem war er mit seiner Regression sehr zufrieden, und ich war es auch. Es schien der Beweis eines früheren Lebens, das Harry vor annähernd 250 Jahren geführt hatte. Dennoch war mir nicht klar, wieviel seiner Skepsis bezüglich der Regression in frühere Leben sich nun aufgelöst hatte. Ich war jedoch davon überzeugt, daß wir einen Forschritt erzielt hatten.

Als Harry an diesem Tag mein Büro verließ, war er regelrecht begeistert. Wir hatten für den folgenden Montag einen weiteren Inkarnationstermin vereinbart. Als er zur nächsten Sitzung mein Büro betrat, wirkte er etwas müde, aber er freute sich dennoch auf die Rückführung.

Die zweite Inkarnationsregression verlief sogar noch besser als die erste. Harry gelangte in einen noch tieferen Trancezustand, und zugleich hatte er sich auch an die Erfahrung gewöhnt. Jedoch überraschte ihn das, was er sah – oder vielmehr nicht sah – zutiefst. Sie wissen, daß ich diese Sitzungen nicht aufgezeichnet habe, also kann ich nur Fragmente des tatsächlichen Dialogs wiedergeben.

Dr. Goldberg: Was sehen Sie?
Harry: Ich – ich sehe nichts.
Dr. Goldberg: Lassen Sie sich einen Augenblick Zeit. Materialisieren Sie die Situation in aller Ruhe.
Harry: O mein Gott. Ich kann nichts sehen, weil ich blind bin.

Das verdeutlicht ein wichtiges Prinzip der Regressionstherapie. Trotz seiner Blindheit in jenem Leben, war Harry sich dieser Tatsache sofort bewußt, und er konnte dennoch seine Umgebung wahrnehmen. Mit anderen Worten, wenn Sie in einem früheren Leben nicht sehen oder hören konnten, können Sie im hypnotischen Trancezustand dennoch Ihre Umgebung wahrnehmen.

14

Anscheinend war Harrys Name in jenem Leben Hap, und er kam 1847 auf einer Farm in Utah blind zur Welt. Im Alter von vier Jahren wurde er in eine kleine Stadt im Westen gebracht, wo er das Klavierspiel erlernte. Schließlich verdiente er seinen Lebensunterhalt, indem er in den Bars oder Hotels, in denen er lebte, Klavier spielte. Obwohl er blind war – eine Situation, die den meisten Menschen als wenig wünschenswert erscheint –, genoß er sein Leben. Harry beschrieb eine Szene, in der Hap einen Spaziergang in den Wäldern vor der Stadt machte und sich verlief. Er benötigte etwa drei Stunden, um mit Hilfe seiner hochentwickelten Sinne den Weg zurück in die Stadt zu finden.

In diesem früheren Leben sticht Haps Kreativität heraus. Auch in seinem gegenwärtigen Leben ist Harry äußerst kreativ. Er spielt zwar nicht Klavier, aber er trommelt. Harry schreibt auch an einem Roman. Daher zeigt sich auch in seinem karmischen Muster der Kreativität – wie schon bei der harten Arbeit – eine gewisse Beständigkeit.

Gegen Ende seines Lebens bekam Hap Arthritis in beiden Händen und konnte nicht länger Klavier spielen. Er beschrieb Szenen, in denen er in die Bar hinunter ging und dem neuen Klavierspieler zuhörte. Anstatt sich bitter oder niedergeschlagen zu fühlen, war Haps Einstellung extrem positiv und heiter.

Auch das stimmt mit der gegenwärtigen konstruktiven Einstellung von Harry und seiner allgemeinen Freundlichkeit überein (offensichtlich wesentliche Eigenschaften für einen Talkshow-Moderator – die Fähigkeit, seinen Gästen das Gefühl zu geben, sie seien willkommen, sie zu entspannen und ständig Interesse und Anerkennung auszustrahlen).

Harry schien sehr erfreut über die Ergebnisse seiner Rückführung und sagte, er könne ganz eindeutig einen

Bezug zu Emotionen herstellen, die er als Hap gefühlt hatte.

Zwei Wochen später sah ich Harry zu einer weiteren Rückführung wieder. Dies war seine dritte und letzte Inkarnationsregression, und Sie werden gleich sehen, daß es die bedeutendste Sitzung war.

Es war der 28. April, und es war ein Montag. Im Verlauf des Tages hatte mich der Telefonanruf einer meiner Patientinnen erreicht. Sie erzählte mir, daß ein Großteil der Informationen, die wir in ihrer letzten Altersregression erlangt hatten, von Familienmitgliedern bestätigt worden war. Das hört man natürlich immer gern.

Harry kam pünktlich an. Ich erläuterte ihm einige der karmischen Prinzipien, die er in seinen vergangenen zwei Inkarnationsregressionen verdeutlicht hatte, und leitete dann einen sehr tiefen Trancezustand ein.

Harry beschrieb sein Leben als englischer Funker der Royal Air Force (RAF) während des Zweiten Weltkriegs. Er wurde 1907 geboren. Das Flugzeug, in dem er flog, war ein Bomber. Er verbrachte viel Zeit damit, das Flugzeug zu beschreiben. (Harry hat in der Gegenwart kein Interesse an Flugzeugen.) Im Laufe der Szene wurde offensichtlich, daß dieses Flugzeug in jenem Leben eine wichtige Rolle spielen sollte. Seine RAF-Erfahrung während des Zweiten Weltkriegs konzentrierte sich hauptsächlich auf Nordafrika. Das letzte Jahr, das er mir gegenüber erwähnte, war 1945, also führte ich ihn fünf Jahre weiter:

Dr. Goldberg: Wo befinden Sie sich jetzt?
Harry: Ich liege auf einer Art Tisch, und wenn ich aufblicke, sehe ich eine riesige Kuppel. Das Licht ist so hell, daß man kaum etwas ausmachen kann.
Dr. Goldberg: Welche Farbe hat dieses Licht?
Harry: Weiß.

Dr. Goldberg: Sind Sie allein?
Harry: Nein. Ich kann niemanden sehen, aber ich kann hören, wie die Leute über mich sprechen.
Dr. Goldberg: Was sagen sie?
Harry: Sie bewerten mein Leben, mein Leben als Funker. Ich muß gestorben sein.

Daraufhin bat ich ihn, zum letzten Tag seines Lebens als Funker zurückzukehren.

Dr. Goldberg: Was sehen Sie?
Harry: Ich befinde mich auf einem Floß. Das Flugzeug – ist abgestürzt.
Dr. Goldberg: Ist noch jemand auf diesem Floß?
Harry: Nein, ich bin allein.
Dr. Goldberg: Welches Jahr schreiben wir?
Harry: 1949

Harry berichtete, daß er mehrere Tage auf diesem Floß verbrachte. Seine Wasser- und Lebensmittelvorräte waren zu Ende, und er lag im Sterben. Er beschrieb seine Haltung auf dem Floß als »ausgestreckt«, seine Arme und Beine hingen über den Rand des Floßes. Er sah sich selbst langsam sterben, aber das beunruhigte ihn nicht. (Diese Reaktion ist weit verbreitet, da dem Patienten klar ist, daß er an dieser Situation nichts ändern kann.) Harry beschrieb daraufhin in der Gegenwart ein sehr trockenes Gefühl in Mund und Hals. Ich brachte ihn zu dem Punkt, kurz nachdem er gestorben war und fragte ihn weiter aus.

Dr. Goldberg: Was fühlen Sie jetzt?
Harry: Ich fühle mich merkwürdig. Ich fühle mich, als ob ich schweben würde, als ob ich keinen Körper mehr habe.

17

Dr. Goldberg: Welches Gefühl haben Sie in Hals und Mund?

Harry: Ich bin nicht mehr durstig. Es ist einfach ganz friedlich hier.

Auch diese Beschreibung wird häufig gegeben. Alle körperlichen Unannehmlichkeiten sind verschwunden, sobald der Patient in diesem vergangenen Leben gestorben ist.

An dieser Regression fällt Harrys Beschreibung des Zustands zwischen den Inkarnationen auf. Die Kuppel, von der Harry mir erzählte, ähnelt den Berichten, die ich von anderen Patienten erhalten habe. Ich habe niemals in anderen Büchern etwas darüber gelesen oder in Berichten von Regressionen in frühere Leben davon gehört. Außerdem war Harry zugegebenermaßen sehr skeptisch in bezug auf das Thema Reinkarnation und hatte keine Bücher darüber gelesen. (Er hatte noch nicht einmal von Bridey Murphy[1] gehört.) Dies war für mich die Bestätigung der Authentizität der Regression.

Ein weiterer interessanter Punkt an dieser Regression ist die Tatsache, daß Harry – laut seiner eigenen Worte – 1949 starb. In diesem Leben wurde er am 14. Juni 1951 geboren. Dazwischen lagen zwei Jahre. Eine ziemlich kurze Zeitspanne.

Zum Abschluß der Trance fragte ich ihn, was er seiner Ansicht nach in seinem letzten Leben erreicht habe. Er

---

[1] Berühmter Fall von angeblicher Reinkarnation. Der amerikanische Geschäftsmann Morey Bernstein hypnotisierte einmal eine Frau namens Ruth Simmons, die sich anscheinend an ein früheres Leben als »Bridey Murphy« in Irland zurückerinnern konnte. Frau Simmons behauptete unter Hypnose, sie wäre 1798 in Cork geboren und 1864 verstorben, um dann 1923 in den USA wiedergeboren zu werden. »Bridey« sprach mit irischem Akzent und kannte seltene Wörter und Ortsnamen aus ihrem früheren Leben. Obwohl viele ihrer Daten später verifiziert wurden, ist und bleibt der Fall Murphy voller Widersprüche, und kritische Stimmen behaupten, die Erinnerungen und Eindrücke von Frau Simmons stammen einzig und allein aus ihrem Unterbewußtsein und aus Büchern, die sie als Kind gelesen hätte.

sagte, er habe nicht genug erreicht; er fühlte sich schlecht, weil er zu wenig Spuren in der Welt hinterlassen hatte. Als RAF-Funker hatte er niemals geheiratet und keine richtige Familie besessen. Heute ist Harry verheiratet und befindet sich auf dem besten Wege, der Welt seinen Stempel aufzudrücken. Sein gegenwärtiges Leben scheint der Höhepunkt einer ganzen Zahl früherer Inkarnationen zu sein.

Im Anschluß an die Sitzung diskutierten Harry und ich diese besondere Regression in allen Einzelheiten. Er beschrieb das seltsame Gefühl, das er sowohl in der Kuppel als auch kurz nach seinem Tod gehabt hatte. Immer noch ragte das Flugzeug als der bedeutendste Aspekt jenes Lebens heraus.

Das war das Ende seiner Inkarnationsregressionen, aber ich wollte, daß Harry noch ein einziges Mal wiederkam, um ihm zu zeigen, wie tief er in sein Unterbewußtsein gelangen konnte, auch ohne in ein früheres Leben zurückgeführt zu werden. Sein Termin war zehn Tage später.

Während dieser Woche besuchte ich die Bibliothek und suchte Bücher mit Photographien von Flugzeugen verschiedener Länder aus dem Zweiten Weltkrieg heraus. Bei seinem nächsten Besuch zeigte ich Harry diese Bücher. Er identifzierte sofort das Flugzeug, das er während der hypnotischen Regression gesehen hatte. Es handelte sich tatsächlich um einen englischen Bomber aus dem Zweiten Weltkrieg.

In dieser letzten Sitzung versetzte ich Harry in einen tiefen hypnotischen Trancezustand. Ich vermittelte ihm eine Reihe von Entspannungssuggestionen, aber diesmal sagte ich nicht, daß er sich beim Aufwachen an alles erinnern solle, wie ich das in all den vorhergehenden Sitzungen getan hatte. Ich sagte aber auch nicht, daß er alles vergessen solle.

Als er aus der Trance erwachte, sagte er, er fühle sich absolut großartig. Er könne sich jedoch an nichts erinnern, was ich zu ihm während der Trance gesagt hatte. Er hatte das Gefühl, über eine Stunde in Trance gewesen zu sein. In Wirklichkeit waren es nur ungefähr zwanzig Minuten. Diese Zeitverzerrung ist während der Trancezustände nichts Ungewöhnliches, insbesondere auf tieferen Trance-ebenen.

Dann sprachen wir über meinen Auftritt in seiner Fernsehshow, bei dem ich die Öffentlichkeit über die klinischen Vorzüge der Hypnose unterrichten sollte. Wir vereinbarten ein weiteres Treffen, um über die Einzelheiten zu sprechen. Daraufhin verließ Harry mein Büro.

Auf seinem Heimweg geschah eine ganz interessante Sache. Er hielt an einer roten Ampel, sah auf und erblickte ein Flugzeug aus dem Zweiten Weltkrieg, das demjenigen, das er in seiner Inkarnationsregression gesehen hatte, überaus ähnlich war. Er hatte das Flugzeug nach bestem Wissen und Gewissen noch nie zuvor gesehen, weder in Baltimore, noch an einem anderen Ort. Es schien, als ob dieses Flugzeug ihn verfolgte, denn einige Tage später sah er diesen Flugzeugtyp wieder und zwar bei einer Recherche in Delaware.

Als Harry mich anrief und mir diese Ereignisse schilderte, folgerte ich einfach, daß dieses bestimmte frühere Leben für sein karmisches Wachstum wichtig war und die Wiederkehr des Flugzeugs eine Erinnerung an die Lektionen darstellte, die er bereits gelernt hatte und an die Lektionen, die er noch lernen mußte.

Es gibt ein altes Sprichwort: »Wenn der Schüler bereit ist, wird auch der Lehrer da sein.« Bis er mich getroffen hatte, war Harry überaus skeptisch in bezug auf Parapsychologie und Inkarnationsregressionen. Er war noch nicht bereit. Nach seiner persönlichen Rückführungserfahrung lernte Harry schnell, wie exakt und signifikant eine solche Inkarnationsregression sein kann. Der Schüler war bereit, und der Lehrer war da.

Meine Erfahrung mit Harry war das Ergebnis meines Wunsches, mit den falschen Vorstellungen der Öffentlichkeit hinsichtlich der Hypnose aufzuräumen. Leider haben die Hollywoodfilme der letzten Jahre die Hypnose auf eine sehr negative und ungenaue Art und Weise dargestellt. Zeitungen und Zeitschriften leisteten schon glaubhaftere Arbeit, aber aufgrund der starken Anziehungskraft und des massiven Einflusses des Fernsehens auf die amerikanische Öffentlichkeit wollte ich dieses Medium einsetzen, um die Hypnose und ihren Einsatz bei Inkarnationsregressionen offen zu diskutieren.

Die größte Schwierigkeit, der ich mich gegenübersah, war es, das Interesse eines Fernsehsenders an einer Sendung über Hypnose und Regression zu wecken und diese Erfahrungen auch auf ethische und wahrheitsgetreue Weise darzustellen. Ich entschied mich, das NBC-Büro[2] in Baltimore anzurufen und meine Idee vorzustellen. Ich sprach mit der zuständigen Redakteurin der Nachrichtenabteilung und erzählte ihr, ich sei ein örtlicher Zahnarzt, der eine eigene Hypnotherapiepraxis unterhielt. Ich erwähnte auch meine Bemühungen um die Regressionstherapie sowie meine Ausbildung durch die *American Society of Clinical Hypnosis*[3]. Sie schien von meiner Geschichte beeindruckt. Sie bat mich, im Studio vorbeizuschauen und meine Pläne mit ihr zu diskutieren.

An einem eiskalten Freitag nachmittag Anfang Dezember 1979 kam ich bei WBAL an und sprach mit der Sendeleiterin, Beverly Marable. Sie war sehr herzlich, aber sie zweifelte an meiner Aussage, was ich alles mit Hypnose tun könne. Ich verstand ihre Haltung und schlug vor, mit einem Angestellten des Studios eine Inkarnationsregressi-

---

[2] Seit dem 31. August 1981 arbeitet WBAL-TV nicht mehr mit NBC, sondern mit CBS zusammen.

[3] Amerikanische Gesellschaft für Klinische Hypnose

on durchzuführen, um ihr aus erster Hand meine Glaubwürdigkeit zu beweisen. Beverly war damit einverstanden und meldete sich freiwillig als Versuchsperson. Ich war hocherfreut. Wenn sie sich einer Inkarnationsregression unterzog, konnte von Schwindel oder geheimer Absprache keine Rede sein.

Bei unserem ersten Termin führte ich Beverly mittels Altersregression in ein Alter von fünf Jahren zurück. Sie beschrieb in allen Einzelheiten eine Zugfahrt nach San Francisco. Nach Abschluß der Trance wunderte sie sich darüber, daß sie sich an all diese Einzelheiten erinnern konnte, Einzelheiten, an die sie im Wachbewußtsein keine Erinnerung mehr hatte. Wir vereinbarten einen zweiten Termin. Sie verließ mein Büro erfrischt und leicht erstaunt über das, was sie gerade erlebt hatte.

Ms. Marable kam zu ihrer zweiten Sitzung in mein Büro. Ihre Skepsis war verschwunden. Sie war eine recht gute Hypnosepatientin, obwohl die Informationen, die wir während ihrer Inkarnationsregression erlangten, vage blieben. Trotzdem war sie von den Ergebnissen beeindruckt.

Sie beschrieb eine Szene in einer Schule aus dem frühen 19. Jahrhundert mit nur einem Klassenzimmer. Sie war eine überzeugte Stadtbewohnerin und hatte keine persönliche Erfahrung mit ländlichen Gegenden, daher war ihr klar, daß sie sich eine solche Szene nicht einbilden konnte und auch nicht wollte. Sie verließ mein Büro leicht verwirrt, sagte mir aber, der Produzent von »Hello Baltimore« würde mich anrufen und für einen der Moderatoren einen Termin vereinbaren. Mit ihm sollte ich einige Regressionen durchführen, damit er von seinen Erfahrungen vor der Kamera berichten könne. Etwas Besseres hätte mir nicht passieren können. Das würde jeden Gedanken an einen Schwindel beseitigen und mir einen Interviewer bescheren, der öffentlich bezeugen konnte, daß das, was er mit mir während der Hypnose erlebt hatte, der Wahrheit entsprach.

22

Harry Martins Fallgeschichte, mit der dieses Kapitel beginnt, erhärtete meine Glaubwürdigkeit bei den Produzenten als praktizierender Hypnotherapeut, der sich auf Inkarnationsregressionen spezialisiert hat.

Wir waren nun soweit, die Show am Montag, den 19. Mai 1980, live zu senden. Ich war nicht nervös (einer der vielen Vorteile der Selbsthypnose), aber mein Auftritt wühlte mich sehr auf.

Ich kam rechtzeitig um elf Uhr mittags im Studio an, um Edie House, die zweite Moderatorin der Show, kennenzulernen. Edie ist eine sehr attraktive, junge Frau, tadellos gekleidet, mit einem entspannten Auftreten und einem sehr gewinnenden Wesen. Wir hatten vor der Show nicht viel Zeit für ein Gespräch, aber ich wußte, daß Harry sie über meine Arbeit und seine Erfahrungen unterrichtet hatte.

Die Show lief gut. Meine Gastgeber und ich diskutierten über Hypnose und Regressionen, und ich beantwortete die Fragen von Zuschauern, die während der Sendung im Studio anriefen.

Das Feedback auf die Show war unglaublich. Hunderte von Anrufen gingen im Studio ein, und zu meiner Überraschung waren alle Anrufe positiv. Die einzige Beschwerde, die das Studio erhielt, war die, daß die Sendung mit mir nicht lange genug war. Die Zuschauer forderten, daß das Interview mit mir wiederholt werden sollte.

Zwei Tage später erhielt ich einen Anruf vom Talkshow-Moderator eines Radiosenders aus Washington, der mit mir in einigen Wochen über Hypnose und Regressionen sprechen wollte. Ich fühlte mich wie eine lokale Berühmtheit.

Am 28. Juli trat ich zum zweiten Mal bei »Hello Baltimore« auf. Als ich an diesem furchtbar feuchtheißen Sommertag im Studio ankam, nahm ich in Harry und Edie eine Veränderung wahr. Wir fühlten uns alle entspannter und spontaner.

Während der Show stellte ich einige der grundlegenden Konzepte der Reinkarnation vor und zeigte, wie man sie in der Hypnotherapie einsetze, um die Ursachen bestimmter Gewohnheiten, insbesondere Phobien, auszuräumen. Harrys Skepsis in bezug auf die Reinkarnation trat wieder zutage.

Harry: Obwohl ich das selbst mitgemacht habe, bin ich diesbezüglich immer noch etwas skeptisch. Wie kann ich wissen, ob das, was ich in der Rückführung erlebe, nicht etwas ist, was ich in diesem Leben schon einmal erlebt habe, was ich in einem Buch gelesen oder im Kino oder Fernsehen gesehen habe?

Dr. Goldberg: Zwischen der Regression und einer Phantasievorstellung bzw. der eigenen Imagination wie man sie beim Tagträumen erlebt, gibt es zwei Unterschiede. Zum einen, und Sie können sich hier sicher an die Inkarnationen erinnern, durch die wir Sie geführt haben, Harry, spüren Sie die Szenen. Sie sagen nicht einfach, Sie seien in einem Western oder in einem Flugzeug; Sie fühlen tatsächlich die dazugehörigen Emotionen. Wenn Sie glücklich sind, fühlen Sie sich glücklich, und wenn Sie traurig sind, fühlen Sie sich traurig. In einem Tagtraum sehen Sie sich beispielsweise an einem Strand, Sie stellen sich diese Szene vor, aber Sie schwitzen nicht und fühlen sich auch nicht durstig. Bei der Regression spüren Sie die Szene. Der zweite Unterschied ist die Fähigkeit, Gedanken zu lesen. Harry, Sie haben die Fähigkeit der Telepathie selbst an den Tag gelegt. Sie waren in der Lage, noch

Harry: Richtig. Das kann ich bestätigen.
Dr. Goldberg: Diese Form der Telepathie kann man sich
                 nicht einbilden.

Wir kennen den genauen Mechanismus der Telepathie
nicht. Manchmal taucht sie in hypnotischen Trancezustän-
den auf, besonders in den Trancezuständen während der
Inkarnationsregressionen. Trotzdem wissen wir, daß der
Trancezustand das Auftreten verschiedener psychischer
Phänomene erleichtert. Eine davon ist die Telepathie.

Ich behaupte nicht, aus Harry einen gläubigen Anhänger gemacht zu haben, das lag auch keineswegs in meiner
Absicht. Mein Ziel war einfach, den Unterschied zwischen
einer Phantasievorstellung und einer Inkarnationsregression aufzuzeigen. (Die Praxis der Regression hat in letzter
Zeit derart an Respekt gewonnen, daß sie bisweilen sogar
vor Gericht als Beweis anerkannt wird und man sie in vielen Polizeirevieren einsetzt, um dem Erinnerungsvermögen
von Zeugen auf die Sprünge zu helfen.)

Im Laufe dieses Sommers trat Sallee Rigler, ein Medium aus Aberdeen, US-Bundesstaat Maryland, bei »Hello
Baltimore« auf. Ich hatte die Gelegenheit, mir die Show
anzusehen, und war von ihr beeindruckt. Sallee moderiert
eine wöchentliche Radioshow in Washington. Nur zwei
Tage später erhielt ich einen Anruf von Sallees Produzenten bei WRC. Man wollte, daß ich in Sallees Show auftrat,
um über Inkarnationsregressionen zu sprechen. Ich spürte,
daß diese ganze Aufmerksamkeit einen Neubeginn für
mich und meine Arbeit darstellte.

KAPITEL 2

WAS IST HYPNOSE?

Hypnose interessiert beinahe jeden. Die Faszination der Hypnose liegt in dem Versprechen, wie durch Magie eine Welt der verborgenen Schätze und der Selbstentwicklung zu öffnen. Und fast jeder empfindet hin und wieder das Bedürfnis bzw. das Verlangen, sich selbst zu verbessern. Hypnose klingt nach einer leichten Antwort. Schließlich haben Hypnotiseure die Macht, Menschen Dinge tun zu lassen (wie z.B. eine Fremdsprache zu lernen) oder sie zu veranlassen, mit bestimmten Dingen aufzuhören (wie z.B. das Rauchen aufzugeben oder nicht mehr so viel zu essen). Nicht wahr?

In Wirklichkeit haben Hypnotiseure keine Macht und hatten sie auch nie. Sie besitzen nur eine bestimmte Fertigkeit. Dennoch ist diese falsche Auffassung verständlich. Die kunstfertigen Hypnotiseure der Vergangenheit waren professionelle Entertainer. Sie erweckten vorsätzlich den falschen Eindruck, daß sie über die Versuchperson »bemerkenswerte Kräfte« ausüben und sie zwingen konnten, bizarre Dinge zu tun. Die einzig wahre Kraft hinter der Hypnose liegt in der Versuchsperson selbst und in ihrem Geist.

MEINE EIGENE GESCHICHTE

Viele Menschen fragen mich, wie ein Zahnarzt auf ein so widersprüchliches Terrain wie dem der Hypnose und der Parapsychologie geraten kann (besonders hinsichtlich

Inkarnationsregression und Zukunftsprogression). Da war nicht Zufall, sondern Synchronizität im Spiel.

Schon als Kind war mir klar, daß ich Zahnarzt werden wollte. Ich habe diese Entscheidung im Alter von sechs Jahren getroffen.

Während meiner Kindheit und Jugendzeit hatte ich kein Interesse an Parapsychologie und Hypnose. Als College wählte ich eine Schule mit einer hervorragenden biologischen Abteilung. Als Hauptfach entschied ich mich für Biologie und für Chemie als Nebenfach; so wurde ich auf die Zahnmedizin gut vorbereitet, aber sicher nicht auf meine Arbeit als Hypnotherapeut.

Während der vier Jahre auf dem College war ich vielen philosophischen Richtungen und Glaubenssystemen ausgesetzt, doch meine Haltung gegenüber der Parapsychologie blieb immer objektiv. Ich akzeptierte sie nicht, aber ich verwarf sie auch nicht. Als guter Wissenschaftler betrachtete ich die Daten ausschließlich neutral. Hypnose und Karma waren für mich einfach nicht von Interesse.

Das erste Jahr meines zahnmedizinischen Studiums bestand aus der Zahnmedizin und aus sonst nichts. Während meines zweiten Jahres beschäftigte ich mich mit Astrologie. Ich belegte einen entsprechenden Kurs, und las zum ersten Mal Berichte über Inkarnationsregressionen mittels Hypnose. Mein Interesse war geweckt. In den letzten Jahren meines Studiums verbrachte ich mehr Zeit mit der Erforschung der Parapsychologie. Ich fütterte meine unterbewußte Erinnerungsdatenbank mit einer Menge Informationen.

Von karmischer Bedeutung ist die Tatsache, daß ich in diesen Disziplinen ein natürliches Talent aufwies. Nach Abschluß meines Studiums trat ich als Assistenzzahnarzt der Praxis einer staatlichen Klinik in Florida bei. (Assistenzzeiten sind für amerikanische Zahnärzte nicht zwingend vorgeschrieben, aber es ist ganz gut, wenn man sie im

Lebenslauf vorweisen kann.) Und hier bot sich mir die Gelegenheit, mein Leben zu verändern. Eine Broschüre der *American Society of Clinical Hypnosis* bot Kurse in Hypnose an, Veranstaltungsort war Jackson im US-Bundesstaat Mississippi. Ich hatte reichlich Urlaub angesammelt, also entschied ich mich für eine Teilnahme. Diese Kurse standen ausschließlich Zahnärzten, Allgemeinmedizinern und Psychologen offen. Ich befand mich in guter Gesellschaft. Einer der Psychiater, die mich ausbildeten, erzählte mir, ich hätte eine natürliche Gabe für die Hypnose. Er ermutigte mich, sie in meiner praktischen Arbeit einzusetzen. Meine Absicht war, durch Hypnose die Angst meiner Patienten zu verringern und in bestimmten Fällen die chemische Anästhesie zu ersetzen.

Er wußte allerdings nicht, daß ich mich in das Thema Inkarnationsregression eingearbeitet hatte. Eines der ersten Dinge, die ich im Anschluß an den Kurs tun wollte, war, die Reinkarnation mittels Hypnose zu beweisen beziehungsweise zu widerlegen – zu meiner eigenen Befriedigung. Es war kein Zufall, daß ich die Broschüre der *American Society of Clinical Hypnosis* gerade zu dieser Zeit erhalten hatte, und es war auch mit Sicherheit kein Zufall, daß ich die allererste Patientin, die ich bei meiner Rückkehr nach Tallahassee hypnotisierte, in ein früheres Leben zurückführte.

Die Patientin war eine junge Dame, die ich sehr gut kannte. Sie zeigte großes Interesse an der Hypnose und bat mich um eine Regressionssitzung. Ich stimmte zu. Sie war Schlafwandlerin, eine sehr tiefe Hypnosepatientin, und sie beschrieb mir eine ganze Reihe früherer Inkarnationen. Im Trancezustand sprach sie sogar mehrere Fremdsprachen fließend. Ich kannte sie gut genug, um zu wissen, daß sie von Reinkarnation, Hypnose oder Fremdsprachen keine Ahnung hatte. Diese Regressionen erfolgten in einem Zeitraum von etwa drei Monaten. Jede Sitzung dauerte zwischen 45 Minuten und einer Stunde. Sie war sogar in der Lage, durch diese Therapie zwei schlechte Angewohnheiten sowie eine Phobie zu besiegen.

Das war der Auslöser. Ich war bereits von der Hypnose fasziniert, aber von diesem Tag an wurde ich zu einem überzeugten Anhänger von Reinkarnation und Karma.

Mathematisch gesehen standen die Chancen eins zu einer Million dagegen, daß meine Hypnoseausbildung und meine erste Hypnosesitzung gleich so erfolgreich sein würden, und all das innerhalb von nur wenigen Wochen. Sofort begann ich damit, die Patienten und Patientinnen meiner Zahnarztpraxis mittels Hypnose von ihrer Angst vor der zahnärztlichen Behandlung zu befreien. In einigen Fällen ersetzte ich die chemische Anästhesie (Novocain) durch Hypnose. Das Krankenhaus billigte meine Hypnosetechniken und ihren Einsatz in der Zahnmedizin.

Ich setzte die Hypnose auch zur Ausrottung schlechter Angewohnheiten ein, zur Linderung kleinerer medizinischer Probleme und schließlich gegen Phobien von Patienten, die nicht über das Krankenhaus zu mir kamen, sondern durch frühere Patienten an mich verwiesen wurden. Während dieser Zeit führte ich mehrere Personen erfolgreich in frühere Inkarnationen zurück. Ich erlangte schnell einen Ruf als klinischer Hypnotherapeut.

Im Juni 1976 zog ich nach Baltimore, um dort meine eigene zahnärztliche Praxis sowie eine Hypnosepraxis zu eröffnen. Im März 1980 kam Harry Martin von WBAL-TV in mein Büro und wartete auf seine Inkarnationsregression. Es war Teil meines karmischen Kreislaufs, bei ihm Erfolg zu haben und die Öffentlichkeit der Ballungsgebiete Baltimore und Washington mittels Fernsehen und Radio auf Karma und Rückführungen aufmerksam zu machen.

Eine einfache Definition der Hypnose lautet: »Ein Zustand erhöhter Empfänglichkeit, zusammen mit der intensiven Konzentration auf einen Gedanken, eine Vorstellung oder einen Menschen.« Wenn ich sage »erhöhte Empfänglichkeit«, muß ich erklären, daß der Mensch im hypnotischen Trancezustand nur solche Suggestionen annimmt, die er (oder sie) auch im Wachzustand akzeptieren würde. Wir besitzen alle einen moralischen und ethischen Kodex, der nicht verletzt werden kann, ungeachtet der Tiefe der hypnotischen Trance.

Um die Hypnose zu verstehen, muß man einen Blick auf das innere Wirken des menschlichen Geistes werfen. Unser Geist besteht aus vier verschiedenen Aktivitätsebenen.

Die erste Ebene ist die *Beta*-Ebene, die Ebene des Wachbewußtseins. Annähernd sechzehn Stunden täglich funktionieren wir auf dieser Ebene. Der Hauptzweck dieser Ebene liegt darin, unsere lebenskontrollierenden Körperfunktionen zu regulieren, wie beispielsweise den Herzschlag, die Atmung, die Nierentätigkeit, die Verdauung, etc. Ungefähr 75 Prozent der Beta-Ebene wird darauf verwendet, diese lebenswichtigen Körperfunktionen zu überwachen. Daher bleiben nur 25 Prozent des Wachbewußtseins für das übrig, was wir als bewußtes Denken wahrnehmen.

Die zweite Ebene ist die *Alpha*-Ebene. *Alpha* korrespondiert mit dem Unterbewußtsein, und mit dieser Ebene beschäftigen wir uns in der Hypnose. Die *Alpha*-Ebene zeichnet sich durch 95-100 prozentige Konzentration aus. Das ist den 25 Prozent des Bewußtseins oder der *Beta*-Ebene weit überlegen. Zu den Aktivitäten auf der *Alpha*-Ebene gehören Hypnose, Meditation, Biofeedback[4], Tagträumen, der Übergang zum Schlaf und die Phase vor dem

Aufwachen. Die Hypnose ist ein natürlicher Geisteszustand. In der Hypnose schlafen Sie nicht, Sie sind voll bewußt.

Die nächste Ebene der mentalen Aktivität ist die *Theta*-Ebene. Dies ist der Teil des Unterbewußtseins, der im leichten Schlaf aktiv ist. Der Begriff *bewußt* bedeutet gewahr und wach zu sein; *unbewußt* bedeutet nicht wach und nicht gewahr zu sein.

Die letzte Ebene ist die *Delta*-Ebene. Sie entspricht dem Tiefschlaf. Auf dieser Ebene erholt sich das Unterbewußtsein am stärksten, und hier werden Suggestionen nicht mehr wahrgenommen. Die *Delta*-Ebene dauert pro Nacht etwa dreißig bis vierzig Minuten.

Zusammenfassend gesagt besteht der Geist aus vier Ebenen. Wenn wir morgens aufstehen, wechseln wir von der natürlichen Hypnose (*Alpha*) ins Wachbewußtsein (*Beta*). Wenn wir nachts einschlafen, wechseln wir von *Beta* (Wachbewußtsein) zu *Alpha* (natürliche Hypnose) zu *Theta* (leichter Schlaf) zu *Delta* (Tiefschlaf) zu *Theta* (leichter Schlaf) zu *Alpha,* und dann wiederholt sich der Vorgang erneut.

DIE ERFAHRUNG DER HYPNOSE

In der Hypnose befinden Sie sich im *Alpha*-Zustand. Welche Erfahrungen machen Sie? Was empfinden Sie im hypnotischen Zustand?

In der Hypnose wird das Wachbewußtsein außer Acht gelassen, und man befaßt sich direkt mit dem Unterbewußtsein. Zu keiner Zeit werden Sie schlafen.

---

[4] Biofeedback ist ganz wörtlich Feedback aus dem Körper; Vorgänge, durch die wir uns in unsere Körperfunktionen einstimmen und sie dadurch allmählich kontrollieren können.

Im völligen Wachbewußtsein (*Beta*) funktionieren sowohl das Unterbewußtsein als auch unser Wachbewußtsein. Die körperliche Erfahrung der Hypnose ist identisch mit der des völligen Wachbewußtseins. Es gibt allerdings drei Ausnahmen.

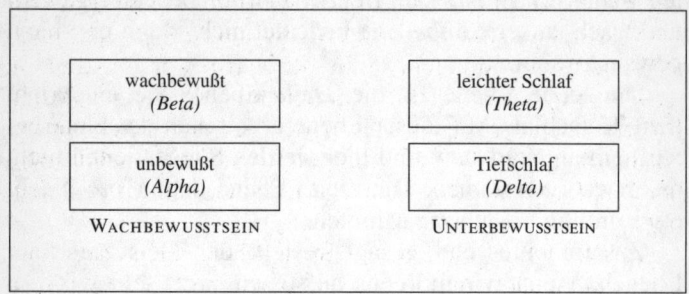

wachbewußt *(Beta)*	leichter Schlaf *(Theta)*
unbewußt *(Alpha)*	Tiefschlaf *(Delta)*
WACHBEWUSSTSEIN	UNTERBEWUSSTSEIN

Abbildung 1

Zuerst wird Ihre Aufmerksamkeit konzentriert, annähernd 100 Prozent im Vergleich zu den 25 Prozent des Wachbewußtseins. Dann wird sich jeder einzelne Muskel in Ihrem Körper entspannen. (Manche Menschen haben das Gefühl zu schweben, andere verspüren ein Wärmegefühl oder ein Prickeln. Die meisten Menschen fühlen sich schwer, vor allem in Armen und Beinen.) Schließlich kommt das, was ich die »Unbeweglichkeitsphase« nenne. Das ist technisch nicht ganz korrekt, weil man immer in der Lage ist, jederzeit jeden Teil des Körpers zu bewegen. Aber der Hypnosepatient *will* sich nicht bewegen, also tut er es auch nicht. Viele Menschen haben diese Wirkung mit der von Lachgas (Stickoxydul), das zuweilen in Zahnarztpraxen eingesetzt wird, verglichen. Das ist völlig korrekt, denn Lachgas versetzt den Patienten in einen chemischen Hypnosezustand.

Daher erlebt der Hypnosepatient erhöhte Konzentration, völlige Entspannung und einen Bewegungsmangel. Darüber hinaus werden unsere Sinne im Trancezustand stärker entwickelt, so daß Hörsinn, Tastsinn, Geruchssinn, etc. in der hypnotischen Trance weitaus präziser sind. Das ist schon alles. Keine Levitation[5], kein Feuerwerk, kein Schlaf, und man wird auch nicht zum Zombie. Zu den Beispielen natürlicher, alltäglicher Hynose zählen Tagträume, der Übergang zum Schlaf in der Nacht, die Phase des Aufwachens aus dem natürlichen Schlaf am Morgen, die meisten Fernsehsendungen, Scheibenwischer in Aktion in einer verregneten Nacht, die Leuchtmarkierung auf den Pfosten oder der weiße Mittelstrich auf der Autobahn bei Nacht (Autobahnhypnose), einen Roman lesen und so in der Handlung aufgehen, daß Sie jedes Gefühl für Zeit verlieren.

Denken Sie einen Augenblick über einen Tagtraum nach. Wenn Sie tagträumen, konzentrieren Sie Ihren Geist auf einen Menschen, einen Ort oder auf ein Ereignis, und alles ist für gewöhnlich sehr angenehm. Sie kümmern sich nicht um das Wetter, wie spät es ist oder ob Ihre Kleidung zu eng oder zu locker sitzt. Wenn andere Personen sich mit Ihnen im selben Raum befinden, während Sie tagträumen, würden diese wahrscheinlich mit den Fingern schnippen oder Ihren Namen rufen müssen, um Ihre Aufmerksamkeit zu erlangen. Das ist der *Alpha*-Zustand und das beste Beispiel für natürliche Hypnose. Jeder Mensch hat Tagträume. Die meisten Menschen verbringen zwischen drei und vier Stunden täglich mit Tagträumen, d.h. die meisten Menschen verbringen mindestens drei Stunden täglich im Zustand natürlicher Hypnose. Hypnose ist daher ein natürlicher und normaler Geisteszustand. Sie ist mit keinerlei Gefahren verbunden. Ohne die natürliche Hypnose würde der Streß unseres Alltags uns alle töten.

---

[5] Das Emporgehobenwerden oder freie Schweben des menschlichen Körpers oder eines materiellen Objektes ohne Unterstützung durch irgendwelche sichtbaren Hilfsmittel.

Da unsere Sinne in der Hypnose besser entwickelt und schärfer sind, neigen wir in diesem Zustand weniger zu Unfällen oder anderen Verletzungen. Ich bin mir keiner Vorfälle bewußt, in denen Hypnose jemals seelischen oder körperlichen Schaden für den Patienten zur Folge hatte. Ein Mensch, der spät nachts einen Autounfall hat, mag das Opfer der Autobahnhypnose sein, aber nur, weil er normalerweise schon schlafen würde, während er hinter dem Steuer saß.

In diesem Buch werde ich Ihnen zeigen, wie man Hypnose einsetzen kann, um äußerst traumatische Ereignisse im gegenwärtigen, vergangenen oder zukünftigen Leben eines Menschen ohne negative Nebenwirkungen neu zu durchleben. Tatsächlich gibt es viele positive Folgeerscheinungen, wie die Eliminierung von Ängsten, schlechten Angewohnheiten und anderen negativen Neigungen.

DIE VERSCHIEDENEN EBENEN DER HYPNOSE

Wie steht es nun mit den verschiedenen Ebenen oder Phasen der Hypnose? Heute klassifizieren die Wissenschaftler über fünfzig verschiedene Ebenen der Hypnose, aber der Einfachheit zuliebe werde ich die Hypnose nur in drei Hauptebenen aufgliedern.

Die erste Ebene ist die *leichte Trance*. Auf dieser Ebene ist der Patient entspannt, und wahrscheinlich fühlt er nicht einmal, daß er hypnotisiert wurde. Man kann zwar sowohl Regressionen als auch Progressionen auf dieser Ebene durchführen, die Informationen, die man hier erlangt, sind allerdings nur vage. Wenn ich mit Phobien (Ängsten), mit schlechten Angewohnheiten, Depressionen, usw. arbeite, ist diese Ebene nur bedingt dazu geeignet, die äußerst komplexen oder schwierigen Suggestionen anzunehmen. 95-98 Prozent der Bevölkerung können diese Ebene erreichen.

Die zweite Ebene ist die *mittlere Trance*. Dies ist die Ebene, auf der ich am liebsten arbeite. Auf dieser Ebene ist der Patient völlig entspannt und weitaus stärker in der Lage, schwierige oder komplexe Suggestionen anzunehmen. Er durchlebt die Szenen viel leichter und kann in der Regression oder Progression tatsächlich das Ereignis fühlen. Auf dieser Ebene ist sich der Patient eventuell externer Geräusche bewußt, aber sie werden ihn nicht ablenken. Ungefähr 70 Prozent der Bevölkerung können diese Ebene erreichen.

Die letzte Ebene ist die *tiefe* oder *somnambulistische Trance*.[6] Diese Ebene wird gern von Bühnenhypnotiseuren eingesetzt, weil eines ihrer charakteristischen Merkmale die »Hypnoamnesie« ist. Mit anderen Worten, der Patient wird sich nicht daran erinnern, was er in Trance sagte oder tat, außer er wird explizit angewiesen, sich beim Aufwachen daran zu erinnern. Nur etwa fünf Prozent der Bevölkerung können diese Ebene erreichen. Weitere Kennzeichen der tiefen Trance sind darüber hinaus positive Halluzinationen (man sieht einen Gegenstand, der in Wirklichkeit gar nicht vorhanden ist) und negative Halluzinationen (man kann einen Gegenstand, der da ist, nicht sehen).

Doch selbst auf dieser überaus tiefen Ebene kann man den Patienten nicht dazu veranlassen, etwas zu tun oder zu sagen, was seinem moralischen bzw. ethischen Kodex widerspricht. Sie sehen also, ein Hypnosepatient steht immer nur unter seinen eigenen Kontrolle, niemals unter der eines anderen. Ich arbeite nur zu Forschungszwecken mit dieser Ebene oder wenn ich eine Regression dokumentieren will. Es ist keineswegs gefährlich, nur unnötig.

---

[6] Von lat. *somnium* – Traum und *ambulare* – umherwandern.

Ich habe bereits erwähnt, daß 95 Prozent der Bevölkerung zumindest in eine leichte hypnotische Trance versetzt werden können. Häufig werde ich gebeten, die Art Mensch zu beschreiben, die sich am besten hypnotisieren läßt, und wen man überhaupt nicht hypnotisieren kann. Die besten Hypnosepatienten sind intelligente Menschen (im Gegensatz zu einem weit verbreiteten Mißverständnis), die über ein ausgezeichnetes Gedächtnis verfügen, sich gut konzentrieren können, die Szenen detailliert visualisieren und ihre Gefühle mühelos ausdrücken können, die nicht allzu kritisch sind und die zu einem Vortrag oder in einen Kinofilm gehen können und so sehr in der Handlung aufgehen, daß die Zeit für sie verfliegt. Kinder sind hervorragende Patienten aufgrund ihrer Imagination, ihrem Respekt vor Autoritätspersonen und ihrem Mangel an Widerstand oder Skepsis. Die besten Hypnosepatienten sind Kinder im Alter von sechs bis sechzehn Jahren.

Menschen mit kurzen Aufmerksamkeitsspannen, die dazu neigen, sich auf die Vergangenheit oder auf die Zukunft, anstatt auf die Gegenwart zu konzentrieren, die überkritisch sind und die Logik den Gefühlen vorziehen, Menschen mit einem niedrigen Intelligenzquotienten und großen Schwierigkeiten, »sich selbst loszulassen«, sind diejenigen, die man am schwersten hypnotisieren kann. Geistige Unterentwicklung, Senilität, Hirnschäden, mangelnde Kenntnis der Sprache des Hypnotiseurs und allzu großer Zynismus werden ebenfalls die Einleitung der hypnotischen Trance verhindern.

SELBSTHYPNOSE

Wenn ich von Hypnose spreche, meine ich *Selbsthypnose*. Jede Hypnose ist in Wirklichkeit Selbsthypnose. Es ist unmöglich, jemanden gegen seinen Willen zu hypnotisieren, außer unter Einsatz bestimmter Drogen. Ich empfehle niemals Drogen, und setze sie auch nicht ein. Während einer Hypnosesitzung lernt der Patient, wie er sich mittels eines Hypnotiseurs selbst hypnotisieren kann. Der Fachausdruck lautet *Heterohypnose*, das bedeutet Hypnose durch einen anderen Menschen (*hetero* bedeutet »anderer«). Sogar der fähigste Hypnotiseur ist unfähig, jemand gegen seinen Willen zu hypnotisieren. Jede Hypnose ist folglich Selbsthypnose.

Alle meinen Patienten lernen Selbsthypnose, damit sie sich selbst für tiefere Tranceebenen konditionieren und so die Einleitungsphase des hypnotischen Zustands verkürzen können. Ich nehme für alle meine Patienten Kassetten auf, damit sie täglich die Suggestionen hören können, die ich ihnen bei ihren wöchentlichen Sitzungen gebe. Es gibt viele Möglichkeiten, Selbsthypnose zu erlernen, aber ich persönlich halte den Einsatz von Aufnahmen auf Kassette für den wirkungsvollsten.

UNSER EIGENER NATÜRLICHER COMPUTER

Hypnose erfolgt im Alpha-Zustand, im Unterbewußtsein, das am besten als Computer beschrieben wird. Wie ein Computer mit Informationen gefüttert bzw. programmiert wird, so wird das Unterbewußtsein ständig einem Programmierungsprozeß unterzogen. Alles, was unsere fünf Sinne und unsere außersinnliche Wahrnehmung (ASW) aufnehmen, wird dauerhaft in der Erinnerungsdatenbank unseres Unterbewußtseins gespeichert. Da das Unterbewußtsein zusammen mit dem Wachbewußtsein täglich etwa 16 Stunden in Betrieb ist, nimmt das durchschnittliche menschliche Gehirn nach Schätzung der Wissenschaftler jeden Tag eine Million voneinander getrennte Informationen auf und speichert diese auch.

Jede Information wird in einer »Gedächtnisspur« des Gehirns gespeichert. Wenn Sie eine Million mit 365 multiplizieren, dann haben Sie eine ungefähre Vorstellung davon, wie viele Gedächtnisspuren Sie benötigen. Die Wissenschaft schätzt, daß das durchschnittliche menschliche Gehirn über siebzig Trillionen Gedächtnisspuren verfügt. Da eine Trillion tausend Milliarden sind und eine Millarde tausend Millionen, können Sie ermessen, daß sogar ein siebzig Jahre alter Mensch das Potential seiner Gedächtnisspuren kaum angekratzt hat.

Wenn ich Patienten mittels Hypnose in frühere Inkarnationen zurückführe, versuche ich, die Gedächtnisspuren ihres Unterbewußtseins anzuzapfen und die dort gelagerten sensorischen Daten in ihr Wachbewußtsein zu bringen. Auf diese Weise kann der Ursprung ihrer derzeitigen Gewohnheiten, Phobien oder negativen Neigungen enthüllt werden. Indem man diese Erfahrungen der Vergangenheit neu durchlebt, können Ängste oder negative Verhaltensweisen dauerhaft beseitigt werden.

DIE VERSCHIEDENEN SCHRITTE DER HYPNOTHERAPIE

Die Menschen entwickeln diese Neigungen, weil ihr Selbstbild als Ergebnis unangenehmer Erlebnisse in der Vergangenheit ins Wanken geriet. Der erste Schritt bei jeder Form der Hypnotherapie muß folglich darin bestehen, das Selbstbild des Patienten wieder aufzubauen. Dies geschieht durch den Einsatz von Suggestionen, die das Ego stärken. So sage ich beispielsweise zu einem in Trance befindlichen Patienten: »Ihnen geht es von Tag zu Tag in jeder Beziehung immer besser und besser[7]. Negative Gedanken und negative Suggestionen üben auf keiner Ebene des Geistes irgendeinen Einfluß auf Sie aus.«

Dadurch wächst nicht nur das Selbstvertrauen des Patienten, es hat auch einen Zuwachs in seiner Motivation, Konzentration und Energie zur Folge. Dies ist besonders wichtig bei der Arbeit mit ängstlichen oder depressiven Menschen.

Mein zweiter Schritt besteht darin, systematisch das Unterbewußtsein neu zu programmieren, damit das Problem, wenn es dann einmal beseitigt ist, nicht wieder auftritt. In 80 bis 90 Prozent der Fälle kann ein negatives Selbstbild durch den Einsatz von Regression und Progression geheilt werden. Durch systematische, suggestive Neuprogrammierung kann das Problem dauerhaft beseitigt werden. Dies ist wichtig, weil viele Menschen denken, der Sieg über eine Gewohnheit oder Phobie mittels Hypnose habe eine neue Gewohnheit oder Phobie zur Folge. Nichts könnte weiter von der Wahrheit entfernt sein.

Mindestens 80 Prozent der Patienten, die nach einer Regression oder Progression verlangen, tun dies mit dem Ziel, eine schlechte Angewohnheit, eine Phobie oder eine negative Neigung abzulegen. Es gibt Hypnotherapeuten, die mittels suggestiver Hypnose »Sofortheilungen« für sich in Anspruch nehmen und das gleichermaßen für Raucher, Vielesser und Menschen mit anderen schlechten Gewohnheiten. Eine Gewohnheit, die über viele Jahre hinweg ins Unterbewußtsein programmiert wurde, erfordert mehr als eine einzige Sitzung, um dauerhaft beseitigt zu werden. Auch hat die alte Technik der aversiven Suggestion (»Wenn Sie eine Zigarette rauchen, wird Ihnen schwindelig«) nie wirklich funktioniert, und das tut sie auch heute nicht. Stattdessen sollten alle Suggestionen positiv formuliert werden (»Ich verliere von Tag zu Tag immer mehr das Verlangen nach einer Zigarrette.«).

---

[7] Berühmtester Satz des französischen Psychotherapeuten und Hypnotiseurs Emile Coué (1857-1926), der felsenfest von der heilkräftigen, ausgleichenden Wirkung hypnotischer Weisungen an das Unterbewußtsein überzeugt war.

Es gibt viele andere, weit verbreitete Irrtümer und sinnlose Ängste hinsichtlich der Hypnose. Ich fasse zusammen:

1. Der Irrtum des Symptomersatzes. Wie bereits erwähnt werden die alten Symptome nicht durch neue ersetzt, wenn man mittels Regression die wahren Ursachen einer negativen Neigung sucht und durch systematische, suggestive Neuprogrammierung das Problem eliminiert. Die Probleme werden dauerhaft beseitigt.

2. Der Irrtum der geistigen Kontrolle. Ich habe an früherer Stelle bereits festgestellt, daß absolut niemand gegen seinen Willen in einen hypnotischen Zustand versetzt werden kann. Sogar ein geübter Hypnotherapeut benötigt die Zusammenarbeit des Patienten, um die Trance einzuleiten. Der einzige Mensch, der fähig ist, das Unterbewußtsein des Patienten zu kontrollieren, ist der Patient selbst. Jede Hypnose ist Selbsthypnose und ist eine natürliche Erscheinung.

3. Der Irrtum der Offenlegung von Geheimnissen oder anderen Informationen im Zustand der Tance. Wenn der Patient die Information nicht offenlegen will, wird sie im Unterbewußtsein des Patienten verborgen bleiben. Die Psychologen verwenden hierfür den Ausdruck »vom Ego kann man sich nicht trennen«. Wenn Sie beispielsweise während der Regression in ein früheres Leben sich selbst in einer peinlichen oder gar erniedrigenden Situation sehen, würden Sie diese Szene geistig neu durchleben, aber nicht darüber sprechen, selbst wenn Sie sich im Zustand der Tieftrance befinden. Ausgenommen Sie wollten es.

4. Die Angst, nicht wieder enthypnotisiert werden zu können. Da die Hypnose ein natürlicher Vorgang ist, den der Geist jeden einzelnen Tag durchläuft, und da wir uns ständig selbst in Trance versetzen und wieder daraus wecken, kann der Patient jederzeit den hypnotischen Trancezustand aus eigenem Willen beenden. Patienten brauchen keinen Hypnotherapeuten, um aus der Trance aufzuwachen. Normalerweise zähle ich von eins bis fünf, um den Patienten in den Beta-Zustand zurückzuführen, aber das ist nicht nötig. Der Patient wird auch von allein in den Beta-Zustand zurückkehren. Jedoch erleichtert das Zählen diesen Vorgang.

5. Die Angst, sich später nicht an die Suggestionen zu erinnern. Wenn Sie nicht gerade zu den Somnambulen gehören (d.h. fähig sind, eine tiefe Trance einzunehmen), werden Sie sich hinterher immer an die Suggestionen bzw. an die Szenen erinnern. Ich gebe den Patienten immer die posthypnotische Suggestion (eine Suggestion, die auch lange nach dem Ende der Trance wirksam sein soll), sich nach dem Aufwachen an alles zu erinnern, was sie erlebt oder neu erlebt haben. Der Begriff »Aufwachen« ist eigentlich nicht zutreffend, da der Patient ja nicht schläft, aber die meisten Menschen können mit diesem Begriff etwas anfangen.
    Es gibt eine Ausnahme: Wenn ich mit einem Patienten arbeite, der emotional verwirrt ist und die Szene besonders traumatisch war, so suggeriere ich ihm nicht, daß er sich an seine Erlebnisse in der Trance erinnern soll. Wenn ich das Gefühl habe, daß der Patient mit der Information nicht fertig werden kann, dann suggeriere ich ihm, er solle sie vergessen (Hypnoamnesie). Letztendlich wird sich der Patient

auf jeden Fall an die Information bzw. die Szene erinnern, nämlich dann, wenn die posthypnotische Suggestion sich verliert (ungefähr nach vier bis zehn Tagen). Sogar Somnambule werden sich an die Szene erinnern, wenn man ihnen die entsprechende posthypnotische Suggestion gibt.

6. Die Angst vor der Regression. Ich kenne keinen Fall, in dem jemand durch den Einsatz der Hypnose auf irgend eine Weise Schaden genommen hätte. Ich habe Tausende von Regressionen und Progressionen durchgeführt, und kann persönlich die vielen positiven Ergebnisse bezeugen. Während der ganzen Zeit, die ich schon mit Hypnose arbeite, habe ich niemals gesehen oder gehört, daß ein Patient eine negative Situation oder Folgewirkung erlebt hätte. Meiner Erfahrung nach ist das Schlimmste, das passieren kann, daß nichts geschieht, d.h. daß keine Trance eingeleitet wird.

Die Hypnose ist einfach eine Möglichkeit der Entspannung und der Vernachlässigung des Wachbewußtseins, während gleichzeitig das Unterbewußtsein aktiviert wird, so daß die Suggestionen direkt an das Unterbewußtsein übermittelt werden können. Das versetzt den Patienten in die Lage, mühelos und effizient entsprechend diesen Suggestionen zu handeln.

DIE VORTEILE DER HYPNOSE

In meiner zweigeteilten Berufstätigkeit als Zahnarzt und Hypnotherapeut habe ich zwei wesentliche therapeutische Einsatzmöglichkeiten der Hypnose entdeckt: zum einen die Inkarnationsregression zur Heilung unangenehmer Symptome und negativer Verhaltensweisen und zum anderen die Hypnose als Schmerzkontrolle. Die zweite Anwendungsmöglichkeit wurde von der Ärzteschaft der westlichen Welt in den letzten Jahren zunehmend anerkannt. Zahnärzte und Internisten führen allmählich ansonsten schmerzhafte medizinische Eingriffe mit Hilfe der Hypnose durch, anstatt eine chemische Anästhesie einzusetzen – mit kolossalen Erfolgen.

Ich habe schon vor langer Zeit die Hypnose als chemischen Mittlerstoff gefordert. Angst oder Aufregung lassen den Körper durch die Nebennieren Adrenalin produzieren (das den Herzschlag beschleunigt und einen Menschen schnell und unmittelbar zur Tat schreiten läßt – der sogenannte »Kampf-oder-Flucht«-Mechanismus), und auf dieselbe Weise kann die Hypnose meiner Ansicht nach den Körper dazu stimulieren, andere Arten chemischer Vermittler zu produzieren. Die neueste Forschung hat dies im Bereich der Schmerzkontrolle bestätigt.

Die Schmerzempfindung besteht aus zwei Vorgängen. Der erste ist das ursprüngliche Schmerzsignal, das von der Reizstelle aus zum Gehirn weitergeleitet wird, und der zweite ist die Interpretation dieses Signals durch das Gehirn. Hypnose scheint die Interpretation des Schmerzsignals durch das Gehirn zu verändern, indem es im Gehirn die Produktion eines chemischen Stoffes namens *Endorphin*[8] anregt. Die neueste biochemische Forschung hat die chemische Struktur des Endorphin entdeckt; sie ähnelt der des Morphiums, außer daß sie zehnmal wirkungsvoller als Morphium ist und keine der süchtig machenden Nebeneffekte des Morphiums besitzt. Das Gehirn produziert auch einen chemischen Stoff, der die Wirkung des Endorphins

---

[8] Die neueste Forschung zeigt, daß Endorphine nicht der Mechanismus der hypnotischen Schmerzkontrolle sein können, da Naloxan (ein narkotischer Antagonist) die Hypnoanalgesie nicht umkehrt.

zerstört, damit die Schutzfunktion unsere Schmerz-erfassenden Mechanismen wieder ihre normale Funktionsweise einnehmen kann.

Somit hat die Biochemie von heute das erste Bindeglied zwischen der Hypnose und einer Erklärung, wie sie funktioniert, gefunden. Für die kommenden Jahre erwarte ich, daß viele weitere chemische Vermittler im Gehirn entdeckt und analysiert werden, um die vielen anderen positiven Wirkungen der Hypnose zu erklären.

Nachfolgend habe ich einen Auszug aus der Liste der zahlreichen Vorteile zusammengestellt, zu denen die Hypnotherapie verhilft. Dazu gehören:

1. Größere Entspannung und die Ausschaltung von Anspannung
2. Verstärkte Konzentration und größere Aufmerksamkeit
3. Verbessertes Erinnerungsvermögen (»Hypernesie«)
4. Verbesserte Reflexe
5. Größeres Selbstvertrauen
6. Schmerzkontrolle
7. Besseres Sexualleben
8. Höhere Effizienz und Organisationstalent
9. Verstärkte Motivation
10. Verbesserte interpersonelle Beziehungen
11. Verlangsamung des Alterungsprozesses
12. Harmonie von Verstand, Geist und Körper
13. Beseitigung schlechter Angewohnheiten, Phobien und anderer negativer Neigungen
14. Verbesserte geistige Wahrnehmung – ASW, Meditation, Astralprojektion (außerkörperliche Erfahrungen), Telepathie
15. Beseitigung der Todesangst, indem man die eigenen Inkarnationen aus Vergangenheit und Zukunft durchlebt

Ich hoffe, dieses Kapitel hat Ihnen dabei geholfen, sich zumindest die Grundlagen der Hypnotherapie und ihres Einsatzes bei Regression und Progression bewußt zu machen. In den folgenden Kapiteln werde ich hin und wieder auf die Prinzipien, über die ich hier gesprochen habe Bezug nehmen.

Bevor wir von wirklichen Fallgeschichten profitieren können, müssen wir mehr über Karma wissen. Im nächsten Kapitel werde ich erklären, was man unter Karma versteht und wie die Mechanismen von vergangenen und zukünftigen Inkarnationen funktionieren.

KAPITEL 3

WAS IST KARMA?
HISTORISCHE GRUNDLAGEN UND
VOLKSTÜMLICHE VORSTELLUNGEN

Ich spreche deswegen über Karma, Reinkarnation, Progression oder andere Aspekte der Parapsychologie, um Sie über ein äußerst aufregendes Gebiet zu informieren. Es liegt nicht in meiner Absicht, irgend jemanden zu bekehren, noch möchte ich dogmatisch behaupten, daß es nur eine einzige Antwort auf die Frage der Wiedergeburt gibt. Bei meiner Arbeit als Hypnotherapeut habe ich gelernt, meinen Geist offen zu halten. Meine Vorstellungen und Ansichten haben sich im Laufe der Jahre gewandelt und werden sich wieder ändern, sowie sich neue Ideen und Theorien entwickeln. Dieses Buch und das darin enthaltene Wissen ist lediglich ein Ausdruck meiner Ausbildung, meiner Persönlichkeit, meiner Interessen und meiner Erfahrungen.

Karma besteht ganz einfach aus Ursache und Wirkung. Wenn Sie einen Stein durch ein Fenster werfen, und das Fenster daraufhin ein Loch hat, so haben Sie eine Ursache (ein Stein wurde geworfen) und eine Wirkung (das Loch im Fenster). Jede Wirkung hat eine Ursache. Wenn Sie mit Ihrem Leben, Ihrer finanziellen Situation, Ihren Beziehungen, Ihrer Gesundheit und ähnlichem nicht zufrieden sind, dann müssen Sie sich dessen bewußt sein, daß es dafür eine Ursache gibt.

Die Ursachen dafür können in früheren Inkarnationen begründet sein. Ihr Unterbewußtsein speichert alle Ursachen, denn es verfügt über ein perfektes Gedächtnis. Das Unterbewußtsein überdauert auch den Tod, so daß ein neues Lebens einfach den Austausch eines Körpers für einen anderen bedeutet. Sie haben dasselbe Unterbewußtsein, nur hat es jetzt einige Lektionen gelernt und ist spirituell gewachsen.

Alles, was Sie in diesem und allen früheren Inkarnationen getan oder auch nicht getan haben, zeigen in diesem Leben sowie in zukünftigen Leben bestimmte Wirkungen. Die Gesetze des Karma sind absolut gerecht. Die Seele hat immer einen freien Willen. Karma kann Ihnen Glück oder Trauer bringen, je nachdem, ob Sie es verdient und welche Wege Sie gewählt haben. Der Sinn des Karma liegt nicht darin, zu belohnen oder zu bestrafen, sondern das Unterbewußtsein zu erziehen und es zu läutern. Sobald das Unterbewußtsein geläutert ist, braucht es das Karma oder den »karmischen Kreislauf«, wie wir ihn nennen, nicht länger. Unter dem »karmischen Kreislauf« versteht man die Kette der Inkarnationen, die wir durchleben, um alle negativen Einstellungen auszumerzen, die wir in früheren Daseinsformen gezeigt haben.

Die Bilanz bzw. der Abschluß des karmischen Kreislaufs ist ausgeglichen. Wenn all das Gute, das wir erworben haben, alle unsere negativen Einstellungen auslöscht und wir alle Lektionen gelernt haben, die wir lernen sollten, dann haben wir den karmischen Kreislauf vollendet. Die Bilanz ist ausgeglichen, und das Unterbewußtsein ist geläutert. Wir müssen nicht länger wiederkehren und weiterlernen.

Wenn wir jedoch auf bestimmte Prüfungen in unserem Leben falsch reagieren (mit Haß, Rachsucht, Eifersucht, Kleinlichkeit oder anderen negativen Gefühlen), dann haben wir unsere Lektion nicht gelernt. Wir haben diese Prüfung nicht bestanden und müssen sie wiederholen, entweder in diesem oder in einem künftigen Leben.

Karma – östliche Tradition aus westlicher Sicht

Der Glaube an eine frühere Existenz der individuellen Seele (bzw. des Unterbewußtseins) hat viele Namen. Die Begriffe *Metempsychose, Seelenwanderung, Reinkarnation, Wiedergeburt* und *Wiederverkörperung* sollen diesen Vorgang beschreiben. *Karma* stammt aus dem Sanskrit und bedeutlich wörtlich »Handlung«. (Sanskrit ist eine uralte indo-europäische Schriftsprache, die aus der Zeit um 1.500 v. Chr. stammt). Karma ist die Kraft, die zur Reinkarnation führt. *Schicksal* ist ein weiteres Synonym für Karma. In jedem Leben pflanzen wir Samen für die Persönlichkeit, die während dieser und aller folgenden Inkarnationen (Lebensspannen) wachsen wird. Daher ist die Reinkarnation der Mechanismus, der das Karma funktionieren läßt. Die beiden müssen zusammen betrachtet werden.

Das Grundgesetz des Karma heißt Aktion und Reaktion oder Ursache und Wirkung. Das entspricht der christlichen Philosophie: »Alles nun, was ihr wollt, daß euch die Leute tun sollen, das tut ihnen auch!«[9] Jede Handlung, die für das Wohlergehen eines anderen schädlich oder schlecht ist, wird im genauen Verhältnis zum angerichteten Schaden vergolten.

Eines der Grundgesetze des Karma besagt, daß jede Seele (oder Wesenheit) über einen freien Willen verfügt. Es gibt immer die Freiheit der Wahl. Jede Seele wird von den Eltern angezogen, die das biologische Erbe und die physische Umgebung bieten, welche notwendig sind, um die karmische Lektion zu lernen. Die psychische Genetik ist weitaus wichtiger als die biologische Genetik, wenn es darum geht, den Charakter unseres Lebens zu bestimmen. Darüber hinaus werden alle Lektionen und Taten der

---

[9] Matthäus 7, 12

Wesenheit in der Akasha[10]-Chronik aufgezeichnet, die jedes neue Leben bestimmt. Diese Aufzeichnungen stellen die Gesamtsumme unseres früheren, gegenwärtigen und zukünftigen Lebens dar und sind in unserem Unterbewußtsein gespeichert.

Das Gesetz der Vergeltung zieht sich durch den gesamten karmischen Kreislauf. Dieses Gesetz gestattet es der Wesenheit, im jetzigen Leben zu genießen, was es in früheren Inkarnationen verdient hat.

Häufig hört man, die Menschen seien aufgrund ihres Karmas unfähig, eine bestimmte Sache zu tun. In solchen Fällen wird das Karma als Ausrede benützt. Das Karma bestraft nicht und belohnt auch nicht. Dieses universelle Gesetz von Ursache und Wirkung verleiht allen Handlungen Bedeutung. Nichts geschieht zufällig. Nur durch Ignoranz und Mißbrauch führt Karma zu Zerstörung, Schmerz, Trauer und Leid.

Der Gedanke der Seelenwanderung ist Bestandteil der östlichen Karmatheorie. Die Seelenwanderung ist die Reise der menschlichen Seele vom anorganischen Bereich hin zu den niedrigeren Tieren und schließlich zum Menschen. Viele östliche Philosophen lehnen diese Vorstellung ab genauso wie die Mehrheit der Karma-Anhänger im Westen. Sogar diejenigen, die an die Seelenwanderung glauben, haben das Gefühl, daß es unmöglich ist, zu den niedrigeren Tierformen zurückzukehren, sobald die menschliche Form einmal erreicht wurde. Ich persönlich glaube nicht an die Seelenwanderung, und keine der 25.000 Regressionen (Rückführungen) und Progressionen

---

[10] Akasha ist ein Sanskrit-Wort, das sich auf die dem Universum zugrundeliegende ätherische Substanz bezieht und gleichsam »elektro-spirituell« in seiner Beschaffenheit ist. Unauslöschlich prägt sich jeder Ton, das Licht, die Bewegungen und Gedanken seit der Schöpfung des offenbaren Universums in dieses Akasha. (Anm. d. Übers.)

(Fortführungen), die ich persönlich begleitet habe, gaben einen Hinweis auf eine nichtmenschliche Existenz.

Seit jeher hat jede Kultur auf die eine oder andere Weise an Karma geglaubt. Daher möchte ich nun die Ursprünge des Karma auf seinem Weg von Osten nach Westen nachzeichnen, um dann einige der modernen Erklärungen dieses Phänomens vorzustellen.

DAS KARMA DES OSTENS

HINDUISMUS

Die Hindus nennen die Seele Atman. Sie überlebt viele Inkarnationen, bis sie ihr Schicksal der Vollendung, Erleuchtung und Freude erfüllt, und schließlich mit Brahman, dem Weltgeist, verschmilzt und somit die Notwendigkeit der Wiedergeburt eliminiert ist.

Im *Bhagavad-Gita*, der uralten Hindu-Handschrift, stellt Krischna[11] fest: »Der Mensch geht nicht zugrunde, weder jetzt noch später. Der Mensch verweilt eine gewaltige Zahl von Jahren und wird dann wiedergeboren auf der Erde. Solcherart wiedergeboren kommt er in Kontakt mit dem Wissen, das ihm in seinem früheren Körper zu eigen war, und von diesem Zeitpunkt an kämpft er gewissenhafter um Vervollkommnung.«

Die Gesetze des Manu[12], Buch 5, besagen: »Wenn die individuelle Seele ihren Körper verläßt und in einem anderen Schoß neu geboren wird auf ihren Wanderungen durch Zehntausende Millionen von Existenzen …

Wenn Seelen, die eine körperliche Gestalt angenommen

---

[11] *Krischna*: indische Heroengestalt und hinduistische Gottheit
[12] *Manu* (sanskr. »Mensch«) ist nach hinduistischem Mythos der Urvater des Menschengeschlechts und mythischer Gesetzgeber.

haben, Schmerz zugefügt wird, verursacht durch tadelns-
wertes Verhalten, oder wenn diese Seelen ewigen Segen
gewinnen, verursacht durch das Erreichen ihrer höchsten
Ziele mittels spiritueller Verdienste ...«

TIBETANISCHER BUDDHISMUS

Die *Skandhas*[13] (eine Gruppe von Merkmalen bzw. Ele-
menten, die alle begrenzten Existenzen auszeichnet) spielen in der buddhistischen Philosophie eine überaus wichtige Rolle in der Übermittlung »noch offener Angelegenheiten«. Diese karmischen Verbindungen zwischen den einzelnen Inkarnationen (Skandhas) ähneln in ihrer Funktion
der DNS, die die Chromosomen bildet, welche für die
ererbten Charakteristika des physischen Körpers verantwortlich sind. Diese Skandhas bleiben beim Tod als karmische Reste zurück, klammern sich an das Unterbewußtsein
und werden später mit dem Unterbewußsein neu inkarniert.

Das *Tibetanische Totenbuch* wurde vor Tausenden von
Jahren von besonders erleuchteten Yogis aufgezeichnet. Es
beschreibt die unterschiedlichen Erfahrungen, die die Seele
(das Unterbewußtsein) nach dem Tode macht. Gemäß diesen Aufzeichnungen durchläuft eine Seele viele nicht-kör-
perliche Welten, bevor sie in einer neuen Gestalt auf die
Erde zurückkehrt. Die Zeit, die in jeder dieser Welten ver-
bracht wird, hängt ausschließlich vom Zustand der individuellen Entwicklung ab.

Eine Seele kann in ihrer früheren Umgebung auf der

---

[13] Der Mensch besteht nach der buddhistischen Lehre aus fünf Gruppen von
Daseinsfaktoren, den *Skandhas*:
        Körper, Sinne oder Körperliches
        Empfindung
        Bestimmte Wahrnehmungen, Vorstellungen, usw.
        Triebkräfte
        Bewußtsein

Erde verweilen und all die vertrauten Plätze ihrer Vergangenheit aufsuchen, oder sie kann einfach ihren früheren Körper beobachten, bevor sie in eine dieser nicht-körperlichen Welten eintritt. Schließlich gelangt die Seele in eine Welt voller Seelen, in der sie ihr letztes Leben bewertet. Nach einer bestimmten Zeitspanne wird sie in einem neuen Körper wiedergeboren.

Ein auffallender Unterschied in den Karma-Theorien zwischen Hindus und Buddhisten liegt darin, daß die Hindus an eine beständige Seele glauben, während die Buddhisten glauben, daß sich alles im Universum in einem Zustand der Veränderung befindet. Buddhisten betrachten die Seele als Konglomerat von Verhaltensmustern und Gewohnheiten, von Bindungen und Instinkten, die alle der Veränderung unterworfen sind. Daher sind die Buddhisten der Ansicht, es gebe keine beständige Seele, sondern nur ein pulsierendes Unterbewußtsein, das von Inkarnation zu Inkarnation wechselt und seine Lektionen lernt, bis es durch das Erlangen von Erleuchtung Befreiung erfährt. Die Buddhisten sagen, daß die Existenz der drei »Feuer« – Begehren, böser Wille und Ignoranz – die Wiedergeburt herbeiführen. Das Auslöschen dieser »Feuer« wird durch das Wort *Nirwana* symbolisiert, das »Vollkommenheit« bedeutet.

ZOROASTRISMUS

Die altpersischen Lehren des Zarathustra[14] werden bis heute von den indischen Anhängern des Parsismus bewahrt. Ahura Mazda trennte den Menschen von den

---

[14] *Zarathustra* (griech. *Zoroaster*) prophetischer Reformator der altiranischen Religion um 750 v. Chr. Zarathustra verstand sich als der von seinem Gott *Ahura Mazda* (auch *Mezoam*) berufene Verkünder einer monotheistischen Religion, dem *Parsismus*.

anderen Tieren, indem er ihm eine Seele gab. Diese Seele ist frei und ohne Körper oder irgend etwas Materielles. Durch die Seele erreicht der Mensch Gott. Jam-i-Kaikhoshra sagte: »Wenn ein tugendhafter Mann seinen Körper verläßt, nimmt er einen noch besseren Platz und einen noch besseren Körper ein, und seine Weisheit wächst ohne Unterlaß.«

DER KORAN

Unter islamischem Einfluß wurde Spanien zu einem bedeutenden Zentrum der Philosophie. Avicebron[15], ein spanischer Jude, brachte die lange vergessenen Lehren von Plato, der an die Seele glaubte, wieder in das europäische Gedankengut ein. Während der dunklen Zeiten des Mittelalters in Europa, als das Wissen Griechenlands und Roms so gut wie verloren war, wurde die Doktrin der Wiedergeburt im Osten von Al-Ghazali und Al-Batagni in den Schulen Bagdads gelehrt. Trotzdem bemühten sich die Sufis, eine mystische Sekte des Islam, den Reinkarnationsgedanken im Osten zu bewahren. Die Sufis nahmen für sich in Anspruch, die esoterische Philosophie des Islam zu besitzen. Saadi, Rumi und Hafis waren persische Sufi-Dichter. Ein Zitat aus dem Koran, dem heiligen Text des Islam, illustriert das Karma: »Gott erschafft die Wesen und sendet sie immer und immer wieder zurück, bis sie wieder ganz zu Ihm zurückkehren.«

---

[15] Salomon ben Jehuda ibn Gabirol, auch *Avicebron*, ältester Vertreter der jüdischen Philosophie in Spanien (1021-1070)

Karma im Steinzeitalter

Bei primitiven Kulturen sind Menschenopfer häufig Teil der religiösen Riten. Sie waren der Überzeugung, daß nur der Körper, nicht aber die Seele heilig war. Einige Indianerstämme Nord- und Zentralamerikas waren der Meinung, Menschenopfer seien dem individuellen karmischen Kreislauf zuträglich.

In Großbritannien wurde die uralte keltische Religion des Hexenwesens, auch Wicca[16] genannt, schließlich durch die Einverleibung des Reinkarnationsgedanken ersetzt. Dies trifft auch auf Frankreich und Skandinavien zu.

Ägypten

Im ägyptischen Glauben war die Transmigration der akzeptierte Mechanismus der Reinkarnation. Nach dem Tod wurde der Mensch als Tier wiedergeboren, und dies 3.000 Jahre lang, bis seine Seele geläutert war. Erst dann konnte seine Seele in menschliche Form zurückkehren. Im *Buch des Hermes* heißt es: »Aus einer Seele des Universums stammen alle Seelen … Diese Seelen sind vielen Veränderungen unterworfen, einige werden zu glücklichen Wesen, andere zum genauen Gegenteil. Die Seele wandert von Form zu Form; auf ihrer Reise weilt sie in vielen Häusern.«

---

[16] Man rätselt immer noch darüber, woher das Wort *Wicca* kommt, ob vom altenglischen *wit*, »Wissen« oder »Weisheit«, oder vom indoeuropäischen *wig*, »biegen, beugen«. Die Hexe Margot Adler findet die letztgenannte Wurzel passend, weil sie die Wicca-Übenden als Menschen charakterisiert, die »in der Kunst des Formens, Biegens und Veränderns der Wirklichkeit bewandert sind.«

Orpheus war der Begründer der griechischen Theologie. Er lehrte die Griechen verschiedene heilige Riten. Für Plato und Pythagoras diente Orpheus als Quelle ihrer eigenen philosophischen Schulen.

Im *Leben des Pythagoras* von Diogenes Laertius beschreibt Pythagoras seine früheren Inkarnationen. Er berichtet, er sei Aethalides gewesen und dann Euphorbus, der von Menelaos bei der Belagerung von Troja verwundet wurde und dort starb. Als Aethalides erhielt Pythagoras (582-507 v. Chr.) die Erinnerung an die Inkarnationen seiner Seele als Geschenk von Merkur (dem Gott der Weisheit).

Plato (427-347 v. Chr.) führt in *Phaidros* aus: »Jede Seele ist unsterblich. Alles, was Seele ist, herrscht über alles, was ohne Seele ist, und kontrolliert den gesamten Himmel, erscheint jetzt in einer Form und dann in einer anderen. Die Seele eines jeden Menschen hat als Geburtsrecht einen Betrachter der ewigen Wahrheit, oder sie wäre niemals in unsere sterbliche Hülle eingetreten. Dennoch ist es für niemanden eine leichte Sache, durch die gegenwärtige Existenz an die Vergangenheit erinnert zu werden.«

In seinen *Gesetzen*, Buch X, erklärt Plato: »Wisse, wenn du schlechter wirst, wirst du zu den schlechten Seelen gehen, wenn du besser wirst, zu den besseren, und in jeder Folge von Leben und Tod wirst du tun und leiden, was man unter seinesgleichen angemessen erleidet.«

FRÜHES JUDENTUM

Der hebräische Historiker Josephus berichtet, daß es unter den Juden drei Geheimgesellschaften gab: die Essener, die Pharisäer und die Saduzäer. Die Saduzäer glaubten, daß beim Tod des Körpers auch die Seele starb, aber sowohl die Essener als auch die Pharisäer glaubten an eine Wiedergeburt.

Philo Judaeus (20 v.Chr. – 54 n.Chr.) sagt in *DeSomniis*: »Die Luft ist voller Seelen; jene, die der Erde am nächsten sind, steigen herab, um an sterbliche Körper gebunden zu werden. Sie kehren in andere Körper zurück in dem Wunsch, in ihnen zu leben.«

Die Kabbala ist ein heiliger Text, der angeblich die verborgene Weisheit hinter den hebräischen Schriften verkörpert. Die Rabbis des Mittelalters leiteten sie aus älteren Schriften ab. Die Reinkarnation erscheint häufig in der Kabbala und wurde im hassidischen Gedankengut weiterentwickelt. Gemäß diesen Lehren haben alle menschlichen Seelen einen gemeinsamen Ursprung im Urmenschen (Adam Kadmon). Teile von Adams Seele (*Nitzotzoth*) formen jede menschliche Seele. Adams Erbsünde brachte hohe und niedrige Seelen in Verwirrung. Als Folge davon muß jede Seele eine Reihe von Inkarnationen durchlaufen, bevor sie zu Gott zurückkehrt.

Die frühen Juden glaubten, daß Moses der wiedergeborene Abel, der Sohn von Adam, war. Ihr Messias mußte die Wiedergeburt von Adam selbst sein, der bereits ein zweites Mal als David wiedergeboren wurde.

ROM

Der Dichter Ennius führte Karma bei den Römern ein. In seinen »*Annales*« erzählt Ennius, wie ihm Homer in einem Traum erschien und ihm mitteilte, daß ihrer beider Körper dieselbe Seele besitzen. Vergil (70-19 v.Chr.) schreibt in »*Aeneis*«: »All diese Seelen werden, nachdem sie tausend Jahre ohne Leben waren, von den Göttern zu einer großen Versammlung zum Fluß Lethe gerufen. Auf diese Weise vergessen sie ihr früheres Erdenleben und besuchen erneut die gewölbte Sphäre der Erde; sie sind bereit, in lebende Körper zurückzukehren.«

Ein früher christlicher Philosoph mit Namen Origenes (185-254 n.Chr.), der von manchen Historikern als einer der hervorstechendsten aller Kirchenväter betrachtet wird, schreibt in seinem Werk *Contra Celsum*: »Ist es nicht viel vernünftiger, daß jede Seele aus einem bestimmten geheimnisvollen Grund in einen Körper eingeführt wird und zwar gemäß ihren Verdiensten und früheren Taten? Die Seele, die ihrem Wesen nach unstofflich und unsichtbar ist, existiert an keinem materiellen Ort, ohne einen Körper zu haben, der dem Wesen dieses Ortes angemessen ist; wenn sie zu einer gewissen Zeit den Körper abstreift, der zuvor wohl nötig war, aber in seinem veränderten Zustand nicht mehr angemessen ist, so wechselt sie dementsprechend in einen zweiten.«

Der heilige Augustinus (354-430 n. Chr.) erörtert in seinem *Contra Academicos* Platos Reinkarnation: »Die Botschaft Platos, die reinste und strahlendste aller Philosophie, hat letztendlich die Dunkelheit des Irrtums zerstreut, und leuchtet nun in Plotinus, einem Nachfolger Platos, der seinem Meister so ähnlich ist, daß man denken könnte, sie lebten zusammen oder vielmehr – da eine so lange Zeitspanne zwischen ihnen liegt – daß Plato in Plotinus neu geboren wurde.«

In den 500 Jahren nach dem Tod von Jesus Christus gab es viele Streitgespräche über die christlichen Lehren – insbesondere über ein früheres Dasein der Seele. Im Mittelalter wurde die Doktrin der Reinkarnation verheimlicht, aber glücklicherweise verschwand sie nicht völlig. Häretische christliche Gruppen hielten Reinkarnation und Karma im Westen am Leben.

Im Jahre 529 schloß Kaiser Justinian die Neuplatonische Schule in Athen und verbannte den letzten der Neuplatoniker. Mit Ausnahme der christlichen Häretiker ver-

schwand die Vorstellung der Reinkarnation annähernd ein-
tausend Jahre lang aus dem christlichen Europa. Erst im
15. Jahrhundert wurden die Lehren des Plato und die Vorstellung der Reinkarnation im italienischen Florenz unter
dem Schutz der Medici neu belebt.

Georg Gemistus (1355-1450) soll als erster Plato in der
westlichen Welt eingeführt haben. Gemistus schrieb: »Was
uns betrifft, bleibt unsere Seele unsterblich und ewig. ...
An eine sterbliche Hülle gebunden wird sie von den Göttern jetzt in einen Körper, dann in einen anderen gesandt,
damit die Vereinigung der sterblichen und unsterblichen
Elemente in der menschlichen Natur beitragen möge zur
Einheit des Ganzen.«

THEOSOPHIE IN DEN USA

Im letzten Viertel des 19. Jahrhunderts wurde in New York
durch Madame H. P. Blavatsky, Colonel H. S. Olcott, William Q. Judge und andere die Theosophische Gesellschaft
gegründet. Als erste weitverbreitete Bewegung der modernen westlichen Welt untersuchte und studierte man hier
Reinkarnation und damit verbundene Vorstellungen. Die
Theosophische Gesellschaft symbolisierte eine Synthese
aus Religion, Philosophie, Wissenschaft und Psychologie.

Man hielt die Reinkarnation im Osten für ein Mittel, so
schnell wie möglich dem Rad der Wiedergeburt zu ent-
kommen und das Nirwana zu erlangen. Die Menschen des
Westens betrachteten die Rückkehr in ein irdisches Leben
als Strafe, aber auch als eine Möglichkeit, sich selbst von
Unreinheiten zu läutern. Die Theosophisten hielten die
Reinkarnation für ein universelles Gesetz evolutionären
Fortschritts und waren der Überzeugung, in einem unend-
lichen Universum müsse es unendliche Möglichkeiten für
Wachstum und Entwicklung geben. Daher würde der
Kreislauf der Wiedergeburt niemals enden.

H. P. Blavatsky (1831-1891) drückte ihre Ansichten wie folgt aus: »Die Lehre der Metempsychose (Wiedergeburt) wurde von den Männern der Wissenschaft völlig lächerlich gemacht und von den Theologen abgelehnt, doch wenn man ihre Bedeutung, nämlich die Unzerstörbarkeit der Materie und die Unsterblichkeit des Geistes, richtig versteht, kann man ihre sublime Konzeption erkennen.«

ZUSAMMENFASSUNG VON REINKARNATION UND KARMA

Karma bedeutet »Tat« oder »Reaktion«. Man könnte Karma auch einfach als Ursache und Wirkung beschreiben. Die Christen sagen: »Alles nun, was ihr wollt, daß euch die Leute tun sollen, das tut ihnen auch! (Matthäus 7, 12). Die christliche Philosophie betrachtet diese Ursache und Wirkung als Erscheinung eines einzigen Lebens. Die Anhänger von Karma und Reinkarnation tragen es von Leben zu Leben.

Das Gesetz des Karma legt fest, daß jede einzelne Wesenheit unter genau den Umständen und mit genau den Fähigkeiten in einem bestimmten Leben geboren wird, die ihren karmischen Kreislauf am besten vorantreiben. Seine Eigenschaften sind das Ergebnis früherer Inkarnationen.

Das Gesetz der Vergeltung umschließt den gesamten karmischen Kreislauf. Daher kann die Seele in einem Leben von den Ereignissen früherer Inkarnationen profitieren oder darunter leiden.

Das Gesetz des Karma birgt für seine Schüler viele Vorteile. Es läßt die Frustrationen und Hindernisse verstehen, die viele Menschen anscheinend unverdient erleiden. Zweitens bietet es eine wissenschaftlichere Erklärung für die Lehren von Jesus Christus und allen anderen religiösen Führern. Drittens fungiert dieses Gesetz als Abschreckungsmittel für selbstsüchtige, gedankenlose und schädliche Taten. Viertens erleichert es den Glauben an ein geordnetes Universum, eines, in dem Gesetz und Ordnung und ein Gefühl für moralische Werte vorherrschen.

Eine der überaus attraktiven Eigenschaften der Reinkarnation und des Karma ist die Möglichkeit, Herausforderungen in neuen Inkarnationen anzunehmen und sein eigenes Schicksal unter Kontrolle zu haben. Betrachten Sie es als ein Konzept der Evolution, das auf den Gesetzen von Ursachen und Wirkung basiert. »Denn was der Mensch sät, das wird er ernten.« (Galater 6, 7)

EINIGE GÄNGIGE ERKLÄRUNGEN ZU KARMA UND SEINEN GRUNDPRINZIPIEN

Nachfolgend einige der gängigen Vorstellungen, die versuchen, Karma und seine wichtigsten Prinzipien zu erklären. Ich werde nicht jeden Erklärungsversuch aufführen, da es davon mehr zu geben scheint als Regressionshypnotherapeuten, aber ich werde die (meiner Ansicht nach) logischsten und bekanntesten beschreiben.

Bevor ich dies jedoch tue, lassen Sie mich eine Warnung vor Sekten aussprechen. In den letzten zwanzig Jahren sind viele Sekten – oder Pseudo-Religionen, wie ich sie nenne – aufgetaucht und haben versucht, ihre Weltanschauung an nichtsahnende Amerikaner zu verkaufen. Wenn Sie jemandem erlauben, Ihr Denken zu kontrollieren, wird als Ergebnis dieser Erfahrung zweifelsohne negatives Karma aufgebaut. Meine Daumenregel besagt, wann immer eine Organisation behauptet, die »Antwort« auf alle menschlichen Probleme zu besitzen und insbesondere wenn ein einziger Führer an der Spitze steht und Ihnen »den Weg« weist, dann ist diese Gruppppe eine Sekte.

Die Antworten auf den eigenen karmischen Kreislauf

liegen im Unterbewußtsein jedes Einzelnen. Jeder Mensch, der sich Ihre Leistungen anmaßend als eigenen Verdienst anrechnet, hat entweder ein Ego-Problem oder erliegt einer großen Täuschung hinsichtlich des Karma – oder beides. Shakespeare hat es noch am besten ausgedrückt als er schrieb: »Dir selbst sei treu.«

Es folgen nun – wie versprochen – einige Erklärungsversuche.

DAS EBENEN-MODELL

Gemäß dem Ebenen-Modell wird unser karmischer Kreislauf über fünf untere Ebenen ausgearbeitet. Auf jeder dieser unteren Ebenen hat eine Wesenheit (Seele) eine eigene Bewußtseinssphäre bzw. Schwingungsrate. Um eine höhere Ebene zu erreichen, muß Ihre Schwingungsrate eine bestimmte Ebene erreicht haben. Jede Folge-Ebene erfordert eine höhere Schwingungsrate. Wenn die Wesenheit eine bestimmte Ebene noch nicht erreicht hat, wird sie sich auf die Ebene begeben, für die sie am besten geeignet ist.

DIE FÜNF UNTEREN EBENEN

1. *Die Erdebene bzw. die körperliche Ebene.* Dies ist die Ebene, auf der wir im Moment funktionieren. Der Körper ist auf dieser Ebene am stofflichsten bzw. körperlichsten. Auf dieser Ebene kann die größte Menge Karma ausgelöscht oder hinzugefügt werden. Dies ist auch mit Abstand die schwierigste Ebene.

```
┌─────────────────────────────────────────────────────────────┐
│              Gott oder die namenlose Ebene                    │
│              (Ebene 13)                                       │
│   DIE        Ebene 12                                         │
│   SIEBEN     Ebene 11                                         │
│   HÖHEREN    Ebene 10                                         │
│   EBENEN     Ebene  9                                         │
│              Ebene  8                                         │
│              Ebene  7                                         │
│                                                               │
│         ┌───────────────────────────────────────┐           │
│         │    Die Ebene der Seele (Ebene 6)       │           │
│         └───────────────────────────────────────┘           │
│                                                               │
│   KARMISCHER   Ätherische Ebene  (Ebene 5)                   │
│   KREISLAUF    Mentale Ebene     (Ebene 4)                   │
│   (DIE FÜNF    Kausale Ebene     (Ebene 3)   AKASHA-CHRONIK  │
│   UNTEREN      Astrale Ebene     (Ebene 2)                   │
│   EBENEN)      Erd-Ebene         (Ebene 1)   HIER SIND SIE   │
└─────────────────────────────────────────────────────────────┘
```

Abbildung 2

2. *Die astrale Ebene*. Hier ist der Körper weniger stofflich. Auf diese Ebene begibt sich das Unterbewußtsein bzw. die Seele unmittelbar nach dem Tod bzw. dem Hinscheiden. Geister sind Beispiele für Astralkörper.

3. *Die kausale Ebene*. Der Körper ist auf dieser Ebene noch weniger stofflich. Hier wird auch die Akasha-Chronik geführt. Auf diese Ebene projiziert sich ein Medium, wenn es Ihre Vergangenheit oder Zukunft liest.

4. *Die mentale Ebene*. Dies ist die Ebene des reinen Intellekts.

5. *Die ätherische Ebene*. Der Körper ist auf dieser Ebene am wenigsten stofflich. An diesem Ort sind Wahrheit und Schönheit am wichtigsten.

Wieviel Zeit man auf diesen unteren Ebenen verbringt, hängt ausschließlich von den Leistungen der Seele und den verbliebenen karmischen Schulden ab. Wenn Sie sich intellektuell entwickeln müssen, dann würden Sie die mentale Ebene wählen. Wenn die Wahrheit für Ihren karmischen Kreislauf am wichtigsten ist, dann wäre die ätherische Ebene der Ort Ihrer Wahl. Die Erd-Ebene stellt die Ebene dar, auf der Sie Ihre karmischen Schulden am besten abbauen, aber auch ergänzen können.

DER AUGENBLICK DES TODES

Im Augenblick des Todes gelangt die Wesenheit in eine äußerst prekäre Lage. Dies ist eine Phase des Übergangs bzw. der Anpassung. Es muß uns zuerst bewußt werden, daß wir gestorben sind. Dies wird unter der überaus hilfreichen Anleitung von hochentwickelten Wesenheiten bewerkstelligt, die Meister und Führer heißen. Diese Meister und Führer haben ihren karmischen Kreislauf bereits vor vielen Jahrhunderten vollendet. Der Sinn ihres Daseins ist es, uns bei der Anpassung an unseren Tod zu helfen und uns zu dem weißen Licht zu führen. Das weiße Licht bringt uns in das Zwischenreich der sechsten Ebene, der Ebene der Seele, wo wir unser letztes Leben bewerten und das nächste Leben wählen. Zu dieser Zeit können wir mittels Telepathie auch mit Freunden oder Verwandten in Kontakt treten, die vor uns gestorben sind. Diese Wesenheiten werden auch versuchen, uns zum Eintritt in das weiße Licht zu überzeugen.

Wenn Sie nicht in das weiße Licht treten, werden Sie als verwirrter Geist auf der astralen Ebene verbleiben. Vor kurzer Zeit verstorbene Wesenheiten finden Trost in der letzten Umgebung, die sie auf der Erd-Ebene bewohnt haben. Daher werden Sie die Nähe ihres Hauses oder ihrer Wohnung suchen. Einige ihrer Familienangehörigen sind sich ihrer Anwesenheit bewußt und meinen, ein Geist spuke in ihrem Heim. Viele Fälle von Spukhäusern lassen sich auf diese Weise erklären.

DIE EBENE DER SEELE ODER DIE SECHSTE EBENE

Schließlich werden Sie in das weiße Licht eintreten. Ihr Zielort ist die Ebene der Seele. Wenn Sie auf der Ebene der Seele ankommen, werden Sie von besonderen Führern begrüßt, die speziell Ihnen zum Zwecke der Orientierung zugewiesen wurden. Ihre Führer werden so viel Zeit wie nötig damit verbringen, Ihnen das Wesen der Wirklichkeit zu erklären und warum Sie sich auf dieser Ebene befinden. Man wird Ihnen im Detail Ereignisse aus Ihrem letzten Leben zeigen, und wie diese in Ihr karmisches Muster passen. Man wird Ihnen auch Szenen aus vergangenen und zukünftigen Inkarnationen zeigen, und Sie müssen diese Ereignisse in allen Einzelheiten studieren. Es ist, als ob Sie ein Footballspieler wären, der eine Videoaufzeichnung des Teams studiert, mit dem er am Sonntag spielen soll. Statt sich auf ein Footballspiel vorzubereiten, bereiten Sie sich darauf vor, Ihr nächstes Leben auszuwählen.

Sie erhalten bei diesen extrem wichtigen Entscheidungen enorm viel Hilfe und Ratschläge durch Ihre Meister und Führer. Zuerst müssen Sie sich ein bestimmtes Zeitalter für Ihr nächstes Leben aussuchen.

Das historische Zeitalter, das Sie wählen, ist von größter Bedeutung. Wir hier im 20. Jahrhundert sollen schon zu Zeiten von Atlantis auf Erden gewandelt sein. Ich habe viele Patienten in die Tage von Atlantis (eine hochentwickelte Zivilisation, die wahrscheinlich im Bermuda Dreieck lag) und Lemuria (eine hochentwickelte Zivilisation, die 50.000 v.Chr. – noch vor Atlantis – im Indischen Ozean gelegen haben soll) regressiert – beide sind für uns in der Gegenwart verloren. Es gibt bestimmte Lektionen, die man am besten während primitiver historischer Zeitalter lernen kann, wie beispielsweise dem Mittelalter. Der Beginn der Industriellen Revolution bietet eine Bühne für gänzlich andere Herausforderungen. Schließlich das 20. Jahrhundert, das mit Atomkraft, Space Shuttles, Laserstrahlen und anderen technologischen Errungenschaften eine völlig andere Arena für unsere karmischen Lektionen offeriert.

Die Zeitspanne zwischen unseren Inkarnationen variiert beträchtlich. Wenn ich Patienten mittels Regression ins Mittelalter zurückführe, können Jahrhunderte zwischen den einzelnen Lebensspannen liegen. Eine Regression in das 18. und 19. Jahrhundert resultiert für gewöhnlich in 75 Jahre vom Ende des einen Lebens bis zum Beginn des nächsten. Regressionen innerhalb des 20. Jahrhunderts sind die schnellsten; von einem Jahr bis zu 25 Jahren zwischen den einzelnen Inkarnationen ist alles möglich. Offenbar sind unsere Schwingungsraten und karmischen Lektionen dergestalt, daß es notwendig ist, schnell in dieses Jahrhundert zurückzukehren.

Die Astrologie spielt eine wichtige Rolle bei der Entscheidung für das passende Zeitalter Ihres nächsten Lebens. Die genaue Zeit, der Ort und das Datum Ihrer Geburt werden eine wichtige Rolle spielen. Wenn Sie eine künstlerische Lektion zu lernen haben und Empfindsamkeit erfahren sollen, dann wäre es angezeigt, als Fisch zurückzukehren. Lektionen als Manager oder Führungspersönlichkeit können eine Rückkehr als Skorpion, Steinbock oder Löwe vorschreiben. Natürlich müssen auch andere planetare Einflüsse, wie der Aszendent, Mond, Mars, Merkur, Venus etc, sorgfältig ausgewählt werden.

Zusätzlich zur Astrologie müssen auch »Subzyklen« in Betracht gezogen werden, bevor eine Entscheidung hinsichtlich des gesamten karmischen Kreislaufs gefällt werden kann. Innerhalb unserer karmischen Kreisläufe beenden diese kleineren Subzyklen, wie bestimmte emotionale, intellektuelle, kreative und körperliche Aufgaben, mit ihrer Vollendung eine bestimmte Phase innerhalb des gesamten karmischen Kreislaufs. Einige Parapsychologen behaupten, daß immer zwölf Inkarnationen einen Subzyklus ausmachen. Diese zwölf Leben entsprechen den Tierkreiszeichen der Astrologie. Theoretisch wählen wir für jedes dieser zwölf Leben ein anderes astrologisches Zeichen, um den Kreislauf zu vollenden.

Es gibt so etwas wie eine »karmische Kurve«, die aus Ihrem Geburtsdatum, aus Zeit und Ort Ihrer Geburt errechnet werden kann. Sie unterscheidet sich von einer normalen astrologischen bzw. Geburtskurve insoweit, als sie Ihren Subzyklus erklärt und Ihnen große Einsicht in Ihren gesamten karmischen Kreislaufs vermitteln kann.

Auf der Ebene der Seele werden Sie auch Ihre Eltern, Brüder, Schwestern und anderen Familienmitglieder wählen und auch alle großen Ereignisse in Ihrem Leben planen. Diese Ereignisse müssen den karmischen Kreislauf der anderen Menschen in Betracht ziehen. Ich bediene mich noch einmal der Analogie zum Football: Es ist, als ob man versucht, die *National Football League* zu organisieren. Stellen Sie sich vor, wie schwierig es wäre, den Zeitplan für so viele Teams zu organisieren, mit Konferenzen, weiteren Konferenzen und anderen Faktoren, die berücksichtigt werden müssen, um die Anforderungen der Liga zu erfüllen und gleichzeitig zu versuchen, jedes Team mit diesem Plan glücklich zu machen.

Sie müssen sich nicht nur Ihres eigenen karmischen Kreislaufs voll bewußt sein, sondern Sie müssen mit den karmischen Kreisläufen der vielen bedeutenden Menschen, mit denen Sie in Ihrem neuen Leben in Berührung kommmen, zumindest vertraut sein. Ob Sie reich oder arm, ein Einzelkind oder Teil einer großen Familie, schwarz oder weiß, schwach oder stark sind, hängt alles von einem äußerst komplizierten Auswahlverfahren ab, über das die Geschichte Ihres vergangenen Lebens entscheidet. Ihre Akasha-Chronik verfügt über all diese Informationen, und sie wird auf der Ebene der Seele Ihr ständiges Nachschlagewerk sein.

DIE AKASHA-CHRONIK

Die Akasha-Chronik soll Berichten zufolge auf der kausalen Ebene geführt werden, aber wir haben auf der Ebene der Seele Zugang zu Ihr. Sie führt genau Buch über Wachstum und Entwicklung der Seele während ihrer vielen Leben. Sie enthält, was die Seele gelernt und nicht gelernt hat. Daher zeigt sich in der Akasha-Chronik die Progression der Seele durch ihren karmischen Kreislauf. Durch diese Chronik besitzen wir die genaue Kenntnis darüber, was wir getan haben und was wir tun müssen. Eine höchst wertvolle Hilfe.

Es kann beispielsweise sein, daß Sie aufgrund Ihrer karmischen Schulden aus der Vergangenheit Ihren Intellekt betonen müssen. Die emotionale Seite des Lebens wird heruntergespielt, damit der Intellekt zu seinem größten Potential entwickelt werden kann. Es kann auch die genau entgegengesetzte Situation nötig sein. Ihr körperlicher Zustand ist ebenfalls wichtig. Obwohl eine Behinderung in Ihrem neuen Leben augenscheinlich ein Nachteil zu sein scheint, gibt sie Ihnen doch die Gelegenheit, bestimmte Lektionen zu lernen, die ohne ein solches Gebrechen nur sehr schwer zu lernen wären.

DAS PRINZIP DER VERGEBUNG

Bei der Arbeit an unserem Karma ist das Prinzip der Vergebung höchst interessant. Wenn ich den Patienten aus dem Überbewußtsein (der höchsten Ebene des Unterbewußtseins) sprechen lasse, lerne ich, wie dieses Prinzip funktioniert. Stellen Sie sich vor, Sie hätten zur Zeit der Wikinger vor 1.200 Jahren gelebt. Sie plünderten Dörfer, brannten Häuser nieder, vergewaltigten die Frauen und ermordeten die Dorfbewohner – das wäre alles ganz normal. Dies würde viel negatives Karma ansammeln. Wenn während einer dieser Überfälle eine Gruppe von Dorfbewohnern dank Ihrer Güte das Leben gerettet würde, dann verdienen Sie dadurch positives Karma. Es wäre nicht einfach nur eine positive gegenüber vielen negativen Taten. Die Tatsache, daß Sie diese Güte an den Tag legen, würde viele negative Taten im Laufe dieser einen Inkarnation auslöschen. Wenn Sie den Rest dieses Lebens damit verbringen würden, anderen Menschen zu helfen, könnten all Ihre Morde, Diebstähle und Ihre anderen Verbrechen der Vergangenheit aus Ihrem karmischen Kreislauf gelöscht werden.

DER FREIE WILLE

Da die Seele immer über einen freien Willen verfügt, ist es unsere Entscheidung, zu einer bestimmten Zeit und an einem bestimmten Ort geboren zu werden. Es ist unsere Entscheidung, wie wir unsere Eltern, Freunde, Liebhaber und Feinde wählen. Wir können anderen Menschen, einer schlechten Kindheit oder Ehe für unsere gegenwärtigen Probleme nicht die Schuld geben. Wir sind direkt verantwortlich für unser Leben, weil wir unsere Umgebung frei gewählt haben. Der grundlegende Rahmen Ihres neuen Lebens wird von Ihnen selbst im voraus bestimmt, aber Sie können nicht jede Situation planen. Nicht nur *Ihre* Seele verfügt über einen freien Willen, das tun *alle* Seelen, mit denen Sie in diesem neuen Leben in Berührung kommen. Das Wichtigste ist, daß Sie Ihre Prüfungen selbst wählen.

Wir reinkarnieren nicht nur individuell. Wie ich bereits erwähnte, ist unser eigener separater karmischer Kreislauf vielmehr eng verbunden mit vielen anderen. So können beispielsweise Ihre Eltern in einem früheren Leben Ihre Kinder gewesen sein. Ihre Ehefrau könnte Ihr Bruder oder Sohn gewesen sein, und so weiter. Das soll nicht heißen, daß es bei Karma um irgendeine Form von Inzest oder anderen moralischen Angelegenheiten geht. Es besagt ausschließlich, daß unsere Lektionen mit den Lektionen anderer Wesenheiten verflochten sind. Diese Lektionen haben Auswirkungen auf die betroffenen Wesenheiten untereinander und auf andere um sie herum.

Das Gruppenkarma betrifft alles, was wir tun. Menschen, die bei Flugzeugabstürzen, in Kriegen oder anderen Katastrophen getötet werden, wählen in Wirklichkeit diese Zeit und diesen Ort für ihren Tod. Die Fallgeschichten an späterer Stelle in diesem Buch werden diesen Gedanken weiter ausführen.

MEISTER UND FÜHRER

Unsere Meister und Führer helfen uns bei diesen Entscheidungen. Diese hoch entwickelten Wesenheiten haben ihren karmischen Kreislauf vollendet, und sie wollen uns einfach nur Hilfestellung leisten und uns Ratschläge für unser kommendes Leben geben. Sie moralisieren nicht und fällen auch keine Urteile. Sie beraten uns einfach und versuchen, uns so gut sie nur können zu helfen. Die individuelle Seele hat immer den freien Willen, ihre Ratschläge zu ignorieren. Viele unserer Entscheidungen fallen aus eben diesem Grund so erbärmlich aus. Diese Meister und Führer erhalten ebenfalls Ratschläge von noch höheren Wesenheiten mit höheren Schwingungsraten aus den sieben höheren

Ebenen. Diese noch viel weiter entwickelten Wesenheiten erhalten ihren Rat von noch höher entwickelten Quellen, und die ultimative Autorität ist Gott oder Alles, was ist (wie viele Parapsychologen Gott bezeichnen). Das resultiert letztendlich natürlich in hervorragender Führung. Wenn wir auf diese Führer hören, treffen wir bessere Entscheidungen und arbeiten unseren karmischen Kreislauf schneller und mit viel weniger Traumata aus.

DIE WAHL EINES NEUEN KÖRPERS

Das ist ein überaus kompliziertes Verfahren, denn man muß auf das Gruppenkarma Rücksicht nehmen. Das heißt, Sie müssen die karmischen Kreisläufe Dutzender von anderen Wesenheiten berücksichtigen, bevor Sie Ihre Pläne abschließen können. Diese anderen Wesenheiten müssen Ihren Plänen zustimmen, weil auch sie einen freien Willen haben. Das Veto-Recht kann ungezählte Verzögerungen in der endgültigen Feinplanung Ihrer nächsten Inkarnation, aber auch in den Inkarnationen der anderen verursachen.

Um bestimmte Körper kann regelrecht ein Konkurrenzkampf entbrennen. Nehmen wir einmal an, daß Sie Ihren Entwurf für den grundlegenden Rahmen Ihres nächsten Lebens abgeschlossen haben. Jetzt müssen Sie ein Neugeborenes wählen. Aber lassen Sie uns auch annehmen, eine andere Wesenheit wünscht sich dasselbe Neugeborene für ihren karmischen Kreislauf und bekommt diesen Körper für sich zugesprochen. Sie müssen immer noch einen karmischen Kreislauf mit den Eltern und anderen Familienmitgliedern dieses Neugeborenen ausarbeiten. Sie müssen nun ein anderes passendes Neugeborenes auswählen und einen Weg finden, karmisch zu den Eltern und den anderen Famlienangehörigen jenes Neugeborenen in Beziehung zu treten, das Ihnen nicht zugesprochen wurde. Wir wissen nicht genau, wie über die Reihenfolge auf der Warteliste für Körper entschieden wird. Sie basiert wahrscheinlich auf einem Prioritätssystem, bei dem diejenige Seele, die die wichtigste karmische Lektion zu lernen hat, oberste Priorität erhält.

Sobald Sie Ihren nächsten Körper sorgfältig ausgewählt und den grundlegenden Rahmen für Ihr nächstes Leben entworfen haben, sind Sie für den Eintritt der Seele in das Neugeborene bereit. Während der Schwangerschaft kann jede Seele ihren zukünftigen Körper besuchen. Tatsächlich betreten viele Seelen den sich entwickelnden Fötus, und darum haben viele Menschen pränatale Erinnerungen, die mittels Hypnose angezapft werden können.

Die Seele kann in dieser Zeit beliebig kommen und gehen, weil das Nervensystem des Fötus sich noch nicht voll entwickelt hat. Es gibt Öffnungen im Schädel (Cranium) namens »Fontanellen«. Diese erlauben es der Seele bzw. dem Unterbewußtsein, den Körper zu betreten oder zu verlassen. Diese Öffnungen werden sich erst schließen, wenn das Kind etwa zweieinhalb Jahre alt ist. (Manche Menschen nennen diese Öffnungen auch »Chakra«.) Dies erklärt die mediale Natur von Kindern.

Die Seele bzw. das Unterbewußtsein betritt den Körper des Neugeborenen innerhalb von 24 Stunden vor oder nach der Geburt des Kindes. Während der Kindheit wird die Seele den Körper mehrmals verlassen. Dies geschieht sowohl am hellichten Tag als auch mitten in der Nacht, wenn die Wesenheit schläft. Während unseres ganzen Lebens wird die Seele den Körper im Zustand des Schlafes verlassen, denn im Schlaf können unsere Meister und Führer mit unserem Unterricht fortfahren und uns hinsichtlich unseres irdischen Fortschritts beraten. Daher sind wir nie wirklich ohne den Vorzug von Führern, und der Prozeß des Lernens, der zwischen unseren Inkarnationen begann, endet niemals wirklich.

Auf der Ebene der Seele erhält die Wesenheit viele Ratschläge. Doch sogar trotz all dieser Ratschläge und reichlich Zeit, um Entscheidungen zu treffen, beschließen manche Menschen, vor dem angeratenen Zeitpunkt wiedergeboren zu werden. Das ist verhängnisvoll, weil die notwendige Planung versäumt wurde. Anstatt Zeit zu sparen, wird viel Zeit verschwendet, und es werden viele Irrtümer begangen.

Beziehungen symbolisieren wichtige Entscheidungen auf der Ebene der Seele. Telepathische Kommunikation zwischen Ihnen und anderen betroffenen Wesenheiten werden die Einzelheiten festlegen, mit wem Sie in Ihrem nächsten Leben in Beziehung treten und auf welche Weise. Ihr Sohn in diesem Leben kann im nächsten Leben Ihr Vater sein. Ihre Ehefrau oder Ihr Ehemann können Ihr Bruder, Ihr Arbeitgeber oder ein Elternteil werden.

Seelengefährten oder Menschen, mit denen Sie über viele Inkarnationen hinweg sehr bedeutsame Liebesbeziehungen hatten, werden sorgsam behandelt. Diese Seelengefährten stellen den Höhepunkt vieler gemeinsamer Inkarnationen dar, in denen Sie die wertvollsten Gefühle von allen miteinander teilten. Sie werden jedoch nicht in jedem Leben mit Ihren Seelengefährten zusammen sein.

Wenn Sie Ihr nächstes Leben wählen, ist die Erd-Ebene vielleicht nicht nach Ihrem Geschmack. In diesem Fall wählen Sie irgendeine der anderen unteren Ebenen (astral, kausal, mental oder ätherisch), um Ihren karmischen Kreislauf auszuarbeiten. Das Leben auf diesen anderen Ebenen unterscheidet sich kaum von dem auf der Erd-Ebene. Die Menschen heiraten, haben Kinder, lassen sich scheiden, lieben und hassen sich auf allen unteren Ebenen.

Es gibt einige Wesenheiten, die nicht sofort wiedergeboren werden. Sie können als Lehrer oder als eine Art Führer fungieren. Natürlich werden nur Wesenheiten, die höher entwickelt sind und höhere Schwingungsraten haben, in der Lage sein, diesen karmischen Urlaub zu nehmen. Schließlich müssen auch sie zurückkehren und wieder in ihren karmischen Kreislauf eintreten.

DIE SIEBEN HÖHEREN EBENEN

Sie können jede der unteren fünf Ebenen wählen, um Ihr Karma auszuarbeiten, aber solange Sie sich in Ihrem karmischen Kreislauf befinden, können Sie die sieben höheren Ebenen nicht betreten – Ihre Schwingungsrate ist hierfür zu niedrig.

Die unteren fünf Ebenen existieren zwar gleichzeitig, laufen aber auf unterschiedlichen Frequenzen ab. Diese Frequenzen ähneln einem Funksignal. Nehmen wir einmal an, die Erd-Ebene schwingt auf einer Frequenz von 5.000 und die Astralebene auf einer Frequenz von 5.200. Solange Ihre eigene Schwingungsrate 5.000 beträgt, werden Sie nicht zur Astralebene aufsteigen.

Jenseits der Ebene der Seele befinden sich sieben höhere Ebenen, die höchste Ebene ist die namenlose Ebene oder Gott. Die Ebene Gottes beherbergt unser aller Essenz. Dieses Denkmodell besagt, daß Gott in uns allen ist, wir sind alle Schöpfer, und wir schaffen unsere eigene Wirklichkeit. Gott heißt bei den Anhängern dieses Denkmodells auch Alles, was ist. Daher ist die Ebene Gottes das Äquivalent zum Himmel.

Ich halte dieses Denkmodell deshalb für so anziehend, weil es keine Hölle gibt. Die Hölle, das sind einfach die vorübergehenden negativen Aspekte des eigenen Lebens auf den unteren fünf Ebenen. Gemäß diesem Denkmodell existiert jedoch ein Himmel. Viele Menschen halten die Parapsychologie für eine atheistische (man glaubt nicht an

Gott) oder agnostische (man glaubt erst dann an Gott, wenn der Beweis seiner Existenz erbracht wurde) Disziplin, aber nichts könnte weiter von der Wahrheit entfernt sein. Wenn wir die Ebene Gottes erreichen, sind wir perfekt. Das Unterbewußtsein – oder die Seele – ist rein.

Wie schon bei den fünf unteren Ebenen bestimmt Ihre Schwingungsrate, welche der sieben höheren Ebenen Sie betreten. Wenn Ihre Schwingungsrate der achten Ebene entspricht, dann werden Sie sich auf diese Ebene begeben. Ihre Bewußtseinsebene – Ihre Gedanken und Handlungen – bestimmen Ihre Schwingungsrate.

Eine graphische Darstellung des Ebenenkonzepts finden Sie in Abbildung 2.

WEITERE GÄNGIGE VORSTELLUNGEN DES KARMA

DAS ÜBERSEELEN-MODELL

Gemäß diesem speziellen karmischen Modell sind Sie Teil einer größeren Seele. Sie sind einfach eine Erweiterung dieser vollständigen Seele. Damit diese Überseele viele verschiedene Lektionen lernen kann, erschafft sie kleinere Seelen, damit sie gleichzeitig in vielen unterschiedlichen Inkarnationen leben kann. Vergangenheit, Gegenwart und Zukunft geschehen gemäß diesem Denkmodell gleichzeitig.

Eine Interpretation dieses Modells plaziert die Überseele auf die Ebene Gottes. Obwohl wir auf den unteren Ebenen fungieren, sind wir daher alle direkt Teil von Gott. Wir wären somit alle Götter.

Manche Regressionen haben Parallel-Existenzen aufgedeckt bzw. eine Wesenheit, die von zwei früheren Leben zur selben Zeit, aber an unterschiedlichen Orten berichtete. Dies würde für dieses Modell sprechen.

74

Das Modell der simultanen
MehrfachInkarnation

Da sich die Frequenz der Erde durch die technologischen Errungenschaften beschleunigt, werden immer mehr ältere Seelen von diesem Zeitalter angezogen. Diese ausgereiften Seelen haben die Fähigkeit, viele Körper gleichzeitig zu bewohnen. Daher können Sie unseren evolutionären Prozeß beschleunigen.

Manche Parapsychologen sind der Ansicht, daß nur hochentwickelte Seelen mit ganz bestimmten Schwingungsraten in der Lage sind, im 20. Jahrhundert zu überleben.

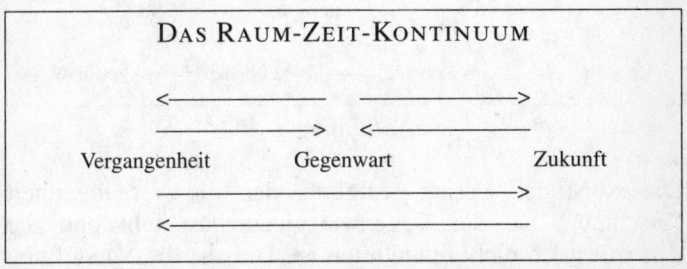

Abbildung 3

Dieses Modell besagt, daß es so etwas wie Vergangenheit, Gegenwart oder Zukunft, wie wir sie kennen, gar nicht gibt. Alle unsere verschiedenen Inkarnationen werden im selben Augenblick, aber auf unterschiedlichen Frequenzen gelebt. Folglich läuft Ihr Leben in der Vergangenheit genau jetzt auf einer anderen Frequenz ab, und ebenso ist es mit Ihren Inkarnationen in Gegenwart und Zukunft. Sie beeinflussen sich alle gegenseitig. Daher sind Sie in der Lage, die Vergangenheit und die Zukunft zu ändern, indem Sie die Gegenwart ändern.

Zur Verdeutlichung dieses Modells stellen Sie sich vor,

wie Sie in einem Raumschiff die Erde verlassen. Sie schauen zurück auf die Erde und sehen die Gegenwart in Europa, die Vergangenheit in Südamerika und die Zukunft in Nordamerika. Wenn Sie zur Erde zurückkehren, wählen Sie, in welchem Zeitalter – oder in diesem Beispiel auf welchem Kontinent – Sie leben wollen. Einsteins Relativitätstheorie, gemäß der es nur die Wahrscheinlichkeit – nicht die Sicherheit – der Existenz von Materie zu irgendeinem bestimmten Zeitpunkt gibt, stimmt mit diesem Modell überein.

DAS LINEARE KONZEPT DER REINKARNATION

	VERGANGENHEIT	GEGENWART	ZUKUNFT
	Tod	Tod	Tod
Leben 1 ———>	Leben 2 ———>	Leben 3 ———>	usw.

Abbildung 4

Dieses Modell besagt lediglich, daß die Vergangenheit Geschichte ist, die Gegenwart jetzt geschieht und die Zukunft noch nicht eingetreten ist. Dies ist die Vorstellung der Zeit, mit der wir am vertrautesten sind. Folgerichtig haben Ihre Inkarnationen aus Vergangenheit und Zukunft keinen direkten Einfluß auf Ihr gegenwärtiges Leben und umgekehrt. Dies widerspricht natürlich dem klassischen Modell des Karma, auf dem dieses Buch basiert.

DAS AUSSERIRDISCHE MODELL

Bei diesem Modell nimmt man an, daß irgendwann zwischen 100.000 und 50.000 v. Chr die Erde von den Wesen eines anderen Planeten besucht wurde. Ihre Aufgabe war es, die Erde zu beobachten. Diese Wesen bestanden aus reiner Energie und hatten keine Körper, so wie wir sie kennen. Sie waren neugierig und wollten wissen, wie es wäre, einen Körper zu besitzen, also übernahmen sie die Körper der Menschen jener Zeit. Diese Außerirdischen waren in der Lage, ihre Körper jederzeit zu verlassen. Da sie die Körper jedoch mißbrauchten und alle möglichen negativen Dinge taten, wurden sie dadurch bestraft, daß sie in den Körpern gefangen waren. Ihr eigenes Karma wurde neu aufgebaut. Eigentlich mußten sie nur diese minimale karmische Schuld abarbeiten, und sie wären wieder frei gewesen, den Körper bei dessen Tod zu verlassen. Doch ihr Karma wurde durch weitere negative Handlungen erhöht, und so bildete sich unser gegenwärtiger karmischer Kreislauf.

Dieses Modell bietet einige interessante Erklärungen. Unsere unmittelbaren Vorfahren (die Cro-Magnon-Menschen) lebten von ca. 40.000 bis ca. 25.000 v. Chr.. Der Neanderthaler war der Vorgänger des Cro-Magnon-Menschen und lebte von ca. 75.000 bis ca. 40.000 v. Chr. – während der Zeit, in der die Außerirdischen angeblich auf die Erde gekommen sind. Bei der Evolution des modernen Menschen (*Homo sapiens*) fällt auf, daß wir uns viel schneller entwickelten, als dies eigentlich möglich war. Die Evolution ist ein sehr langsamer Prozeß, doch der Unterschied zwischen dem Cro-Magnon-Menschen und dem modernen Menschen ist enorm. Da ich nicht an bloßen Zufall glaube, liegt auf der Hand, daß noch einige andere Faktoren in unserer Evolution am Werk waren. Eine mögliche Erklärung für diese rasante Evolution wäre, daß diese Außerirdischen mittels einer Art Gentechnik die Gehirnzellen von Neanderthalern und Cro-Magnon-Menschen veränderten, um intelligenteres Denken möglich zu machen.

Die uralten Gesellschaftsformen von Atlantis (im atlantischen Ozean) und Lemuria (im indischen Ozean) entstanden angeblich zwischen 75.000 und 50.000 v. Chr.. Es wurden viele Bücher veröffentlicht, die in bezug auf Besucher anderer Planeten von physischen Beweisen sprechen. Wenn Sie dieser Gedanke fasziniert, dann sollten Sie ihm auf jeden Fall nachgehen.

Ich habe versucht, einige Hintergrunddaten zur Karma-Thematik zu skizzieren. Sie können dasjenige Modell für sich wählen, das Ihren eigenen Überzeugungen am nächsten kommt. Aber was immer Sie tun, versuchen Sie offen zu bleiben. Wenn der Schüler bereit ist, wird auch der Lehrer da sein. Wenn Sie nicht an Karma oder Wiedergeburt glauben, machen Sie sich keine Sorgen. Sie werden es – in Ihrem nächsten Leben.

KAPITEL 4

SCHRIFTLICHE BEWEISE DER REINKARNATION

Ist es möglich, die Reinkarnation jenseits jedes Schatten eines Zweifels zu beweisen? Die Antwort kann bei dem begrenzten Datenmaterial, das uns derzeit zur Verfügung steht, nur *Nein* lauten. Trotz all der dokumentierten Fälle, wird es immer Skeptiker geben, die versuchen, die Ergebnisse durch Zufälligkeiten oder irgendeine andere veraltete Antwort zu erklären, gleichgültig wie viele Aspekte eines Falles sich bestätigen lassen.

Der Nachweis, wieviel von dem, was ein Patient fälschlicherweise als Eindruck eines früheren Lebens während der Hypnotherapie wiedergibt, in Wirklichkeit aber von ihm irgendwo gelesen oder gehört wurde, ist schon rein physisch unmöglich. Wenn ein Kind jedoch in einer Regression das Vokabular eines Erwachsenen verwendet oder in einer Fremdsprache spricht, die es nie zuvor gehört hat, dann kann ich keine andere Erklärung plausibel finden als die der Reinkarnation.

In diesem Kapitel werde ich nur einige der am besten dokumentierten Fälle von Reinkarnation vorstellen. Diese sollten manch einen Skeptiker dazu veranlassen, das Ganze noch einmal zu überdenken.

BRIDEY MURPHY –
TATSACHE ODER ERFINDUNG?

Die Geschichte von Bridey Murphy ist nicht der erste dokumentierte Fall eines früheren Lebens, aber es ist mit Abstand der bekannteste. Morey Bernstein, ein Geschäftsmann aus Pueblo (US-Bundesstaat Colorado) führte an Mrs. Virginia Burns Tighe (im Buch Ruth Simmons genannt) zwischen dem 29. November 1952 und dem 29. August 1953 mehrere Regressionen durch. Mrs. Tighe lebte im 19. Jahrhundert in einer früheren Inkarnation in Belfast (Irland), und ihr Name war Bridey Murphy. Die Ergebnisse dieser sechs auf Band aufgezeichneten hypnotischen Regressionen wurden 1956 vom Verlag *Doubleday and Company* veröffentlicht. Der Titel des Buches lautete *The Search for Bridey Murphy.*

Morey Bernstein lernte den ordnungsgemäßen Einsatz der Hypnose, und zehn Jahre vor der Inkarnationsregression von Mrs.Tighe hatte er seine Dienste als Hypnotiseur mehreren Ärzten am Ort kostenlos angeboten. Anfänglich war Mr. Bernstein sehr skeptisch gegenüber der Idee einer Inkarnationsregression. Nach einigen Sitzungen war er jedoch überzeugt davon, daß Mrs. Tighe tatsächlich schon einmal gelebt hatte.

1952 war Virginia Tighe verheiratet. Sie und ihr Ehemann kannten die Bernsteins nur flüchtig. Mrs. Tighe wurde 1923 geboren und lebte in Madison, US-Bundesstaat Wisconsin, bis sie drei Jahre alt war. Zu dieser Zeit zog die Familie nach Chicago um, wo Virgina aufwuchs. Nach eineinhalb Jahren an der Northwestern University heiratete sie einen Soldaten der Luftwaffe, der 1944 im 2. Weltkrieg getötet wurde. Sie zog nach Denver und heiratete den Geschäftsmann Hugh Brian Tighe. Ihre drei Kinder zog sie in Pueblo, Colorado, auf.

Morey Bernstein wählte Mrs. Tighe als Versuchsperson,

weil er sie schon zweimal zuvor hypnotisiert und erkannt hatte, daß sie zu einer hypnotischen Tieftrance fähig war. Sie wußte darüber hinaus nichts von Moreys Interesse an der Reinkarnation. Weder Bernstein noch Virginia Tighe waren jemals in Irland gewesen.

In Trance beschrieb Mrs. Tighe ihr Leben in Irland. Sie wurde 1798 in Cork als Tochter eines Anwalts namens Duncan Murphy und seiner Frau Kathleen geboren. Virginias Name in diesem Leben lautete Bridey Murphy, und sie hatte einen Bruder namens Duncan Blaine Murphy. Bridey besuchte die Schule einer Mrs. Strayne. Duncan heiratete schließlich Mrs. Straynes Tochter Aimee. Bridey hatte einen zweiten Bruder, der als Baby starb. Sie war Protestantin und heiratete im Alter von zwanzig Jahren Sean Brian Joseph McCarthy, den katholischen Sohn eines Anwalts aus Cork. Das junge Paar zog später nach Belfast. Dort besuchte Brian die juristische Fakultät und lehrte später Recht an der Queen's University. In ihrem gemeinsamen Leben gab es keine Kinder. 1864 starb Bridey im Alter von 66 Jahren.

Es gab viele Versuche, die Berichte von Mrs. Tighes sechs Regressionen zu beweisen bzw. zu widerlegen. Ich werde nur die Fakten besprechen, die verifiziert werden konnten und an der Authentizität dieses Falles wenig Zweifel lassen.

Bridey erwähnte zwei Belfaster Lebensmittelhändler, Farr's und John Carrigan, bei denen sie einkaufte. John Bebbington, der Chefbibliothekar in Belfast, konnte diese Tatsache bestätigen. Darüber hinaus waren diese beiden Männer die einzigen dieses Namens, die zu jener Zeit im Belfaster Lebensmittelgewerbe tätig waren. Bridey erwähnte auch ein Geschäft, das Seile herstellte, und einen Tabakwarenladen mit Sitz in Belfast. Auch dies konnte verifiziert werden.

Einige der Äußerungen von Bridey, die von Experten

aufgrund damals bekannter Tatsachen widerlegt wurden, erwiesen sich im nachhinein trotzdem als korrekt. Ein Beispiel hierfür ist Brideys Behauptung, daß sie als Kind geschlagen wurde, weil sie die Farbe von ihrem Metallbett abgekratzt hatte. Die Experten waren der Ansicht, Eisenbetten seien nicht vor 1850 in Irland eingeführt worden. Die *Encyclopaedia Britannica* stellt jedoch fest, daß Eisenbetten schon im 18. Jahrhundert in Irland bekannt waren.

Bridey bezeichnete auch den Ort, an dem sie lebte, als »The Meadows«. Eine Landkarte von Cork aus dem Jahre 1801 zeigt ein Gebiet namens Mardlike Meadows, in dem ungefähr ein halbes Dutzend Häuser standen. Drittens sagte sie, ihr Ehemann lehrte im Jahre 1847 Recht an der Queen's University in Belfast. Experten waren der Ansicht, daß das Queen's College erst 1849 gegründet wurde und die Queen's University sogar erst 1908. Bei nachfolgenden Forschungen fand man jedoch heraus, daß Königin Victoria am 19. Dezember 1845 erklärte, »es solle geben und errichtet werden … ein College für Studenten der Künste, der Rechte und der Physik … und es solle Queen's College, Belfast, heißen.« Am 15. August 1850 gründete Queen Victoria die Queen's University in Irland und konstatierte, »besagtes Queen's College solle … eines der Colleges der gegründeten Universität sein.«

Viertens erwähnte Bridey kleine Reissäcke, die als Zeichen der Reinheit an die Beine gebunden wurden. Richard Hayward, ein Folklore-Experte des *Life* Magazins, widerlegte dies. Er meinte, Reis sei niemals Teil des irischen Brauchtums gewesen. Aber Reis wurde tatsächlich schon seit etwa 1750 in Irland eingeführt. Durch seine weiße Farbe kann der Reis ganz automatisch ein Symbol der Reinheit geworden sein; dieser Brauch liegt also durchaus im Bereich des Möglichen.

Fünftens sprach Bridey darüber, ein Buch mit dem Titel *The Sorrows of Deirdre* gelesen zu haben. Experten stellten fest, daß gemäß dem englischen Bücherkatalog, der seit dem Jahre 1800 bis heute durchgehend veröffentlicht wird, dieses Buch erstmalig 1905 erschien. Später entdeckte man, daß eine billige Taschenbuchausgabe mit dem Titel *The Spong of Deirdre and the Death of the Sons of Usnach* 1808 durch den Bolton Verlag veröffentlicht wurde.

Sechstens erwähnte Bridey den Tuppence als eine der Münzen, die man zu ihrer Zeit benützte. Das erwies sich als richtig, aber nur sehr wenige Menschen wußten, daß diese bestimmte Münze in Irland nur von 1797 bis 1850 verwendet wurde. Es gab viele andere, ziemlich obskure Fakten, die anfänglich von den Experten zurückgewiesen wurden, in der Folge jedoch durch weitere Nachforschungen bestätigt werden konnten.

Interessanterweise klatschte Bridey während dieser sechs aufgezeichneten Sitzungen und übertrieb ihre wirkliche Stellung im Leben. Es wurde bald deutlich, daß sie ein Mitglied der unteren Klassen war (wahrscheinlich die Frau eines Kutschers oder die Frau eines Anwaltsboten). Ihre Versuche, sich in die Mittelklasse zu erheben sowie die Ehrfurcht und die Eifersucht, die sie der Mittelklasse gegenüber zeigte, sind natürliche Reaktionen. Dennoch hätte man diese Eigenschaften wohl kaum in dieser Form dargestellt, wenn dies alles ein Schwindel gewesen wäre.

Zum Schluß dieses Falles möchte ich auf die Sitzungen hinweisen, die sich auf die letzten Jahre von Brideys Leben in Belfast konzentrieren. Mrs. Tighe sprach mit einem erschöpften, quengeligen und kehligen irischen Akzent, der allen anderen Erklärungen außer der der Reinkarnation zuwiderläuft. Sie konnte ihn kaum in diesem Leben gehört haben, da der Akzent der Belfaster Slums nie von amerikanischen Schauspielern benützt wird. Um einen solchen Akzent glaubhaft zu vermitteln, hätte Mrs. Tighe schon eine sehr gute Schauspielerin sein müssen. Als »typische amerikanische Hausfrau« besaß sie keine dieser Qualitäten.

Meiner Meinung nach überzeugen diese letzten Bänder mit dem Akzent weitaus mehr von ihrem Leben als Bridey Murphy als viele der widersprüchlichen Fakten, die sie benannte und die im nachhinein verifiziert werden konnten.

DIE UNTERSUCHUNGEN VON DR. IAN STEVENSON

Dr. Ian Stevenson wurde am 31. Oktober 1918 in Montreal, Kanada, geboren. Er studierte Medizin an der McGill University und arbeitete später für die Alton Ochsner Medical Foundation in New Orleans sowie für das Cornell Medical College. Von 1949 bis 1957 war Dr. Stevenson Assistent und freier Professor für Psychiatrie an der medizinischen Fakultät der University of Virginia. Seitdem ist er ehemaliger Professor für Psychiatrie.

Ein Großteil der Forschung von Dr. Stevenson galt der Reinkarnation. Sein Buch mit dem Titel *Twenty Cases Suggestive of Reincarnation*[17] handelt von Interviews mit Kindern, deren Erinnerung stark auf Reinkarnation hinweist. Dr. Stevenson ist als eine der führenden Autoritäten auf dem Gebiet der Reinkarnation weltweit anerkannt.

Der Fall eines fünfjährigen Jungen aus dem Libanon mit Namen Imad Elawar, der 1964 in dem Dorf Kornayal lebte, ist ein interessantes Beispiel dokumentierter Reinkarnation. Imad behauptete, in seinem letzten Leben Ibrahim Bouhanzy gewesen zu sein, der am 8. September 1944 im Alter von 25 Jahren an Tuberkulose starb. Nachdem Dr. Stevenson die Möglichkeit ausgeschlossen hatte, daß das

---

[17] Deutsche Ausgabe: *Reinkarnation: Der Mensch im Wandel von Tod und Wiedergeburt. 20 überzeugende und wissenschaftlich bewiesene Fälle.* AURUM Verlag, Freiburg im Breisgau, 1979 (Übersetzt von Heinrich Wendt)

Kind Informationen dieser Familie von Reisenden oder anderen Familienmitgliedern erhalten hatte, befragte er Imad über sein früheres Leben. Imad behauptete, sich an seine frühere Familie zu erinnern und auch an den Ort, an dem er gelebt hatte. Er erwähnte die Namen Mahmoud und Jamile (die er als schön und gut gekleidet beschreibt, mit einem roten Kleid, das er ihr geschenkt hatte). Eine Schwester namens Huda wurde erwähnt, und ebenso Amin, Mehibe, Adil, Talil, Toufic, Salim, Kamel und Said, die er als Brüder beschrieb.

Es wurden insgesamt 57 Behauptungen aufgestellt; 51 davon erwiesen sich als korrekt. Imad besucht das Dorf Khriby erst als Dr. Stevenson in sein Leben trat. Jamile, so scheint es, war Ibrahims Geliebte gewesen. Als Imad vier Jahre alt war, rannte er auf einen Fremden zu und umarmte ihn. Imad erklärte, sie seien Nachbarn. Der Fremde hatte tatsächlich in Khriby gelebt und war ein Nachbar von Ibrahim Bouhanzy gewesen.

Dr. J. G. Pratt, ein Kollege von der medizinischen Fakultät der University of Virginia, half Dr. Stevenson bei der Analyse dieses außergewöhnlichen Falles. Beide gelangten zu dem Schluß, daß aufgrund der Topographie eine Reise nach Khriby für Imad praktisch unmöglich war. Ein Schwindel wurde nach einer sorgfältigen Analyse der gesammelten Beweise ebenfalls ausgeschlossen. Keine der Familien konnte durch Lügen etwas gewinnen oder verlieren.

Ein weiterer interessanter Fall ist der von William George. George war ein Fischer vom Stamme der Tlingits Indianer in Alaska, der im Alter von sechzig Jahren (im Jahre 1949) seinem Sohn und seiner Schwiegertochter mitteilte, er würde als ihr Sohn zurückkehren. Er behauptete, daß sie ihn an seinen Muttermalen erkennen würden, und er gab ihnen eine goldene Uhr, um sie für ihn aufzubewahren. Kurz darauf verschwand William George beim Fischen. Kaum ein Jahr später gebar seine Schwiegertochter einen Sohn, der dieselben Muttermale trug wie William George.

Als der Junge heranwuchs, ahmte er seinen Großvater auf vielfältige Weise nach, einschließlich eines Hinkens, das sich William George bei einem Basketballspiel zugezogen hatte. Der Junge identifizierte auch korrekt die goldene Uhr und nahm sie unaufgefordert aus dem Schmuckkasten seiner Mutter heraus. Er nannte die Brüder seines Vaters ständig »Söhne« und seine Großtante »Schwester«.

Dr. Stevenson schrieb: »Er zeigt ein frühreifes Wissen von Fischen und Booten. Für einen Jungen seines Alters weist er auch eine überdurchschnittliche Angst vor Wasser auf. Er ist ernsthafter und empfindsamer als andere Kinder seiner Altersgruppe.«

EIN PSYCHIATER ERFORSCHT SEIN EIGENES FRÜHERES LEBEN

Dr. Arthur Guirdham, ein herausragender britischer Psychiater, behauptete 1977, daß er und eine seiner Patientinnen ein früheres Leben geteilt hätten und daß er die Reinkarnation für eine Tatsache hielt.

1962 suchte eine Patientin mit Namen Smith Dr. Guirdham auf. Sie klagte über Alpträume, die sich immer darum drehten, daß sie auf dem Fußboden liegt und ein irgendein schreckliches Ereignis erwartet. Bald nachdem Sie Dr. Guirdham aufgesucht hatte, endeten diese Alpträume, dafür tauchten Erinnerungen an ein früheres Leben auf.

Sie erzählte von einem Leben als Mitglied der Katharersekte, einer unter Verfolgung leidenden religiösen Gemeinschaft im Frankreich des 13. Jahrhunderts. Mrs. Smith behauptete, daß Dr. Guirdham ihr Liebhaber gewesen sei. Sein Name war Rogiet, und er war ein Priester der Katharer in blauer Robe.

Dr. Guirdham nahm Kontakt zu Professor René Nelli, einem anerkannten französischen Historiker, auf und bat ihn, diesbezüglich Nachforschungen anzustellen. Professor Nelli ist Mitglied der Fakultät der Universität von Toulouse in Frankreich, und er ist eine Autorität auf dem Gebiet der Geschichte Frankreichs im 13. Jahrhundert. Jede Einzelheit, die Dr. Guirdham von Mrs. Smith genannt bekam, konnte von Professor Nelli verifiziert werden.

Der entscheidende Faktor schienen die blauen Roben der Katharerpriester zu sein. Gelehrte hatte über Jahrhunderte hinweg behauptet, diese Roben seien schwarz gewesen. Die Forschungen von Professor Nelli gaben Mrs. Smith recht und widerlegten die Ansicht der Gelehrten. Kein Geschichtsbuch enthält diese Information. Nur uralte Aufzeichnungen, geschrieben in einer Sprache, von der Mrs. Smith keine Ahnung haben konnte, enthielten diese entscheidende Information. Mrs. Smith konnte unmöglich von anderer Seite etwas von den blauen Roben gehört haben.

DER FALL DES JONATHAN POWELL

Als George Field fünfzehn Jahre alt war und in Hinsdale, US-Bundesstaat New Hampshire, lebte, wurde er durch den verstorbenen Loring G. Williams hypnotisiert und in ein früheres Leben als Jonathan Powell geführt. George behauptete, daß der Name seines Vaters William Powell war und seine Großmutter väterlicherseits Mary Powell hieß. Sie waren Quäker und lebten im Dorf Jefferson in Ashe County, US-Bundesstaat Nord Carolina. Ihr Haus stand nahe dem »Big Hill«.

Während des amerikanischen Bürgerkrieges mußte Jonathan für die Soldaten der Nordstaatenarmee arbeiten. Er haßte diese »verdammten Yankee-Soldaten«. Eines

Tages weigerte er sich, fünf Säcke Kartoffeln für einen Spottpreis an diese Soldaten zu verkaufen. Daraufhin schossen sie ihm in den Bauch und töteten ihn.

Williams, George Field und noch einige Personen fuhren nach Ashe County, um diesen Bericht zu verifizieren. Powell war zu jener Zeit ein ungewöhnlicher Name in Ashe. Eine Historikerin vor Ort, Eleanor Baker Reeves, bestätigte, daß es tatsächlich einen Jonathan Powell gegeben hatte.

Nachdem George Field nochmals in der Regression zurückgeführt wurde, stellte ihm Miss Reeves einige Fragen. Sie bestätigte, daß George eine genaue Kenntnis von fünfzehn der zwanzig Personen hatte, über die sie ihn befragte. Weit über sechzig Prozent der Antworten, die George auf ihre Fragen gab, erwiesen sich als korrekt. Field zeigte sich auch sehr bewandert hinsichtlich der topographischen Veränderungen von Ashe County in den Jahren 1860 bis 1965.

George Field war zuvor niemals in Ashe County gewesen. Er beschrieb auch einen Fluß namens South Fork, der auf den Karten seines Heimatstaates (New Hampshire) nicht verzeichnet war, sich aber auf den Karten von Nord Carolina wiederfand. Auch waren die meisten Bewohner des Dorfes Baptisten; es gab nur eine Handvoll Quäker.

Eine Frau, deren Mädchenname Powel lautete, wurde gefunden, und sie behauptete, die Urgroßnichte von Jonathan Powell zu sein. Sie sagte, Ihr Urgroßonkel sei während des Bürgerkrieges von den Unionssoldaten getötet worden. Die Einzelheiten seines Todes kannte sie jedoch nicht.

Schließlich sprach George Field von Yankee-Soldaten, die graue Uniformen trugen. Eleanor Reeves bestätigte, daß die Unionssoldaten zwar normalerweise in blaue Uniformen gekleidet waren, es zu jener Zeit jedoch Banden aufständischer Soldaten aus dem Norden gab, die graue

Uniformen trugen. Sie überfielen einige Dörfer im Süden und raubten sie aus. Jonathan Powell konnte leicht von einigen dieser aufständischen Soldaten getötet worden sein.

DER FALL DER HENRIETTE WEISZ-ROOS

Henriette Roos lebte als Porträtkünstlerin und Konzertpianistin in New York. Sie erinnerte sich, daß sie in den zwanziger Jahren des vorigen Jahrhunderts als Miniaturporträtmalerin Rossaritta Weisz in Bordeaux, Frankreich, lebte. Sie behauptete auch, dem berühmten spanischen Maler Goya Asyl gewährt zu haben, als er aus Spanien ausgewiesen wurde.

Henriette zeigte als Kind in Holland große künstlerische Fertigkeiten, obwohl sie niemals in Kunst unterrichtet worden war. Sie heiratete im Alter von siebzehn Jahren den ungarischen Pianisten und Komponisten Franz Weisz.

Sie zeigte einige ihrer Arbeiten der Königlich Niederländischen Akademie in Amsterdam und wurde als Studentin aufgenommen. Henriette schloß mit Auszeichnung ab. Bald darauf ließ sie sich von Weisz scheiden, behielt aber seinen Namen bei, obwohl dies in ihrer Heimat keineswegs üblich war. Sie nannte sich nun Henriette Weisz-Roos. Der Name Weisz übte auf sie eine seltsame Anziehungskraft aus.

Im Sommer 1936 lebte Henriette in Paris. Sie konnte nicht schlafen und war gezwungen, im Dunkeln zu malen. Sie malte mehrere Stunden und ging dann wieder ins Bett. Als sie am nächsten Mogen aufwachte, entdeckte sie, daß sie ein herrliches Porträt einer jungen Frau gemalt hatte. Es war die beste Arbeit, die ihr jemals gelungen war. Henriette nahm Kontakt zu einem Medium auf und fand heraus, daß Goya die Güte, die sie ihm gezeigt hatte, als sie ihm

1820 in Frankreich Asyl gewährte, zurückzahlte, indem er ihre künstlerische Karriere anleitete.

Mehrere Tage später fand Henriette ein Buch über das Leben Goyas. Sie erfuhr, daß eine Frau namens Leocardia Weisz Goya während seines Exils von Spanien Asyl gewährt hatte. Leocardia hatte eine Tochter namens Rossaritta Weisz, die Miniaturporträtmalerin war und sich um Goya kümmerte. Nachdem Henriette diesen Bericht gelesen hatte, strich sie Weisz aus ihrem Nachnamen.

Hier die interessanten Punkte:

1. Sowohl Henriette als auch Rossaritta waren Miniaturporträtmalerinnen.
2. Sowohl Henriette als auch Rossaritta liebten Katzen.
3. Sowohl Henriette als auch Rossaritta hatten Mitleid mit den Armen.
4. Rossaritta wurde im Alter von 27 Jahren von einer Menschenmenge zu Tode getrampelt. Henriette fürchtete sich ihr ganzes Leben lang vor Menschenmengen.
5. Henriette entstammte einer Familie ohne irgendeinem Interesse oder einer Vorgeschichte in Malerei, dennoch zeigte sie auf diesem Gebiet eine natürliche Begabung.
6. Henriette gab nie bekannt, daß sie direkt von Goya inspiriert wurde. Ihr Schweigen zeigte, daß sie niemals versuchte, aus ihrem früheren Leben Profit zu ziehen. Somit ist der Vorwurf des Schwindels hinfällig.
7. Henriettes Porträtstil ähnelte dem vom Goya.
8. Henriette wurde von ihrem Ehenamen Weisz ungewöhnlich stark angezogen, und es war in ihrer Heimat keineswegs üblich, diesen Namen nach der Scheidung beizubehalten.

EDGAR CAYCE

Edgar Cayce war ein ungebildeter Mann, der einen Großteil seines Lebens in Virginia Beach, US-Bundesstaat Virginia, verbrachte. Cayce war eines der bekanntesten Medien der Welt. Seine besondere Begabung bestand in der Diagnose von Krankheiten bei Menschen, denen er nie zuvor begegnet war. In hypnotischer Trance konnte Cayce nicht nur korrekt die Krankheit eines Patienten diagnostizieren, sondern in 99 Prozent aller Fälle auch die korrekte Behandlung empfehlen. Aus dem Brief eines Menschen, den er nicht kannte, ja ausschließlich aus dem Namen des Patienten, konnte er die Diagnose und die entsprechende medikamentöse Verschreibung erstellen. Edgar Cayce hatte sich nie bewußt medizinisches Wissen angeeignet, und bis gegen Ende seines Lebens glaubte er auch nicht an die Reinkarnation.

Zur Zeit seines Todes im Jahre 1945 hatte Edgar Cayce über 14.000 telepathisch-hellseherische Readings[18] abgehalten: 2.500 davon waren »Lebensbotschaften«. Diese »Lebensbotschaften« spürten die früheren Leben der Menschen auf und ermöglichten ihnen dadurch ein größeres Verständnis ihrer gegenwärtigen Probleme. Diese Gespräche wurden glücklicherweise aufgezeichnet und in der Bibilothek der *Association for Research and Enlightenment* in Virginia Beach aufbewahrt. Jedes Reading wurde sorgfältig in ein Verzeichnis aufgenommen und führt den Namen des Stenographen, des Leiters der Sitzung und die aller anwesenden Zeugen auf. Zusätzlich wird jedes Reading von Hintergrundsinformationen ergänzt, so es solche Informationen gab, sowie der nachfolgenden

---

[18] »Readings« hat die ursprüngliche Bedeutung von »Vorlesungen«; im spiritistischen, spiritualistischen und okkultistischen Sprachgebrauch hat das Wort in angelsächsischen Ländern auch die Bedeutung von, meist medialen, »Kundgaben«.

Korrespondenz mit den einzelnen Personen, deren Ärzten bzw. Familienangehörigen. Ich empfehle Ihnen angelegentlich, die Geschichte seines Lebens und andere Bücher, die über Edgar Cayce geschrieben wurden, zu lesen.

XENOGLOSSIE

Von *Xenoglossie*[19] spricht man, wenn ein Mensch, der keinerlei bewußte Kenntnisse einer bestimmten Fremdsprache besitzt, in Trance diese Sprache spricht und/oder schreibt. Wenn Kinder während einer Inkarnationsregression fließend eine Fremdsprache, die sie in ihrem derzeitigen Leben nie gehört haben, sprechen bzw. schreiben, betrachte ich dies als Beweis der Reinkarnation. Man könnte noch rational erklären, wenn ein Kind ein Wort oder einen Satz in einer Fremdsprache meistert, nicht aber den gesamten Sprachschatz. Es gibt keine Möglichkeit, wie das Unterbewußtsein eines Menschen einer ganzen Fremdsprache ausgesetzt werden kann, ohne daß sich der Mensch dessen voll bewußt ist. Wenn Erwachsene oder Kinder anfangen, in Hieroglyphen oder in anderen toten Sprachen zu schreiben, dann denke ich automatisch an ein früheres Leben.

Die Fallgeschichten, die den überwiegenden Teil dieses Buches ausmachen, sind meine eigenen aufgezeichneten Erfahrungen mit Inkarnationen aus Vergangenheit und Zukunft. Alle Beweise, die während meiner Privatsitzungen mit meinen Patienten und Patientinnen gesammelt wurden, sowie ein Großteil der Dialoge wurden direkt von Bandaufzeichnungen übertragen, die ich mit dem Wissen und der Erlaubnis meiner Patienten aufgenommen habe.

Die möglichen Vorteile aus der Regressionstherapie

---

[19] Von griechisch *xenos* – »fremd« und *glossa* – »Zunge«.

sind grenzenlos, wie Sie in Kürze sehen werden. Mit dem Wissen, das Sie sich aus diesen ersten vier Kapiteln angeeignet haben, sind Sie jetzt bereit für eine detailliertere Erklärung darüber, was Regression ist und wie sie funktioniert.

KAPITEL 5

AN EINEM KLAREN TAG KANN MAN DAS GESTERN SEHEN: ALTERSREGRESSION MITTELS HYPNOSE

WARUM SUCHEN MENSCHEN EINEN HYPNOTHERAPEUTEN AUF UND LASSEN SICH IN FRÜHERE INKARNATIONEN ZURÜCKFÜHREN?

Es gibt eine Vielzahl von Erfahrungen aus früheren Leben, die uns in unserem gegenwärtigen Alltag negativ beeinflussen können. Wer in einem früheren Leben ertrunken ist, kann jetzt sehr wohl Angst vor Wasser haben. Eine Frau, die in einem früheren Leben als Nomadin den Tod in einem Wüstensandsturm fand, mag heute eine ungewöhnliche Furcht vor Wind hegen.

Die Schlaflosigkeit einer Frau mittleren Alters wurde durch die Enthüllung behandelt, daß sie in einem früheren Leben während des amerikanischen Bürgerkriegs als männlicher Wachposten für die Südstaatenarmee nachts im Dienst einschlief. Unionssoldaten töteten den Wachposten und seine Kameraden, und so wurde die karmische Verbindung zwischen Einschlafen und Tod hergestellt. Glücklicherweise beseitigte das Neu-Erleben jener Inkarnation ihre Schlaflosigkeit.

Ein übergewichtiger Mann hungerte in einem früheren Leben zu Tode. Ein anderer Mann fragte sich, warum er so ein überfürsorglicher Vater war, bis er herausfand, daß er seine Familien in zwei früheren Inkarnationen verlassen hatte.

Ein Mädchen im Teenageralter suchte mich auf, weil sie Angst davor hatte, neuen Menschen zu begegnen. Im 18. Jahrhundert lag sie als kleines Mädchen drei Wochen lang in einem Krankenhaus in Frankreich. Jedes Mal, wenn sie einen Besucher bekam, wusch die Krankenschwester ihr sehr grob das Gesicht und ließ Seife in Nase und Augen gelangen. Es überrascht nicht, wenn man erfährt, daß ihr in diesem Leben jedes Mal, wenn sie jemand Neuem begegnete, die Nase schmerzte.

Ein Workaholic in diesem Leben mußte mit ansehen, wie seine Familie vor Hunderten von Jahren in Griechenland verhungerte, weil er nicht in der Lage war, angemessen für sie zu sorgen. Indem er sich in diesem Leben überarbeitete, wollte er verhindern, daß dies noch einmal geschah. Glücklicherweise befreite ihn die Rückführung in sein früheres Leben dauerhaft von seiner zwanghaften Arbeitslust.

Eine Frau, die in diesem Leben unter Frigidität litt, fand heraus, daß sie in einem früheren Leben von ihrem Ehemann zurückgewiesen wurde, weil man sie vergewaltigt hatte. Ihr Ehemann in diesem Leben war dieselbe Wesenheit wie ihr Ehemann in jenem früheren Leben. Durch ihre Gefühlskälte zahlte sie ihm seine damaligen Handlungen zurück. Heute ist sie dank der Rückführung in ihr früheres Leben nicht länger frigide.

Ich persönlich habe das Gefühl, daß es kein Problem und keine negative Neigung gibt, die sich nicht durch die Regressionstherapie lösen ließe. Ich denke auch, daß dies die allerbeste und wirksamste Form der Therapie ist, die je entwickelt wurde. Die Fallgeschichten, die in diesem Buch vorgestellt werden, sind nur einige Beispiele für die wirklichen Probleme, die man mit Rückführungen in frühere Inkarnationen lösen kann.

Der größte Vorteil einer Regressions- bzw. Progressionstherapie liegt nicht in dem neuerlichen Durchleben von Situationen aus vergangenen oder zukünftigen Inkarnationen. Es ist die veränderte Sicht des Lebens, eine Erleuchtung, wer man ist und wozu man auf Erden lebt. Die Erkenntnis der ständigen Evolution zu etwas Größerem, Besserem und Erfüllenderem läßt sich herrlich beobachten. Ich beobachte es jede Woche meines Lebens.

ALTERSREGRESSION

Regression heißt einfach, in der Zeit zurückzugehen. Wenn Sie darüber nachdenken, was Sie gestern zu Mittag gegessen haben, so ist dies eine Regression Ihres Wachbewußtseins. Bei der hypnotischen Regression geht man unter Einsatz des Unterbewußtseins mit seiner perfekten Erinnerungsdatenbank in der Zeit zurück. Ich werde den Begriff *einfache Altersregression* verwenden, um auf eine Rückführung innerhalb dieses Lebens Bezug zu nehmen. Der Begriff *Inkarnationsregression* bezeichnet die Rückführung in ein früheres Leben.

Einfache Altersregression ist keineswegs eine leichte Sache. Der Patient wird in einen bestimmten Zeitabschnitt seines Lebens zurückgeführt, indem man ihn systematisch bezüglich der Gegenwart – Jahr, Monat und Tag – desorientiert. Dann werden entsprechende Suggestionen gegeben, um dieses frühere Alter zu erreichen. Persönlichkeitsmerkmale, die für dieses Alter charakteristisch sind, sind häufig an den rückgeführten Patienten zu beobachten. So treten beispielsweise Sprachverhalten, Handschrift und andere Charakteristika dieses früheren Alters zutage.

Es gibt zwei Arten von Regression. Die erste nennt sich *Wiederbelebung (Revivikation)*. Bei dieser Form erlebt der hypnotisierte Patient tatsächlich die Ereignisse seines

Lebens in einem früheren Alter neu. Während der Dauer dieser Trance werden alle Erinnerungen, die nicht dem regressiven Alter entspringen, verdrängt. Nur Somnambule (Patienten, die zu einer Tieftrance fähig sind) können diese äußerst tiefe Trance erreichen. Obwohl es leichter ist, die gewünschte Information auf dieser Ebene zu erlangen, ist es bei der einfachen Altersregression nicht unbedingt erforderlich, sich auf diese Ebene zu begeben.

Die zweite Art der Altersregression ist das *Pseudo-Wiederaufleben*. Bei dieser Form erlebt der Patient zwar Situationen aus einem früheren Alter neu, aber die Erinnerungen aus allen folgenden Altersstufen sind nicht in Vergessenheit geraten. Mit anderen Worten, die Patienten sind sich bewußt, daß sic sich immer noch in der Gegenwart befinden und nur die erlebten Szenen aus der Vergangenheit stammen. Ihre Spache, Handschrift und andere charakteristische Merkmale verändern sich nicht. Das ist die mit Abstand häufigste Form der Altersregression, und viele detaillierte Informationen sind hierüber erhältlich. Bei dieser Form der Regression, wie auch bei allen anderen Regressionen, wird der Patient die Emotionen der Situation, die er erneut durchlebt, ebenfalls neu erfahren.

Zu keiner Zeit besteht für den Patienten die Gefahr, in diesem früheren Lebensalter gefangen zu sein. Selbst bei einem richtigem Wiederaufleben kann der Patient jederzeit in die Gegenwart zurückkehren, wann immer er das will.

Ein Merkmal beider Regressionsformen ist die *Hypermnesie*, ein erhöhtes Erinnerungsvermögen. Die Erinnerungsdatenbanken des Unterbewußtseins werden angezapft, und der Patient kann sich buchstäblich an alles erinnern, was er sieht, hört, berührt, riecht oder schmeckt. Alles, was man körperlich erfahren hat, kann die Altersregression wieder zutage fördern. Tatsächlich wurde der Hypnose in den letzten zwanzig Jahren bei kriminalistischen Untersuchungen viel Aufmerksamkeit geschenkt –

aus dem einfachen Grund, den wir bereits besprochen haben: der Intensität des Erinnerungsvermögens unter Hypnose. Man erinnert sich von Nummernschildern bis hin zu den Einzelheiten einer Vergewaltigung oder eines Mordes. Hypnose wird mittlerweile von vielen Polizeistellen als eine wichtige Technik der Beweissammlung akzeptiert. Die Tatsache, daß auch Gerichte auf die Dienste von Hypnotherapeuten zurückgegriffen haben, zeigt die Wandlung in der öffentlichen Meinung in bezug auf die Gültigkeit dieser Technik.

Vor nicht allzu langer Zeit hatte ich die Gelegenheit, Hypermnesie bei einem Rechtsfall einzusetzen. Der Patient, den ich Ralph nennen will, war in den frühen Morgenstunden des Neujahrstages in einen Autounfall verwickelt worden. Einer meiner früheren Hypnosepatienten hatte ihn an mich verwiesen. Ralph, ein sympathischer Mann Ende Dreißig, konnte sich einfach nicht an die Einzelheiten dessen erinnern, was an diesem schicksalhaften Morgen geschehen war. Da dies ein Rechtsfall war und die Einzelheiten des Unfalls über die Versicherungsansprüche entschieden, waren meine Dienste erforderlich.

Ralph besuchte zusammen mit seiner Frau Susan und drei anderen Paaren einen Sylvester-Ball. Ungefähr um drei Uhr morgens beschlossen Ralph und Susan, eine Bar namens *Dunhills* aufzusuchen, um dem Besitzer der Bar, einem ihrer Freunde, ein Gutes Neues Jahr zu wünschen. Sie parkten auf der Calvert Street und gingen über die Straße ins *Dunhills*. Als sie die Straße überquerten, wurde Ralph von einem großen Lieferwagen erfaßt. Ralph verdrängte (drängte die Szene ins Unterbewußtsein) den Unfall und alles, was er davon wußte. Das Nächste, an das er sich erinnern konnte, war, wie er um etwa fünf Uhr früh an diesem Morgen im Krankenhaus erwachte.

Fast ein Jahr später suchten Ralph, Susan und ihr Anwalt mein Büro zu einer ersten Sitzung auf. Ich erklärte, was Hypnose ist und was sie nicht ist und leitete eine erste Trance in. Der Anwalt zeigte sich von Ralphs entspanntem Zustand während der Trance sehr beeindruckt.

Die zweite Sitzung fand am 20. November statt, aber ich war nicht in der Lage, irgendwelche Informationen aus Ralph herauszuholen. Ralph kam allein zu dieser und der folgenden Sitzung. Mich überraschte sein anfängliches Versagen nicht. Schließlich versuchte ich, ein sehr traumatisches Ereignis zu sondieren. Ich gab ihm einige Regressionssuggestionen und schickte ihn nach Hause. Während der folgenden zwei Sitzungen erinnerte Ralph sich an Situationen vom 26. bis zum 31. Dezember, aber ich war immer noch nicht in der Lage, den Augenblick des Aufpralls hervorzuholen.

Am 15. Dezember wurde der ganze Unfall neu durchlebt, und diese Sitzung wurde aufgezeichnet. Ich wiederholte die Regression am 22. Dezember und nahm auch diese Sitzung auf. Hier einige Auszüge aus dieser letzten Sitzung:

Dr. Goldberg: Erzählen Sie mir ganz genau, Schritt für Schritt, was Sie als nächstes erlebt haben.

Ralph: Ich spürte, wie mich etwas traf.

Dr. Goldberg: Auf welcher Seite haben Sie das gespürt?

Ralph: Auf meiner rechten Seite.

Dr. Goldberg: Haben Sie vor dem Aufprall etwas gehört?

Ralph: Nein.

Dr. Goldberg: Haben Sie gesehen, was Sie getroffen hat?

Ralph: Nein. Nein, ich habe in die andere Richtung gesehen, ich habe nach links geschaut.

Dr. Goldberg: Was sehen Sie im Augenblick des Aufpralls?

Ralph: Ich sehe mich selbst, wie ich versuche, mein Gleichgewicht zu halten. Aber ich falle und reiße Susan mit.

99

Dr. Goldberg:	Als Sie auf dem Boden lagen, wo befindet sich da der Wagen, der Sie erfaßt hat?
Ralph:	Er – er steht rechts von mir.
Dr. Goldberg:	Wo befinden sich die Räder dieses Wagens im Vergleich zu der weißen Mittellinie auf der Calvert Street?
Ralph:	Die Räder auf der rechten Seite des Lieferwagens sind auf der Dunhills-Seite der Mittellinie, aber die Räder auf der linken Seite befinden sich auf der anderen Seite der Mittellinie.
Dr. Goldberg:	Wie fühlen Sie sich jetzt?
Ralph:	Mir tut alles weh. Ich kann mich kaum bewegen, und ich habe ständig Schmerzen.
Dr. Goldberg:	Schlafen Sie jetzt, ruhen Sie sich aus, und lösen Sie sich von allem Unbehagen. Konzentrieren Sie sich auf meine Stimme. Wenn ich bis zur Zahl fünf gezählt habe, werden Sie erfrischt und entspannt aufwachen, und Sie werden sich an alles erinnern, was Sie neu erlebt haben. Eins, zwei, drei, vier, fünf, wachen Sie auf.

Wie Sie sehen, konnte Ralph über den Augenblick des Aufschlags und die darauf folgenden Ereignisse eine Menge Informationen liefern.

Beim Einsatz der Altersregression zur Behandlung von schlechten Angewohnheiten und Phobien bedient man sich dieses Neu-Erlebens, um dem Patienten zu der Erkenntnis zu verhelfen, warum er eine bestimmte negative Neigung angenommen hat und welche Gefühle er zu jener Zeit hatte. Der letzte Punkt ist besonders wichtig, weil die unterdrückten Gefühle für ungefähr 80 Prozent der Probleme von Patienten verantwortlich zu sein scheinen. Die unterdrückte Situation allein ist für die verbleibenden 20

Prozent verantwortlich. Durch die Altersregression kann ein Patient die visuellen Erinnerungen zusammen mit den dazugehörigen Gefühlen neu durchleben, und das Hervorrufen der unterdrückten Emotionen führt zur Lösung des Problems. Einfache Altersregression kann auch eingesetzt werden, um verlorene Dinge wiederzufinden, insbesondere wenn diese in Zusammenhang mit einem traumatischen Ereignis stehen.

Wir entwickeln in dem Moment Symptome wie Kopf- und Rückenschmerzen, Arthritis, Dickdarmentzündungen, Allergien, Asthma und viele andere, wenn der Verdrängungs-Mechanismus unseres Wachbewußtseins zusammenbricht. Wenn wir eine besonders negative Situation zusammen mit unangenehmen Emotionen durchleben, neigt das Bewußtsein ganz natürlich dazu, diese Erinnerungen und Emotionen ins Unterbewußtsein zu verdrängen und sie dort zu vergraben. Allerdings bricht nach einer bestimmten Zeit dieser Verdrängungs-Mechanismus zusammen und die Erinnerungen treten wieder an die Oberfläche. Das Auftauchen dieser Erinnerungen ohne die dazugehörigen Emotionen kann das Wachbewußtsein nicht verkraften. Es entscheidet sich dafür, sich nicht mit dieser Situation zu befassen. Um seine Aufmerksamkeit abzulenken, werden negative körperliche Symptome geschaffen. Wenn man die Situation neu durchlebt und die unterdrückten Emotionen neu erfährt, können viele körperliche Symptome dauerhaft beseitigt werden.

REGRESSION IN FRÜHERE LEBEN

Der Einsatz der Inkarnationsregression kann die Ursachen von weiteren schlechten Gewohnheiten, Phobien und negativen Neigungen eliminieren. Es gibt viele Techniken, um einen Patienten in ein früheres Leben zurückzuführen.

Einige Therapeuten verwenden die einfache Altersregression, um zur Geburtserfahrung zurückzuführen und suggerieren dann den nächsten logischen Schritt – die Rückkehr in ein früheres Leben.

Ich halte dies für unnötig. Zum einen ist die Geburt für jeden Menschen ein traumatisches Erlebnis. Zum zweiten weiß das Unterbewußtsein alles über Ihre früheren Inkarnationen und braucht keine Landkarte, um sie zu finden. Ich bitte einfach das Unterbewußtsein des Patienten in Trance, zum Ursprung eines bestimmten Problems zurückzugehen oder ein früheres Leben, das uns Einsichten und Erkenntnisse für das gegenwärtige Leben des Patienten liefert, neu zu durchleben.

Viele Menschen sind neugierig, was sie bei einer solchen Rückführung in ein früheres Leben erfahren werden. Es gibt viele mögliche Erfahrungen. Zuerst können Sie eine Szene sehen und sich gleichzeitig der Information bewußt sein, die Sie dieser Situation entnehmen können. Diese sowohl auditive wie visuelle Erfahrung resultiert in hervorragenden Daten. Glücklicherweise ist dies die häufigste Erfahrung meiner Patienten und Patientinnen. Es ist, als ob man einem Kinofilm oder eine Fernsehshow folgt.

Die zweite Art der Erfahrung besteht darin, verschwommene oder schnelle Eindrücke zu sehen, die dazu neigen, ausgerechnet in dem Augenblick zu verschwinden, in dem man anfängt, sie zu verstehen. Eine weitere Reaktion ist, zu »wissen« oder sich der Umgebung bewußt zu sein, ohne sie wirklich zu sehen oder zu hören. Ein Gefühl, als ob jemand in Ihr Ohr flüstert, ist ebenfalls möglich. Wörter zu lesen, die vor Ihrem inneren Auge auftauchen, ist eine sehr seltene Form der Erfahrung, obwohl manche Menschen auf diese Weise ihre Informationen erhalten bzw. erfahren, in welchem Land sie sich befinden.

Es gibt zwar Hypnotherapeuten, die gleichzeitig bei großen Gruppen von Menschen Inkarnationsregressionen durchführen, dennoch bin ich ein überzeugter Anhänger der individuellen Regression. Ich habe sowohl individuelle als auch Gruppen-Inkarnationsregressionen durchgeführt, und ich habe viel bessere, detailliertere Ergebnisse mit Individualregressionen erzielt. Wenn ich mit einem einzigen Patienten arbeite, kann ich ihm viel besser dabei helfen, ein Problem zu lösen oder einfach mehr über sich selbst und den eigenen karmischen Kreislauf herauszufinden. Eine Reihe sogenannter Zufälle kann in ein früheres Leben zurückverfolgt werden, und durch diese Erfahrungen können sich die Patienten plötzlich erklären, warum ihnen bestimmte Dinge zugestoßen sind.

Abwehr- oder Schutztechniken werden bei Patienten, die sich einer Inkarnationsregression unterziehen, immer angewandt. Bei all den Tausenden von Inkarnationsregressionen, die ich durchgeführt habe, hatte ich niemals ein traumatisches Erlebnis oder irgendeine negative Erfahrung. Ich schütze meine Patienten und Patientinnen durch die Technik des »spirituellen Schutzes«. Bei dieser Technik stellt sich der Patient ein reines, weißes Licht vor, das in seinen Scheitel eindringt und den ganzen Körper anfüllt, jeden einzelnen Muskel, jeden Knochen und auch alle Organe umgibt. Das ist schon alles. Dieses weiße Licht schützt den Patienten vor jedem Schaden und allem Negativen, das er möglicherweise erleben könnte.

Der Fall von Andy zeigt die Vorzüge dieser Technik auf. Andy ist ein Fabrikarbeiter, der aufgrund des Interesses seiner Frau am Hexenwesen einem Coven[20] in Baltimore beitrat. Er verlor schnell sein Interesse an diesem

---

[20] Ein Coven ist ein Zusammenschluß von Hexen und Hexern, die gemeinsame Rituale zelebrieren. In seiner Urform besteht ein Coven aus 12 Mitgliedern und einem Leiter, der sich als der gehörnte Gott ausgibt. Mittlerweile hält man sich nicht mehr streng daran; Hexen und Hexer bilden verschieden große Gruppen, je nach Art der durchzuführenden Rituale.

Coven, da dort ungeheuer viel negatives Denken praktiziert wurde. Er und seine Frau gingen nicht länger zu den Treffen. Urplötzlich entwickelte Andy Halluzinationen. Bei seiner Arbeit hörte er Stimmen von Menschen, die gar nicht da waren, und er sah Schatten von Menschen, die verschwanden, wenn er sich umdrehte. Eines Tages erhielt er einen Anruf vom Leiter des Covens, der ihm mitteilte, diese Halluzinationen würden erst aufhören, wenn er dem Coven wieder beitrat.

Andy suchte mich auf und bat mich um Hilfe. Er war ein hervorragender Hypnosepatient, und nach drei Sitzungen des spirituellen Schutzes waren seine Probleme verschwunden. Ich schützte Andy nur vor den psychischen Angriffen, denen er vom Leiter des Covens und seinen Anhängern ausgesetzt war. Das weiße Licht wehrt jeden negativen Einfluß ab, ungeachtet der Quelle. Nach einer bestimmten Zeit wurde dem Leiter des Covens klar, daß Andy geschützt war. Er versuchte nicht länger, ihn durch diese Form der Negativität zu verfolgen. Andy war frei. (An dieser Stelle möchte ich jedem raten, sich von allen Arten der Hexerei fernzuhalten, ob schwarze oder weiße Magie, und insbesondere Coven zu meiden. Sie sind alle negativ, und sowohl Ihr Karma als auch Ihr gegenwärtiges Leben können durch diese Gruppen äußerst unangenehm beeinflußt werden.)

PROGRESSION

Da Sie jetzt die Grundlagen der Regression verstehen, lassen Sie uns zur Progression übergehen. Bei der Progression bewegen wir uns in der Zeit nach vorn. Sie wird bei jeder Form der Regression dazu eingesetzt, den Patienten wieder in die Gegenwart zu bringen. Lassen Sie uns beispielsweise annehmen, ich würde Sie in ein Alter von fünf Jahren zurückführen. Wenn ich Sie dann in ein Alter von acht Jahren bringen wollte, würde ich bis fünf zählen und Sie so drei Jahre progressieren. Schließlich würde ich Sie in die Gegenwart progressieren, zu dem Zeitpunkt kurz vor der Sitzung. Das nennt man Progression. Sie laufen zu keiner Zeit Gefahr, in der Zukunft gefangen zu sein.

Progression kann auch anders eingesetzt werden. Durch Progression kann man herausfinden, wie eine bestimmte Entscheidung, über die der Patient nachdenkt, ausgehen wird. Lassen Sie uns beispielsweise annehmen, daß Sie über Ihre Arbeit nachdenken. Sie progressieren sich zwei Jahre in die Zukunft und können so herausfinden, ob Sie die Stellung gewechselt haben und ob das zu Ihrem Vorteil war oder nicht. Lassen Sie mich klarstellen, daß ich hier keine medialen Erlebnisse meine. Ich betrachte mich selbst keineswegs als Medium oder Hellseher. Ausschließlich die hypnotische Progression befähigt mich, meinen Patienten Hilfe zur Selbsthilfe zu geben. Ich weiß sehr wohl, daß es keine Möglichkeit für einen Beweis der Progression gibt, außer zu warten, ob ein bestimmtes Ereignis so eintritt, wie man es in der Progression gesehen hat.

Viele Menschen halten die Progression für eine Art Wunschdenken. Ich bin der Erste, der zugibt, daß der Blick auf zukünftige Situationen möglicherweise von den Hoffnungen und Wünschen des Unterbewußtseins bestimmt sein könnte, mit Ausnahme einer einzigen Tatsache: der Blick auf zukünftige Situationen, über die der Patient selbst keine Kontrolle hat. Ein Beispiel hierfür wäre eine Zeitschriftenüberschrift, die in fünf Jahren von heute an gerechnet entweder auf eine Naturkatastrophe, auf die Wahl eines Präsidenten oder einen Krieg hinweist, und dieses Ereignis tritt dann genau so ein, wie man es fünf Jahre zuvor in Trance gesehen hat. Meiner Meinung nach bietet außer der Progression nichts anderes auch nur annähernd eine passende Erklärung.

Im vorletzten Kapitel habe ich kurz das Modell des Raum-Zeit-Kontinuums erwähnt (gemäß dem Zeit als solches nicht exisitiert). Dieses Modell bietet uns eine interessante Erklärung hinsichtlich dem Mechanismus der Progression.

Gemäß der Vorstellung des Raum-Zeit-Kontinuums existieren Vergangenheit, Gegenwart oder Zukunft nicht als isolierte Zeitblöcke. Vergangenheit, Gegenwart und Zukunft geschehen gleichzeitig, und sie können sich alle gegenseitig beeinflussen. Während unserer Schulzeit wurde uns beigebracht, daß die Vergangenheit vorbei ist, die Gegenwart in diesem Augenblick geschieht und die Zukunft erst noch eintritt. Das ist allerdings kein Beweis für die Dinge, wie sie sind. Einsteins Relativitätstheorie und die Quantenphysik bieten uns ganz andere Möglichkeiten, die Zeit zu ordnen.

Wenn wir uns einen Augenblick lang vorstellen, daß alle Zeitformen gleichzeitig, nämlich jetzt, geschehen, dann kann man leicht verstehen, wie jemand die Zukunft oder die Vergangenheit beinahe ebenso mühelos sehen kann wie die Gegenwart. Wenn man sich selbst in hypnotische Trance versetzt, entfernt man lediglich die gewohnheitsmäßigen Zeitschranken und läßt komplexere Beobachtungen zu.

Das größte Problem im Verständnis des Raum-Zeit-Kontinuums liegt darin, daß wir in einer dreidimensionalen Wirklichkeit agieren. Es gibt viele andere Dimensionen, wie durch diverse psychische Phänomene deutlich wird. Die Zeit, wie wir sie kennen, ist nur eine Illusion, die durch unsere eigenen physikalischen Sinne geschaffen wurde. Unsere fünf Sinne nehmen die Wirklichkeit in kleinen, zeitlich getrennten Segmenten wahr. Daher scheint jedes Ereignis erst zu geschehen und dann vorbei zu sein. Es wird durch ein anderes Ereignis ersetzt, das bald darauf ebenfalls verschwindet. Da unsere Wahrnehmung begrenzt ist, teilen wir die Zeit gewissenhaft in drei getrennte Komponenten namens Vergangenheit, Gegenwart und Zukunft auf.

Ein Beispiel für diese Vorstellung ist der Traumzustand. Stellen Sie sich vor, Sie hätten in einer bestimmten Nacht mehrere Träume. Jeder Traum umfaßt Hunderte von Erdenjahren, aber für Sie, den Träumer bzw. die Träumerin, sind nur wenige Minuten vergangen. Während des Traumzustandes ist Ihr Unterbewußtsein frei von der Dimension, in der die Zeit, wie wir sie kennen, existiert.

Da das, was wir Vergangenheit, Gegenwart und Zukunft nennen, uns nacheinander zu geschehen scheint, können wir die Vorstellung einer Gleichzeitigkeit nur schwer akzeptieren. Da bei diesem Schema alle Ereignisse zur selben Zeit geschehen, verursacht ein vergangenes Ereignis nicht wirklich ein gegenwärtiges, noch verursacht ein gegenwärtiges Ereignis eines in der Zukunft. Daher sind unsere Inkarnationen in Vergangenheit und Zukunft nicht unbedingt so geschehen, wir wir das denken. Wenn wir unsere gegenwärtigen Umstände verändern, können wir wirksam auch unser Karma verändern.

Denken Sie einmal darüber nach, wieviel Karma aufgelöst werden könnte, wenn man mit der Vergangenheit, der Gegenwart und der Zukunft gleichzeitig umgehen könnte. Umgekehrt überlegen Sie einmal, wieviel Karma hinzugefügt werden könnte, anstatt entfernt zu werden. Das sollte uns wirklich ein Anreiz sein, jetzt zu einem besseren Menschen zu werden.

Ich möchte noch einmal auf den Traumzustand zurückgreifen, um die Vorstellung zu verdeutlichen, daß es keine Zeit gibt. Einige Parapsychologen sind der Ansicht, daß wir in unseren Träumen von unseren Meistern und Führer auf einer anderen Dimensionsebene beraten werden. Da wir uns auf verschiedenen Ebenen befinden, hat die Zeit keine Bedeutung für uns. Man zeigt uns, wie wir unser Karma ausarbeiten können. Wir werden zu dem gebracht, was wir auf der Erd-Ebene die Zukunft nennen würden.

Viele Menschen berichten von Träumen, in denen sie über große Distanzen hinweg geflogen oder gefallen sind. Angeblich ist das ein bewußter Überrest der Projektion in die Zukunft, die wir in unserem Traumzustand erlebten. Der Begriff *Astralprojektion* oder *außerkörperliche Erfahrung* (AKE)[21] wurde für diesen Zustand ebenfalls verwendet. Wir alle verlassen unseren Körper, wenn wir träumen. Der Traumzustand ist für uns alle eine Kommunikation zwischen unseren und anderen Dimensionen oder Wirklichkeiten.

Wenn Sie die Vorstellung verstehen wollen, daß Sie Ihre eigene Wirklichkeit schaffen, prüfen Sie das Modell des Raum-Zeit-Kontinuums. Wenn die Gegenwart direkt Vergangenheit und Zukunft verändern kann, schaffen Sie in jedem Augenblick, den es Sie gibt, Ihre eigene Wirklichkeit. Sie allein sind voll verantwortlich für Ihr Leben und die Umgebung, in der Sie leben. Schauen Sie in sich nach den Gründen Ihres guten oder schlechten Schicksals. Denken Sie daran: Karma besteht aus Ursache und Wirkung.

DÉJÀ VU KONTRA SYNCHRONIZITÄT

Wenn ich Vorlesungen über Karma halte, werde ich oft zu den vielen Zufällen befragt, die im Leben eines Menschen

---

[21] Die außerkörperliche Erfahrung (AKE) ist ein Dissoziations-Erlebnis, mit dem das Empfinden einhergeht, das Bewußtsein sei unabhängig, vom Körper getrennt und ein Stück weit von ihm entfernt. Die außerkörperliche Erfahrung wird im allgemeinen als Astralprojektion bezeichnet, obgleich es richtiger wäre, nur eine willentlich herbeigeführte AKE so zu nennen. Allerdings kann sie nach einer Krankheit oder Fastenzeit auch spontan auftreten oder durch psychedelische Drogen ausgelöst werden.

aufzutreten scheinen. Als Parapsychologe habe ich den Begriff *Zufall* schon lange aus meinem Vokabular gestrichen. Der Begriff *Synchronizität* ist viel zutreffender.

Carl Jung, der Schweizer Psychiater, prägte das Wort *Synchronizität*. Er verwendete es, um besonders bedeutungsvolle Ereignisse zu beschreiben, die ohne ersichtlichen Grund eintreten. Diese Synchronizität scheint den Menschen genau am richtigen Ort und zu der richtigen Zeit zu geschehen. Wenn Sie am dringendsten eine bestimmte Reihe von Ereignissen benötigen und diese dann trotz scheinbar unmöglicher Widerstände eintreten, dann erleben Sie Synchronizität. ASW, Telekinese, Psychokinese, Astrologie, Omen, Déjà Vu und präkognitives Träumen sind Beispiele dieses Prinzips.

Hier nun eine mögliche physiologische Erklärung der Synchronizität: Es gibt im Gehirn zwei Hemisphären, die linke und die rechte. Über die Synchronizität erfolgt die Kommunikation zwischen der intuitiven rechten Gehirnhälfte (dem Unterbewußtsein und dem Überbewußtsein) und der analytischen linken Gehirnhälfte (dem Wachbewußtsein) mittels symbolischer Ereignisse. Daher stellen diese sogenannten Zufälle eine wirkungsvolle Kommunikation des Unterbewußtseins und des Überbewußtseins mit unserem Wachbewußtsein dar. Da die rechte Hemisphäre unseres Gehirns durch die Akasha-Chronik alles Wissen über unsere Inkarnationen in Vergangenheit, Gegenwart und Zukunft enthält, und da die linke Hemisphäre unseres Gehirns kaum mit unserem gegenwärtigen Leben Schritt halten kann, überrascht es nicht, daß wir diese Ereignisse wachbewußt als »Zufälle« beschreiben und sie aus unseren Gedanken und Überlegungen fortan ausklammern. Ich persönlich bin der Überzeugung, daß absolut nichts durch bloßen Zufall geschieht.

Jeder hat schon einmal Déjà vu erlebt. Wenn Sie ein Gebäude betreten, das Sie nie zuvor gesehen haben und in dem Sie auch nie zuvor gewesen sind, Sie jedoch das unbestimmte Gefühl haben, schon einmal da gewesen zu sein, dann erfahren Sie das, was Psychologen Déjà vu nennen. Die klassische Erklärung besagt, daß Sie in diesem Gebäude einige Möbelstücke, Gemälde, Vorhänge oder andere Dinge erkennen, die Ihnen vertraut sind. Daraufhin extrapoliert (erweitert über diese Assoziation hinaus) der Geist die ganze Umgebung als vertraut.

Meiner Meinung nach funktioniert diese Erklärung einfach nicht. Häufig berichten meine Patienten, daß absolut nichts in diesem Gebäude vertraut schien – und doch wußten sie, daß sie schon einmal hier waren. Ich habe eine Theorie, gemäß der zwei Dinge geschehen sein können. Am wahrscheinlichsten ist die Progression. Etwa eine Woche, bevor Sie dieses Gebäude besuchten, hat Ihr Unterbewußsein dieses Ereignis bereits gesehen. Als dann das Ereignis Wirklichkeit wurde, fühlten Sie sich seltsam vertraut damit. Dies passiert mir manchmal bei Gesprächen. Ich spreche mit jemanden und weiß plötzlich ganz genau, was er als nächstes sagen wird.

Die zweite Erklärung tritt weniger häufig auf. Es besteht die Möglichkeit, daß Sie in einem früheren Leben in diesem Gebäude wohnten oder ein bedeutendes Ereignis in einer früheren Inkarnation in oder in der Nähe von diesem Gebäude geschah. Dies würde viele der spontanen Regressionen erklären, die mir berichtet wurden.

Ein gutes Beispiel hierfür ist eine junge Frau, die 1978 zu mir kam, um durch Regression in ein früheres Leben geführt zu werden. Sie erzählte mir nichts über Ihre Herkunft oder Ihre Erfahrungen, bevor ich sie hypnotisierte. Im Trancezustand beschrieb Sie mir in allen Einzelheiten ein Leben im mittelalterlichen Deutschland. Sie war im vorhergegangenen Sommer im Urlaub nach Deutschland geflogen und sollte eigentlich nach Belgien weiterreisen, als sie unerwartet 24 Stunden lang aufgehalten wurde. Um die Zeit totzuschlagen besuchte sie eine Burg, die in ein Museum umgewandelt worden war. In dieser Burg betrachtete sie das Porträt einer der Bewohnerinnen, das aus dem 13. Jahrhundert stammte. Sie verfiel spontan in eine Regression und durchlebte erneut das Leben dieser Frau. Sie konnte während dieser Erfahrung, die etwa 45 Minuten dauerte, keinen einzigen Muskel bewegen.

Sie kam nur deswegen zu mir, um bestimmte Einzelheiten dieser Regression zu bestätigen. Glücklicherweise gelang ihr das. Da diese junge Frau aus Baltimore stammte und absolut kein Interesse an deutscher Geschichte hatte und darüber auch nichts wußte, kann ich die klassische Erklärung des Déjà vu für diese spontane Regression nicht akzeptieren.

DOKUMENTATION

Viele Menschen haben mich schon gebeten, durch Progression den Ausgang von Wahlen, Börsengeschäften, usw. vorherzusagen. Dies tue ich aus mehreren offensichtlichen Gründen nicht, am schwersten wiegt die mögliche Einflußnahme auf die Öffentlichkeit sowie die Möglichkeit einer Panik, wenn beispielsweise eine Naturkatastrophe vorhergesehen wird. Bevor dieser Bereich nicht gründlich erforscht wurde, habe ich persönlich mehr Fragen als Antworten.

Bei Inkarnationsregressionen taucht immer wieder die Frage nach dem Echtheitsnachweis auf. Natürlich wurden viele Regressionen sorgfältig dokumentiert. Eine einfache Progression kann auch dokumentiert werden, vorausgesetzt Sie bringen genug Geduld auf und warten, bis das vorausgesehene Ereignis eingetroffen ist. Aber wie wollen Sie die Progression in ein künftiges Leben dokumentieren? Die Antwort ist einfach – gar nicht. Mehrere Lebensspannen bzw. Hunderte von Jahren zu warten übersteigt selbst meine Geduld. Eines Tages wird die Wissenschaft eine Antwort finden; bis zu diesem Zeitpunkt muß dies ein ungelöstes Geheimnis bleiben.

Im Juni 1981 führte ich ein ziemlich ungewöhnliches Experiment durch. Charlie Donovan ist der Moderator einer abendlichen Talkshow bei WFBR-Radio in Baltimore. Seit Februar 1981 bin ich freier Mitarbeiter der Show, zuständig für Hypnotherapie. Ich habe häufig im Rundfunk über Regression und Progression gesprochen. Charlie rief mich am Freitag, den 5. Juni an, und bat mich um Hilfe. Ich sollte die nun schon fünf Spiele währende Verluststrähne der *Baltimore Orioles* beenden. Die Baseballmannschaft der Orioles sollten am folgenden Wochenende in Anaheim gegen die *California Angels* spielen. Kurz vorher hatten die *Orioles* drei Spiele gegen die *New York Yankees* verloren. Am folgenden Tag versuchte ich mittels Progression zu sehen, ob ich das Ergebnis des Spiels erkennen konnte. Der Schlußstand, den ich sah, lautete 6 zu 3 für die *Orioles*. Während des Abendessens dachte ich kurz an 6 zu 4, verwarf diesen Gedanken jedoch, weil der erste Eindruck für gewöhnlich der genauere ist.

Um 9 Uhr 15 an diesem Abend (Eastern Standard Time) begann die Sendung, und ich veranlaßte die Zuhörer, sich auf den Stand »Baltimore 6 und California 3« zu konzentrieren. Ich betrachte mich selbst keineswegs als Medium, ausschließlich als Hypnotherapeuten. Etwa eine Minute lang herrschte Stille bei WFBR, während schätzungsweise 125.000 Menschen sich auf diese Zahlen konzentrierten. Um 9 Uhr 25 verabschiedete ich mich von Charlie und meinen Fans. Um 10 Uhr 30 (EST) begann das Spiel.

In der Mitte des siebten Innings[22] lautete der Spielstand 6 zu 3 für die *Orioles*. Am Ende des siebten Innings verpaßte der Catcher von Baltimore einen Ball. Daraus ergab sich der Endstand Baltimore 6 und California 4. Die Punkte lauteten wie folgt:

Baltimore   3 0 0 1 0 2 0 0 0 6
California   0 0 1 0 0 2 1 0 0 4

Der Masseneinsatz des Unterbewußtseins von 125.000 Menschen schien die Verluststrähne gebrochen zu haben.

Es gab 125.000 Zeugen für diese Live-Demonstration der Progression. Ich weiß nicht genau, warum oder wie dieses Experiment funktionierte, aber vielleicht gibt es eines Tages eine Antwort darauf.

---

[22] Ein Inning ist ein Spielabschnitt während eines Baseballspiels, bei dem eine Mannschaft die Schlag- und die andere die Fangpartei ist.

KAPITEL 6

SIND WIR UNS NICHT SCHON EINMAL IN EINEM FRÜHEREN LEBEN BEGEGNET?

Liebesbeziehungen sind mit Abstand die lohnendsten aller karmischen Verbindungen. Paare finden schnell heraus, daß sie in vielen früheren Leben schon zusammen waren. Sie werden auch in zukünftigen Inkarnationen zusammen sein. Wenn es in einer Beziehung ein Problem gibt, kann die Inkarnationsregression häufig die genaue Ursache des Problems erkennen. Ein Ehemann wurde vielleicht von seiner Frau in einem früheren Leben verlassen, und so entstand eine karmische Schuld. In ihrem vorhergehenden Leben hat die jetzt von ihrem Mann verlassene Frau möglicherweise ihn verlassen, oder vielleicht hat sie versehentlich seinen Tod verschuldet. Somit wurde ein Kreislauf karmischer Schuld und Rückzahlung errichtet.

Dieser Kreislauf wird weitergehen, bis alle Lektionen gelernt wurden und alles Negative durch Positives ausgeglichen wurde. Das Prinzip der Vergebung wird diesen Vorgang beschleunigen, aber die Zusammenarbeit beider Partner ist hier erforderlich. Der Fall von Carl verdeutlicht diese Prinzipien sehr anschaulich.

Carl suchte mich vor mehreren Jahren auf. Er litt unter etwas, das man sekundäre Impotenz nennt. Das bedeutet, manchmal klappte es bei Carl sexuell, manchmal nicht. Physiologisch fehlte Carl nichts, aber er hatte psychische Probleme. Carl war sehr beunruhigt, als er in meine Sprechstunde kam. Er sprach immer leise, und seine Stimme klang irgendwie exaltiert.

Nachdem ich sechs Wochen lang mit Carl gearbeitet hatte, lag die Ursache seiner Impotenz für mich klar auf der Hand. Eine einfache Altersregression enthüllte eine Szene, in der Carl sich in der Wohnung seiner derzeitigen Ehefrau (Martha) befand. Martha war zu jener Zeit geschieden, und sie und Carl trafen sich seit etwa sechs Monaten.

An einem schicksalhaften Sonntagmorgen im Juni lag Carl mit Martha im Bett, als sein Schlaf durch lautes Klopfen an der Wohnungstür gestört wurde. Carl war noch ganz schläfrig, so daß er sich nicht wachbewußt an diesen Vorfall erinnerte, obwohl er ihn in Trance mühelos wieder hervorrief. Marthas Ex-Ehemann stand in der Tür. Er hatte Carls Wagen vor dem Haus gesehen und bedrohte nun Martha. Er sagte, er wisse, daß Carl in ihrem Schlafzimmer sei, und wenn er ihn jemals dabei erwischte, wie er sie liebte, würde er Carl töten. Carls Unterbewußtsein hörte das, und dies war der Anfang ihrer sexuellen Probleme.

Carl war durch diese Regression ziemlich beeindruckt, weil seine Impotenz innerhalb von zwei Wochen beinahe völlig verschwand. Ich war jedoch nicht der Ansicht, daß dies der wahre Grund für Carls Impotenz war und schlug eine Inkarnationsregression vor. Carl hatte sich noch keine feste Meinung bezüglich der Reinkarnation gebildet, aber er war bereit, alles auszuprobieren, was seine sexuellen Probleme lösen könnte.

Mehrere Wochen später erlebte Carl seine erste Inkarnationsregression. Er erzählte von einem Leben im Frankreich des 18. Jahrhunderts. Carl war der Sohn eines Fischers in einem kleinen Seehafen an der Ostküste Frankreichs. Sein Name war Ladin. Gene war sein bester Freund, und Genes Vater besaß die meisten Boote in der Stadt. Im Alter von 14 Jahren starb Carls (Ladins) Vater. Daraufhin wurde Carl Fischer und arbeitete mit Gene zusammen. Die folgende Unterhaltung zeigt Ladin im Alter von 24 Jahren:

Dr. Goldberg:	Arbeiten Sie immer noch für Genes Vater?
Carl:	Nein.
Dr. Goldberg:	Was ist geschehen?
Carl:	Gene – er besitzt jetzt alle Boote. Sein Vater ist gestorben. Gene ist mein Kumpel. Ich habe jetzt ein eigenes Boot.
Dr. Goldberg:	Macht Ihnen Ihre Arbeit Spaß?
Carl:	Ja. Besonders, wenn sie bei mir ist.
Dr. Goldberg:	Wer ist »sie«?
Carl:	Jeanne, mein Mädchen, Jeanne.
Dr. Goldberg:	Wie lange kennen Sie Jeanne schon?
Carl:	Etwa zwei Jahre.

Carls Stimme war jetzt sehr tief. Er sprach mit großem Selbstvertrauen.

Dr. Goldberg:	Ich möchte, daß Sie jetzt zu einem sehr wichtigen Ereignis zwischen Ihnen und Jeanne übergehen, sobald ich bis fünf zähle. Eins … zwei … drei … vier … fünf. Was sehen Sie jetzt?
Carl:	Wir sitzen am Tisch. Sie geht zum Arzt.
Dr. Goldberg:	Was fehlt Jeanne?
Carl:	Sie macht es nicht mehr lange.
Dr. Goldberg:	Sie wird nicht mehr lange leben?
Carl:	Nein. Das ist es nicht. Sie ist schwanger, aber sie sind sich nicht sicher, ob das Baby es überleben wird.
Dr. Goldberg:	Sind Sie mittlerweile mit Jeanne verheiratet?
Carl:	Ja.
Dr. Goldberg:	Ich möchte, daß Sie jetzt weitergehen, zu der Zeit nachdem Jeanne beim Arzt war. Eins … zwei … drei … vier … fünf. Was sehen Sie jetzt?

Carl:	Der Arzt – das muß ein Kurpfuscher sein.
Dr. Goldberg:	Warum?
Carl:	Er hat von nichts 'ne Ahnung. Er weiß nicht, was er tut. Ich muß immer bei ihr bleiben.

Ich führte Carl zu dem Zeitpunkt, als sein Baby auf die Welt kam.

Dr. Goldberg:	Was geschieht jetzt gerade?
Carl:	Jeanne, sie schreit.
Dr. Goldberg:	Wo ist der Arzt?
Carl:	Er ist nicht da. Da ist irgendeine Frau statt dessen.
Dr. Goldberg:	Was geschieht nun?
Carl:	Es ist alles vorbei. Mein Baby ist tot. (Er weint.)
Dr. Goldberg:	Gut, Ladin, lösen Sie sich von allen negativen Gefühlen, und erzählen Sie mir genau, was geschah.
Carl:	Sie konnten ihn nicht retten. Ich – ich habe das Gefühl, daß es meine Schuld ist. O mein Gott. Jeanne ist tot! Sie starb, als sie ein totes Baby zur Welt brachte. Es war ein Junge. Das werde ich nie wieder durchmachen.

Carl beschloß, nie wieder Kinder zu haben. Sein Unterbewußtsein könnte das sehr wohl so interpretiert haben, daß es ihn buchstäblich zur Impotenz zwang. Nachdem ich Ladin fünf Jahre weiter in die Zukunft geführt hatte, wurde die folgende Information erlangt:

Dr. Goldberg:	Wo leben Sie jetzt?
Carl:	Ich lebe in der Stadt.
Dr. Goldberg:	Was machen Sie dort?

Carl:	Ich habe einen Laden. Ich stelle Fischernetze her. Ich bin angesehen.
Dr. Goldberg:	Wie läuft das Geschäft?
Carl:	Recht gut. Mein Vater hätte das tun sollen.
Dr. Goldberg:	Was ist mit Gene geschehen?
Carl:	Ich – ich sehe ihn nicht mehr.
Dr. Goldberg:	Woher bezieht Gene seine Netze?
Carl:	Mit Sicherheit nicht von mir.

Ich führte Carl bis zu seinem Tod. Dann trat ich in Kontakt mit seinem Überbewußtsein und befragte ihn zu seinem Leben als Ladin.

Dr. Goldberg:	Welchen Bezug hat Gene zu Ihrem Leben als Carl?
Carl:	Gene ist Randy.
Dr. Goldberg:	Wer ist Randy?
Carl:	Mein kleiner Bruder.
Dr. Goldberg:	Wer ist die Wesenheit, die als Jeanne bekannt war?
Carl:	Sie ist meine Frau, Martha.
Dr. Goldberg:	Wer war Ihr Vater, der Fischer?
Carl:	Das ist mein Onkel Charlie.

Aus dem Überbewußtsein heraus können die Patienten Menschen aus vergangenen und zukünftigen Inkarnationen identifizieren und mir sagen, wo sie in ihrem derzeitigen Leben angesiedelt sind. Carl gab sich als Ladin selbst die Schuld für Jeannes (Marthas) Tod und für den Tod des Babys. Indem er impotent wurde, eliminierte er die Möglichkeit einer weiteren traumatischen Schwangerschaft für Martha.

Weniger erfahrene Therapeuten hätte diese Regression als Ursache für Carls derzeitige Impotenz zufriedengestellt. Jedoch gibt es für gewöhnlich eine ganze Reihe von

Inkarnationen und Ereignissen, die mit dem Problem in Zusammenhang stehen. Man muß hinter diese Regression gehen und nach weiteren Gründen suchen. Am 29. Dezember wurde Carl zum zweiten Mal in eine frühere Existenz zurückgeführt. Er beschrieb sein Leben im Deutschland des 14. Jahrhunderts.

Dr. Goldberg: Wie heißen Sie?
Carl: Hans.
Dr. Goldberg: Welchem Beruf gehen Sie nach?
Carl: Ich kümmere mich um die Burg.
Dr. Goldberg: Wo leben Sie?
Carl: In einem kleinen Raum an der Rückseite der Burg.
Dr. Goldberg: Wem gehört die Burg?
Carl: Dem Herrn. Er lebt dort mit seinem Weib.
Dr. Goldberg: Wie alt sind Sie jetzt?
Carl: Fünfzehn.

Ich führte Carl in ein Alter von zwanzig Jahren.

Dr. Goldberg: Womit bestreiten Sie Ihren Lebensunterhalt?
Carl: Ich bin Soldat.
Dr. Goldberg: Wo kämpfen Sie?
Carl: Ich beschütze die Burg.
Dr. Goldberg: Vor wem?
Carl: Vor Bettlern und Eindringlingen.
Dr. Goldberg: Wenn ich auf fünf zähle, sind Sie fünf Jahre älter. Eins ... zwei ... drei ... vier ... fünf. Sind Sie immer noch Soldat?
Carl: Ja. Ich befehlige 300 Männer.
Dr. Goldberg: Haben Sie eine Frau?
Carl: Helena. Helena ist die schönste Frau der Welt.

Dr. Goldberg:	Sind Sie mit Helena verheiratet?
Carl:	Nein. Sie ist die Tochter des Herrn (des Eigentümers der Burg).
Dr. Goldberg:	Ich zähle jetzt bis fünf. Dann schreiten Sie zu einem bedeutsamen Ereignis zwischen Ihnen und Helena voran, wenn es denn eines gibt. Eins … zwei … drei … vier … fünf. Was sehen Sie jetzt?
Carl:	Ich bin in voller Montur. Ich trage mein Schild.
Dr. Goldberg:	Zu welcher Gelegenheit?
Carl:	Ich heirate Helena.
Dr. Goldberg:	Wie fühlen Sie sich?
Carl:	Ich fühle mich großartig. (Sehr aufgeregt)

Carl wurde daraufhin zur Geburt seines ersten Kindes geführt.

Dr. Goldberg:	Was sehen Sie jetzt?
Carl:	Mein Baby.
Dr. Goldberg:	Ist es ein Junge oder ein Mädchen?
Carl:	Es ist ein Junge.
Dr. Goldberg:	Wo leben Sie jetzt?
Carl:	Ich habe ein kleines Haus in der Nähe der Burg.
Dr. Goldberg:	Wer lebt jetzt in der Burg?
Carl:	Die Frau des Herrn. Der Herr ist gestorben, und jetzt lebt sein Weib dort.
Dr. Goldberg:	Sind Sie immer noch Soldat?
Carl:	Ja, und ich bin ein verdammt guter Soldat.
Dr. Goldberg:	Wie kommen Sie mit der Frau des Herrn zurecht?
Carl:	Ich mag sie nicht. Ich sagte ihr, sie solle die Burg verlassen. Die Burg gehört mir, und ich will sie haben.

Ich progressierte Carl zu einer Situation, die die Auflösung dieses Problems zeigte, wenn es eine solche gab. Er war nun 45 Jahre alt.

Dr. Goldberg: Wo leben Sie jetzt?
Carl: In der Burg.
Dr. Goldberg: Wo ist die Frau des Herrn?
Carl: Ich habe sie hinausgeworfen. Sie ist verrückt.
Dr. Goldberg: Warum sagen Sie das?
Carl: Meine Soldaten zwangen sie und ihre Leute hinaus, aber sie macht Schwierigkeiten.
Dr. Goldberg: Was für Schwierigkeiten?
Carl: Sie sagt Dinge über mich, und sie versucht, eine Armee auf die Beine zu stellen und meine Burg anzugreifen.

Carl wurde weiter progressiert zu einer Szene, die eine Lösung des Problems mit der Frau des Herrn aufzeigt. Er berichtet von einem Angriff auf die Burg.

Dr. Goldberg: Was geschieht jetzt?
Carl: Soldaten sind in meiner Burg, und sie töten meine Männer.
Dr. Goldberg: Erkennen Sie diese Soldaten?
Carl: Ja. Sie kamen schon einmal mit ihr (der Frau des Herrn), vor etwa zwei Jahren. Sie versuchten, mich aus der Burg zu verjagen. Aber ich bin nicht gegangen. Das ist meine Burg, und ich werde nicht gehen.
Dr. Goldberg: Wo sind Ihre Frau und Ihr Kind?
Carl: Großer Gott, sie sind tot! Sie (die Frau des Herrn) hat das getan. Ich werde mich dafür an ihr rächen, und wenn es das Letzte ist, was ich tue.

Carl starb an diesem Tag. Er wurde durch einen der Soldaten getötet, und die Frau des Herrn kehrte schließlich zu der Burg zurück. Als ich mit Carls Überbewußtsein sprach, fand ich heraus, daß die Frau des Herrn in diesem Leben seine Ehefrau (Martha) war. Seine Feststellung, daß er sich an ihr rächen werde, symbolisierte sich in seiner Impotenz. Carl war schon zuvor verheiratet gewesen und hatte niemals irgendwelche sexuellen Probleme, bis er Martha traf. Er war 35 Jahre alt, als er seiner jetzigen Frau begegnete.

Am 19. Januar 1979 führte ich Carl ein weiteres Mal in ein früheres Leben zurück.

Dr. Goldberg: Was sehen Sie?

Carl: Rauch. Ich sehe Rauch.

Dr. Goldberg: Sehen Sie sonst noch etwas?

Carl: Hohe Bäume. Viele, viele hohe Bäume.

Dr. Goldberg: Sind Sie in einem Wald?

Carl: Ja. Ich stehe vor meiner Hütte. Es ist kalt draußen, und ich sammle Holz für den Kamin.

Dr. Goldberg: Können Sie sich selbst sehen?

Carl: Ja.

Dr. Goldberg: Wie sehen Sie aus?

Carl: Ich bin … ich habe sehr langes Haar.

Dr. Goldberg: Welche Haarfarbe?

Carl: Braun.

Dr. Goldberg: Wie ist Ihr Name?

Carl: Jake.

Dr. Goldberg: Wie alt sind Sie?

Carl: Elf.

Jake wurde 1802 in einer Hütte in Maine geboren. Der Name seines Vaters war John, und seine Mutter hieß Hilda. Jake besuchte niemals eine Schule. Er hatte eine Schwester namens Becky.

Dr. Goldberg:	Können Sie lesen und schreiben?
Carl:	Ja.
Dr. Goldberg:	Wer hat Ihnen das beigebracht?
Carl:	Eine alte Dame kommt vom Dorf und unterrichtet mich.
Dr. Goldberg:	Mögen Sie sie?
Carl:	Ja, aber manchmal schlägt sie mir mit einem Stock auf die Finger, wenn ich etwas Falsches sage.
Dr. Goldberg:	Was fangen Sie so mit Ihrer Zeit an?
Carl:	Ich jage. Ich jage gern.
Dr. Goldberg:	Mit wem jagen Sie?
Carl:	Meistens mit meinem Vater, aber ich jage auch gern mit meinem Freund Sam.
Dr. Goldberg:	Was jagen Sie?
Carl:	Rotwild, meistens.

Jake wurde zehn Jahre weiter progressiert.

Dr. Goldberg:	Wie alt sind Sie jetzt?
Carl:	Zweiundzwanzig.
Dr. Goldberg:	Haben Sie eine Freundin?
Carl:	Ja.
Dr. Goldberg:	Wie ist ihr Name?
Carl:	Amy.
Dr. Goldberg:	Wie sind Sie ihr begegnet?
Carl:	Sie arbeitet im Gemischtwarenladen im Dorf. Ich bin ihr dort begegnet.
Dr. Goldberg:	Wie kommen Sie beide zurecht?
Carl:	Sie mag mich sehr, aber sie will nicht, daß ich jagen gehe.

Ich progressierte Jake fünf Jahre weiter. Er war jetzt sieben-undzwanzig. Sein Vater war gestorben, und er hatte sein Zuhause verlassen, um sein eigenes Leben zu beginnen. Er

123

und Sam kauften eine kleine Farm und gingen oft zusammen auf die Jagd.

Dr. Goldberg:	Wo sind Sie jetzt, Jake?
Carl:	Ich bin in meinem Zimmer und denke nach. (Jakes Stimme war sehr tief.)
Dr. Goldberg:	Worüber denken Sie nach?
Carl:	Ich habe gestern einen Fuchs getötet. Ich hasse diese Füchse.
Dr. Goldberg:	Wo ist Amy?
Carl:	Ich habe nicht genug Zeit, um sie mit Frauen zu verplempern. Sie wollte nicht mit mir kommen, als ich hierher gezogen bin.
Dr. Goldberg:	Wo ist Sam?
Carl:	Auf der Jagd nach Rotwild.
Dr. Goldberg:	Warum begleiten Sie ihn nicht auf der Jagd?
Carl:	Mir war heute nicht nach Jagen. Ich möchte einfach nur eine Weile nachdenken.
Dr. Goldberg:	Worüber denken Sie nach?
Carl:	Verschiedenes.
Dr. Goldberg:	Was genau?
Carl:	Letzte Woche habe ich beinahe Sam erschossen. Er war richtig wütend auf mich.
Dr. Goldberg:	Sind Sie deswegen heute nicht mit Sam auf die Jagd gegangen?
Carl:	Ja. Hey, warum all diese blöden Fragen? Wer sind Sie überhaupt?

Das kommt in Trance bisweilen vor. Wenn ein Patient eine unangenehme Situation neu durchlebt, kann er auf meine Stimme unter Umständen indigniert reagieren. Der Patient will dann mit Nachdruck von mir wissen, wer ich eigentlich sei. Glücklicherweise ist dies nur ein vorübergehender Zustand, und die Befragung kann wenige Minuten später wieder aufgenommen werden.

Dr. Goldberg:	Wie kamen Sam und Sie mit diesem Problem zurecht, als Sie das nächste Mal auf die Jagd gingen?
Carl:	Wir haben uns einige Signale überlegt. Wenn er oder ich auf eine bestimmte Weise pfeifen, dann bedeutet das, wir sind's und nicht irgendein verdammtes Tier.

Jake wurde zu einem wichtigen Ereignis zwischen ihm und Sam progressiert.

Dr. Goldberg:	Wo sind Sie jetzt?
Carl:	Ich bin im Wald.
Dr. Goldberg:	Was machen Sie gerade?
Carl:	Ich jage. Was sonst sollte ich wohl im Wald tun?
Dr. Goldberg:	Sind Sie allein?
Carl:	Nein, Sam ist mit mir auf der Jagd. Er ist irgendwo vor mir.
Dr. Goldberg:	Was hält Sam davon, wieder mit Ihnen auf die Jagd zu gehen?
Carl:	Ach, der ist schon in Ordnung. Wir haben einen Plan ausgearbeitet, um an Rotwild zu kommen. Wir haben schon seit über zwei Wochen kein Rotwild mehr erlegt.
Dr. Goldberg:	Wo genau sind Sie jetzt?
Carl:	Still.
Dr. Goldberg:	Was geschieht gerade?
Carl:	Seien Sie still. Hören Sie denn nichts?
Dr. Goldberg:	Nein. Was ist? Was hören Sie?
Carl:	Da bewegt sich was in den Büschen. Ich werde mir jetzt eines von diesen Viechern holen.
Dr. Goldberg:	Haben Sie ein Tier getötet?
Carl:	Ich weiß nicht. Ich habe darauf geschossen,

	und die Büsche bewegten sich nicht mehr. Ich sehe besser mal nach, ob ich es getroffen habe.
Dr. Goldberg:	Haben Sie das Reh getötet?
Carl:	O mein Gott. Ich habe Sam getroffen. Er ist wirklich schwer verletzt. Warum zum Teufel hat er nicht gepfiffen?
Dr. Goldberg:	Was geschieht jetzt?
Carl:	Ich versuche, ihn zum Haus zurückzutragen.
Dr. Goldberg:	Was sagt er zu Ihnen?
Carl:	Nichts. Er ist bewußtlos.
Dr. Goldberg:	Wie weit sind Sie vom Haus entfernt?
Carl:	Nur ein paar Meilen.
Dr. Goldberg:	Ich zähle auf drei. Dann sind Sie mit Sam zurück im Haus. Eins … zwei … drei. Was geschieht jetzt?
Carl:	Ich gehe ins Dorf, um den Arzt zu holen. Ich wollte, ich müßte Sam hier nicht allein zurücklassen.
Dr. Goldberg:	Ist er immer noch ohnmächtig?
Carl:	Ja. Er sieht nicht gut aus.

Ich progressierte Jake zum Abschluß dieses Ereignisses. Er hatte offenbar Schwierigkeiten, den Arzt zu finden. Der ältliche Arzt verbrachte viel Zeit in der Kneipe des Dorfes. Jake fand ihn am Billardtisch und überzeugte ihn schließlich, mit zur Hütte zu kommen. Der Arzt bemühte sich um Sam, aber es war hoffnungslos. Es war nur eine Frage der Zeit, bis Sam starb.

Dr. Goldberg:	Was passiert jetzt gerade, Jake?
Carl:	Der Arzt, er kann nicht viel für Sam tun. Sam wird sterben. Es ist allein meine Schuld.
Dr. Goldberg:	Hat Sam das Bewußtsein wiedererlangt?

Carl:	Er hat viel Blut verloren. Er kann kaum sprechen.
Dr. Goldberg:	Was sagt er?
Carl:	Er sagt, alles sei so schnell geschehen. Er wußte nicht, wo ich war.
Dr. Goldberg:	Was sagt er zu Ihnen?
Carl:	Er sagt »Rühr' mich nicht an.« Er meint, ich sei ein Trottel, und er wünschte, er hätte mich nie gekannt. Er sieht so bleich aus.
Dr. Goldberg:	Wie fühlen Sie sich, Jake?
Carl:	Ich schäme mich so sehr. Es ist alles meine Schuld. Ich hätte pfeifen sollen, bevor ich in die Büsche schoß.

Ich holte Jake aus dieser Situation heraus und progressierte ihn weiter. Es schien, als ob es mit Jakes Leben nach Sams Tod bergab ging. Er verließ die Farm und zog in die Berge. Dort baute er eine kleine Hütte und jagte und fischte die meiste Zeit. Es war ein sehr einsames Leben, und Jake war sehr erleichtert, als er endlich starb. Ich führte ihn auf die Ebene seines Überbewußtseins und stellte ihm einige abschließende Fragen:

Dr. Goldberg:	Was für ein Gefühl haben Sie in bezug auf Ihr Leben, Jake?
Carl:	Ich habe nichts richtig gemacht. Ich war so einsam. Wenn ich nur Sam nicht erschossen hätte.
Dr. Goldberg:	Wer war Hilda? Wo ist Hilda in Ihrem jetzigen Leben?
Carl:	Die Sekretärin, Pam, an meiner Arbeitsstelle. Das ist Hilda jetzt.
Dr. Goldberg:	Was ist mit John? Wo ist John?
Carl:	Daniel. Er ist einer meiner Kumpel in der Fabrik.

127

Dr. Goldberg:	Wo ist Becky?
Carl:	Sie ist meine Schwägerin.
Dr. Goldberg:	Was ist mit Amy? Wo ist sie?
Carl:	Emily.
Dr. Goldberg:	Wer ist Emily?
Carl:	Sie war ein Mädchen, mit dem ich in der High School ausging.
Dr. Goldberg:	Wer war Sam?
Carl:	Martha. Sam ist Martha.

In jenem Leben war die Todesszene mit Sam am wichtigsten. Sam sagte zu Jake: »Rühr' mich nicht an.« Er weckte Schuldgefühle in Jake und ein Gefühl der Nutzlosigkeit. Carls Unterbewußtsein erinnerte sich daran, und seine derzeitige Impotenz war eine direkte Folge dieses Vorfalls.

Dieser Fall zeigt das Prinzip der sich verändernden Geschlechtszugehörigkeit. Martha war in ihrem letzten Leben ein Mann und hieß Sam. Obwohl die meisten unserer Inkarnationen im selbem Geschlecht gelebt werden, erfordert der karmische Kreislauf mindestens einen Wechsel in der Geschlechtszugehörigkeit.

Als Carl im 18. Jahrhundert als Ladin in Frankreich lebte, gab er sich selbst die Schuld für Marthas (Jeannes) Tod. Sie starb während der Geburt, und Carl versprach sich selbst, diese Erfahrung nie wiederholen zu wollen. Er wollte keine weiteren Kinder. In seinem nächsten Leben als Jake hatte er nie geheiratet. Man könnte sagen, daß er als Ladin indirekt den Tod von Martha verursachte, aber als Jake hat er Martha (Sams) Tod direkt herbeigeführt, indem er ihn versehentlich erschoß. Die Schuldgefühle, die Carl aus diesen vergangenen Inkarnationen mit sich führte, waren enorm.

In seinem Leben als Hans hatte Carl Martha (die Frau seines Herrn) aus der Burg geworfen. Martha hatte am Ende gewonnen und Carls Tod verursacht. Carl schwor, er würde sich eines Tages an ihr rächen, und wenn es das Letzte wäre, was er jemals tat. Er stand zu seinem Wort und suchte die karmische Rückzahlung indirekt während seiner nächsten beiden Inkarnationen als Ladin und Jake. Sein gegenwärtiges Leben als Carl wäre vielleicht ebenso ausgegangen. Glücklicherweise war Carl in der Lage, die wahren Ursachen seiner sexuellen Schwierigkeiten zu erkennen. Hätte ich weitere Inkarnationsregressionen mit ihm durchgeführt, so hätte ich zweifellos noch andere Inkarnationen gefunden, in denen ihn Martha enttäuschte und umgekehrt.

Es kommt nicht darauf an, wer das Problem begonnen hat. Alles, worauf es wirklich ankommt, ist die Lösung des Problems. Heute haben Martha und Carl keine sexuellen Probleme mehr. Sie lieben einander sehr und haben schließlich gelernt, friedlich zusammenzuleben. Die meisten Paare benötigen viele Inkarnationen, um ihre Schwierigkeiten letzten Endes zu lösen.

KAPITEL 7

BOB UND DIE »LICHTMENSCHEN«

Es gibt viele Theorien über den Ursprung unserer Art. Anthropologen und Paläontologen sind der festen Ansicht, daß Afrika der Geburtsort der Menschheit war. Religiöse Führer haben ebenfalls starke, wenn auch konträre Ansichten. Und zu guter Letzt warten die Parapsychologen mit einer völlig anderen Erklärung auf. Ich sprach an früherer Stelle in diesem Buch von dem außerirdischen Modell der Evolution und der Reinkarnation. Obwohl dies einer der umstrittensten Aspekte der Parapsychologie ist, könnte die Fallgeschichte von Bob dieser Theorie durchaus Glaubwürdigkeit verleihen.

Immer wieder führe ich Inkarnationsregressionen bei Patienten durch, bei denen ich herausfinde, daß sie keine physische Form besitzen. Sie verfügen nicht über einen Körper, sondern bestehen aus reiner Energie. Die verbreitetste Form dieser Energie ist das Licht. Der Begriff »Lichtmenschen« dient der Beschreibung von Wesenheiten, die keine physische Form annehmen. Bobs Fall ist ganz typisch für die Regression eines »Lichtmenschen«.

Im November 1979 vereinbarte Bob telefonisch einen Termin für meine Sprechstunde. Er litt zum ersten Mal in diesem Leben unter Schlaflosigkeit. In den vorhergehenden beiden Monaten wurde er mitten in der Nacht durch immer wiederkehrende Alpträume geweckt, und danach konnte er kaum wieder einschlafen. Wenn er dann am folgenden Morgen aufwachte, fühlte er sich vollkommen ausgelaugt.

Ihm war klar, daß er während der Nacht einen traumatischen Alptraum erlebt hatte, aber er konnte sich nicht an dessen Inhalt erinnern. Sein Energiemangel wirkte sich außerdem auf seine Arbeit aus.

Bob suchte mich zu seinem ersten Termin an einem kalten Nachmittag im November auf. Bob war von Beruf Medizintechniker und ein hochintelligenter, umfassend gebildeter Mann Ende Dreißig. Die Parapsychologie gehörte nicht zu Bobs Interessensgebieten, und er schien irgendwie Angst davor zu haben, hypnotisiert zu werden. Nachdem er meine Erklärungen über die Hypnose angehört und diesbezüglich einige Fragen gestellt hatte, machte Bob es sich bequem und ließ sich in Trance führen. Zu keiner Zeit während dieser ersten Sitzung sprach ich über eine mögliche Inkarnationsregression. Die meisten Fälle von Schlaflosigkeit lassen sich leicht genug durch Altersregression behandeln. In Routinefällen nehme ich einfach eine Kassette auf, deren Inhalt den Patienten beruhigt und ihn programmiert, vor dem Zubettgehen ausschließlich an angenehme Dinge zu denken.

Im folgenden Monat sah ich Bob einmal die Woche, und seine Schlaflosigkeit verschwand. Er war in der Lage, zum ersten Mal seit drei Monaten tief zu schlafen. Allerdings erzählte er mir von einem ungewöhnlichen Traum, dem Einzigen, an den er sich erinnern konnte. Die Umgebung des Traums konnte unmöglich in Worte gefaßt werden. Als er mir sagte, er könne um sich herum nur Lichtstrahlen sehen, wußte ich, daß mir eine weitere »Lichtmenschen«-Regression bevorstand.

Ich erklärte Bob die Vorgehensweise einer Regression und vermied sorgfältig, über die Inkarnationsregression von »Lichtmenschen« zu sprechen. Ich verfuhr in diesem Fall aus zwei Gründen auf diese ganz spezielle Art und Weise. Zum einen wollte ich Bob nicht meine Überzeugungen aufzwingen. Zm zweiten wollte ich, daß er sich ohne vorgefaßte Meinung über Außerirdische in die Regression begab.

Bob war durchaus bereit, es mit der Regressionstherapie zu versuchen. Er vertraute mir mittlerweile und schätzte die Hypnose viel höher ein, als er das noch im vorangegangenen Monat getan hatte. Nach zwei Sitzungen mit einfacher Altersregression war Bob mit der Technik schon sehr vertraut. Er ließ sich gut in Trance versetzen, und es war eine Freude, mit ihm zu arbeiten. Hochintelligente Menschen mit hervorragender Konzentrationsfähigkeit sind die besten Hypnosepatienten. Bob verfügte reichlich über beide Eigenschaften

Am 20. Dezember erhielt Bob ein höchst außergewöhnliches Weihnachtsgeschenk. Ich plane immer etwas Extrazeit ein, wenn ich im voraus weiß, daß diese Form der Regression ansteht. Sie werden in Kürze sehen, warum ich dies tue. Es gibt viele Hindernisse, bevor der Informationsfluß frei fließen kann. Bei den meisten Regressionen fließen die Informationen ungehemmt, sobald der Patient die Fragen beantwortet. Das ist bei der »Lichtmenschen«-Regression überhaupt nicht der Fall. Ich versetzte Bob in eine gute mittlere Trance und bat ihn, zum Ursprung seiner Alpträume zurückzugehen. Er erzählt eine zutiefst ungewöhnliche Geschichte.

Dr. Goldberg: Was sehen Sie gerade?

Bob: Wie ist Ihre Schwingungsrate?

Dr. Goldberg: Wo sind Sie in diesem Augenblick?

Bob: Ich – ich kann Ihre Form nicht wahrnehmen. Wie ist Ihre Schwingungsrate?

Dr. Goldberg: Es ist Ihre Aufgabe, mir jetzt von Ihrem Fortschritt zu berichten. Ihre Schwingungsrate wird sich senken, wenn Sie nicht kooperieren.

Bob: Ich komme gerade aus der Bewertungskam-

mer. Sie wollen mir meinen genauen Fortschritt nicht sagen.

Dr. Goldberg: Wer sind »sie«?

Bob: (Stille)

Dr. Goldberg: Wer sind »sie«?

Bob: Die Planer. Sind Sie denn kein Planer?
Nein, man weist mich gerade an, Ihnen
nichts zu sagen.

Bevor ich mit dieser Regression fortfahre, sollte ich vielleicht erklären, daß die »Lichtmenschen« sehr in dem ein-
geschränkt sind, was sie sagen können. Es scheint beinahe,
als ob eine Art magnetisches Feld um sie herum ihre
Fähigkeit zur Kommunikation rigide beschränkt. Mein
Vokabular mag während dieser Regression verändert
erscheinen. Ich bekomme nur deshalb überhaupt irgendeine
Information heraus, weil ich bereits eine ganze Reihe von
diesen »Lichtmenschen«-Regressionen durchgeführt habe
und mit ihnen auf ihrer Bewußtseinsebene in Kontakt treten kann.

Dr. Goldberg: Wie heißen Sie?

Bob: Ich – ich habe keinen Namen. Ich bin einfach eine Quelle mit einer Schwingungsrate.

Dr. Goldberg: Wie ist Ihre Schwingungsrate?

Bob: (Stille)

Dr. Goldberg: Wie ist Ihre Schwingungsrate?

Bob: Es ist mir nicht gestattet, diese Information
herauszugeben. Sie lassen mich nicht. Ich
weiß, daß Sie kein Planer sind. Warum kann
ich Ihre Form nicht sehen?

Dr. Goldberg: Ich bin kein Planer, aber ich überwache
Ihren Fortschritt. Meine Schwingungsrate
liegt weit über der Ihren, so daß Sie meine

	Form nicht wahrnehmen können. Jetzt erzählen Sie mir von Ihren Erfahrungen auf diesem Planeten.
Bob:	Ich will nicht zurückgehen. Die körperliche Form ist nicht angenehm. Ich mag sie nicht.
Dr. Goldberg:	Was sehen Sie in diesem Augenblick um sich herum?
Bob:	Ich befinde mich in einer Art Kammer. An diesem Ort bin ich noch nie gewesen. Meine Quelle ist gelb. Es gibt auch noch andersfarbige Quellen. Wir befinden uns in der Formung. Die Planer geben uns Anweisungen.
Dr. Goldberg:	Können Sie den Raum, in dem Sie sich befinden, beschreiben?
Bob:	Die Kammer ist weiß. Es gibt keine ausgeprägten Grenzen. Alles ist verschwommen. Es gibt viel Bewegung von verschiedenen Quellen. Wir werden beurteilt.
Dr. Goldberg:	Wer beurteilt Sie?
Bob:	Die Planer. Sie bewerten unser Abschneiden in der körperlichen Form auf dem Planeten. Ich weiß, daß ich nicht besonders gut war.
Dr. Goldberg:	Warum sagen Sie das?
Bob:	Es ist lästig, in diesen Dingern zu stecken. Warum wollen sie uns nur körperlich haben? Können Sie mir nicht helfen?
Dr. Goldberg:	Sie wissen, daß ich das nicht kann. Es ist mir nicht gestattet, mich bei den Planern einzumischen. Meine Aufgabe besteht ausschließlich darin, Informationen zu sammeln. Was geschieht jetzt?
Bob:	Die Planer haben uns nicht erlaubt, unsere Plätze zu verlassen. Ich kann mich nicht

	bewegen. Eine dieser Quellen wird aufgrund ihrer Handlungen auf dem Planeten verkleinert.
Dr. Goldberg:	Was meinen Sie mit »verkleinert«?
Bob:	Die Schwingungsrate wird gesenkt. Das bedeutet, mehr Zeit in der körperlichen Form.
Dr. Goldberg:	Woher stammen Sie?
Bob:	Wir kommen nicht aus dieser Galaxie. Es ist mir nicht gestattet, Ihnen noch irgendwelche Einzelheiten über unseren Planeten mitzuteilen.
Dr. Goldberg:	Warum sind Sie zu diesem Planeten gekommen?
Bob:	Zu Forschungszwecken. Die Meisterplaner wollen, daß wir die körperliche Form erfahren. Das ist unsere Mission. Wir sollen den Formen auf diesem Planeten helfen. Ich möchte einfach nur nach Hause, aber sie lassen mich nicht.
Dr. Goldberg:	Ist eine der anderen Quellen schon nach Hause zurückgekehrt?
Bob:	Nein. Wir bleiben hier, bis unsere Mission erfüllt ist.

Meine Interpretation des darauf folgenden Gesprächs mit Bob lautet wie folgt: Es scheint, daß diese »Lichtmenschen« auf die Erde gesandt wurden, um die Erfahrung des menschlichen Körpers zu machen. Sie sollten unseren evolutionären Fortschritt beschleunigen. Viele dieser Quellen oder Lichtwesen versagten bei ihren ersten Versuchen, einen Körper zu übernehmen. Offenbar war es leicht für sie, nach Belieben zu kommen und zu gehen. In regelmäßigen Abständen wurden sie aus den Körpern genommen und zu einer Art Untersuchungsraum gebracht (obwohl

135

dies kein physischer Raum ist, wie wir ihn kennen). Ihr Fortschritt wurde durch eine Gruppe von Aufsehern oder Planern bewertet. Wenn sie sich gut gehalten hatten, wurde ihre Schwingungsrate erhöht, aber wenn sie versagt hatten, wurde die Schwingungsrate gesenkt. Diese Planer wurden durch die Meisterplaner angeleitet, die mit ihnen vom viele Galaxien entfernten Heimatplaneten aus kommunizierten.

Dr. Goldberg: Warum haben Sie die Wesenheit, die als Bob bekannt ist, während seiner Ruhepause gestört?

Bob: Es war an der Zeit, daß er es erfuhr.

Dr. Goldberg: Warum gerade jetzt?

Bob: Früher war seine Schwingungsrate zu niedrig. Jetzt ist sie hoch genug, daß er diese Daten empfangen kann.

Dr. Goldberg: Warum haben Sie ihn diese Daten nicht während seines Wachzustands erfahren lassen?

Bob: Das kann ich nicht beantworten. Nur die Planer wissen das. Ich bin kein Planer.

Dr. Goldberg: Wie haben Sie bei Ihrer letzten Bewertung abgeschnitten?

Bob: Ich habe einige der Tests verhauen. Ich muß noch mehr Zeit in der körperlichen Form verbringen.

Dr. Goldberg: Wurden Sie gemaßregelt?

Bob: Wenn man mehr Zeit in der körperlichen Form verbringen muß, dann ist das immer eine Strafe. Ich darf nicht noch einmal versagen.

Dr. Goldberg: Was passiert, wenn Sie auch weiterhin versagen?

Bob: Ich werde nicht in der Lage sein, die körperliche Form zu verlassen. Können Sie

	nicht mit ihnen in Kontakt treten und ihnen erklären ...
Dr. Goldberg:	Ich kann nicht mit einem Planer kommunizieren. Wie ist es, wenn man in einer körperlichen Form steckt?
Bob:	(Stille)
Dr. Goldberg:	Wie ist es, wenn man in einer körperlichen Form steckt?
Bob:	Sie lassen mich nicht kommunizieren. Nur die Planer können das wissen. Sie müssen das akzeptieren.
Dr. Goldberg:	Ich verstehe das.

Bob wurde zu dem Endergebnis seiner Erfahrung als einer der »Lichtmenschen« progressiert. Er berichtete, bei vielen weiteren Prüfungen durchgefallen zu sein, und ihm wurde nicht gestattet, den menschlichen Körper zu verlassen. Während der letzten Phasen seiner Regression wurde es zunehmend schwieriger, an irgendwelche Informationen zu gelangen. Bob wurde zensiert. Die Worte kamen langsam und nur unter großen Schwierigkeiten. Ich brachte ihn in die Gegenwart zurück und gab ihm viele Entspannungssuggestionen.

Dr. Goldberg:	Nun, Bob, wie haben Sie sich gefühlt?
Bob:	Ich – ich weiß nicht, was ich davon halten soll. Ich hatte ein Gefühl, als ob ich in einer Art Blase schwebte. Alle meine Gedanken wurden kontrolliert. Das ist mit Abstand die ungewöhnlichste Erfahrung, an die ich mich erinnern kann.
Dr. Goldberg:	Wußten Sie, wer ich war?
Bob:	Überhaupt nicht. Ihre Stimme beunruhigte mich anfangs, weil ich Ihr Licht nicht sehen konnte. Ich weiß nicht, warum das so besonders wichtig war, aber das war es.

Dr. Goldberg:	Fühlten Sie sich angenehmer, nachdem ich mich identifiziert hatte?
Bob:	Ja. Ich fühlte mich eine Weile entspannter, aber später kam dann dieses Gefühl, kontrolliert zu werden, zurück, und ich konnte Ihre Fragen nicht beantworten. Was bedeutet das alles?

Ich erklärte Bob die Sache mit den »Lichtmenschen«, und erzählte ihm, warum ich ihm dieses Modell verheimlicht hatte. Obwohl er anfangs ziemlich skeptisch war, schien er doch zu verstehen und war dankbar für den Fortschritt, den er gemacht hatte.

Während der folgenden sechs Monate hielten Bob und ich den Kontakt aufrecht. Seine Schlaflosigkeit kehrte nicht zurück, und die Alpträume hörten auf. Offensichtlich war er frei von dieser Situation.

Die Alpträume waren Szenen aus seiner früheren Inkarnation als einer der »Lichtmenschen«. Indem er diese Szenen in hypnotischer Trance sah, wurde ihm die Information seines früheren Lebens als einer der »Lichtmenschen« übermittelt. Das ließ weitere Alpträume hinfällig werden. Bob ist bis heute ziemlich skeptisch in bezug auf die »Lichtmenschen«. Er ist einfach glücklich darüber, kein Schlafproblem mehr zu haben.

»Lichtmenschen«-Regressionen sind selten, aber sie scheinen immer zu einer bedeutenden Zeit im Leben des Menschen aufzutreten. Der beschriebene Zustand kann die Ursache eines Problems sein oder auch nicht, aber die dabei erlangte Information hilft dem Patienten immer. Es scheint, wenn der Schüler bereit ist, werden auch die »Lichtmenschen« da sein. Für gewöhnlich erforschen diese »Lichtmenschen« ihre erste Inkarnation auf der Erde. Die meisten Patienten, die diese Art von Erfahrung machen, zeigen wenig Interesse an außerirdischen Lebensformen.

Sie suchen normalerweise meine Dienste, um sich eine schlechte Angewohnheit abzugewöhnen oder ein anderes Problem zu beseitigen.

Es gibt viele interessante Vorstellungen in bezug auf die »Lichtmenschen«-Regressionen. Jedwede Kommunikation erfolgte über Telepathie. Das Schweigen war bisweilen der Versuch des hypnotisierten Patienten, mit mir durch Telepathie zu kommunizieren. Diese Lichtquellen agieren auf einer anderen Dimensionsebene. Der Begriff *Raum* hat für sie eine andere Bedeutung. Diese Wesen ware pure Lichtenergie. Die einzigen Dinge, die sie beschränken konnten, waren magnetische Felder und Gedankenmuster, die von den Planern kontrolliert wurden. Ein Planer konnte einen »Lichtmenschen« immobilisieren, indem er einfach einen Gedanken auf ihn richtete.

Ich habe meine eigenen Theorien hinsichtlich des Ursprungs der »Lichtmenschen«. Offensichtlich sind es Wesenheiten von einem anderen Planeten. Da die Informationen, die ich erhalten habe, in sich konsistent sind, habe ich Halluzinationen oder eine überaktive Vorstellungskraft ausgeschlossen. Man kann nur raten, warum gerade unser Planet von diesen »Lichtmenschen« ausgewählt wurde. Vielleicht können wir uns glücklich schätzen, daß die Außerirdischen an unserer Evolution herumgepfuscht haben. Unsere gegenwärtige Technologie wäre ohne ihre Hilfe wohl nicht vorstellbar. Darüber hinaus haben diese Außerirdischen unseren derzeitigen karmischen Kreislauf durch ihren Eingriff in unsere Entwicklung möglicherweise beeinflußt, wenn nicht gar verursacht.

Ich bin auf unsere Zukunft gespannt. Die Wissenschaftler von heute sind der Ansicht, daß die Evolution letztendlich die Notwendigkeit eines Körpers abschaffen wird. Werden wir alle als »Lichtmenschen« enden? Wenn ja, hoffe ich, aus den Fehlern unserer Vorgänger zu lernen.

KAPITEL 8

HUBERTS BEGEGNUNG MIT DEN AUSSERIRDISCHEN IM ALTEN ÄGYPTEN

Hubert ist ein ziemlich netter, sechzigjähriger Südstaaten-Gentleman aus Virginia. Er rief mich im August 1978 an und bat mich um eine Inkarnationsregression. Er hatte kurz zuvor seine Schwester in Baltimore besucht und dabei alle Hypnotherapeuten aus den *Gelben Seiten* herausgesucht. Als er meinen Namen sah, schrieb er ihn auf, rief aber erst an, als er die Stadt bereits wieder verlassen hatte. Aus den zwanzig unter »Hypnotiseure« aufgeführten Namen hatte er meinen ausgewählt. Wieder war die Synchronizität am Werk.

An einem feuchtheißen Nachmittag rief er mich aus Virginia an und bat mich um eine Inkarnationsregression. Interessanterweise bin ich der einzige Hypnotherapeut in Baltimore, der Inkarnationsregressionen durchführt. Hubert erzählte mir, er würde im Oktober wieder nach Baltimore kommen, und wir machten einen Termin aus. Bevor er wieder nach Virginia abreiste, wollte er mich eine Woche lang jeden Tag aufsuchen. Das ist eine höchst ungewöhnliche Bitte, aber ich kam ihr nach, und heute bin ich froh darüber.

Hubert hatte kurz zuvor von hypnotischen Regressionen gehört und war wild entschlossen, es damit zu versuchen. Man muß wissen, daß er allein im Leben stand. Seine Frau war zehn Jahre zuvor gestorben, und seine Schwester in Baltimore gehörte zu seinen letzten lebenden Verwandten. Als pensionierter Vertreter fühlte Hubert sich sehr einsam.

Wir sprachen bei seiner ersten Sitzung lange über Hypnose und Inkarnationsregression. Während seiner zweiten Sitzung führte ich eine einfache Altersregression durch. Ich war von den Ergebnissen nicht allzu beeindruckt. Bei der dritten und vierten Sitzung fiel Hubert jedoch in eine tiefe Trance und enthüllte ein früheres Leben in Ägypten.

Dr. Goldberg: Was sehen Sie jetzt?

Hubert: Ich stehe vor der Pyramide.

Dr. Goldberg: Können Sie noch etwas anderes sehen?

Hubert: In der Ferne sehe ich die Sphinx.

Dr. Goldberg: Welcher Sache fühlen Sie sich näher?

Hubert: Ganz eindeutig der Pyramide.

Dr. Goldberg: Wie viele Pyramiden können Sie sehen?

Hubert: Nur diese eine.

Dr. Goldberg: Können Sie diese Pyramide beschreiben?

Hubert: Sie ist nur zum Teil fertiggestellt.

Dr. Goldberg: Können Sie sich selbst sehen?

Hubert: Ja. Ich scheine gerade einen großen Stein anzuheben.

Dr. Goldberg: Sind Sie allein?

Hubert: Nein. Ich bin einer von vielen Arbeitern, die versuchen, diesen großen Felsbrocken zu bewegen.

Dr. Goldberg: Erhalten Sie von irgend jemandem Anweisungen?

Hubert: Nein, im Augenblick nicht. Wir scheinen zu wissen, was wir tun.

Dr. Goldberg: Wie bewegen Sie diesen Stein?

Hubert: Wir bewegen ihn falsch herum. Wir heben ihn mit bloßer Kraft. Man geht nicht wissenschaftlich vor. Wir versuchen, ihn in Stellung zu bringen, um die Seile um ihn zu legen.

Hubert schien sehr durch die Tatsache beunruhigt, daß wenig Effizienz in der Bewegung dieses Felsbrockens lag. Er meinte einen besseren Weg zu kennen, aber ihm war klar, daß niemand auf einen einfachen Arbeiter hören würde.

Dr. Goldberg: Wieviel von der Pyramide ist schon fertig?
Hubert: Grob geschätzt etwa ein Drittel.
Dr. Goldberg: Leben Sie mit jemandem zusammen?
Hubert: Ja, ich bin mit einer schönen, aber zurückhaltenden Frau verheiratet.
Dr. Goldberg: Können Sie sie mir beschreiben?
Hubert: Sie hat eine dunkle Haut und ist fast so alt wie ich (achtzehn Jahre). Ihr Haar ist lang und schwarz. Wir lieben einander sehr.
Dr. Goldberg: Wie groß ist sie?
Hubert: Ungefähr 160 Zentimeter. Sie ist etwa fünf Zentimeter kleiner als ich.
Dr. Goldberg: Haben Sie Kinder?
Hubert: Nein, es gibt nur uns beide.
Dr. Goldberg: Ich zähle jetzt bis fünf. Dann möchte ich, daß Sie sich auf ein sehr wichtiges Ereignis in Ihrem Leben zubewegen. Eins ... zwei ... drei ... vier ... fünf. Was sehen Sie jetzt?
Hubert: Ich bin in unserem Zelt, und ich spiele mit unserem Kind. Er ist für uns eine Quelle der Freude.
Dr. Goldberg: Wo leben Sie jetzt?
Hubert: Nicht weit vom Fluß entfernt. Unser Zelt ist klein.
Dr. Goldberg: Welcher Arbeit gehen Sie jetzt nach?
Hubert: Ich bin Steinmetz für die Große Pyramide.
Dr. Goldberg: Wie alt sind Sie?
Hubert: Ich bin 31.
Dr. Goldberg: Was genau müssen Sie bei Ihrer Arbeit tun?

Hubert:	Ich schneide Kerben in die Steine, damit sie in die Pyramide passen.
Dr. Goldberg:	Mögen Sie Ihre Arbeit?
Hubert:	Ich bin sehr gut. Aber sie hören nicht auf meine Ideen, wie man Steine bewegt.
Dr. Goldberg:	Wer sind »sie«?
Hubert:	Die Vorsteher.
Dr. Goldberg:	Können Sie die Vorsteher beschreiben?
Hubert:	Sie sind sehr groß, etwa 210 oder 240 Zentimeter groß. Sie haben große Köpfe und lange Finger.

Anscheinend haben Außerirdische den Bau der Pyramiden angeleitet. Als ich Hubert fragte, wie sie sich von Ort zu Ort bewegten, beschrieb er kein Fahrzeug. Es scheint, daß sie an verschiedenen Stellen der Pyramide einfach auftauchten und die wesentlichen Bauphasen anleiteten. Dann verschwanden sie.

Dr. Goldberg:	Wie kommunizieren die Vorsteher mit Ihnen?
Hubert:	Sie sprechen überhaupt nicht. Sie scheinen eine Art von Gedankensignal auszusenden, das mich zwingt, ihnen zu gehorchen.
Dr. Goldberg:	Wieviel von der Pyramide ist jetzt fertig?
Hubert:	Etwa zwei Drittel.
Dr. Goldberg:	Ich zähle jetzt bis fünf. Dann möchte ich, daß Sie sich zehn Jahre weiter bewegen. Eins … zwei … drei … vier … fünf. Können Sie mir sagen, was Sie jetzt sehen?
Hubert:	Ich bin viel älter. Mein Schultern hängen herab, und ich habe fast keine Haare mehr.
Dr. Goldberg:	Arbeiten Sie immer noch an der Pyramide?
Hubert:	Ja, aber nicht mehr so viel. Sie (die Vorsteher) wissen, daß ich nicht mehr so hart

143

	arbeiten kann wie als junger Mann, aber sie brauchen meine Erfahrung.
Dr. Goldberg:	Wo sind Ihre Kinder?
Hubert:	Meine Tochter ist zu Hause, und mein älterer Sohn arbeitet mit einer anderen Mannschaft an der Pyramide.
Dr. Goldberg:	Wo ist Ihr jüngerer Sohn?
Hubert:	Er ist nicht bei mir. Er ist ausgezogen. Ich fühle mich einsam ohne ihn.
Dr. Goldberg:	Lassen Sie uns auf die Vorsteher zurückkommen. Wie helfen sie Ihnen beim Bau der Pyramide?
Hubert:	Sie erteilen uns Anweisungen und geben uns die Spezialausrüstung.
Dr. Goldberg:	Was für eine Art Ausrüstung?
Hubert:	Sie haben besondere Seile. Ich habe noch nie zuvor solche Seile gesehen. Sie sind sehr stark, und nichts kann sie auseinanderreißen. Sie haben auch einen kran-artigen Apparat, der batteriegetrieben läuft.
Dr. Goldberg:	Wieviele Vorsteher sind jeweils anwesend?
Hubert:	Drei.
Dr. Goldberg:	Wieviel von der Pyramide ist jetzt fertig?
Hubert:	Sie ist beinahe fertiggestellt. Gott sei Dank. Ich fühle mich, als ob ich meine Seele für diesen Steinhaufen gegeben hätte.

Die Große Pyramide von Gizeh wurde von dem Pharao Khufu erbaut. Es gab drei Pyramiden, die zwischen 2.600 und 2.500 v. Chr. erbaut wurden. Die größte und älteste heißt Giza. Die alten Griechen gaben Khufu den Namen Cheops. Diese Pyamide liegt in der Wüste am Nil, etwa zwölf Kilometer südlich der ägyptischen Hauptstadt Kairo. Die Pyramide ist etwa 137 Meter hoch und mißt an ihrer Basis je 230 Meter.

Im Innern der Pyramide gibt es große Räume, die als Grabkammern für die königliche Familie dienten. Diese Räume enthielten Gold, Edelsteine, herrlich geschnitztes Mobiliar und andere wertvolle Dinge. Die Ägypter glaubten, daß die Toten alle irdischen Besitztümer mit sich in den Himmel nehmen konnten.

Man kann sich nur schwer vorstellen, daß die alten Ägypter (vor annähernd fünftausend Jahren) in der Lage waren, diese Monumentalbauten ohne die Hilfe moderner Kräne und Maschinen, die wir heutzutage im Hochbau einsetzen, zu errichten. Geschichtswissenschaftler sind der Ansicht, daß an der Großen Pyramide von Gizeh etwa 20 Jahre gebaut wurde und daß mindestens 100.000 Arbeiter an ihrer Fertigstellung beteiligt waren. Die meisten dieser Männer waren Sklaven, die ohne Unterlaß arbeiteten, gewaltige Steine schleppten und diese irgendwie an Ort und Stelle verfrachteten.

Ingenieure haben festgestellt, daß ein solcher Bau nach beinahe 5.000 Jahren nur deshalb noch stehen kann, weil bei der Plazierung der Steinblöcke größte Sorgfalt angewendet wurde. Ein Irrtum in der Plazierung um nur einen halben Zentimeter hätte diese großartige Pyramide schon nach nur wenigen Hundert Jahren zusammenfallen lassen können. Der durchschnittliche Meßfehler auf beiden Seiten beträgt jedoch weniger als 1/10.000 Zentimeter in Breite und Höhe.

Hubert wurde weitere fünf Jahre progressiert.

Dr. Goldberg: Sind inzwischen wichtige Dinge geschehen?

Hubert: Meine Tochter hat geheiratet. Sie ist aus unserem Zelt ausgezogen, und ich fühle mich jetzt einsam. Die Pyramide ist fertig, und ich habe nichts zu tun.

Dr. Goldberg: Was ist mit Ihren beiden Söhnen geschehen?

Hubert:	Der jüngere ist nie zurückgekehrt, und mein älterer Sohn starb bei einem Arbeitsunfall auf der Pyramide. Er wurde von einem riesigen Stein zerschmettert – oh mein Gott, es war furchtbar.
Dr. Goldberg:	Wie sehen Sie jetzt aus?
Hubert:	Ich bin ein gebrochener, alter Mann. Ich habe keine Haare. Meine Frau ist tot. Zwei meiner Kinder sind tot. Meine Tochter ist fortgezogen. Ich mag nicht allein sein.
Dr. Goldberg:	Was für Nahrungsmittel nehmen Sie zu sich?
Hubert:	Eine Art Getreide mit Wasser. Knoblauch ist ebenfalls Teil meiner Ernährung. Manchmal esse ich Fisch.
Dr. Goldberg:	Was trinken Sie?
Hubert:	Wasser. Einfach Wasser.

Der Rest von Huberts Existenz war ereignislos. Er beschrieb sein Leben als Sozialhilfeempfänger. Er bekam kein Geld, dafür erhielt er Nahrungsmittel und Kleidung. Er zog in eine kleine Hütte in der Nähe der Großen Pyramide, wo er den Rest seines Lebens verbrachte. Die Vorsteher ließen ihn hin und wieder junge Steinmetze unterrichten. Hubert bereitete die Gesellschaft dieser jungen Arbeiter viel Vergnügen. Durch diese Teilzeitbeschäftigung fühlte er sich nicht völlig nutzlos und allein.

Der letzte Schritt in dieser Regression bestand darin, durch Huberts Überbewußtsein herauszufinden, wie sich die Menschen von damals in seinen heutigen karmischen Kreislauf einfügten. Wir entdeckten, daß seine Ehefrau in Ägypten auch in diesem Leben seine Frau war. Seine Tochter und sein jüngerer Sohn hatten in diesem Leben keine Verbindung zu ihm. Der ältere Sohn war jedoch vor etwa zwanzig Jahren sein Vorgesetzter gewesen.

146

Huberts Einsamkeit sowohl in Ägypten als auch in diesem Leben ist das Interessante an dieser Geschichte. In seiner ägyptischen Existenz starb seine Frau nur wenige Jahre vor ihm, dennoch fühlte er sich die meiste Zeit seines Lebens allein und einsam. Hubert liebte seine Kinder sehr, aber sie erwiderten seine Zuneigung niemals.

Es gibt viele Parallelen zwischen Huberts ägyptischem Leben und seinem derzeitigen Leben. Heute ist er ein sehr ruhiger und schüchterner Mann, der viel von sich geben möchte, aber keiner scheint auf ihn zu hören. Als er noch Vertreter war, wurden seine Vorschläge häufig von seinem jüngeren Chef (seinem reinkarnierten älteren Sohn aus Ägypten) zurückgewiesen. In der Regression fürchtete er sich aus Angst vor Strafe, seine Vorstellungen zur Bewegung der Steine vorzubringen. Zeit seines Lebens hatte Hubert gewaltigen Respekt vor Autoritätsfiguren. Anfänglich hatte er sogar Angst, mich um einen Termin zu bitten.

Wenn Hubert eine karmische Lektion in seinem Leben gelernt hat, dann die der Geduld. Er ist mit Abstand der geduldigste Mensch, den ich je kennenlernte. Einsamkeit ist eine weitere Erfahrung, die Hubert in beiden Inkarnationen erlebte. Er schien seine gegenwärtige Lage ohne Bitterkeit oder Bedauern anzunehmen.

Einige Monate nach dieser letzten Sitzung erhielt ich einen Brief von Hubert, in dem er schrieb, er habe sich einer örtlichen Wohlfahrtsorganisation angeschlossen. Sein Leben schien jetzt mehr Bedeutung zu haben. Die jungen Menschen, mit denen er dort zusammenarbeitete, respektierten ihn sehr, und Hubert fühlte sich wieder gebraucht. Er schrieb dies mir und meiner Arbeit zu, aber es war Hubert, der sich selbst geholfen hatte. Ich hatte ihm nur etwas Führung angedeihen lassen.

KAPITEL 9

DAS BABY, DAS 200 JAHRE ÜBERFÄLLIG WAR

Evelyn ist ausgebildete Krankenschwester und arbeitet für das Baltimore County Hospital (Gemeindekrankenhaus Baltimore). Sie hatte mich bei einer Talkshow des regionalen Fernsehsenders gesehen (»Hello Baltimore«) und wollte in ein früheres Leben zurückgeführt werden. Sie hatte einige persönliche Fragen, auf die sie eine Antwort suchte, und sie fühlte, daß eine Inkarnationsregression angezeigt war.

Ich interviewte Evelyn zum ersten Mal am 12. August 1980. Sie war 23 Jahre alt, etwas übergewichtig und hatte eine sehr ereignisreiche Vergangenheit. Es scheint, daß sie von ihren Lebensgefährten immer nur enttäuscht wurde. Die Männer konnten ihr nie sagen, wo das Problem lag, aber Evelyns Beziehungen dauerten selten länger als ein paar Wochen. Evelyn war nie verheiratet, aber sie hatte ein kleines Mädchen, das 1 1/2 Jahre alt war. Das Baby war für sie kein philosophisches Problem. Es war einfach etwas, was sie tun mußte. Evelyn wollte durch die Inkarnationsregression erfahren, warum sie sich so sehr ein Baby gewünscht hatte.

Der Vater von Evelyns Tochter war ein Vertreter namens Merle. Er hat nie etwas von der Schwangerschaft erfahren und weiß bis heute nichts von seiner Tochter. Merle war ebenfalls von Evelyn enttäuscht und löste die Beziehung drei Wochen nach Beginn ihrer Partnerschaft auf. Aus irgendeinem unbekannten Grund war dieses kurze

148

Verhältnis mit Merle wichtig für Evelyn. Für sie war er nicht einfach nur der Vater ihres Babys. Es war viel mehr als das. Sie wollte nun wissen, was hinter diesem Teil ihres Lebens steckte.

Ich führte Evelyn in ihre Kindheit zurück. Sie erzählte sehr detailliert von einigen Situationen, und ich war mit dieser Regression äußerst zufrieden. Ich gab ihr eine Inkarnationskassette mit Suggestionen und vereinbarte einen Termin für die eigentliche Inkarnationsregression.

Evelyn kam sehr optimistisch und fröhlich zur Sitzung. Sie hatte seit unserem letzten Treffen eine Reihe von Träumen gehabt, die einiges über ihr früheres Leben vermuten ließen. Die Einleitung war schnell geschehen, und Evelyn fiel in eine tiefe hypnotische Trance.

Dr. Goldberg: Können Sie mir sagen, was Sie gerade sehen?

Evelyn: Es ist dunkel.

Dr. Goldberg: Spüren Sie die Anwesenheit eines anderen Menschen?

Evelyn: Nein. Ich weiß nur, daß ich gleich verletzt werde.

Dr. Goldberg: Warum haben Sie das Gefühl, sich in Gefahr zu befinden?

Evelyn: Ich weiß es nicht. Ich habe einfach Angst.

Dr. Goldberg: Hören Sie etwas?

Evelyn: Hm, Geräusche.

Dr. Goldberg: Was für Geräusche?

Evelyn: Tiere.

Dr. Goldberg: Sind Sie durch diese Geräusche beunruhigt?

Evelyn: Ja.

Dr. Goldberg: Ich möchte, daß Sie diese Situation abschließen. Erzählen Sie mir, was mit Ihnen geschieht.

Evelyn: Ich mag die Tiere nicht. Ich kann sie nicht

149

sehen. Ich renne – renne durch den Wald zu meinem Haus. Ich kann an nichts anderes denken, als daran, nach Hause zu kommen. Ich hätte nicht so lange im Wald bleiben sollen. Die Beeren, die ich sammeln wollte, schmecken sowieso nicht gut. Warten Sie eine Minute – ich sehe mein Haus. Da ist es. Gott sei Dank, ich bin zu Hause.

Evelyn wurde zu dem darauffolgenden Tag progressiert. Sie lebte Anfang des 19. Jahrhunderts in einem kleinen Dorf in der Schweiz.

Dr. Goldberg: Wie alt sind Sie?
Evelyn: Vierzehn.
Dr. Goldberg: Wie heißen Sie?
Evelyn: Lilly.
Dr. Goldberg: Was ist Ihr Vater von Beruf?
Evelyn: Er arbeitet mit den Händen. Er ist Zimmermann.
Dr. Goldberg: Können Sie Ihr Haus beschreiben?
Evelyn: Es ist kein großes Haus. Es ist nett.
Dr. Goldberg: Können Sie mir das Haus näher beschreiben?
Evelyn: Es ist einfach. Es gibt nur wenig Trennwände, aber es hat mehrere Räume.
Dr. Goldberg: Haben Sie Geschwister?
Evelyn: Ich habe nur einen jüngeren Bruder.
Dr. Goldberg: Wie heißt er?
Evelyn: Derek.
Dr. Goldberg: Was mögen Sie am meisten?
Evelyn: Ich gehe gern wandern.
Dr. Goldberg: Haben Sie Freunde?
Evelyn: Nein. Ich fühle mich sehr einsam. Ich weiß nicht warum.

Lilly wurde fünf Jahre in die Zukunft progressiert.

Dr. Goldberg:	Können Sie mir sagen, was Sie gerade sehen?
Evelyn:	Ich kehre.
Dr. Goldberg:	Was kehren Sie?
Evelyn:	Mein Haus. Es ist jetzt Zeit zu kehren, also kehre ich.
Dr. Goldberg:	Können Sie sich selbst sehen?
Evelyn:	Ja.
Dr. Goldberg:	Wie alt sind Sie?
Evelyn:	Neunzehn.
Dr. Goldberg:	Erzählen Sie mir, wie Sie aussehen.
Evelyn:	Ich bin 160 Zentimeter groß und sehr schlank. Meine Taille ist schrecklich dünn. (Die Patientin kichert.)
Dr. Goldberg:	Mit wem leben Sie zusammen?
Evelyn:	Will.
Dr. Goldberg:	Wer ist Will?
Evelyn:	Er ist mein Ehemann.
Dr. Goldberg:	Können Sie ihn mir beschreiben?
Evelyn:	Er ist groß. Er hat tiefblaue Augen.
Dr. Goldberg:	Wie lange kennen Sie Will schon?
Evelyn:	Ein paar Jahre. Mit ihm zusammen fühle ich mich sehr wohl.
Dr. Goldberg:	Worauf freuen Sie sich in diesem Augenblick am meisten?
Evelyn:	Darauf, ein Kind zu haben.
Dr. Goldberg:	Sind Sie gerade schwanger?
Evelyn:	Nein. Will und ich haben über ein Baby gesprochen, aber wir haben noch keines.

Lilly wurde zu einem bedeutsamen Ereignis zwischen sich und Will progressiert.

Dr. Goldberg:	Können Sie mir sagen, was Sie gerade sehen?
Evelyn:	Ich weine.
Dr. Goldberg:	Warum?
Evelyn:	Weil ich eine Versagerin bin.
Dr. Goldberg:	Warum sind Sie eine Versagerin?
Evelyn:	Ich kann keine Kinder haben.
Dr. Goldberg:	Wer hat Ihnen das gesagt?
Evelyn:	Mein Vater und Will.
Dr. Goldberg:	Was denkt Will darüber, daß Sie keine Kinder bekommen können?
Evelyn:	Er versucht es zu verbergen, aber ich kann seine Verachtung spüren.
Dr. Goldberg:	Wie steht es mit Ihrem Vater?
Evelyn:	Er ist mir überhaupt keine Hilfe.
Dr. Goldberg:	Und Ihre Mutter?
Evelyn:	Sie ist da.
Dr. Goldberg:	Wie ist ihre Einstellung?
Evelyn:	Sie ist sehr duckmäuserisch. Sie meint es gut, weiß aber nicht, was sie sagen soll.

Lilly beschreibt ein sehr frustrierendes Leben. Mit zunehmendem Alter wurde sie immer empfindlicher hinsichtlich ihrer Unfähigkeit, Kinder zu bekommen. Alle ihre Freundinnen hatten eine Familie. Lillys Eltern wußten nicht, wie sie mit ihr umgehen sollten. Will schien sie zu tolerieren, aber zwischen ihnen gab es keine Liebe. Sie versuchte alles, um ihm zu gefallen, aber nichts funktionierte. Will wollte Kinder. Er würde sich nicht von ihr scheiden lassen und auch keine Affären beginnen, aber er war sehr enttäuscht über die Unfähigkeit seiner Frau, ihm Kinder zu gebären.

Ich progressierte Lilly zum letzten Tag ihres Lebens.

Dr. Goldberg: Hatten Sie jemals Kinder?

152

Evelyn:	Nein.
Dr. Goldberg:	Wer ist gerade bei Ihnen?
Evelyn:	Will ist da.
Dr. Goldberg:	Ist noch jemand anwesend?
Evelyn:	Nein.
Dr. Goldberg:	Wie alt sind Sie?
Evelyn:	Vierundfünfzig.

Lilly wurde über ihren Tod hinaus auf die »andere Seite« progressiert.

Dr. Goldberg:	Welche Empfindungen verspüren Sie in diesem Augenblick?
Evelyn:	Ich spüre Licht.
Dr. Goldberg:	Was spüren Sie noch?
Evelyn:	Kälte.
Dr. Goldberg:	Was sehen Sie?
Evelyn:	Farben. Viele Farben.
Dr. Goldberg:	Sehen Sie irgendwelche Menschen?
Evelyn:	Ich sehe Will.
Dr. Goldberg:	Lebt er noch?
Evelyn:	Ja.
Dr. Goldberg:	Was macht er?
Evelyn:	Er geht auf und ab.
Dr. Goldberg:	Was konnten Sie in Ihrem Leben als Lilly Ihrer Meinung nach nicht erreichen?
Evelyn:	Ich konnte nicht das geben, was ich geben wollte.
Dr. Goldberg:	Was war das?
Evelyn:	Ein Kind, ein Kind für Will. Es bedeutete ihm so viel.
Dr. Goldberg:	Was haben Sie Ihrer Meinung nach erreicht?
Evelyn:	Ich war eine gute Arbeiterin. Ich weiß, daß ich eine gute Arbeiterin war.

| Dr. Goldberg: | Haben andere Menschen Sie aufgrund Ihrer Arbeit respektiert? |
| Evelyn: | Ja, auf jeden Fall. Sogar Will war stolz auf meine Arbeit. |

Ich führte Lilly zu ihrem Überbewußtsein und stellte einige zusätzliche Fragen.

| Dr. Goldberg: | Wer war Will in Ihrem Leben als Lilly? Ist Will jemand, den Sie als Evelyn kennen oder kannten? |
| Evelyn: | Merle. Will ist Merle. |

Dieser Fall zeigt die faszinierenden Prinzipien des Karma. Zuerst enttäuscht Evelyn Will, da Sie ihm keine Kinder schenkt. Das war der härteste Aspekt ihres gemeinsamen Lebens. Die karmische Schuld wurde errichtet. Die Tatsache, daß sie keine Kinder bekommen konnte und Wills Enttäuschung über sie, ließ in Evelyn eine starke, ernst zu nehmende karmische Schuld zurück. Evelyns Unterbewußtsein spürte, daß sie mit einer Neigung zu enttäuschen gebrandmarkt war. Sie fühlte, sie würde irgendwie jeden Mann enttäuschen, mit dem sie eine Beziehung hatte, gleichgültig was sie tat.

Diese Furcht übertrug sich in ihr jetziges Leben. Alle ihre Beziehungen endeten mit einer Enttäuschung. Es lag nicht so sehr daran, daß sie immer die falsche Art Mann traf, obwohl auch dies eine Rolle spielte. Vielmehr lag es an der Art, wie sie sich selbst sah – als einen Menschen, der andere enttäuscht.

Evelyn ist attraktiv, trotz ihres Übergewichts. Sie neigte dazu, ihr Selbstbild durch verführerisches Handeln zu überkompensieren. Sie diskutierte mit mir, wie sie es anfangen könnte, Männer zu verführen, obwohl sie innerlich wußte, daß sie diese auch wieder enttäuschen würde.

Sie versuchte ständig, sich selbst zu beweisen, daß es da draußen jemanden gab, der sie zu schätzen wußte. Ganz deutlich ging sie ihre Suche auf die falsche Art und Weise an.

Als Evelyn schwanger wurde, veränderte sich etwas in ihr. Sie war nicht länger die unfruchtbare Lilly. Sie erfüllte jetzt einen annähernd 200 Jahre alten Wunsch, den Wunsch nach einem Kind. Dies war eine der wichtigsten Episoden ihres derzeitigen Lebens. Interessant ist, daß sie eine Abtreibung niemals auch nur in Betracht zog. Sie hatte ihre karmische Lektion gelernt. Der Umstand, daß sie alleinstehend war, fiel überhaupt nicht ins Gewicht. Zumindest wußte sie jetzt, daß sie sich selbst nicht enttäuschte. Sie erbrachte den Beweis, daß sie tatsächlich ein Kind haben konnte.

Die Tatsache, daß Will (in Evelyns Leben als Lilly) Merle ist (in ihrer momentanen Inkarnation) ist nicht so bedeutsam, wie es dies für Evelyn vielleicht scheint. Evelyn hat Merle in diesem Leben während ihrer dreiwöchigen Affäre vielleicht enttäuscht, aber aus dieser Beziehung entsprang immerhin ein Kind. In ihrem letzten Leben waren die beiden über 35 Jahre verheiratet, und dieser Verbindung entstammten keine Kinder. Die karmische Schuld der Fruchtbarkeit wurde bezahlt. Merle mußte einfach Evelyns Kind zeugen. Ich bedauerte nur, nicht weiter mit Evelyn an weiteren Inkarnationen arbeiten zu können. Ich bin sicher, ich hätte zum Ursprung dieser karmischen Schuld zurückgelangen können.

Noch ein Wort zu Evelyns derzeitigem Gewichtsproblem. In ihrem Leben als Lilly war sie sehr dünn und attraktiv. Dieses momentane Gewichtsproblem wurde wahrscheinlich durch aufgestaute Frustrationen während ihres Lebens als Lilly verursacht. Lilly war eine harte Arbeiterin, und diese eine Eigenschaft gefiel Will. Für Lilly bestand die einzige Möglichkeit, Will an sich zu fesseln, darin, schlank und attraktiv zu sein sowie hart zu arbeiten.

Kurz nach ihrer Schwangerschaft nahm Evelyn langsam ab. Heute, ein Jahr später, ist sie viel dünner als damals bei unserer ersten Sitzung, obwohl ich kein Gewichtsreduzierungsprogramm mit ihr durchführte. Das mußte ich auch nicht. Die Schwangerschaft und das Wissen um ihr früheres Leben als Lilly reichten völlig aus. Sie braucht sich nicht länger selbst zu bestrafen oder sich frustriert zu fühlen. Evelyn erzählte mir auch, daß sich ihre Beziehungen zu Männern verändert haben. Sie fühlt sich jetzt selbstsicher und geht nicht länger davon aus, daß sie die Männer enttäuschen wird.

Lilly hat nach 200 Jahren Wills Wunsch erfüllt. Und Evelyn befindet sich auf ihrem Weg zum Glück.

KAPITEL 10

HYSTERISCHE BLINDHEIT UND EIN FRÜHERES LEBEN IN DEN SLUMS VON LONDON

Viele Menschen fragen mich, was Hypnose tatsächlich bewirken kann. Gemäß neuesten Statistiken ist die moderne Technologiemedizin nur in etwa 75 Prozent aller Fälle erfolgreich. Kann Hypnose die restlichen 25 Prozent ausfüllen?

Viele Krankheitsbilder können von der modernen Medizin nicht geheilt werden. Medikamente können zeitweise zur Behandlung zahlreicher Symptome eingesetzt werden, aber Krankheiten wie Magengeschwüre, Kolitis, Angst und Depressionen werden nicht durch Bakterien, Viren oder Pilze verursacht. Sie können nicht allein mit Medikamenten geheilt werden. Ihr Ursprung ist psychosomatisch, und das Unterbewußtsein hat viel mit der Beseitigung dieser Störungen zu tun.

Noch augenscheinlicher fallen die als »hypnotischen Störungen« bezeichneten Krankheiten in den Bereich der Hypnose-Behandlung. Zu diesen Krankheiten gehören die hysterische Paralyse, die hysterische Taubheit und die hysterische Blindheit. Diese Störungen haben nicht die geringste medizinische oder organische Ursache. Auch eine vollständige körperliche Untersuchung durch einen Facharzt wird keinen medizinischen Grund für das Leiden des Patienten erbringen, und doch ist der Patient nicht in der Lage, in einem dieser drei Bereiche zu funktionieren.

Der Fall, den ich Ihnen jetzt beschreibe, verdeutlicht dieses Prinzip in bezug auf den Verlust der Sehfähigkeit.

Eine attraktive 25jährige Innenausstatterin wurde Anfang Januar 1978 von ihrem Freund in mein Büro geführt. Ihr Name war Judy, und ihr männlicher Begleiter hieß Angelo. Angelo hatte mich an diesem Tag angerufen und einen Nottermin vereinbart. Es schien, daß Judy eine Woche zuvor ihre Sehfähigkeit ohne Vorwarnung und ohne ersichtlichen Grund verloren hatte.

Judy hatte nie zuvor Probleme mit ihren Augen gehabt und trug nicht einmal eine Brille. Sie hatte einen Augenarzt von der *Johns Hopkins University* aufgesucht, und alle Tests erbrachten ein negatives Ergebnis. Mit anderen Worten, es gab keinen medizinischen Grund, warum Judy nicht sehen konnte. Ich hatte selbst mit ihrem Augenarzt gesprochen, und er bestätigte diese Tatsache.

Es war nicht leicht, von Judy zu erfahren, was geschehen war. Sie war sehr beunruhigt und depressiv. Trotzdem fand ich schließlich heraus, daß Judy ihre Sehkraft verloren hatte, kurz nachdem sie entdeckte, daß Angelo Amphetamine nahm. Sie waren seit über einem Jahr befreundet, aber er hatte ihr niemals erzählt, daß er gewohnheitsmäßig Pillen einnahm. Als sie zufällig sah, wie Angelo Pillen schluckte, schrie Judy auf und verlor innerhalb von fünf Minuten ihr Augenlicht.

Ich fragte sie, ob sie aus Schmerz aufgeschrien hatte. Sie antwortete, daß sie nur den unkontrollierbaren Drang zu schreien verspürt hatte, aber keinerlei Schmerzen hatte. Judy machte sich natürlich Sorgen, ob ich ihr helfen konnte oder nicht. Ich erklärte ihr und Angelo, was ich über hysterische Blindheit wußte. Ich machte keine Versprechungen und gab keinerlei Garantien, aber ich sagte ihr, ich würde mein Bestes versuchen.

Die Einleitung einer hypnotischen Trance macht es erforderlich, daß der Patient den Hypnotherapeuten hört, und da Judys Gehör tadellos funktionierte, stellte dies kein Problem dar.

Judy fiel schnell in eine gute, mittlere Trance. Das überraschte mich aufgrund ihrer Depression und der noch frischen, traumatischen Erfahrung. Ich konditionierte sie für eine einfache Altersregression bei ihrem nächsten Besuch. Sie verließ mein Büro und fühlte sich erleichtert und entspannt.

Die zweite Sitzung bestand aus einer einfachen Altersregression. Ich wies Judys Unterbewußtsein an, die Erinnerungsdatenbank zu durchsuchen und eine oder mehrere Situationen zu durchleben, die direkt für ihre derzeitigen Sehstörungen verantwortlich waren. Sie berichtete von einigen Erlebnissen aus ihrer Kindheit, aber nichts stand direkt in Bezug zu ihrem momentanen Verlust der Sehfähigkeit.

In der folgenden Woche sah ich Judy noch zwei Mal und führte eine Reihe einfacher Altersregressionen durch. Wieder tauchte nichts von Bedeutung auf. Die Inkarnationsregression war die einzige Möglichkeit, die wir noch nicht ausgeschöpft hatten, und so beschlossen wir, es damit zu versuchen.

Judy war mehr als bereit dazu, aber Angelo teilte ihre Begeisterung nicht. Am nächsten Tag rief Angelo an, um einen Termin für eine Inkarnationsregression zu vereinbaren. Judy sagte mir, sie betrachte dies als ihre einzige wirkliche Hoffnung. Wenn der Augenarzt am *Johns Hopkins* keine medizinische Ursache finden konnte, dann mußte ihre Blindheit psychisch zu begründen sein. Da sie nun schon annähernd drei Wochen blind war, wuchs ihre Verzweiflung. Angelo hielt nicht viel von Hypnose, aber er war bereit, alles zu versuchen, um Judy zu helfen.

Ich leitete bei Judy eine mittlere hypnotische Trance ein und suggerierte ihrem Unterbewußtsein, sich zu dem wirklichen Grund ihrer derzeitigen Sehstörungen zu begeben. Etwa fünf Minuten lang saß sie regunglos und mit geschlossenen Augen in meinem Behandlungsstuhl. Ich konnte erkennen, daß sie viele Szenen überprüfte, da ihre Augäpfel rasch hin- und herrollten. (Diese schnellen Augenbewegungen oder Rapid Eye Movements [REM] zeigen auch an, wenn ein Mensch träumt.)

Schließlich antwortete Judy mit einer hohen, kindlichen Stimme auf meine Fragen.

Dr. Goldberg:	Können Sie mir sagen, was Sie gerade sehen?
Judy:	Alles, was ich mag. (Kichern)
Dr. Goldberg:	Wo befinden Sie sich?
Judy:	Ich bin bei meinem Daddy.
Dr. Goldberg:	Und wo sind Sie beide gerade?
Judy:	Daddy sagte, ich darf Süßigkeiten haben. Er sagte, ich kann mir drei Sachen aussuchen. Der Laden ist voller Süßigkeiten und so Sachen.
Dr. Goldberg:	Was für Sachen?
Judy:	Ach, Sie wissen schon, Lebensmittel und so Sachen.
Dr. Goldberg:	Wie lange sind Sie schon in dem Laden?
Judy:	Wir sind gerade reingekommen. Ich kann mich nicht entscheiden, was ich will. (Kichern)
Dr. Goldberg:	Wie heißen Sie?
Judy:	Elsie. Wollen Sie auch was Süßes? (Kichern)
Dr. Goldberg:	Nein, danke, Elsie. Wo wohnen Sie?
Judy:	In London natürlich. Sie sind aber dumm.
Dr. Goldberg:	Wie heißt Ihr Vater?
Judy:	Daddy.
Dr. Goldberg:	Ich meine, wie nennen andere Menschen Ihren Vater?
Judy:	Mac.
Dr. Goldberg:	Wo ist Ihre Mutter?

Judy:	Sie ist weggegangen. (Ihre Stimme wird leise.)
Dr. Goldberg:	Wohin ist sie gegangen?
Judy:	Ich weiß nicht. (Die Patientin beginnt zu weinen.)
Dr. Goldberg:	Ist schon gut, Elsie, beruhigen Sie sich. Ich zähle jetzt bis fünf. Dann sind alle Ihre negativen Gefühle darüber, daß Ihre Mutter nicht hier ist, verschwunden, und Sie fühlen sich wieder glücklich. Eins... zwei... drei ... vier... fünf. Was für einen Beruf hat Ihr Vater?
Judy:	Er arbeitet an einem Ort mit Maschinen, großen Maschinen. (Die Patientin kichert wieder.)
Dr. Goldberg:	Wie alt sind Sie, Elsie?
Judy:	Ich bin sechs Jahre alt. (Die Patientin klingt sehr stolz.)

Elsie reagierte auf alle meine Fragen ausgesprochen gut. Sie veränderte schnell ihre emotionalen Reaktionen von Weinen zu Kichern, als ich ihr die entsprechenden Anweisungen gab. Weitere Fragen enthüllten ihr früheres Leben.

Elsie lebte 1887 in einer verkommenen Wohnung in Londons Süden. Ihr Vater war Arbeiter in einer Textilfabrik. Elsies Mutter hatte ihn und Elsie verlassen, als Elsie gerade drei Jahre alt war, weil Mac soviel trank. Es war kein angenehmes Leben für Elsie, da sie keine Spielgefährten hatte und ihr Vater lange arbeitete. Selbst wenn er einmal Zeit für sie hatte, war er für gewöhnlich betrunken.

Es war überraschend, wie sehr Elsie Mac liebte, obwohl er sie oft schlug und nur wenig Zeit mit ihr verbrachte. Die einzig wirkliche Freude, die er ihr bot, war der gelegentliche Besuch des Süßwarenladens auf dem Marktplatz. Nur Elsies schlechtem Gedächtnis ist es zu verdanken, daß sie

Macs Fehler übersah und sich ausschließlich mit der angenehmen Erfahrung des Augenblicks befaßte.

Ich progressierte Elsie und bat sie, sich an den wahren Grund ihrer derzeitigen Sehstörungen zu erinnern, wenn es einen gab.

Dr. Goldberg: Wo sind Sie jetzt, Elsie?

Judy: Ich bin draußen und spiele. (Sie klingt sehr traurig.)

Dr. Goldberg: Stimmt etwas nicht?

Judy: Nein.

Dr. Goldberg: Kommen Sie schon, Elsie, mir können Sie es doch sagen. Was bekümmert Sie?

Judy: Ich habe niemanden, der mit mir spielt. Alle sind in der Kirche.

Dr. Goldberg: Warum sind Sie nicht in der Kirche?

Judy: Daddy hält es für falsch, in die Kirche zu gehen. Er sagt, das sei Zeitverschwendung.

Dr. Goldberg: Ist heute Sonntag?

Judy: Ja. Können Sie mit mir spielen? (Die Patientin kichert wieder.)

Dr. Goldberg: Ich kann nicht mit Ihnen spielen, Elsie, aber ich würde gern mehr über Ihren Vater erfahren. Wollen Sie mir nicht etwas von ihm erzählen?

Judy: Hm, na gut. (Die Patientin klingt gelangweilt.)

Dr. Goldberg: Wo befindet er sich gerade?

Judy: Er ist im Haus, wahrscheinlich in seinem Zimmer. Er verbringt die Sonntage immer auf seinem Zimmer.

Dr. Goldberg: Wie alt sind Sie jetzt, Elsie?

Judy: Elf.

Dr. Goldberg: Geht Ihr Daddy mit Ihnen sonntags manchmal in den Park oder in die Stadt?

Judy:	Nein. Ich kann mich nicht erinnern, wann er mich das letzte Mal irgendwohin mitgenommen hat.
Dr. Goldberg:	Lieben Sie Ihren Daddy?
Judy:	Natürlich liebe ich ihn. (Sie zögert einige Sekunden, bevor sie diese Frage beantwortet.)

Ich progressierte Elsie weiter, zu dem tatsächlichen Ereignis, das ihre derzeitigen Sehstörungen erkärte. Sie war an jenem Sonntag nachmittag auf der Suche nach ihrem Vater in die Wohnung zurückgekehrt.

Dr. Goldberg:	Wo sind Sie jetzt, Elsie?
Judy:	Ich sitze auf dem Sofa und spiele mit meiner Puppe.
Dr. Goldberg:	Wo ist Ihr Daddy?
Judy:	Ich denke, er ist in seinem Zimmer.
Dr. Goldberg:	Was werden Sie jetzt machen?
Judy:	Ich schleiche mich an meinen Daddy heran und erschrecke ihn.

Elsie ging zum Zimmer ihres Vaters und öffnete leise die Tür.

Dr. Goldberg:	Können Sie Ihren Daddy sehen, Elsie?
Judy:	O Gott, was macht Daddy da gerade? Daddy, Daddy, tu das bitte nicht! (Judys Gesicht ist vor Schreck völlig entstellt.)
Dr. Goldberg:	Was macht Ihr Daddy gerade?
Judy:	Er – er sticht sich in den Arm, und um seinen Arm hat er ein Gummiband geschlungen. (Die Patientin klingt sehr erregt.)
Dr. Goldberg:	Und was tut er jetzt?
Judy:	Daddy, Daddy, tu mir nicht weh! Nein,

	nein, ich wollte dich nicht erschrecken. (Die Patientin ist zu diesem Zeitpunkt völlig verstört.)
Dr. Goldberg:	Was tut Ihnen Ihr Daddy an, Elsie?
Judy:	Er schlägt mich, schlägt mich ganz fürchterlich. Mir tut alles weh. (Die Patientin windet sich.)

Mac hat Elsie furchtbar verprügelt, weil sie ihn dabei störte, wie er sich Morphium in den Arm spritzte. Elsie hatte noch nie zuvor gesehen, wie ihr Vater sich die Injektionsnadel ansetzte. Offensichtlich war der Alkohol nicht sein einziges Problem.

Nachdem Mac Elsie geschlagen hatte, sperrte er sie den Rest des Tages in den Schrank. Elsie befand sich in einem Schockzustand. Sie hatte den ganzen Tag nichts gegessen, und durch die Schläge schmerzte ihr ganzer Körper. Erst am nächsten Morgen ließ Mac sie aus dem Schrank.

Es war nötig, Judy (Elsie) viele beruhigende Suggestionen zu vermitteln, bevor ich sie aus der Trance herausholte.

Dr. Goldberg:	Judy, ich zähle jetzt bis fünf, dann sind Sie wieder in der Gegenwart, im Januar 1978. Sie werden sich an alles erinnern, was Sie erlebt und neu durchlebt haben. Eins... zwei... drei... vier... fünf. Wachen Sie auf.
Judy:	Wow, das war vielleicht was! Dr. Goldberg, Dr. Goldberg, ich kann Sie sehen! Sie sind ziemlich verschwommen, aber ich kann Sie sehen. (Die Patientin ist begeistert.)
Dr. Goldberg:	Konzentrieren Sie sich auf meine Stimme, Judy. Wenn ich mit den Fingern schnippe, sehen Sie mich klar und deutlich.

Es dauerte ungefähr drei Minuten, bis Judy mich deutlich erkennen konnte. Wir gingen in mein Empfangszimmer zu Angelo, um ihm zu erklären, was geschehen war.

Als Judy sah, daß Angelo Amphetamine einnahm (eine süchtig machende Droge), verband sie diesen Vorfall mit der Beobachtung, wie Mac sich Morphium spritzte (ebenfalls eine süchtig machende Droge). Judy wurde von Mac schwer dafür geschlagen, daß sie etwas gesehen hatte, was sie nicht hätte sehen sollen. Da Angelo ihr nicht erzählt hatte, daß er Amphetamine nahm, stellte Judys Unterbewußtsein, als sie ihn zufällig dabei überraschte, die Assoziation her, etwas gesehen zu haben, was sie nicht hätte sehen sollen. Durch die hypnotische Regression wurde die Ursache der Blindheit beseitigt, und das Symptom (die Blindheit) verschwand.

Diese Erfahrung führte Judy und Angelo näher zusammen. In der Zeit vor dem Vorfall waren sie nicht sonderlich gut miteinander ausgekommen. Als Ergebnis dieser Regression wurden ihre gegenseitigen Gefühle füreinander stärker.

Die Inkarnationsregression hatte außer der Wiederherstellung ihrer Sehkraft noch andere unerwartete Vorteile für Judy. Zum einen berichtete sie, daß ihre Klaustrophobie verschwunden war. Es scheint, daß das Eingesperrtsein im Schrank zuerst Elsie und später Judy Angst vor geschlossenen Räumen bescherte. Als sie ihr früheres Leben neu erlebte, wurde der wahre Grund für Judys Klaustrophobie hervorgerufen und beseitigt.

Meine Aufmerksamkeit wurde durch einen weiteren interessanten Punkt geweckt. Judy erzählte mir, sie hätte ihre letzte Stellung bei einem bekannten Inneneinrichtungshaus gekündigt, weil sie ihren Chef nicht ausstehen konnte. Sie kannte ihn kaum und sah ihn selten, aber bei den seltenen Gelegenheiten, bei denen sie ihn sah, rauchte er entweder oder er trank. Eines Tages kam er von einer

Verabredung zum Essen betrunken ins Büro zurück, und da kündigte Judy einfach. Es beunruhigte sie, daß sie damals keine Erklärung für ihr Verhalten hatte, aber ihr Chef verursachte ihr ein solches Unbehagen, daß sie einfach gehen mußte. Eindeutig erinnerte Judys ehemaliger Chef sie an Mac. Die Assoziation, die ihr Unterbewußtsein mit seinem Trinkverhalten verband, zwang sie zur Kündigung. Judy verstand jetzt, was sie zu diesem Verhalten motiviert hatte, und sie war nachträglich mit ihrer Entscheidung sehr zufrieden.

Judys Fall war höchst interessant und lohnenswert. Die Tatsache, daß die Ursache von Judys Blindheit psychische Ursachen hatte, machte die hypnotische Regression zur Behandlungsmethode der ersten Wahl.

KAPITEL 11

ODONTIATROPHOBIE
UND DER SCHMIED

Ich erhalte viele Anrufe von Patienten, die schreckliche
Angst vor einer Zahnbehandlung haben. Meistens trägt hier
eine negative Konditionierung die Schuld. Wenn Patienten
in ihrer Kindheit ein traumatisches Erlebnis mit einem
Zahnarzt hatten, bleibt häufig im Unterbewußsein ein dau-
ernder negativer Eindruck zurück. Diese negative Assoziation hinsichtlich der Zahnmedizin kann zusammen mit
traumatischen Erfahrungen die Haltung der Patienten und
Patientinnen in bezug auf ihre orale Gesundheit für den
Rest ihres Lebens beeinflussen.

Im September 1978 erhielt ich einen Anruf von Miriam.
Ich hörte ihr gewissenhaft zu. Anscheinend hatte diese
51jährige Hausfrau eine furchtbare Angst vor Zahnärzten.
Sie war seit über zehn Jahren nicht mehr beim Zahnarzt
gewesen, und sie wußte, daß sie viele Probleme mit ihren
Zähnen hatte. An Miriams Fall ist besonders interessant,
daß ihre Angst vor Zahnärzten zu anderen Problemen ihres
Lebens in Bezug stand. Sie hatte keine hohe Meinung von
sich selbst und spürte, wenn sie ihre Phobie irgendwie
beseitigen könnte, würden sich auch die Beziehungen zu
ihrem Ehemann, ihren Kindern und ihren Freunden verbessern. Sie war überzeugt davon, ihr ganzes Leben würde
davon profitieren, wenn sie sich dieser Angst entledigte.
Der Fachausdruck für die Angst vor Zahnärzten lautet
Odontiatrophobie.

Als Miriam meine Hypnose-Praxis anläßlich ihres

ersten Termins aufsuchte, sprach ich mit ihr über ihre Geschichte. Anscheinend konnte sie sich an keinen einzigen traumatischen Vorfall in Zusammenhang mit der Zahnmedizin erinnern. Ihr Interesse an einer Hypnosebehandlung bestand nicht nur darin, sich in meiner Zahnarztpraxis wohl zu fühlen, sie wollte vor allen Dingen wissen, warum sie diese Phobie vor Zahnärzten entwickelt hatte.

Miriam war eine ausgezeichnete Hypnosepatientin, und ich beschloß mittels einfacher Altersregression herauszufinden, ob sie in Zusammenhang mit einem Zahnarzt ein traumatisches Kindheitserlebnis hatte, das von ihrem Wachbewußtsein verdrängt worden war. Nach drei Sitzungen mit einfacher Altersregression fand ich nichts, was auf die Ursache ihrer Odontiatrophobie hinwies.

Als nächstes erklärte ich Miriam die Möglichkeit einer Inkarnationsregression. Sie schien an meiner Erklärung von Karma und Reinkarnation recht interessiert zu sein, obwohl sie dem ganzen skeptisch gegenüberstand. Offenbar vertraute sie mir, und sie war bereit, fast alles zu versuchen, um den Grund für ihre Phobie aufzudecken. Ich gab ihr eine Konditionierungskassette für eine Inkarnationsregression mit, und wir vereinbarten einige Wochen später einen Folgetermin.

Miriam schien erregt, als sie mein Büro an jenem Herbstnachmittag betrat. Wie gewöhnlich fiel sie schnell in eine tiefe Trance und war ganz entspannt.

Dr. Goldberg: Können Sie mir sagen, was Sie in diesem Augenblick sehen?

Miriam: Ich – ich stehe mitten auf der Straße und halte mir die rechte Wange.

Dr. Goldberg: Warum halten Sie Ihre rechte Wange?

Miriam: Sie schmerzt. Mein verdammter Zahn schmerzt.

Miriam ist eine sehr schüchterne Frau, und in den vier Wochen, die ich sie vor dieser Regression kannte, hatte sie sich niemals einer solchen Ausdrucksweise befleißigt. Jetzt wurde ihre Stimme tiefer und ihre Ausdrucksweise deftiger. Während eines Großteils dieser Sitzung hielt sie ihre rechte Wange, als ob sie starke Schmerzen leide, obwohl wachbewußt kein solches Unbehagen existierte.

Dr. Goldberg: Was werden Sie wegen Ihres Zahnes tun?

Miriam: Na, ich werd' da rüber zum Saloon gehen (Sie zeigt mit ihrer linken Hand geradeaus), und dann werde ich diesen vermaledeiten Schmerz in Whisky ersäufen.

Dr. Goldberg: Und dann?

Miriam: Dann werde ich mir diesen verdammten Zahn wohl ausreißen lassen.

Dr. Goldberg: Wer wird den Zahn entfernen?

Miriam: Natürlich Smitty.

Miriam erzählte, sie lebe in einer kleinen Stadt in Kansas im Jahre 1838. Es gab in diesem Landkreis keinen Zahnarzt, also mußte sie zu Smitty, dem Schmied des Ortes, gehen, um sich den Zahn ziehen zu lassen. Es gab einen Doktor in der Stadt, aber mit der Zahnmedizin hatte der nichts im Sinn. Es war in jener Zeit nicht unüblich, daß Schmiede und Friseure Zahnheilkunde betrieben.

Dr. Goldberg: Wie heißen Sie?

Miriam: Anna.

Dr. Goldberg: Anna, hat Smitty Ihnen schon einmal einen Zahn gezogen?

Miriam: Aber ja doch. (Ihre Stimme bebt nun leicht.)

Dr. Goldberg: Sie scheinen bei dieser Vorstellung nicht sehr glücklich zu sein.

| *Miriam:* | Bin ich auch nicht. Verdammter Zahn. Verdammter Smitty. (Annas Stimme ist laut und ärgerlich.) |

Ich progressierte Anna einige Stunden weiter. Sie war in den Saloon gegangen und hatte reichlich Whisky getrunken, um sich auf die Behandlung vorzubereiten. Wir entdeckten, daß ihr Ehemann einige Jahre zuvor gestorben war, und sie die kleine Farm nur mit zwei Hilfskräften führte. Anna war in jenem Leben eine sehr starke und einfallsreiche Frau, und sie hatte viele Freunde. Das einzige Problem ihres Lebens waren ihre Zähne. Sie kümmerte sich nie richtig um ihre Zähne und hatte daher eine Menge Probleme mit ihnen. Smitty hatte mit den Jahren bereits sieben oder acht Zähne entfernt, und jedes Mal, wenn er einen zog, ging Anna durch die Hölle.

Dr. Goldberg:	Anna, ich zähle jetzt bis fünf. Ich möchte, daß Sie zu dem Zeitpunkt übergehen, an dem Smitty Ihnen den Zahn zieht. Eins … zwei … drei … vier … fünf. Können Sie mir sagen, was Sie gerade sehen?
Miriam:	Verdammter Smitty. Sein Laden riecht nach Pferdescheiße. (Miriam hält sich die Nase zu.)
Dr. Goldberg:	Wo genau sind Sie jetzt, Anna?
Miriam:	Ich bin hinten in Smittys Schmiede. Direkt neben seinen Pferdeställen, und es riecht eindeutig mies hier.
Dr. Goldberg:	Wo ist Smitty?
Miriam:	Er holt seinen Lehrling Paul. Der soll ihm helfen.
Dr. Goldberg:	Was geschieht jetzt?
Miriam:	Paul ist los, um eine von Smittys Zangen zu holen. Jetzt sind beide wieder zurück. Ich

sitze auf diesem alten Holzstuhl, und Paul
hält meinen Kopf zurück.

Da es damals noch keine Narkose gab, wurden bei allen
zahnmedizinischen Eingriffen, bei denen es sich meistens
um Extraktionen handelte, die Patienten einfach festgehal-
ten.

Dr. Goldberg: Was geschieht jetzt?
Miriam: Smitty steht jetzt über mir und hält die Zange
in der Hand. (Ihre Stimme zittert wieder.)
Dr. Goldberg: Wo ist Paul?
Miriam: Hinter mir. Er hält meinen Kopf.
Dr. Goldberg: Fahren Sie fort, Anna.
Miriam: Smitty setzt diese verdammte Zange in mei-
nen Mund. Ich kann den Rost auf ihr
schmecken. (Sie schneidet eine Grimasse
und hält sich an den Armen meines Behand-
lungsstuhls fest.)
Dr. Goldberg: Was geschieht als nächstes?
Miriam: Er packt meinen hinteren Zahn mit der
Zange. Es tut jetzt schrecklich weh. Der
Whisky hilft überhaupt nicht.
Dr. Goldberg: Weiter, Anna.
Miriam: Er zieht heftig, und ich versuche meinen
Kopf zu drehen, aber ich kann nicht. Dieser
Paul ist ziemlich stark. (Ihre Fingerknöchel
werden weiß, so sehr klammert sie sich an
meinen Stuhl.) Mein Zahn. Au. Aua. Aua.

Anna schrie so laut, daß ich erschreckt auffuhr. Einen
Augenblick später war sie ruhig und sank erschöpft zurück
in den Stuhl. Ich ließ sie etwa fünf Minuten ruhen und setzte dann die Befragung fort.

Dr. Goldberg:	Anna, geht es Ihnen gut?
Miriam:	O ja, mir geht es blendend. Dieser Smitty ist schon in Ordnung. Er hat diesen verdammten Zahn auf einmal rausbekommen. (Sie scheint jetzt sehr erleichtert.)
Dr. Goldberg:	Schmerzt Ihr Kiefer?
Miriam:	Nein, jetzt nicht. Mir geht es gut. Ich blute, aber ich weiß, das hört bald auf.
Dr. Goldberg:	Was werden Sie jetzt machen?
Miriam:	Ich geh' zurück in den Saloon und trinke noch etwas Whisky. Dann werd' ich wohl nach Hause gehen und versuchen, den heutigen Tag zu vergessen.

Ich progressierte Anna durch diesen und den darauffolgenden Tag. Überraschenderweise bekam sie durch die schmutzige Zange keine Infektion. Ihr Widerstand gegen Krankheiten war gut ausgeprägt. Anna war am folgenden Tag schon in der Lage, auf der Farm zu arbeiten. Sie war eine ganz bemerkenswerte Frau.

An dieser Regression war interessant, daß Miriam Anna zu bewundern schien. Annas Stärke, Selbstsicherheit, Offenheit und Ehrlichkeit waren anziehende Eigenschaften. Am Ende dieser Sitzung sprach ich mit Miriam über meine Beobachtungen. Miriam stimmte zu, daß sie Anna für eine höchst ungewöhnliche und bewundernswerte Frau hielt. Annas Selbstsicherheit und ihre Fähigkeit, mit Menschen auszukommen, standen in krassem Gegensatz zu Miriam.

Miriam war skeptisch, ob sie wirklich schon einmal als Anna gelebt hatte, aber wir beschlossen, daß sie für die dringend notwendigen zahnmedizinischen Eingriffe in meine Praxis kommen würde. Während ihrer Behandlung machte ich eine Anzahl Füllungen, führte zwei Wurzelbehandlungen durch und verkronte fünf weitere Zähne.

172

Miriam zeigte kaum Angst und war während der ganzen Behandlung eine hervorragende Patientin. Noch interessanter waren die anderen Verbesserungen in ihrem Leben. Miriam wurde schnell selbstsicherer und zuversichtlicher. Sie erzählte von einer engeren Beziehung zu ihrem Mann und zu ihren Kindern. Ihren Freunden und Verwandten fiel diese Wandlung im Verhalten auf. Einige vermuteten, sie würde Medikamente nehmen. Andere meinten, sie würde einen Psychiater aufsuchen. Miriam berichtete, sie fühle sich wie eine andere Frau.

Ich kann mir ihre Zahnbehandlung zugute halten, aber die Kombination aus Miriams Einsicht und ihrer Inkarnationstherapie führten zu den anderen Veränderungen.

Dieser Fall gehört zu meinen Lieblingsfällen, nicht nur weil er eine Zahnphobie illustriert, sondern weil er die gewaltigen Persönlichkeitsverbesserungen aufzeigt, die die Patienten durchlaufen, sobald sie einmal den wahren Grund ihres Problems erkannt haben. Ob in diesem Leben oder einem anderen, meistens wird das erneute Durchleben und das Loslassen von unterdrückten Gefühlen und negativen Situationen zu großen Veränderungen im Leben der Patienten führen. Ich bin sehr glücklich darüber, daß Miriam immer noch Patientin in meiner Zahnarztpraxis ist und in allen Lebensbereichen gedeiht.

KAPITEL 12

DIE 800JÄHRIGE SYNCHRONIZITÄT

Wenn ich im Radio oder im Fernsehen auftrete oder von einem Journalisten interviewt werde, fragt man mich häufig nach meinem interessantesten Fall. Obwohl ich alle meine Fälle befriedigend finde, sticht einer in meiner Erinnerung besonders heraus, und dabei geht es um mein Lieblingsprinzip, die *Synchronizität*.

Es ist nicht unüblich, daß dieselben Menschen in mehreren früheren Inkarnationen eines Patienten auftauchen. Das Gruppenkarma funktioniert einfach auf diese Art und Weise – ein Ehemann und seine Frau in einem Leben kommen als Mutter und Tochter oder als Bruder und Schwester in einem anderen Leben wieder. Ein Bekannter in diesem Leben wird häufig in einem zukünftigen Leben ebenfalls auftauchen. Dieses Phänomen ist allgemein anerkannt. Ungewöhnlich an diesem besonderen Fall ist die Vorgehensweise, wie ich an ihn heranging.

Vor fast fünf Jahren rief mich ein Mann namens Arnold an. Arnold arbeitete als Elektrogeräteverkäufer in einem Kaufhaus in Baltimore. Seine Frau hatte ihm geraten, mich um eine Hypnotherapie zu bitten. Im Verlauf des Gesprächs stellte sich heraus, daß Arnold ein sehr unsicherer Mann war und daß dies seine Fähigkeiten als Verkäufer negativ beeinflußte.

Arnold erwies sich als hervorragender Hypnosepatient. Nach sechs Sitzungen fühlte er sich besser. Während dieser Sitzungen suggerierte ich Arnold ein positives Selbstbild und

174

mehr Selbstsicherheit. Ich nahm diese Suggestionen für ihn auf Kassette auf; das half ihm, mehr an sich zu glauben. Regression setzte ich zu dieser Zeit nicht ein, weil ich ihn zuerst auf einer emotionalen Ebene stabilisieren wollte. Wenn erst einmal eine feste emotionale Grundlage geschaffen wurde, kann die Regressionstherapie wirksamer eingesetzt werden. Arnold zeigte keinerlei Interesse an der Regression. Sein Selbstvertrauen verstärkte sich und seine Verkaufszahlen spiegelten diesen Fortschritt wider. Allerdings schien er noch einen anderen Kummer zu haben; er war jedoch zu dieser Zeit nicht bereit, diesen Kummer mit mir zu teilen.

Ich pflege nicht neugierig zu sein, das ist nicht meine Art. Daher zwang ich ihm keine Aussprache auf. Ich sagte Arnold einfach, daß ihm offensichtlich noch etwas anderes Sorgen bereite, und wenn er dies nicht mit mir besprechen wolle, gebe es nichts mehr, was ich für ihn tun könne. Ich wies ihn an, die Kassette, die ich für ihn aufgenommen hatte, auch weiterhin abzuspielen. Dieser Fall war noch lange nicht abgeschlossen, aber da der Patient alle Kommunikationswege versperrte, blieb mir keine andere Wahl. Arnold dankte mir für meine Hilfe und verließ mein Büro. Ich war sicher, ihn zum letzten Mal gesehen zu haben.

Es vergingen zwei Monate, dann rief mich Arnold wieder an. Er wollte mich umgehend sehen. Ich machte mich für diesen Abend frei, und eine höchst ungewöhnliche Reise begann. Arnold schien peinlich berührt, als er mir in Trance die folgenden Dinge erzählte.

Andere Menschen hatten ihn schon immer beherrscht. Seine Mutter, seine Ehefrau, sein Chef, die Kunden, seine Kinder – einfach jeder, der zu Arnold Kontakt hatte, beherrschte ihn. Mir war nicht klar, was er an dieser Situation so besonders peinlich fand, und als ich ihn hierzu befragte, konnte er es nicht erklären. Es war einfach so, daß seine Angst, dominiert zu werden, übermächtig war und ihm ein solches Minderwertigkeitsgefühl verursachte, daß er es einem anderen nur schwer erklären konnte. In den achtzehn Jahren seiner Ehe hatte Arnold dies mit seiner Frau niemals auch nur angesprochen. Weitere Sitzungen schienen wenig fruchtbar, also schlug ich ihm eine einfache Altersregression vor. Arnold war jetzt bereit, es damit zu versuchen. Vor der Trance versuche ich immer, eine möglichst genaue Fallgeschichte zu erlangen. Das entspannt den Patienten und öffnet besondere Wege, die während der eigentlichen hypnotischen Regression verfolgt werden können.

Als ich eingangs mit Arnold gearbeitet hatte, war er leicht in eine zufriedenstellende Trance gesunken. Jetzt fiel ihm die einfache Altersregression schwer, und seine Trance war nur leicht. Nachdem ich ihn weiter konditionierte, war er schließlich in der Lage, in eine gute mittlere Trance zu sinken. Wir entdeckten, daß seine Kindheit recht unbemerkenswert verlaufen war, und es gab viele Situationen, in denen Arnold sowohl durch Familienangehörige als auch durch seine Freunde dominiert und manipuliert wurde. Es war mir allerdings nicht möglich, den Grund für diese Tatsache herauszufinden.

Ich schlug Arnold eine Inkarnationsregression vor. Der Gedanke wühlte ihn auf. Die ersten Versuche resultierten in sehr verschwommenen Szenen, und keine davon stand in Bezug zu seinem Problem. Es war, als ob er gegen mich ankämpfte. Man könnte daraus schließen, daß Arnold unterbewußt davor Angst hatte, ich würde ihn ebenfalls beherrschen wollen. Eine Reihe von vier Inkarnationsregressionen nahm Arnold die Angst vor dieser Technik und schenkte ihm mehr Vertrauen zu mir.

Schließlich beschrieb Arnold eines nachmittags im November die höchst ungewöhnliche Lebensgeschichte einer früheren Inkarnation. Diese Sitzung war sehr lange, und es wurde viel Zeit darauf verwendet, die Hintergründe der Situation zu klären.

Arnolds Name war Thayer, und er lebte im Jahr 1132 in einem kleinen Dorf in Bayern. Etwas schien ihn sehr zu ängstigen, als ich ihn befragte.

Dr. Goldberg: Wo sind Sie?

Arnold: Ich bin unter dem Tisch.

Dr. Goldberg: Was machen Sie unter dem Tisch, Thayer?

Arnold: Ich esse mein Abendbrot.

Dr. Goldberg: Warum essen Sie unter dem Tisch, anstatt am Tisch zu sitzen und ihren Teller auf den Tisch zu legen?

Arnold: Die Ketten sind zu kurz, und außerdem darf ich so nicht essen.

Dr. Goldberg: Welche Ketten?

Arnold: Meine Hände und Füße sind an den Tisch gekettet, und die Kette ist ziemlich kurz.

Dr. Goldberg: Wer hat Sie an den Tisch gekettet?

Arnold: Gustav.

Dr. Goldberg: Wer ist Gustav?

Arnold: Er ist mein Meister. Ich bin sein Lehrling.

Thayer war Lehrling bei einem Zunftmeister namens Gustav. Sie arbeiteten mit Metall, überwiegend mit Silber und Gold. Trinkgefäße, Teller, Schmuckstücke und anderer Zierrat für wohlhabende Edelleute wurden von ihnen hergestellt. Im Mittelalter war es üblich, ein bestimmtes Handwerk zu lernen, indem man viele Jahre als Lehrling bei einem Zunftmeister verbrachte. Es wurde schnell offenkundig, daß diese Beziehung mehr war als nur die eines Zunftmeisters und seines Lehrlings.

Dr. Goldberg: Wie lange sind Sie schon an den Tisch gekettet?

Arnold: Seit wir den Laden geschlossen haben.

Dr. Goldberg: Warum sind Sie auf diese Weise angekettet?

177

Arnold:	Ich werde immer so angekettet, wenn der Laden geschlossen ist. Meister Gustav will nicht, daß ich abhaue, und nur so kann er sicher sein, daß ich nicht gehe.
Dr. Goldberg:	Warum gehen Sie nicht einfach, wenn er Sie morgen loskettet?
Arnold:	Das kann ich nicht. Mein Vater hat mich zu ihm in die Lehre gegeben, als ich dreizehn Jahre alt war.
Dr. Goldberg:	Wie behandelt Gustav Sie im allgemeinen?
Arnold:	Er haßt mich. Er peitscht mich immer aus, wenn ich etwas falsch mache. Ich habe Angst vor ihm.
Dr. Goldberg:	Hat er Sie schon immer so behandelt?
Arnold:	Ja. Seit ich denken kann, schlägt er mich und behandelt mich auf diese Weise.
Dr. Goldberg:	Was geschieht, wenn ein Kunde den Laden betritt? Behandelt er Sie auch im Beisein anderer Leute schlecht?
Arnold:	O ja, immer. Es gibt nichts, was ich dagegen tun könnte. Ich glaube, es befriedigt ihn, mich zu demütigen.
Dr. Goldberg:	Demütigt Sie Gustav ganz besonders gern vor einem bestimmten Menschen?
Arnold:	Ja. Es gibt da ein Mädchen namens Klothilde. Er mag es, wenn sie sieht, wie ich so behandelt werde.
Dr. Goldberg:	Wer ist Klothilde?
Arnold:	Sie ist ein sehr nettes Mädchen aus einer wohlhabenden Familie, und sie mag mich. Sie hat viele Dinge von Meister Gustav gekauft. Er mag es nicht, wenn sie sich nach mir erkundigt.
Dr. Goldberg:	Was macht Gustav, wenn Klothilde sich nach Ihnen erkundigt?

178

Arnold:	Er schreit mich an. Er sagt, ich sei wertlos. Er macht sich über alles, was ich sage und tue, lustig. Wenn sie dann gegangen ist, kettet er mich an den Tisch und schlägt mich.
Dr. Goldberg:	Was tut er Ihnen noch an?
Arnold:	Also, er macht diese unnatürlichen Dinge mit mir …

Arnold war durch diese Frage besonders peinlich berührt. Er fing an zu stottern, und nach etwa zehn Minuten beschrieb er eine Reihe von homosexuellen Praktiken, denen Gustav ihn aussetzte. Gustav hatte nie geheiratet und benutzte Thayer (Arnold), um sein Verlangen zu befriedigen. Thayer bekam für alles, was schief ging, die Schuld. Er wurde von Gustav degradiert, wann immer dieser Lust hatte, ihn zu mißbrauchen. Der Haß, den Thayer und Gustav füreinander empfanden, wuchs täglich.

Ich progressierte Thayer zu einem bedeutsamen Ereignis in seinem Leben.

Dr. Goldberg:	Können Sie mir sagen, was gerade geschieht, Thayer?
Arnold:	Ich – ich habe Angst.
Dr. Goldberg:	Warum haben Sie Angst?
Arnold:	Meister Gustav ist schrecklich wütend auf mich.
Dr. Goldberg:	Warum ist das so ungewöhnlich?
Arnold:	Das ist nicht nur ein gewöhnlicher Wutanfall. Da steckt mehr dahinter.
Dr. Goldberg:	Warum? Was ist geschehen, seit ich das letzte Mal mit Ihnen gesprochen habe?
Arnold:	Klothilde hat großes Interesse an mir gezeigt. Sie bat Meister Gustav, mich einige Arbeiten im Hause ihrer Familie erledigen zu lassen.

179

Dr. Goldberg:	Wie hat Gustav auf diese Bitte reagiert?
Arnold:	Er hat vor Klothilde beinahe einen Wutanfall bekommen. Durch ihre Familie hat Meister Gustav über die Jahre viele Aufträge erhalten, und dies ist das erste Mal, daß er vor ihr so reagiert hat. Ich weiß einfach, daß er mich heute nacht schlagen wird.
Dr. Goldberg:	Was hat Gustav zu Klothilde gesagt?
Arnold:	Er sagte, er könne mich nicht zu ihrem Haus lassen, weil ich dafür Werkzeuge brauchen würde, und er erzählte Klothilde, daß man mir nicht trauen könne. Stellen Sie sich vor, das hat er Klothilde tatsächlich gesagt. Ich hasse ihn so sehr.
Dr. Goldberg:	Gut, Thayer. Ich möchte, daß Sie sich jetzt von dieser Szene lösen und zu der Lösung des Problem übergehen, sobald ich bis fünf zähle. Eins … zwei … drei … vier … fünf.
Arnold:	Ich bin wieder an den Tisch gekettet.
Dr. Goldberg:	Ist es jetzt Zeit für das Abendessen?
Arnold:	Ja. Ich fühle mich irgendwie komisch. Es ist, als ob ich neue Energie hätte. Meister Gustav sagt, er wird mich heute nacht mißbrauchen. Er sagt mir das oft vor dem Essen, um mich zu verhöhnen.
Dr. Goldberg:	Erzählen Sie mir, was als nächstes geschieht, Thayer.
Arnold:	Ich wehre mich, als er mich an den Tisch ketten will. Ich streite mit ihm, und er lacht mich aus. Warum lacht er mich aus?
Dr. Goldberg:	Was tun Sie dagegen?
Arnold:	Ich greife ihn an, als er versucht, mein Bein an den Tisch zu ketten. Das Essen fällt auf den Boden, und Gustav schreit mich an. Ich kämpfe mit ihm, und ich kann nur noch

	daran denken, ihn zu töten. (Der Patient ist äußerst erregt.)
Dr. Goldberg:	Beruhigen Sie sich, und erzählen Sie mir in aller Ruhe, was geschieht.
Arnold:	Wir liegen auf dem Boden, und ich greife nach seinem Hals. Ich will ihn erwürgen. Wir haben einige Werkzeuge umgeworfen, und etwas wird gegen mein Bein gedrückt.
Dr. Goldberg:	Was ist das?
Arnold:	Es ist ein sehr scharfes Werkzeug. Ich greife mit meiner linken Hand danach und fege es zur Seite. Das hätte ich nicht tun sollen.
Dr. Goldberg:	Warum nicht?
Arnold:	Meister Gustav – er hat mich von sich abgeworfen und schlägt mir ins Gesicht. Ich weiß nicht, was jetzt geschieht.
Dr. Goldberg:	Konzentrieren Sie sich auf diese Situation, Thayer. Es ist wichtig.
Arnold:	Er hat mich gegen die Wand geworfen und mich verflucht. Er sagte, ich sei die Mühe, die ich bereite, nicht wert.
Dr. Goldberg:	Was macht Gustav als nächstes?
Arnold:	Er nimmt ein messerähnliches Werkzeug in die Hand. Ich weiß, daß es sehr scharf ist. O mein Gott, er hat mir in den Bauch gestochen. (Der Patient ist äußerst erregt.) Ich blute, und der Schmerz ist nicht auszuhalten.
Dr. Goldberg:	Entspannen Sie sich, Thayer. Lösen Sie sich von dem Schmerz und von allen Gefühlen, und erzählen Sie mir, was als nächstes geschieht.
Arnold:	Er sticht mehrmals auf mich ein. Ich falle zu Boden und sterbe. Er hat mich getötet. Dieser schreckliche Unhold hat mich getötet.

Dr. Goldberg: Wie fühlen Sie sich jetzt?

Arnold: Ich habe das Gefühl zu schweben. Ich kann meinen Körper unter mir sehen, aber ich fühle nichts.

Da Arnold durch diese Szene aufgeregt wurde, ließ ich ihn seinen Tod sehen und ihn die völlige Loslösung von allem Unbehagen, die typischerweise Todesszenen kennzeichnet, erfahren. Er blieb etwa zehn Minuten in dieser friedlichen Szene. Dann führte ich ihn zur Ebene seines Überbewußtseins und fragte ihn nach Gustav und Klothilde. Er erzählte mir, daß Klothilde seine Schwägerin Margaret sei, mit der er sich heute sehr gut versteht. Gustav ist an seinem derzeitigen Leben nicht beteiligt.

Nach dieser schicksalhaften Sitzung fühlte sich Arnold viel besser. Ihm war nun endlich klar geworden, warum er sich davor fürchtete, daß andere ihn dominierten, und warum er anderen Menschen gestattete, Einfluß auf ihn auszuüben. Interessanterweise war seine Schwägerin Margaret einer der wenigen Menschen aus Arnolds Bekanntenkreis, der nicht versuchte, ihn zu beherrschen. Margaret war als Klothilde der einzige Sonnenschein in Thayers Leben.

Ich sah Arnold noch einige Male und half ihm, seine Restzweifel auszuräumen. Er wollte nichts über andere Inkarnationen herausfinden, in denen er Gustav möglicherweise kannte. Arnold hatte das Gefühl, genug über seine Vergangenheit gelernt zu haben.

Während der folgenden sechs Monate blieb Arnold mit mir in Berührung. Wir hatten bei der Stärkung seines Selbstbildes große Fortschritte erzielt. Er fürchtete nicht länger andere Menschen und ließ auch nicht mehr zu, daß sie ihn dominierten. Arnold wurde befördert, und die Beziehung zu seiner Frau und seinen Kindern verbesserte sich sichtlich. Ich war sehr zufrieden mit diesen Ergebnissen.

Eineinhalb Jahre nach Arnolds Behandlung erhielt ich einen Anruf von einem Anwalt namens Brian, der mit mir in Hypnose einige psychische Probleme ausarbeiten wollte. Brian war in einer großen Anwaltskanzlei in Baltimore auf Unternehmensrecht spezialisiert. Er war ein sehr erfolgreicher Mann Ende Dreißig, aber er hatte das Gefühl, eine wenig wünschenswerte Neigung zur Manipulation anderer Menschen zu besitzen. In Trance beschrieb er sich als Selfmade-Mann, der Menschen immer wieder benützte. Ironischerweise kam er ausgerechnet aufgrund dieser Fähigkeit, Menschen zu manipulieren, zu mir, obwohl manche diese Eigenschaft bei einem Anwalt für vorteilhaft halten.

Brians Gewissen schob Überstunden. Er fühlte sich für das, was er tat, schuldig. Er litt jede Nacht unter Schlaflosigkeit sowie unter zwanghafter Eßlust. Ich erfuhr, daß er in seiner Freizeit Antiquitäten sammelte, hauptsächlich Metallgegenstände wie Tafelsilber, Trinkgefäße, Schmuckstücke, usw. Alte Möbel interessierten ihn nicht. Ich notierte mir dies für eine künftige Verwendung.

Brian erwies sich als hervorragender Hypnosepatient. Er erreichte eine gute Trance-Ebene, und man konnte leicht mit ihm arbeiten. Wir erzielten hinsichtlich seiner zwanghaften Eßlust und seiner Schlaflosigkeit einige Fortschritte, aber ich war mit den Ergebnissen nicht zufrieden. Ich schlug eine Altersregression vor. Nachdem ich Brian die genaue Vorgehensweise gründlich erklärt hatte, war er damit einverstanden, diese Technik einmal auszuprobieren.

Die einfache Altersregression war hilfreich, aber nicht in dem Maße, wie ich das erhofft hatte. Brian durchlebte erneut eine Reihe von Situationen aus seiner Kindheit und Jugend in bezug auf seine zwanghafte Eßlust, doch entdeckten wir nichts von Bedeutung hinsichtlich seiner manipulativen Neigungen. Er berichtete von Szenen aus seiner Jugend und seinen College-Jahren, in denen er Menschen aus selbstsüchtigen Gründen benützte. Ich war ganz und gar nicht zufrieden mit diesen Informationen, denn die tief verwurzelten Ursachen traten nicht zutage.

Brian konnte meine mangelnde Zufriedenheit nicht verstehen. Er hatte das Gefühl, Fortschritte zu erzielen. Ich klärte ihn zu diesem Zeitpunkt über die Inkarnationsregression auf und bat ihn um seine Zustimmung für einen Versuch. Er war skeptisch in bezug auf die Reinkarnation, stimmte jedoch trotzdem zu.

Ende März führte ich Brian zu einem höchst interessanten früheren Leben zurück. Er sank schnell und tief in Trance, und im folgenden präsentiere ich einige Auszüge aus dieser Sitzung:

Dr. Goldberg:	Was sehen Sie jetzt?
Brian:	Ich arbeite in meinem Laden.
Dr. Goldberg:	Was für eine Art Laden ist das?
Brian:	Ich bin eine Art Metallarbeiter – ja, ich bin ein Meisterhandwerker, und ich bin verdammt gut bei meiner Arbeit.
Dr. Goldberg:	Welches Jahr schreiben wir?
Brian:	1130.
Dr. Goldberg:	Wie ist Ihr Name?
Brian:	Man nennt mich Gustav.
Dr. Goldberg:	Können Sie Ihren Laden beschreiben?
Brian:	Nun, es ist kein allzu großer Laden. Ich besitze viele gute Werkzeuge, die ich bei meiner Arbeit einsetze.
Dr. Goldberg:	Was genau stellen Sie her?
Brian:	In der Hauptsache arbeite ich mit Gold und Silber. Edelleute erteilen mir den Auftrag, Zierrat, Schmuckstücke, Eßgeschirr, Kelche, dekorative Behälter und andere Dinge herzustellen.
Dr. Goldberg:	Sind Sie verheiratet?

Brian:	Nein, ich habe für Frauen weder die Zeit noch die Geduld.
Dr. Goldberg:	In welchem Land leben Sie?
Brian:	Man nennt meine Heimat Bayern.
Dr. Goldberg:	Wer ist der Herr in Ihrem Land?
Brian:	König Heinrich.
Dr. Goldberg:	Macht Ihnen Ihre Arbeit Spaß?
Brian:	Ja, ich bin der Beste, und ich liebe mein Handwerk.
Dr. Goldberg:	Sprechen Sie häufig mit Edelleuten?
Brian:	Nur wenn Sie in meinen Laden kommen.
Dr. Goldberg:	Worüber sprechen Sie?
Brian:	Ach, irgendwelchen Unsinn über die Wahl des neuen Papstes.
Dr. Goldberg:	Können Sie mir mehr über diesen Punkt erzählen?
Brian:	Eigentlich nicht. Ich kümmere mich nicht um die Probleme anderer Leute. Ich habe genug eigene.
Dr. Goldberg:	Was haben Sie in letzter Zeit vom Papst gehört?
Brian:	Der Papst ist vor kurzem gestorben, und jetzt gibt es einen Kampf um die Nachfolge.
Dr. Goldberg:	Was für einen Kampf?
Brian:	Es wurden zwei Päpste gewählt, und keiner weiß, wer von beiden Papst bleibt. In meinem ganzen Leben habe ich noch nie von solchem Verhalten gehört. Ich mag über so etwas nicht nachdenken.

Historisch interessante Bemerkung am Rande: Im Jahr 1130 wurde Lothar II. zum Kaiser des Heiligen Römischen Reiches und sein Schwiegersohn Heinrich der Stolze war Herzog von Bayern. Papst Honorius II. starb im Jahr 1130, und es wurden anschließend zwei Wahlen durchgeführt.

Eine kleine Gruppe von Kardinälen wählte Innozenz II., während sich die Mehrheit der Kardinäle für Analectus II. entschied. Analectus kontrollierte den Vatikan und die Burg Sankt Angelo. Innozenz II. wurde von allen Königen nördlich der Alpen sowie von der Stadt Rom als der wahre Papst anerkannt. Er zog sich zurück und ging bis 1136 mit Lothar nach Deutschland, wo Lothar ihn zum einzig wahren Papst erklärte.

Dr. Goldberg: Gibt es an Ihrer Arbeit etwas, das Sie nicht mögen?

Brian: Diesen verdammten, unfähigen Lehrling.

Dr. Goldberg: Erzählen Sie mir etwas über Ihren Lehrling.

Brian: Da gibt es nicht viel zu erzählen. Ich nahm diesen jungen Burschen in meinem Laden auf und versuchte, einen Handwerker aus ihm zu machen. Aber er scheint zu dieser Arbeit nicht fähig zu sein.

Dr. Goldberg: Wie ist sein Name?

Brian: Thayer.

In diesem Augenblick bekam ich eine Gänsehaut. Doch war ich meinem gegenwärtigen Patienten verpflichtet, und es war wichtig, diese Regression fortzusetzen, als ob nichts geschehen wäre. Schließlich wußte Brian nichts von Arnold.

Dr. Goldberg: Was genau ärgert Sie an Thayer?

Brian: Die Tatsache, daß es ihn gibt. Das ärgert mich. Ich weiß nicht, was es ist, aber ich mag ihn nicht. Ich scheine ihn gern zu verletzen. Er ist unfähig und wird niemals zu einem Meisterhandwerker wie ich einer bin.

Es war bedeutsam, daß Brian in seinem gegenwärtigem Leben kein solch übergroßes Ego besaß. Obwohl er fraglos unabhängig und erfolgreich war, schien er beinahe schüchtern und zeigte niemals eine derartige Selbstüberschätzung. In seinem Leben als Gustav war er ungehobelt, barbarisch, grausam und sadistisch. Seine Stimme war tiefer als die von Brian, und er sprach viel schneller.

Dr. Goldberg: Wie behandeln Sie Thayer?

Brian: Ha! Sie stellen ja interessante Fragen. Ich bin zu gut zu diesem Burschen. Ich gebe ihm zu essen, kleide ihn und schlage ihn. Ich bin ein guter Ernährer.

Dr. Goldberg: Sie schlagen ihn?

Brian: Sind Sie beleidigt? Natürlich schlage ich ihn. Er verdient es nicht besser.

Dr. Goldberg: Gefällt es Ihnen, Thayer zu schlagen?

Brian: Ja. Er tut alles, was ich ihm sage, und das ist eine Menge. Er mag nicht, worum ich ihn bitte, aber er gehört mir.

Dr. Goldberg: Erzählen Sie mir mehr aus Ihrem Leben.

Brian: Ich arbeite hart. Ich stehe mit der Sonne auf und arbeite bis Sonnenuntergang. Meine Arbeit ist gut. Ich bin ein großartiger Handwerker. Ich bin ein Meister.

Gustav beschrieb daraufhin Einzelheiten aus seinem Leben. Er war ein sehr einsamer und gestörter Mann. Die Menschen gingen ihm auf die Nerven. Thayer war nicht der einzige, gegen den er etwas hatte. Er mochte überhaupt niemanden. Die Grausamkeit verlieh ihm ein gutes Gefühl. Thayer vermittelte ihm eine Art Kameradschaft, und er war auch ein Mensch, an dem er seine Frustrationen auslassen konnte.

Ein Beispiel für Gustavs Grausamkeit war das Anketten

von Thayer an den Tisch – Arnold hatte mir dies bereits aus Thayers Sicht beschrieben. Die Kette war absichtlich kurz gehalten, um es für Thayer unbequem zu machen. Sogar der einfache Akt des Essens wurde zur Demütigung. Thayer wurde benutzt, manipuliert, dominiert und in höchstem Maße von Gustav erniedrigt, und Gustav zeigte sich auch nicht schüchtern als es darum ging, die homosexuellen Praktiken zu beschreiben, die er an Thayer ausübte.

Ich progressierte Gustav ins Jahr 1135.

Dr. Goldberg:	Wie läuft das Geschäft dieser Tage?
Brian:	Das Geschäft läuft gut, dank meiner Fertigkeiten. Dieser Tunichtgut von Lehrling hat daran keinen Verdienst. Er scheint nur an diesem verdammten Mädchen interessiert zu sein.
Dr. Goldberg:	Um welches Mädchen geht es?
Brian:	Um diese Klothilde.
Dr. Goldberg:	Wer ist Klothilde?
Brian:	Sie ist die Tochter eines wohlhabenden Edelmannes. Ihre Familie macht seit langem Geschäfte mit mir. Stellen Sie sich vor, dieser Unfähige glaubt tatsächlich, daß die Tochter eines Edelmannes einen gewöhnlichen Mann lieben könnte – und noch dazu einen unfähigen!
Dr. Goldberg:	Warum ist diese Vorstellung so unmöglich?
Brian:	Sehen Sie, ich bin ein Meisterhandwerker. Wenn ich ein Edelfräulein wie diese Klothilde nicht haben kann, will ich verdammt sein, wenn ich sie Thayer gönne. Ich werde schon dafür sorgen, daß sie ihn so sieht, wie er wirklich ist.
Dr. Goldberg:	Und wie wäre das?
Brian:	Ein Mann von gewöhnlichem Stand. Er

gehört mir, und er ist außerdem noch ziemlich wertlos.

Dr. Goldberg: Hätten Sie nicht gern eine Beziehung zu jemandem wie Klothilde?

Die Reaktion auf diese Frage kann ich nicht beschreiben. Es schien, als ob ich mit dieser Frage einen Nerv getroffen hätte. Offenbar erwuchsen Gustavs Menschenfeindlichkeit sowie seine homosexuellen Neigungen aus der Frustration, nicht gesellschaftlich mit Edelleuten verkehren zu können. Das war eine feudale Gesellschaft mit strengem Klassensystem. Zunftmeister durften Edelfrauen weder heiraten noch mit ihnen verkehren. Und was noch schlimmer war: Gustav war körperlich unattraktiv und grobschlächtig. Diese Frustrationen führten unter anderem zu Gustavs Haltung gegenüber Thayer und Klothilde. Er benützte Thayer als Sündenbock.

Ich progressierte Brian zur Lösung der Situation zwischen Gustav und Thayer.

Dr. Goldberg: Was geschieht gerade?
Brian: Ich werde es diesem Thayer ein und für alle Mal geben.
Dr. Goldberg: Was hat er jetzt wieder getan?
Brian: Es ist diese Klothilde. Sie hatte den Nerv, mich zu bitten, Thayer in ihrem Hause bestimmte Arbeiten ausführen zu lassen. Warum hat sie nicht mich gefragt? Ich bin der Meister, der Beste. Er ist nur ein Lehrling!
Dr. Goldberg: Ist das alles, was Sie stört?
Brian: Nein! Ich war nahe daran, diesem Mädchen weh zu tun. Sie hat mich verrückt gemacht.
Dr. Goldberg: Haben Sie sich ihr gegenüber jemals zuvor so verhalten?

189

Brian:	Nein. Natürlich nicht. Das ist allein Thayers Schuld, und ich werd's ihm jetzt endgültig geben.
Dr. Goldberg:	Was werden Sie ihm antun?
Brian:	Ich werde ihn heute abend gut füttern. Dann werde ich ihn so durchprügeln wie er es sein Lebtag noch nicht erlebt hat.
Dr. Goldberg:	Wird denn Ihrer Meinung nach Thayer nicht spüren, daß etwas nicht in Ordnung ist?
Brian:	Das kümmert mich nicht. Ich will ihn nur so lange schlagen, bis er um Gnade winselt.
Dr. Goldberg:	Ich zähle jetzt bis fünf. Dann befinden Sie sich in der Konfrontation mit Thayer. Eins … zwei … drei … vier … fünf. Was sehen Sie jetzt?
Brian:	Ich kette Thayer an den Tisch. Er schaut etwas merkwürdig drein, als ich ihm sage, daß dies eine Nacht werden wird, an die er sich noch lange erinnert.
Dr. Goldberg:	Was geschieht als nächstes?
Brian:	Er gibt Widerworte und bewegt dauernd sein Bein. Ich kann ihn nicht an den Tisch ketten. Dieser verrückte Spinner springt mich an und versucht, mich zu Boden zu schlagen.
Dr. Goldberg:	Was tun Sie dagegen?
Brian:	Ich lache den Dummkopf aus. Was für ein fruchtloser Versuch, mich zu verletzen. Dann packe ich ihn und werfe ihn auf den Tisch. Er fällt auf die schöne Mahlzeit, die ich ihm bereitet habe. Er wird diese Nacht noch bereuen.
Dr. Goldberg:	Wo sind Sie jetzt?
Brian:	Ich stehe am Tisch und schlage den Idioten. Er greift nach meinem Hals und versucht,

	mich zu erwürgen. Jetzt bin ich wirklich wütend.
Dr. Goldberg:	Was geschieht als nächstes?
Brian:	Ich greife ihn und werfe ihn an die Wand. Meine Werkzeuge liegen herum, und ich foppe ihn mit einem sehr scharfen Messer. Er verflucht mich, und ich verliere die Geduld. Ich steche auf ihn ein, wieder und immer wieder. Es fühlt sich gut an, diesen Unfähigen loszuwerden. Er ist keine weiteren Schwierigkeiten wert. Ich habe ihn getötet, und ich bin froh darüber.
Dr. Goldberg:	Wo haben Sie auf Thayer eingestochen?
Brian:	Zuerst in den Bauch, und dann habe ich in den Hals gestochen.

Ich führte Brian nach einigen Minuten in die Gegenwart zurück. Er schien nach dieser Sitzung völlig erschöpft, aber er war auch sehr beeindruckt. Er wollte keine weiteren Regressionen. Offenbar hielt er diese eine Erfahrung für ausreichend.

In den nächsten Monaten machte Brian beträchtliche Fortschritte, seine Neigung zur Manipulation und Dominanz zu kontrollieren. Er hat seitdem zahllose Menschen an mich verwiesen. Ich habe ihm nie von Arnold und seinem frühren Leben als Thayer erzählt. Meine berufliche Ethik verbietet es mir, Einzelheiten aus der Fallgeschichte eines anderen Patienten zu enthüllen.

Ich habe bereits über das Modell der Synchronizität gesprochen. Es genügt, wenn ich sage, es war kein Zufall, daß ich diese beiden Regressionen durchgeführt habe. Es steht wohl eins zu einer Milliarde gegen eine solche Situation. Die Anzahl und Genauigkeit der Übereinstimmungen war geradezu verblüffend. Alle Namen, Daten und Ereignisse stimmten überein.

Der Hauptunterschied liegt in den beiden Berichten des Schlußkampfes zwischen Thayer (Arnold) und Gustav (Brian). Gemäß Thayer springt er Gustav an, ringt mit ihm auf den Boden und wird wiederholt in den Bauch gestochen, nachdem Gustav ihn an die Wand geworfen hat. In Gustavs Version nimmt er Thayer und wirft ihn gegen die Wand. Er sticht ihm wiederholt in den Bauch und dann in den Hals. Die einzige Diskrepanz scheint darin zu liegen, wer zuerst an wen herantritt, da Thayer, wenn die Bauchwunde ihn getötet hätte, ja nicht wissen könnte, daß er in den Hals gestochen wurde!

Natürlich zog ich auch die Möglichkeit eines Betrugs in Betracht. Aber mir scheint eindeutig, daß keiner der beiden Männer aus einer betrügerischen Absprache etwas gewonnen hätte. Und wenn dies eine Art Scherz sein sollte, kann ich kein Motiv erkennen. Ich habe mit keinem von beiden über dieses Buchprojekt gesprochen. Tatsächlich habe ich vor Oktober 1980 niemals auch nur daran gedacht, ein Buch zu schreiben. Zwischen den beiden Regressionen lagen eineinhalb Jahre. Und schließlich hat keiner von beiden mich je darauf angesprochen, seinen Fall zu veröffentlichen. Für mich ist dies ganz klar ein Beispiel von Synchronizität.

Ich werde oft gefragt, ob Arnold und Brian sich in diesem Leben jemals begegnet sind. Die Antwort lautet nein, meines Wissens haben sie sich in dieser Inkarnation nie getroffen. Ich kannte auch ihre Beziehung zueinander vor der jeweiligen Regression nicht. Außerdem habe ich nicht die Absicht, die zwei einander vorzustellen, und dies aus vielerlei Gründen.

Zum einen wären sie sich vor dem Treffen mit mir früher oder später schon begegnet, wenn sie ihr Karma in einer neuerlichen Begegnung hätten ausarbeiten sollen. Zum anderen versuche ich bei meinen Patienten niemals, Gott zu spielen. Diese beiden Menschen einander vorzu-

192

stellen wäre angesichts ihres letzten Lebens ein Eingriff in den karmischen Kreislauf. Wenn dies hätte geschehen sollen, läge es außerhalb meiner Kontrolle. Zum dritten sorgte ich mich um die mögliche Reaktion Arnolds auf Brian und umgekehrt. In Anbetracht der Einzelheiten der Regressionen könnten beide feindselig und gewalttätig reagieren.

Bei meiner Beteiligung als Vermittler kann es sich sehr wohl um eine Prüfung meines eigenen karmischen Kreislaufs gehandelt haben. Ich war durchaus versucht, die beiden einander vorzustellen. Doch ich bin mir sicher, daß ihnen das jedoch mehr geschadet als genutzt hätte – sowohl körperlich als auch seelisch. Wenn sie sich in diesem Leben hätten begegnen sollen, dann wäre dies auch ohne mein Zutun geschehen.

Vielleicht ließ mich mein Wissen von Brian und Arnold den Einfluß verstehen, den die beiden Männer im Mittelalter aufeinander hatten. Ich war nicht der Meinung, daß sie aus einer Begegnung in diesem Leben einen Nutzen ziehen würden. Vielleicht treffen sie sich in diesem Leben noch, aber ich werde damit nichts zu tun haben. Meine Rolle in diesen beiden Fällen ist abgeschlossen. Meine Aufgabe liegt darin, den Patienten und Patientinnen die Wurzeln ihrer Probleme mittels hypnotischer Regression aufzuzeigen, damit sie sich von geheimnisvollen Zwängen befreien und eine sinnvollere Existenz in diesem Leben führen können.

Sowohl Arnolds als auch Brians Leben hat sich als Ergebnis der Hypnosetherapie und insbesondere der Inkarnationsregression signifikant verbessert. Arnold ist weniger ängstlich und hat mehr Selbstvertrauen; Brian ließ mich wissen, daß er erfolgreich zwei Gelegenheiten ausgelassen hat, einen neuen Anwalt in seiner Firma zu manipulieren. Darüber hinaus verschwand Brians Schlaflosigkeit völlig, und er hat 25 Pfund abgenommen. Da keiner von beiden daran interessiert war, weitere Inkarnationsregressionen durchzuführen, kann ich nur vermuten, daß sie seit dem 12. Jahrhundert noch weitere Inkarnationen geteilt haben. Ich hoffe, sie erfüllen ihre karmischen Verpflichtungen.

KAPITEL 13

ANOREXIA NERVOSA: SELBSTBESTRAFUNG FÜR EIN FRÜHERES LEBEN

Anorexia Nervosa ist ein sehr gefährliches Krankheitssyndrom. Hierbei hungert sich die Patientin buchstäblich zu Tode. Die Patientin betrachtet sich selbst als stark übergewichtig, obwohl sie in Wirklichkeit ihr Idealgewicht hat oder sogar leicht untergewichtig ist. Wenn sie in den Spiegel schaut, sieht sie ihrer Meinung nach eine übergewichtige Frau. Ich habe diese Neurose bei Frauen aller Altersgruppen und jeder sozioökonomischer Herkunft beobachtet. Meistens ist sie jedoch bei jungen, alleinstehenden Frauen der Mittelklasse zu finden.

Vor gar nicht langer Zeit wurde mir der Fall eines 19-jährigen Mädchens berichtet, das in einem Artikel einer führenden Frauenzeitschrift las, man könne niemals zu reich oder zu dünn sein. Da diese junge Frau aus einer Familie der unteren Mittelklasse stammte und wenig Hoffnung hatte, jemals wohlhabend zu werden, kam sie zu dem Schluß, ihre einzige Chance sei es, durch Hungern schnell an Gewicht zu verlieren. Der plötzliche Gewichtsverlust brachte sie fast um. Nach mehreren Krankenhausaufenthalten und einer psychotherapeutischen Behandlung erkannte sie die Sinnlosigkeit und die Gefahr ihres Tuns und kam glücklicherweise wieder zu Verstand.

Ich behandle nicht viele Fälle von Anorexia Nervosa, aber die Zahl der Patientinnen, die wegen dieses Problems bei mir anrufen, ist in den letzten fünf Jahren zweifelsohne angestiegen. An einem warmen Frühlingsnachmittag erhielt ich den Anruf einer Frau namens Gina. Gina war von Beruf Photografin, und sie klang, als ob sie Hilfe bräuchte.

Anscheinend hatte sie in den letzten drei Monaten buchstäblich Angst davor bekommen, etwas zu essen. Gina hatte hierfür keine Erklärung, aber sie mußte einfach hungern. Ihr Appetit war so gut wie verschwunden, und es kostete sie viel Mühe und Anstrengung, auch nur eine Kleinigkeit zu sich zu nehmen. Sie war 165 cm groß und wog jetzt nur noch 46 Kilo. In den vergangenen drei Monaten hatte sie fast 15 Kilo abgenommen.

Gina kam am folgenden Tag in mein Büro. Sie war tadellos gekleidet und trotz ihrer ziemlich ausgezehrten Figur sehr attraktiv. Ihre Stimme war kaum mehr als ein Flüstern.

Gina beschrieb ihr Problem. Es begann mit einer Reihe von Alpträumen. Zuerst konnte sie sich nicht an ihre Träume erinnern, aber dann tauchten Erinnerungen auf. Meistens sah sie einen fetten Mann in den Dreißigern. Der Ausdruck auf seinem Gesicht und seine bloße Anwesenheit machten ihr Angst. Gina konnte sich keinen Reim darauf machen, aber sie wußte, daß sie vor diesem Mann Angst hatte.

Meine Arbeit mit Inkarnationsregressionen war Gina vertraut, da zwei ihrer Freundinnen Inkarnationspatientinnen von mir waren. Sie dachte, diese Träume könnten Hinweise auf ein früheres Leben sein. Ich teilte ihre Meinung und erklärte ihr die Vorgehensweise einer Inkarnationsregression.

Ich ließ Gina wissen, daß es anfangs schwierig sein könne, in jenes frühere Leben zurückzukehren, da sie auf die Situationen, die sie im Traumzustand sah, sehr negativ reagierte. Beim Träumen befinden wir uns im Alpha-Zustand (natürliche Hypnose), da ist es nicht ungewöhnlich, daß manche Menschen im Schlaf in selbst-ausgelöste Inkarnationsregressionen geraten. Unglücklicherweise werden die meisten dieser Szenen, die man im Traum neu durchlebt, unmittelbar nach dem Aufwachen vergessen.

Gina war hochintelligent, und obwohl sie nur wenig über Karma oder Hypnose wußte, konnte sie meinen Erklärungen mühelos folgen. Doch als ich sie, noch ohne Trance, über ihre früheren Erfahrungen mit Alpträumen befragte, hatte sie große Schwierigkeiten, sich an ihren letzten Alptraum zu erinnern. Sie konnte sich nur selten an ihre Träume erinnern, und wenn, waren sie normalerweise bedeutungslos für sie. Vor der Episode, die sie in mein Büro führte, hatte sie gelegentlich Alpträume gehabt, aber keiner hatte solche Auswirkungen auf sie wie dieser.

Während Ginas zweiter Sitzung führte ich sie mittels einfacher Altersregression durch verschiedene Phasen ihrer Kindheit. Sie berichtete ausschließlich von wenig bedeutsamen Situationen, aber dies war ja auch nur die Vorbereitung für ihre Inkarnationsregression. Gina wurde immer zuversichtlicher hinsichtlich ihrer Fähigkeit, sich in Hypnose und Selbsthypnose zu entspannen. Ich lehre meinen Patienten und Patientinnen aus eben diesem Grund immer auch Selbsthypnose.

In der dritten und vierten Sitzung führte ich Gina durch zwei frühere Inkarnationen. Die Situationen und Informationen, die sie mir erzählte, halfen uns hinsichtlich ihrer Anorexia Nervosa nicht weiter. In einem früheren Leben war Gina die Frau eines Bauern aus Massachusetts im 18. Jahrhundert. Sie lebte ein erfülltes Leben und hatte keine signifikanten Gewichtsprobleme. Das zweite Leben, das wir erforschten, zeigte Gina als Näherin in Philadelphia in den fünfziger Jahren des vorigen Jahrhunderts. Wieder zeigten sich keine Gewichtsprobleme. Anscheinend kämpfte ihr Unterbewußtsein gegen mich an. Ich suggerierte ihrem Unterbewußtsein, alle Hemmnisse gegen eine Erforschung von Szenen aus früheren Inkarnationen, die direkt mit ihrer Anorexie in Verbindung stehen, aufzugeben.

Wir waren beide über das überrascht, was Gina in ihrer fünften Sitzung berichtete. Ich leitete bei Gina eine mittlere Trance ein und führte sie zu einem früheren Leben, das den Ursprung ihrer Anorexie offenlegte.

Dr. Goldberg: Können Sie mir sagen, was Sie sehen?

Gina: Ich bin beim Arzt.

Dr. Goldberg: Warum sind Sie dort? Sind Sie krank?

Gina: Nein. Ich werde nur gewogen. Meine Mutter hat mich wegen meines Gewichts hergeschickt.

Dr. Goldberg: Was stimmt mit Ihrem Gewicht nicht?

Gina: Es ist zu hoch. (Ginas Stimme ist sehr tief, und sie spricht viel langsamer als sie das normalerweise tut.)

Dr. Goldberg: Und was sagt der Arzt?

Gina: Er sagt, ich müsse 15 Kilo abnehmen.

Dr. Goldberg: Was halten Sie davon?

Gina: Ich möchte ihm gern sagen, wohin er sich diese 15 Kilo stecken kann. (Die Patientin klingt verdrossen.)

Dr. Goldberg: Wie heißen Sie?

Gina: Edward. Edward Laslow.

Dr. Goldberg: Wie alt sind Sie, Edward?

Gina: Nennen Sie mich Eddie. (Die Patientin klingt fordernd.) Ich bin sechzehn.

Dr. Goldberg: Welches Jahr schreiben wir?

Gina: 1906.

Dr. Goldberg: Wo leben Sie?

Gina: In Chicago.

Als ich mich nach ihrem Gewicht erkundigte, krümmte sich Gina (Edward) im Behandlungsstuhl. Es war, als ob es

198

sie anwiderte, sich selbst so schwergewichtig zu sehen. Weitere Fragen zeigten, daß Eddie schon immer übergewichtig war und daß seine wohlhabenden Eltern alles nur Denkbare versucht hatten, um ihm bei der Gewichtsabnahme zu helfen.

Eddie war ziemlich verzogen, und er war gewöhnt, das zu bekommen, was er wollte. Er machte einen recht grausamen Eindruck und war in der Schule in zahlreiche Prügeleien verwickelt. Er schien es zu genießen, andere Kinder, insbesondere jüngere, zu schikanieren. Während Gina seine Taten schilderte, krümmte sie sich in meinem Stuhl.

Dann progressierte ich Eddie fünf Jahre weiter. Die folgenden Informationen wurden in zwei 45-minütigen Sitzungen aufgedeckt.

Dr. Goldberg:	Wo sind Sie jetzt, Eddie?
Gina:	Ich arbeite in einem der Restaurants meines Vaters.
Dr. Goldberg:	Was für eine Tätigkeit üben Sie dort aus?
Gina:	Ich bin stellvertretender Geschäftsführer.
Dr. Goldberg:	Gefällt Ihnen Ihre Arbeit?
Gina:	Ist ganz in Ordnung. Sie wird mir besser gefallen, wenn ich erst einmal Geschäftsführer bin.
Dr. Goldberg:	Wird das noch lange dauern?
Gina:	Nein. Ich sorge schon dafür, daß man mich sehr bald befördert. (Ginas Gesichtsausdruck ist entschlossen.)
Dr. Goldberg:	Wie wollen Sie das tun?
Gina:	Eine der Kellnerinnen, Mary, ist eine sehr gute Freundin von mir. Ich werde zum Wohle meines Vaters eine kleine Showeinlage inszenieren.
Dr. Goldberg:	Was für eine Showeinlage?
Gina:	Mein Vater ist unglaublich prüde. Wenn er

herausfindet, daß Mary eine Affäre mit Stan (dem Geschäftsführer) hat, wird er Stan mit Sicherheit feuern und mich zum Geschäftsführer machen.

Dr. Goldberg: Was macht Sie so sicher, daß Ihr Vater Stan feuern wird?

Gina: Weil Stan ein verheirateter Mann ist, und – wie ich Ihnen schon sagte – mein Vater unglaublich prüde ist.

Eddie war ein gerissener Intrigant. Er übte starken Einfluß auf Mary aus, da sie ihm Geld schuldete. Es war für Eddie nicht schwierig, sie zu einer Affäre mit Stan zu bewegen. Eines Abends hatte Mary Stan in ihre Wohnung eingeladen, als die beiden einen unerwarteten Besucher erhielten – Eddies Vater. Eddie beauftragte einen der Kellner, seinen Vater von dieser Affäre zu informieren. Der Restaurantbesitzer suchte Mary auf, um sie aufgrund dieser Anschuldigungen zur Rede zu stellen.

Eddies Vater betrat Marys Wohnung, empörte sich über Stans Verhalten und entließ ihn ohne großes Federlesen. Am folgenden Tag wurde Eddie zum Geschäftsführer des Restaurants ernannt. Dieses hinterlistige Handeln wurde fortan zu Eddies Erkennungszeichen.

In den kommenden zehn Jahren entwickelte Eddie einen ganz speziellen Ruf. Nach dem Tod seines Vaters erbte Eddie vier Restaurants in Chicago. Einmal hatte er einen Geschäftspartner, aber die Partnerschaft zerbrach, als herauskam, daß Eddie seinen Partner um 50.000 Dollar betrogen hatte. Jedes Mal, wenn Gina eine dieser unethischen oder illegalen Taten beschrieb, verzog sich ihr Gesicht vor Ekel.

Als nächstes progressierte ich Eddie in das Jahr 1926.

Dr. Goldberg: Eddie, wo sind Sie jetzt?

Gina:	Ich bin in meinem Büro und zähle die Belege des Tages. Es war ein guter Tag.
Dr. Goldberg:	Ich glaube, das Bewirtungsgewerbe läuft ganz gut für Sie.
Gina:	Es sind ja nicht nur die Restaurants. Ha, ha! (Die Patientin lacht.)
Dr. Goldberg:	Wie meinen Sie das?
Gina:	Ich lasse nebenher noch was laufen.
Dr. Goldberg:	Was genau?
Gina:	Eine Flüsterkneipe[23], was sonst?
Dr. Goldberg:	Wie lange führen Sie schon diese Flüsterkneipe?
Gina:	Das sind jetzt etwa fünf Jahre.
Dr. Goldberg:	Woher beziehen Sie den Alkohol?
Gina:	Von Frankie.
Dr. Goldberg:	Wer ist Frankie?
Gina:	Er hat Beziehungen zur Capone-Sippschaft. Ich mag Frankie. Er ist ganz mein Typ.
Dr. Goldberg:	Wie das?
Gina:	Frankie bringt die Leute, die sich ihm in den Weg stellen, einfach um. Er ist immer ehrlich zu mir, und ich mag die Art, wie er mit Frauen umgeht.
Dr. Goldberg:	Wie geht er denn mit Frauen um?
Gina:	Wenn sie ihm komisch kommen, verprügelt er sie. Genau so muß man die Weibsbilder behandeln.
Dr. Goldberg:	Schlagen Sie Ihre Frauen, Eddie?
Gina:	Aber natürlich. Meine Ehefrau schlage ich nur gelegentlich, aber die anderen kriegen jedes Mal eins über, wenn sie es verdienen.

---

[23] Lokal mit Alkoholausschank während der amerikanischen Prohibition.

Eddie hatte viele Affären, und die meisten endeten gewalttätig. Er besaß zwei Wohnungen in der Stadt, in denen seine Geliebten wohnten. Ein paar seiner früheren Freundinnen wurden von einem von Frankies Männern getötet. Eines der Mädchen hatte versucht, Eddie zu erpressen. Die andere war ihm untreu. Wenn Eddie etwas nicht ertragen konnte, so waren das Frauen, die ihn hereinlegen wollten.

Darüber hinaus belohnte Eddie sich selbst immer mit Nahrungsmitteln. Nach sexuellem Verkehr, nach Geschäftsabschlüssen und ganz generell nach allem, was er als angenehm empfand, schlang er gierig Essen in sich hinein. Er prahlte mir gegenüber sogar mit einer Freßorgie im Jahre 1924 zur Feier der erfolgreichen Ermordung eines Bundesagenten, der seine Flüsterkneipe auf dem Kieker hatte.

Interessanterweise ließ Eddie sich niemals fotographieren. Vielleicht nur aus Angst, daß er dadurch von der Polizei identifiziert werden könnte, obwohl es keine offizielle Akte über ihn gab. Meiner Ansicht nach wollte er seine fette Gestalt nicht sehen. Alle Freundinnen von Eddie waren dünn und attraktiv. Seine Frau war auch dünn und sehr schön. Eddie umgab sich mit schönen Dingen und schönen Menschen.

Dann progressierte ich Eddie zum letzten Tag seines Lebens.

Dr. Goldberg: Eddie, wo sind Sie gerade?
Gina: Ich bin in meinem Büro und lege Geld in den Safe.
Dr. Goldberg: Welches Jahr schreiben wir?
Gina: 1928. Wo waren Sie? (Die Patientin ist sehr nervös.)
Dr. Goldberg: Sind Sie allein?
Gina: Natürlich bin ich allein. Still – können Sie das hören?
Dr. Goldberg: Nein. Was ist das?

Gina:	Es ist Frankie. Er ist durch meinen Privateingang hereingekommen.
Dr. Goldberg:	Warum ist er hier?
Gina:	Er wirft mir vor, den ganzen Gewinn abgesahnt zu haben.
Dr. Goldberg:	Haben Sie Frankie und die »Familie« um Geld betrogen?
Gina:	Ja. Moment Mal, er richtet eine Waffe auf mich.
Dr. Goldberg:	Wo ist Frankie jetzt?
Gina:	Er steht vor meinem Schreibtisch. Er sagt, er müsse sich nie mehr Sorgen darüber machen, ob ich ihn hintergehe. (Die Patientin ist jetzt sehr aufgeregt. Sie stottert.)
Dr. Goldberg:	Was geschieht jetzt, Eddie?
Gina:	Frankie, bitte nicht schießen! Nein, nein – ah! (Gina verharrt etwa eine Minute lang bewegungslos.)

Ich progressierte Gina zu dem Augenblick nach ihrem Tode, um genau herauszufinden, was geschehen war. Frankie hatte Eddie erschossen, weil er die »Familie« um mehrere Hundertausend Dollar betrogen hatte. Gina schien erleichtert, als Eddie endlich tot war. Offensichtlich war es das Ende eines zutiefst entwürdigenden Lebens. Ich brachte Gina in die Gegenwart zurück.

Wir sprachen in allen Einzelheiten über dieses Leben. Sie war sehr zufrieden mit ihrem neu gewonnenen Wissen. In den folgenden sechs Wochen nahm Gina 12 Kilo zu und konnte ihr Gewicht bei etwa 56 Kilo halten. Ihre Anorexia Nervosa verschwand fast unmittelbar danach. Soviel ich weiß, kehrte sie nie zurück.

Ginas Leben als Eddie verdeutlicht einige interessante Prinzipien. Ihre Träume brachten ihr die Fettleibigkeit und Degeneration ihres früheren Lebens zurück. Gina konnte damit nicht umgehen und beschloß, zu hungern, um nicht so fett zu werden wie Eddie Laslow. Es war nicht nur Eddies Fettleibigkeit, die Gina verschreckte. Eddies völliger Mangel an Moral oder Ethik, die Untreue gegenüber seiner Frau und seine kriminellen Aktivitäten widerten Gina an.

Eddie ließ sich niemals fotographieren. In diesem Leben ist Gina Photografin und liebt es, sich selbst aufnehmen zu lassen. Sie hat sogar schon als Fotomodell gearbeitet.

Gina fürchtete sich auch vor Feuerwaffen, eine Angst, die sie sich nie erklären konnte. Gina wurde in ihrem früheren Leben als Eddie von Frankie erschossen, und das verursachte ihre Phobie, die kurz nach dieser Regression verschwand.

Ginas Stimme war von Natur aus sehr leise, aber als Eddie Laslow sprach sie tief und langsam. Darüber hinaus veränderte sich ihr Gesichtsausdruck ständig und wurde im Laufe der Zeit fast unheimlich, wenn sie als Eddie sprach.

Ginas Leben wurde dadurch, daß sie ihre Existenz als Eddie Laslow neu durchlebte, stark beeinflußt. Vielleicht hat ihr das buchstäblich das Leben gerettet.

KAPITEL 14

An einem klaren Tag können Sie das Morgen sehen: Zukunftsprogressionen mittels Hypnose

Wann immer ich Zukunftsprogressionen in einem Interview erwähne, ist mir bewußt, daß sich viele Zuhörer und Zuhörerinnen ungläubig am Kopf kratzen. Die Zukunft scheint verbotenes Terrain zu sein. Man hat uns beigebracht, daß die Vergangenheit vorbei ist, die Gegenwart gerade geschieht und die Zukunft erst noch eintritt. Wie können wir dann jetzt schon wissen, was künftig einmal geschehen wird- mit welchen Mitteln auch immer?

In Kapitel 3 habe ich über die Vorstellung der Zeit gesprochen. Man muß abstrakt denken, um sie verstehen zu können. Nehmen Sie beispielsweise einmal an, Sie überfliegen in einem Hubschrauber eine stark befahrene Autobahn. Sie schauen hinunter und sehen, wie der Verkehr aufgrund eines Unfalls zum Erliegen kommt. Sie könnten jetzt jemanden in einem Auto, das etwa zehn Kilometer vor dem Unfallort unterwegs ist, anfunken und den Fahrer von dem nahenden Verkehrsproblem unterrichten. Da Sie den Verkehr in einem Hubschrauber überfliegen, sind Sie nicht wirklich an der Situation beteiligt. Auf gewisse Weise lesen Sie die Zukunft für diesen nachfolgenden Wagen. Wenn der Fahrer dieses Wagens weiterhin auf dieser Autobahn bleibt, wird er in den Stau geraten, den Sie bereits jetzt schon sehen. Der Hubschrauber repräsentiert eine andere Ebene, und auf dieser anderen Ebene gibt es keine Zeit, wie wir sie hier auf der Erde (oder auf der Autobahn in unserer Analogie) kennen.

Wir fahren mit unserer Analogie fort. Aus dem Hubschrauber können Sie auch sehen, wie der Verkehrsfluß hinter dem Wagen, mit dem Sie in Funkkontakt stehen, aussieht – ein Symbol für die Vergangenheit. Der Verkehr vor dem Autofahrer symbolisiert die Zukunft, und der Verkehr, in dem der Fahrer steckt, stellt die Gegenwart dar. Sie sehen aus dem Hubschrauber heraus in Vergangenheit, Gegenwart und Zukunft. Wenn Sie die Erd-Ebene verlassen bzw. in die hypnotische Trance fallen, können Sie Vergangenheit oder Zukunft ohne die Hemmnisse des Wach- oder Beta-Zustands sehen.

Die tatsächliche Erfahrung einer Progression ist schwer zu beschreiben. Ich selbst habe Tausende von Regressionen und Hunderte von Progressionen durchgeführt. Die meisten Menschen fürchten sich vor der Zukunft und lehnen eine Progression ab. Ich habe mich auch selbst in frühere Leben regressiert und in künftige Leben progressiert, so daß ich über diese Phänomene aus eigener Erfahrung sprechen kann. In der Regression entfalten sich die Szenen in einer logischen und geordneten Weise. Der Patient kann sich sehr detailliert an die Vergangenheit erinnern, und diese Episoden aus der Vergangenheit sind für ihn häufig sehr hilfreich, wenn es darum geht, sein derzeitiges Karma und problematische Verhaltensweisen zu verstehen. Eine Progression ist dagegen weniger beständig. Man gelangt weitaus schwieriger an Informationen. Ich versuche bei der Progression zu sehen, wie das Karma des Patienten sich in der Zukunft verwirklicht. Dieses Wissen kann dem Patienten in seinem gegenwärtigen Leben sehr nützlich sein.

Anscheinend kann sich ein Individuum, das in die Zukunft progressiert wird, rasch aus einer bestimmten Situation entfernen und zu einer anderen übergehen – ohne entsprechende Anweisung durch den Hypnotherapeuten. Es besteht dabei natürlich absolut keine Gefahr für den Patienten, aber die Kontinuität der Situation kann auf diese Weise verloren gehen. So beschreibt beispielsweise der Patient eine Situation in einer futuristischen Stadt, und sofort darauf ist die Stadt verschwunden und wird durch eine Wüstenszene ersetzt. Der Patient beschreibt dann eine dritte und völlig andere Szene und verhält sich, als sei nichts Ungewöhnliches geschehen.

Unglücklicherweise gibt es kein Nachschlagewerk, mit dessen Hilfe man zusätzliche Informationen über die Zukunft erlangen könnte. Medial veranlagte Menschen schreiben keine Bücher über dieses Thema, wenn sie sich überhaupt mit Progressionen in künftige Inkarnationen beschäftigen. Ich kenne keinen anderen Therapeuten in Amerika, der Progressionen durchführt. Die Patienten und Patientinnen sind für Progressionen wie für Regressionen gleichermaßen empfänglich. Progressionen erfordern jedoch ein höheres Maß an Konditionierung.

Unser Unterbewußtsein ist auf den Gedanken konditioniert, daß die Zukunft geheimnisvoll und unzugänglich sei. Daher hindert unser Verstand den freien Informationsfluß und präsentiert uns einen ständigen Szenenwechsel. Es wäre auch möglich, daß die Schwierigkeit, in Hypnose Informationen über die Zukunft aus dem Unterbewußtsein zu ziehen, körperlich begründet ist. Das Unterbewußtsein ist pure Energie. Es wird durch eine bestimmte elektrische Frequenz sowie durch ein magnetisches Feld gekennzeichnet. Die Zukunft könnte sowohl Feld als auch Frequenz auf eine bestimmte Weise beeinflussen und so diese Instabilität hervorrufen.

Auch das Karma würde durch Individuen, die in die Zukunft sehen, beeinflußt. Wenn wir die Zukunft nicht sehen sollten, würde die Progression einfach nicht funktionieren. Doch einige aufregende Fälle lassen keinen Zweifel daran, daß sie funktioniert. Eines Tages wird die Wissenschaft, wahrscheinlich die Quantenphysik, dieses Geheimnis ein und für alle Mal lösen.

Meine Patienten und Patientinnen haben in der hypnotischen Progression sehr häufig übereinstimmende Beobachtungen hinsichtlich unserer Zukunft getätigt. Da unabhängig davon andere Menschen ähnliche Beobachtungen in Trance machten, halte ich es für meine Pflicht, davon zu berichten.

Wie Sie an den folgenden Fällen sehen können, wird der Weltfrieden im 21. Jahrhundert endlich Wirklichkeit werden. Dieser Frieden wird 300 Jahre andauern. Die Erde wird schwerwiegende geographische Veränderungen erleiden; der wissenschaftliche Fortschritt ist offenkundig. Im nächsten Jahrhundert scheinen Hunger, Gier, Eifersucht, Vorurteile und andere negative Aspekte unserer Gesellschaft fast völlig beseitigt zu sein.

Im 22. Jahrhundert wird die Sonnenenergie Teil unseres täglichen Lebens sein. Die medizinische Wissenschaft hat gewaltige Fortschritte gemacht, insbesondere auf den Gebieten der Psychologie und Psychiatrie. Die Lebenserwartung eines durchschnittlichen Erwachsenen beträgt etwa 90 Jahre.

Der technologische Fortschritt geht im 23. Jahrhundert weiter. Die Transportsysteme sind fast geräuschlos und überaus effizient; Atomkraft wird intensiv genützt. Hochentwickelte Computer und Videogeräte gehören zu jedem Haushalt. Es wird großer Wert auf eine fortschrittliche Erziehung gelegt, die jedem zur Verfügung steht. Versuche zur Wetterkontrolle zeitigen größere Erfolge. Dieses Jahrhundert wird von einer durchschnittlichen Lebenserwartung von 110 Jahren gekennzeichnet.

Im 24. Jahrhundert kehrt die Menschheit zu einigen ihrer früheren Fehler zurück. Man setzt für niedrige Tätigkeiten Androiden ein; die Medizin macht weitere Fortschritte. Ein gewaltiger Nuklearkrieg endet mit einer schrecklichen Dezimierung der Weltbevölkerung. Doch die Menschheit überlebt, und die Zivilisation gedeiht auch im darauf folgenden Jahrhundert.

Unterwasserstädte, der gewohnheitsmäßige Einsatz von Laserstrahlen in der Medizin und hochentwickelte Gentechnik charakterisieren das 26. Jahrhundert. Informationspillen sorgen für Informationstransparenz unter den Bürgern und Bürgerinnen, und eine demokratische Weltregierung gewährleistet die Rechte aller Menschen. Man hat viel Freizeit; die durchschnittliche Lebenserwartung beträgt über 125 Jahre. Krankheiten sind so gut wie unbekannt; interstellare Reisen stehen ganz oben auf der Prioritätenliste, und wir knüpfen Kontakt zu Wesen von anderen Planeten.

Die Zukunft scheint von fast unheimlicher Stille und mit wenigen Ausnahmen friedlicher und produktiver.

Interessant ist der Mangel an Gefühlen während der Progression. Mit wenigen Ausnahmen werden die Szenen, wie schrecklich sie auch sein mögen, fast reaktionslos beschrieben. Erdbeben, Atomkriege, Unfalltod und so weiter – nichts scheint bei einer Progression dieselben emotionalen Reaktionen hervorzubringen wie während einer Inkarnationsregression. Der Grund hierfür ist unklar. Doch das werden Sie wiederholt in den folgenden Fällen erleben.

KAPITEL 15

DIE KÜNFTIGEN INKARNATIONEN UNSERES TV-STARS

Anfang Januar 1981 rief mich Harry Martin an. Er war an einer Zukunftsprogression mittels Hypnose interessiert. Mit den Inkarnationsregressionen war er so gut gefahren, daß er nun sehen wollte, ob dies auch »in die andere Richtung« möglich sei. Nachdem er sich selbst im 18. Jahrhundert als Self-Made-Mann in der Kaufhausbranche gesehen hatte, als blinder Klavierspieler im 19. Jahrhundert und als RAF-Funker während des Zweiten Weltkriegs, war Harry jetzt für eine völlig andere Erfahrung bereit. Ich erklärte ihm die Theorie des Raum-Zeit-Kontinuums, und er schien begeistert von der Idee, eine Reise in die Zukunft zu versuchen.

Bei unserer ersten Sitzung wollte ich die Treffsicherheit dieser Technik beweisen. Ich beschloß, Harry nur eine Woche in die Zukunft zu progressieren und zwar an das Nachrichtenbrett in der WBAL-Nachrichtenzentrale. Ich wollte feststellen, ob er darauf Nachrichten über Ereignisse lesen konnte, die noch nicht eingetreten waren. Mir schien dies ein fairer Test der Progression unter Hypnose, und Harry stimmte aus ganzem Herzen zu. Mein nächster Schritt bestand darin, Harry in ein zukünftiges Leben zu progressieren. Alle Sitzungen wurden auf Band aufgezeichnet, und ich übergab Harry Kopien dieser Bänder.

Am 2. Februar 1981 machte sich Harry zu seiner ersten Reise in die Zukunft auf. Ich progressierte ihn eine Woche weiter, zum 9. Februar 1981, einem Montag. Harry sollte einfach alles vorlesen, was eine Stunde, bevor sie auf Sendung gingen, auf dem Nachrichtenbrett in der Nachrichtenzentrale stand; als Alternative sollte er das tatsächliche Script der Nachrichtensendung dieses Tages vorlesen. (Die ersten fünfzehn Minuten von »Hello Baltimore« bestehen aus den neuesten Nachrichten.)

Es folgen einige Auszüge aus dieser Sitzung vom 2. Februar 1981:

Dr. Goldberg: Erzählen Sie mir genau, was Sie auf dem Nachrichtenbrett sehen.
Harry: Flugzeug, und die Nummer 406.

Anschließend bat ich Harry, im Skript der Nachrichtensendung diesen Punkt nachzulesen. Er berichtete daraufhin:

Harry: Beamte der staatlichen Luftfahrtbehörde untersuchen den Absturz eines Kleinflugzeuges, das heute morgen in der Nähe der Bundesstraße 406 niederging.

Diese Information wurde zwar niemals gesendet, aber am 9. Februar stürzte tatsächlich ein kleines Flugzeug in Bowie, US-Bundesstaat Maryland, ab. Dieser Absturz wurde von Beamten der staatlichen Luftfahrtbehörde untersucht.

Dr. Goldberg: Was steht als Nächstes auf dem Nachrichtenbrett?
Harry: Der Name eines Ortes, glaube ich, aber ich kann es nicht richtig erkennen.
Dr. Goldberg: Können Sie es buchstabieren?
Harry: Es ist ein langer Name. Eine sonderbare

	Kombination aus lauter Konsonanten. Es ist der Name eines Mannes.
Dr. Goldberg:	Welche Buchstaben können Sie erkennen?
Harry:	ST W KI… es ist ein langer Name, klingt irgendwie russisch.

Am 9. Februar erhielt Stanislaw Kania, Polens Arbeiterführer, die Mitteilung, man würde ihn entlassen, wenn er seine Anhänger nicht anwiese, wieder an die Arbeit zu gehen.

Dr. Goldberg:	Gehen Sie jetzt zum nächsten Punkt über. Was werden Sie als Nächstes in der Sendung verlesen? Sagen Sie mir, was in dem Script steht.
Harry:	Ein Unfall. Auf der 695 (der Umgehungsstraße von Baltimore), zwischen Pikesville und den Abfahrten zum Security Boulevard. Aber ich weiß nicht, an welcher Stelle.
Dr. Goldberg:	Wer ist an dem Unfall beteiligt?
Harry:	Ein großes Fahrzeug und ein kleines. Es gab keine Toten.

Am 9. Februar fuhr ein Schulbus auf dem Weg von Randallstown (zwischen Pikesville und dem Security Boulevard) in der Embleton Road in Owings Mills (nördlich von Pikesville) auf einen Personenkraftwagen auf. Es gab keine Todesfälle.

Dr. Goldberg:	Wie lautet die nächste Nachricht, Harry?
Harry:	Sie steht in Zusammenhang mit Gouverneur Hughes und dem Budget.
Dr. Goldberg:	Was ist mit dem Budget?
Harry:	Gouverneur Hughes sagt, er wird dieses Jahr das Budget fest im Auge behalten. Die

Legislative ist aus irgendeinem Grund dagegen. Es heißt, man müsse bei irgendeiner Erhöhungseingabe eine Ausnahme machen.

Am 12. Februar stimmte Gouverneur Hughes gegen eine Erhöhung der Bezüge für Angestellte der öffentlichen Hand in Höhe von 40 bis 60 Millionen Dollar. Die Maryland Classified Employees Association (MCEA) hatte die Unterstützung der staatlichen Legislative für eine Erhöhung der Gehälter erlangt.

Dr. Goldberg: Wie lautet die nächste Nachricht?
Harry: Da steht etwas über Jerry Falwell.
Dr. Goldberg: Was steht da über Jerry Falwell?
Harry: Es hat etwas mit Falwells Interview zu tun, das in *Penthouse* erschien.

Am 4. Februar zog Jerry Falwell seine Anklage gegen die Zeitschrift *Penthouse* zurück. (Wie Sie sich erinnern, fand Harrys Sitzung am 2. Februar statt.)

Harrys nächste Progressionssitzung fand am folgenden Montag, dem 9. Februar statt. Seine Stimme klang aufgeregt und begeistert, als wir über die »Treffer« der letzten Woche sprachen. Auch ich war erregt und freute mich über die Ergebnisse der letzten Sitzung.

Was Harry erreichte, kann jeder nachmachen. Im Zustand der Hypnose kann man die mediale Komponente des Gehirns anzapfen. Wir alle besitzen diese Fähigkeit der Progression. Natürlich setzte ich diese Technik nicht ein, um Börsenwerte oder Lottozahlen vorherzusagen. Ich halte dies für einen unethischen Gebrauch unserer natürlichen medialen Fähigkeiten. Außerdem sind die Daten nicht immer exakt. Aus einer Progression um eine Woche können in Wirklichkeit drei Tage oder zehn Tage werden.

Ich progressierte Harry nun zum 16. Februar und ließ ihn wieder das Script der Nachrichtensendung vorlesen.

Dr. Goldberg:	Welche Nachricht steht als nächstes im Script?
Harry:	Ein Feuer in der Stadt.
Dr. Goldberg:	Was für ein Haus war betroffen?
Harry:	Ein Wohnhaus; ein Reihenhaus.
Dr. Goldberg:	Können Sie den Namen desjenigen erkennen, dem das Haus gehört?
Harry:	Könnte »Johnson« heißen. Es gehört ihnen nicht; ich glaube, sie leben nur dort.
Dr. Goldberg:	Noch etwas?
Harry:	Zwei kleine Mädchen sind darin verwickelt.
Dr. Goldberg:	Sind sie verletzt?
Harry:	Nein, sie konnten in Sicherheit gebracht werden, aber es wurde jemand verletzt. Ich weiß jedoch nicht, wer.
Dr. Goldberg:	Können Sie noch etwas erkennen?
Harry:	Ich sehe zwei kleine Mädchen, die von einem Fenster im zweiten Stock dieses Reihenhauses herabgelassen werden. Sie werden von jemandem gerettet. Sie tragen Bänder im Haar.

Am 13. Februar starb ein Kind namens Kenneth Blanda in einem Feuer im zweiten Stockwerk des Hauses Nummer 540 in der Pulaski Street, im Westteil von Baltimore. Ein Heizgerät hatte das Feuer verursacht. Patricia Johnson, eine Nachbarin, wurde zu dem Geschehen interviewt. Das Feuer brach in einem Reihenhaus aus.

Interessant ist, daß bei vier der sechs »Treffer« die Daten perfekt übereinstimmten. Einmal trat das Ereignis fünf Tage früher ein und ein anderes Mal waren es drei Tage vor dem vorhergesagten Datum. Ich konsultierte diesbezüglich einen Professor für Mathematik an der örtlichen Universität. Er meinte, es stehe Hunderttausend zu eins, daß so etwas durch bloßen Zufall geschieht. Diese Treffer *beweisen* die Progression nicht, aber meiner Ansicht nach verleihen sie dieser Theorie eine signifikante Glaubwürdigkeit.

Die folgende Tabelle faßt Harrys Progressionen zusammen:

Datum der Sitzung	Nachricht in der Trance	Tatsächliche Nachricht (das wirkliche Ereignis)
2. Februar 1981	Beamte der staatlichen Luftfahrtbehörde überprüfen Absturz eines Kleinflugzeuges an der Bundesstraße 406	9. Februar 1981 – Ein kleines Flugzeug stürzt in Bowie ab; diese Nachricht wurde nicht gesendet.
	ST W KI – Langer Name mit vielen Konsonanten; möglicherweise ein russischer Name	9. Februar 1981 – Stanislaw Kania, polnischer Arbeiterführer, steht möglicherweise kurz vor der Entlassung.
	Unfall auf der 695 zwischen Security Boulevard und Pikesville. Keine Toten.	9. Februar 1981 – Ein Schulbus fährt auf dem Weg nach Randallstown in der Embleton Road (Owings Mills) auf einen PKW auf. Keine Toten.
	Harry Hughes (will das Budget nicht verändern) kämpft gegen die staatliche Legislative (die mehr Dollars ausgeben möchte).	12. Februar 1981 – Harry Hughes verweigert seine Genehmigung einer Gehaltserhöhung in Höhe von 40-60 Millionen Dollar für Angestellte der öffentlichen Hand. Die Maryland Classified Employees Association (MCEA) ist der Ansicht, die Gehälter sollten erhöht werden.

	Jerry Falwell – *Penthouse* Interview	4. Februar 1981 – Jerry Falwell zieht seine Klage gegen *Penthouse* wegen eines dort erschienenen Interviews zurück.
9. Februar 1981	Feuer in der Stadt – Reihenhaus. Die Johnsons leben dort. Ein Nachbar hilft, zwei Kinder aus dem zweiten Stock zu retten. Ein Kind wird verletzt.	13. Februar 1981 – Kenneth Blanda (ein Kind) stirbt im zweiten Stock bei einem Feuer im Haus Nummer 540 in der Pulaski Street in West-Baltimore. Ein Heizgerät war die Ursache des Feuer. Patricia Johnson, eine Nachbarin, wurde zum Brand interviewt.

Am 9. März wurde Harry in meinem Büro in ein künftiges Leben progressiert. Das Abenteuer erregte ihn. Ich leitete eine mittlere Trance ein und begann die Befragung. Während der gesamten Sitzung sprach Harry langsam, mit fast monotoner Stimme. Er drückte absolut kein Gefühl aus.

Dr. Goldberg: Was sehen Sie?
Harry: Eine Pyramide.
Dr. Goldberg: Steht die Pyramide isoliert oder gibt es noch andere Gebäude in der Nähe?
Harry: Sie steht isoliert.
Dr. Goldberg: Wo befindet sich diese Pyramide?
Harry: In der Wüste.
Dr. Goldberg: Welchen Zweck hat diese Pyramide?
Harry: Es hat etwas mit Energie zu tun. Sie nimmt die Sonnenenergie auf.
Dr. Goldberg: Gibt es in der Nähe der Pyramide noch andere Dinge, die etwas mit Energie zu tun haben?
Harry: Am Fuße der Pyramide sind Rohre verlegt.
Dr. Goldberg: Warum sind Sie hier?

216

Harry:	Ich beobachte nur. Es ist eine Art Rundtour.
Dr. Goldberg:	Wie lange sind Sie schon hier?
Harry:	Ich bin gerade angekommen.
Dr. Goldberg:	Wie lange werden Sie hier bleiben?
Harry:	Noch eine Stunde, dann werden wir aufbrechen.

Ich progressierte Harry weiter auf diese Rundtour.

Dr. Goldberg:	Was sehen Sie jetzt?
Harry:	Die Pyramide besteht aus Glas.
Dr. Goldberg:	Befinden Sie sich jetzt in der Pyramide?
Harry:	Ja. An den Enden der Pyramide befinden sich Wohnquartiere mit Pflanzen und allen möglichen Versorgungsgütern.
Dr. Goldberg:	Wie hoch ist die Pyramide?
Harry:	21 Meter.
Dr. Goldberg:	Über welche anderen Energiequellen außer der Sonne verfügt diese Pyramide?
Harry:	Keine.
Dr. Goldberg:	Wie viele Menschen leben in dieser Pyramide?
Harry:	Dreihundert.
Dr. Goldberg:	Welchen Zweck hat diese Pyramide?
Harry:	Sie ist eine autarke Gebäude-Einheit. Die 300 Bewohner sind speziell ausgewählte Wissenschaftler.
Dr. Goldberg:	Wie heißt diese Pyramide?
Harry:	Phobos.
Dr. Goldberg:	Können Sie den Leiter der Rundtour beschreiben?
Harry:	Wir werden von einem Mann geführt, der einen gelben Overall trägt.
Dr. Goldberg:	Aus wie vielen Menschen besteht diese Tour?

Harry:	Wir sind zehn.
Dr. Goldberg:	Können Sie persönliche Dinge in dieser Pyramide sehen, die andeuten, daß momentan Menschen hier leben?
Harry:	Ja. In verschiedenen Quartieren stehen Pflanzen.
Dr. Goldberg:	Welche Kommunikationsformen gibt es in der Pyramide?
Harry:	Wir sprechen nicht. Wir denken, und unsere Gedanken werden als Bilder übermittelt. Das ist der Zweck dieser Gemeinschaft von Wissenschaftlern – sie wollen die lautlose Kommunikation erforschen.
Dr. Goldberg:	Können Sie sehen, was die anderen Teilnehmer der Rundtour tragen?
Harry:	Wir tragen alle einteilige Overalls in bestimmten Farbtönen.
Dr. Goldberg:	Was für Schuhe tragen Sie?
Harry:	Gummistiefel, die mir bis zu den Knöcheln reichen. In derselben Farbe wie der Anzug.
Dr. Goldberg:	Hat die Farbe des Anzugs irgendeine Bedeutung?
Harry:	Ja. Jede Farbe symbolisiert Stellung und Rang innerhalb des Projekts.
Dr. Goldberg:	Welche Farbe tragen Sie?
Harry:	Beige.
Dr. Goldberg:	Welche Farben tragen die anderen Teilnehmer dieser Rundtour?
Harry:	Wir tragen alle beige. Rot ist die niedrigste Farbe, dann kommt beige, orange, gelb, grün und violett. Mit zunehmenden Pflichten gehen wir zur nächsthöheren Farbe über.
Dr. Goldberg:	Was tun die Wissenschaftler in dieser Pyramide, während Sie sie beobachten?
Harry:	Sie scheinen nur hin- und herzugehen.

218

Dr. Goldberg: Machen Sie irgendwelche Geräusche?
Harry: Nein.
Dr. Goldberg: Welches Jahr schreiben wir?
Harry: 2153.

Ich progressierte Harry weiter zu einem Zeitpunkt, an dem er seiner Arbeit nachging.

Dr. Goldberg: Was sehen Sie jetzt?
Harry: Ich stehe im Freien und schaue zur Glaspyramide hoch.
Dr. Goldberg: Ist das dieselbe Pyramide, in der Sie sich befanden, als ich das letzte Mal mit Ihnen sprach?
Harry: Ja.
Dr. Goldberg: Warum stehen Sie gerade im Freien?
Harry: Die Glasflächen müssen sandfrei sein, damit die Pyramide ordnungsgemäß funktionieren kann. Ich inspiziere die Flächen. Ich stelle sicher, daß sie sauber sind.
Dr. Goldberg: Leben und arbeiten Sie jetzt in der Pyramide?
Harry: Ja.
Dr. Goldberg: Haben Sie die Möglichkeit, das aufzuschreiben, was ersetzt oder korrigiert werden muß?
Harry: Nein. So etwas gibt es nicht. Wir schreiben nicht.
Dr. Goldberg: Wie teilen Sie Ihren Vorgesetzten die Probleme mit?
Harry: Man denkt daran, dann wissen sie es.
Dr. Goldberg: Sind Sie der einzige Aufsichtsbeamte?
Harry: Ja.

Das war Harrys erste Aufgabe in diesem zukünftigen

Leben. Er benötigte nur ein kurzes formelles Training für seine Position als Aufsichtsbeamter. Ich progressierte Harry zehn Jahre weiter.

Dr. Goldberg: Wo befinden Sie sich jetzt?
Harry: Ich inspiziere das Bewässerungssystem.
Dr. Goldberg: Hat sich etwas verändert, seit ich das letzte Mal mit Ihnen gesprochen habe?
Harry: Ja. Die Pyramide wird jetzt zu landwirtschaftlichen Zwecken genutzt.
Dr. Goldberg: Können Sie das näher erläutern?
Harry: Alle Pflanzen werden im Wasser angepflanzt, nicht in der Erde. Das Wasser verfügt über alle notwendigen Nährstoffe.
Dr. Goldberg: Was genau ist Ihre Aufgabe dabei?
Harry: Ich helfe, das Verhältnis der verschiedenen Nährstoffe im Wasser zu überwachen, damit die ordnungsgemäßen Werte nicht unter- oder überschritten werden.
Dr. Goldberg: Erledigen Sie diese Arbeit allein?
Harry: Nein, das tut der Computer. Ich prüfe nur die Ergebnisse des Computers nach.
Dr. Goldberg: Was machen Sie, wenn der Computer einmal nicht funktioniert?
Harry: Ich repariere ihn.
Dr. Goldberg: Welche Farbe hat Ihr Anzug?
Harry: Gelb.

Offenbar war Harry in der Pyramide zu einer weit höheren Position aufgestiegen. Ich progressierte Harry zum letzten Tag seines künftigen Lebens.

Dr. Goldberg: Wo sind Sie?
Harry: Ich melde mich im Terminierungsraum.
Dr. Goldberg: Sind Sie immer noch in der Pyramide?

Harry:	Ja.
Dr. Goldberg:	Warum sind Sie im Terminierungsraum?
Harry:	Ich bin an der Reihe, die Einheit zu wechseln.
Dr. Goldberg:	Können Sie diese Vorgehensweise beschreiben?
Harry:	Ich liege auf einem Tisch. Man streicht mir etwas auf die Finger, und ich schlafe ein.
Dr. Goldberg:	Wie viele Menschen leben in dieser Pyramide?
Harry:	Dreihundert.
Dr. Goldberg:	Was geschieht mit Ihnen?
Harry:	Meine ganze Energie wird mir entzogen.
Dr. Goldberg:	Warum tut man das?
Harry:	Ich kann jetzt einer angemesseneren Einheit zugeführt werden. Man wird nicht alt oder erwachsen. Man wird einfach überführt.
Dr. Goldberg:	Handelt es sich dabei um einen mechanischen Körper?
Harry:	Nein. Die Einheit ist völlig biologisch.
Dr. Goldberg:	Was geschieht in der Phase zwischen den Einheiten?
Harry:	Man wird auf Band gespeichert.
Dr. Goldberg:	Haben Sie die freie Wahl, welcher Einheit Sie zugeordnet werden wollen?
Harry:	Nein.

Harrys Stimme und seine Art, auf meine Fragen zu antworten, waren für mich ganz besonders interessant. Mich faszinierte auch Harrys Bericht von den Experimenten in mentaler Telepathie und dem Einsatz der Sonnenenergie als einziger Energiequelle. Die Isolation dieses zukünftigen Lebens ähnelte Harrys früherem Leben als Hap, dem blinden Klavierspieler. Obwohl er blind geboren wurde, zeigte Hap kein Bedauern. Als Bewässerungsinspektor im 22.

221

Jahrhundert akzeptierte Harry mühelos seine »Terminie-rung«. Sein Leben als Warenhausbesitzer und Direktor eines Import-Export-Geschäfts im 18. Jahrhundert erfor-derte es, daß er Inspektionsaufgaben nachkam, und auch dies war eine einsame Arbeit. Diese karmische Lektion mußte 400 Jahre später immer noch gelernt werden.

Als Harry seine Beförderung zum Bewässerungsinspek-tor erhielt, erinnerte mich das an seine Anfänge: er wurde vom Radiosprecher zum Fernsehsprecher befördert. Heute ist Harry ein gut organisierter Fernsehmoderator. Seine Disziplin erwarb er in mindestens drei früheren Inkarnatio-nen. Als RAF-Funker erhielt er ein sorgfältiges Training in wissenschaftlicher Disziplin.

Heute zeichnet sich Harry Martin durch selbstbewußtes Auftreten aus. Für eine Fernsehpersönlichkeit ist dies eine notwendige Eigenschaft. Doch während des 19., 20. (als RAF Funker) und 21. Jahrhunderts fehlte ihm dieser Cha-rakterzug. Die karmische Lektion war gelernt und mußte nicht wiederholt werden.

Harrys zweites Leben in der Zukunft offenbarte sich zwei Wochen später. Als er an diesem Frühlingsnachmittag in mein Büro kam, fühlte er sich ganz entspannt. Ich leitete eine mittlere Trance ein und begann mit der Befragung.

Dr. Goldberg: Was sehen Sie?
Harry: Ich sehe weiße Vorhänge, die wie Seide aussehen – vor einem Fenster.
Dr. Goldberg: Was sehen Sie noch?
Harry: Ich bin in diesem Raum, und ich betrachte meine Arbeit.
Dr. Goldberg: Was für eine Arbeit ist das?
Harry: Silberteller. An der Wand hängen diese Sil-berteller.

Harrys Antworten kamen fast mechanisch und völlig

gefühllos. Er sprach langsam, und seine Stimme war sehr tief. Dies hielt während der gesamten Sitzung an.

Dr. Goldberg:	Haben diese Teller ein Muster?
Harry:	Sie tragen ein Symbol, aber keine Schriftzeichen.
Dr. Goldberg:	Können Sie das Mobiliar beschreiben?
Harry:	Die Couch und die Stühle sind kubisch geformt.
Dr. Goldberg:	Was für ein Ort ist das?
Harry:	Mein Zuhause.
Dr. Goldberg:	Was ist so Besonderes an diesem Tag?
Harry:	Heute ist ein Ruhetag.
Dr. Goldberg:	Was für einer Arbeit gehen Sie nach?
Harry:	Ich bin Handwerker.
Dr. Goldberg:	Was stellen Sie her?
Harry:	Diese Teller. Diese Silberteller an der Wand.
Dr. Goldberg:	Für wen stellen Sie diese Teller her?
Harry:	Für die Menschen. Die Menschen verlangen meine Dienste.
Dr. Goldberg:	Gibt es viele Handwerker wie Sie?
Harry:	Nein. Nur wenige von uns gehen dieser Arbeit nach.
Dr. Goldberg:	Wie nennen Sie die Menschen?
Harry:	Amygdala.
Dr. Goldberg:	Ist das Ihr vollständiger Name?
Harry:	Ja.
Dr. Goldberg:	Welches Jahr schreiben wir?
Harry:	2271.

Ich progressierte Amygdala zwei Jahre in die Zukunft.

Dr. Goldberg:	Können Sie mir mehr über Ihre Arbeit sagen?

Harry:	Die Teller werden aus Silber hergestellt. Sie sind ein Zahlungsmittel.
Dr. Goldberg:	Gibt es noch andere Zahlungsmittel?
Harry:	Ja. Sehen Sie, diese Silberteller sind eine Möglichkeit, gewaltigen Reichtum zu horten.
Dr. Goldberg:	Deutet die Tatsache, daß Sie einige dieser Silberteller an Ihrer Wand haben, darauf hin, daß Sie reich sind?
Harry:	Ja.
Dr. Goldberg:	Warum kommen die Menschen zu Ihnen? Warum horten sie nicht einfach ihr eigenes Silber?
Harry:	Das kommt daher, daß meine Verarbeitung den Wert des Metalls erhöht.
Dr. Goldberg:	Was für einer Arbeit gehen denn Ihre Kunden nach?
Harry:	Rechtssprechung, und einige meiner Kunden sind in der industriellen Produktion und im Transportwesen tätig.
Dr. Goldberg:	Von welchen Transportarten sprechen Sie im Moment?
Harry:	Vom Molekulartransfer. Diese Art des Transports ist neu, wird aber immer häufiger eingesetzt.
Dr. Goldberg:	Gibt es noch andere Verwendungszwecke des Molekulartransfers?
Harry:	Die Ernährungsversorgung. Wir haben kleine Transfereinheiten, die uns im Schlaf ernähren.
Dr. Goldberg:	Können Sie Ihre eigene Molekulartransfereinheit beschreiben?
Harry:	Es handelt sich dabei um eine Platte, um eine runde Platte. Angeschlossen ist ein Koordinierungs-Suchsystem.

Dr. Goldberg:	Brauchen Sie jemanden, der das Gerät aktiviert?
Harry:	Nein.
Dr. Goldberg:	Wenn Sie dieses Gerät benützen, wie werden Sie dann wieder zusammengesetzt?
Harry:	Das programmiert man in das Suchsystem ein.
Dr. Goldberg:	Können Sie mir beschreiben, wie Sie das letzte Mal den Molekulartransfer zu Ihrem eigenen Transport eingesetzt haben?
Harry:	Vor kurzem mußte ich zu einem Treffen in die Stadt.
Dr. Goldberg:	War noch jemand anwesend?
Harry:	Es waren zwei andere Personen da. Einer war ein Mann in einem grauen Anzug aus einem glänzenden Material. (Der Patient hält inne.)
Dr. Goldberg:	Und die Frau, was trägt die Frau?
Harry:	O, ich bin sehr verwirrt. (Der Patient zeigt zum ersten Mal seit Beginn der Sitzung eine Emotion.)
Dr. Goldberg:	Warum sind Sie verwirrt?
Harry:	Woher wissen Sie, daß es eine Frau war?
Dr. Goldberg:	Sie sagten, eine der beiden Personen sei ein Mann, daher nahm ich an, die andere sei eine Frau. Was trug die Frau?
Harry:	Diese andere Person im Raum war nicht wirklich eine Frau.
Dr. Goldberg:	War sie ein Mensch?
Harry:	Zum Teil. Sie war zum Teil Mensch und zum Teil Maschine.
Dr. Goldberg:	Können Sie sie beschreiben?
Harry:	Die obere Hälfte des Körpers war von menschlicher Form, aber sie bewegte sich wie eine Maschine. Ihr Kopf war rasiert.

Ihre Augen waren mandelförmig, und ihre Haut war sehr bleich.

Anscheinend bestand die untere Hälfte dieses Wesens aus einer mechanischen Apparatur, die einem Rollstuhl ähnelt.

Dr. Goldberg: War noch jemand in diesem Raum?
Harry: Nein, nur der Computer.
Dr. Goldberg: Warum fand dieses Treffen statt?
Harry: Es ging um eine Versicherung.
Dr. Goldberg: Ihre persönliche Versicherung oder eine Versicherung in bezug auf Ihre Arbeit?
Harry: In bezug auf meine Arbeit.
Dr. Goldberg: Können Sie die Versicherungspolice lesen?
Harry: Es gab nichts Schriftliches. Man stöpselt sich ein. (Der Patient klingt gelangweilt.)

Ich progressierte Amygdala zu dem Zeitpunkt, an dem er nach Hause zurückkehrte und seine Police prüfte.

Dr. Goldberg: Was machen Sie gerade?
Harry: Ich stöpsele die Police in die Wand. Der Bildschirm fragt mich nach meiner Identifizierungsnummer, damit nur ich Zugang zur Information habe.
Dr. Goldberg: Wie genau lautet die Information?
Harry: Amygdala ... versichert gegen handwerkliche Mängel. Mars 1522.

Amygdala wußte nicht, was Mars 1522 bedeutet. Ich führte Harry in die Gegenwart zurück.

In seinem Leben als Silberhandwerker zeigte Harry (Amygdala) mehr kreatives Potential. Die Gesellschaft schien Silber höher zu schätzen als irgendein anderes Metall, und Verbrechen waren so gut wie unbekannt. In seinem derzeitigen Leben ist Harry ebenfalls sehr kreativ. Er schreibt augenblicklich an einem Roman, er trommelt, und er ist intensiv mit der Produktion einer Nachrichten-Miniserie beschäftigt. Als Klavierspieler im 19. Jahrhundert legte Harry als Hap ebenfalls Kreativität an den Tag. Der RAF-Funker starb, bevor er der Gesellschaft seinen Stempel aufdrücken konnte.

Harrys Karriere als Fernsehstar ist sein Beitrag zu dieser Welt. Sein Leben im 23. Jahrhundert war der Höhepunkt von 400 Jahren kreativen Talents. Der große Reichtum, den Amygdala anhäufte, sowie seine Reputation waren die karmische Belohnung für Jahrhunderte harter Arbeit und Einsatz.

In den achtziger Jahren dieses Jahrhunderts ist Harry ganz er selbst. Er hat aus seinen früheren und künftigen Inkarnationen den Wert der Kreativität und der Anerkennung gelernt. Heute kann er als Medienpersönlichkeit diese Lektionen umsetzen.

Eine der vielen positiven Nachwirkungen der Hypnotherapie ist laut Harry die Fokussierung seiner Konzentration. Außerdem verfügt er jetzt über mehr Disziplin und Energie, und er hat erkannt, daß er mehr Liebe in sein Leben bringen sollte (sich Zeit nehmen, um an einer Rose zu riechen und ähnliches). Eine offenere Haltung gegenüber der Hypnotherapie und ein größeres Verständnis seiner selbst sind ebenfalls positiv anzumerken.

Vielleicht reicht uns allein das Wissen, daß es in 300 Jahren immer noch eine Welt geben wird, schon aus, um uns allen eine optimistischere Sicht der Welt zu vermitteln.

Ich war sehr zufrieden mit Harrys Progressionen und Regressionen. Harry zeigte positive Veränderungen in seinem Verhalten und in seiner Haltung dem Leben gegenüber. Diese positiven Ergebnisse machen mich als Hypnotherapeuten stolz.

Die meisten Patienten wollen nichts über die Zukunft

wissen. Das ist im Blick auf das ungeheure therapeutische Potential der Progression bedauerlich. Es kommt nicht wirklich darauf an, ob Sie an Progression, Regression oder Hypnose glauben. Jeder kann soviel Nutzen aus der Hypnotherapie ziehen wie Harry Martin.

KAPITEL 16

ZEITREISEN AUF DEN ÄTHERWELLEN

Ich habe bereits über die früheren und künftigen Inkarnationen von Harry Martin vom Fernsehsender WBAL gesprochen. Dieser Sender trat 1982 erneut in mein Leben. Ken Manelis moderierte eine nächtliche Talkshow im Radiosender WBAL. Sein Produzent rief mich im Januar 1982 an, um für den folgenden Monat einen Interview-Termin zu vereinbaren. Am 12. Februar 1982 traf ich Ken Manelis und sprach mit ihm fünf Stunden lang auf Sendung über Inkarnationsregression und Zukunftsprogression.

Vor dem Interview hypnotisierte ich ihn, damit er ganz subjektiv eine hypnotische Trance erfahren konnte. Da er mich bat, dies nur zehn Minuten vor der Show zu tun, blieb mir keine Zeit für eine Regression. Ken war während der Show entspannt. Nach der Trance tritt häufig das folgende charakteristische Merkmal auf: ein Gefühl in den Fingern, ähnlich dem, wenn eine »eingeschlafene« Hand »aufwacht«. Das Gefühl von Nadeln in den Fingern (nicht schmerzhaft, nur kribbelnd) beschrieb Ken während der ersten Stunde der Show. Ich erklärte ihm, daß der hypnotische Zustand bzw. die Trance noch zwischen 30 und 60 Minuten nach dem offiziellen Ende der Trance andauert. Darin besteht keine Gefahr, wie man an der Abnahme von Autounfällen von Fahrern mit Autobahnhypnose sieht. Nach seiner persönlichen Erfahrung war Ken von der Gültigkeit meiner Aussagen überzeugt.

Die Show lief gut, aber Ken zeigte ein auffallendes Interesse daran, in ein früheres Leben zurückgeführt zu werden. Ich wußte instinktiv, daß er es ernst meinte. In der folgenden Woche rief er mein Büro an und vereinbarte seinen ersten Termin.

Am 26. Februar 1982 machte sich Ken Manelis auf die Reise durch die Zeit. Zuerst beschrieb er sein früheres Leben als Jake Miller. Jake war ein großer, magerer Mann, der einen schwarzen Hut trug und eine dunkle Vergangenheit besaß. Er lebte Ende des 19. Jahrhunderts in Wyoming. Jake war in diverse Betrügereien verwickelt und brachte Menschen um ihr sauer verdientes Geld. Eines Tages tat er sich mit einem alten Mann zusammen und überzeugte die Bewohner der Stadt, daß es in den Bergen Gold gäbe. Der alte Mann und Jake verkauften Ausrüstungsgegenstände und Vorräte an die Möchtegern-Bergleute. Dabei wußten sie sehr wohl, daß es überhaupt kein Gold gab. Diese Masche funktionierte tadellos, aber der alte Mann und Jake beschlossen, die Stadt zu verlassen, bevor die Bergleute die Wahrheit über das angebliche Gold in den Bergen herausfanden. Jake kam schließlich nach San Francisco, wo er eine Anstellung im Hafen fand. Er wurde ein ehrlicher, hart arbeitender Mann und fing noch einmal ganz von vorn an. 1906 zerstörte ein großes Erdbeben die Stadt, und Jake wurde getötet, als eine Mauer auf ihn fiel, während er den Feuerwehrmännern half, ein Feuer zu löschen.

Interessanterweise war Ken anfangs recht skeptisch hinsichtlich der Reinkarnation. Er dachte, bei diesen Geschichten würde es sich ausschließlich um Phantastereien handeln. Eine Überprüfung der Fakten zeigte, daß 1906 tatsächlich ein Erdbeben in San Francisco stattfand und fast den gesamten Innenstadtbereich zerstörte. Das Feuer loderte tagelang, und 500 Menschen fanden den Tod. Das schockte Ken und ermutigte ihn, seine Reise fortzusetzen.

Am 12. März machte sich Ken auf dem Weg der Erinnerung zu einem zweiten Leben auf. Der Radiostar beschrieb, wie er in jenem Leben in einem großen Südstaatenhaus in Virginia lebte. Sein Name war Pete Grant, und sein Vater war ein einflußreicher General in der Armee der Konförderierten. Pete wurde von seinem Vater gezwungen, die Militärakademie zu besuchen. Seinen Abschluß machte Pete dort als Leutnant der Armee.

Er war schnell ernüchtert von der »Sache des Südens«, und als sein Regiment von Unionssoldaten gefangen genommen wurde, trat Pete der Unionsarmee bei. Pete war gern Unionssoldat und erhielt eine Medaille für Tapferkeit in der Schlacht. Nach dem Krieg heiratete Pete und gründete eine Familie. Der Schlüssel zu diesem Leben war seine Fähigkeit, eigene Entscheidungen zu treffen und nicht nach den Wünschen seines Vaters zu handeln.

Kens Interesse an einer Fortsetzung seiner Suche blieb weiterhin groß. Er erwähnte mir gegenüber seine Angst vor Donner und Blitz und bat mich, dies als nächstes zu untersuchen. Ich führte Ken daraufhin in zwei weitere frühere Leben zurück, um ihn von dieser Angst zu befreien.

Anfang 1820 lebte Ken als erfolgreicher Geschäftsmann in Paris. Sein Name war Calvin. Er hatte eine Tochter, aber seine Frau war einige Jahre zuvor an Schwindsucht gestorben. Calvin hatte kein Vertrauen in Banken und bewahrte daher all sein Geld und seine Besitztümer im Haus auf. Eines nachts, während eines starken Sommergewitters, wurde sein Haus vom Blitz getroffen und brannte bis auf die Grundmauern nieder. Calvin und seine Tochter entkamen den Flammen, aber sein Reichtum war dahin. Sie zogen zu Verwandten, doch Calvins Kraft war gebrochen, und er starb völlig verarmt.

In einem anderen Leben Anfang des 20. Jahrhunderts war Ken ein wohlhabender Mann namens Royston. Er lebte in London. Eines Sonntag nachmittags, während einer Party, machten Royston und seine Freundin Marie eine kleine Ausfahrt. Sie hielten an einer Wiese. Ein Gewitter kam auf, und Marie bat Royston, sie nach Hause zurück zu bringen. Royston fand den Sturm romantisch und bestand darauf, noch eine Weile zu bleiben. Einige Minuten später wurde Mary vom Blitz getroffen. Ohnmächtig sank sie zu Boden. Royston brachte sie in seiner Kutsche zum Haus zurück, aber als er bei der Party ankam, entdeckte er, daß sie tot war. Die Gäste waren geschockt, und Royston war zutiefst verlegen. Er fühlte sich so schuldig, daß er aus tiefer Verzweiflung seinem Leben mit einem Jagdgewehr ein Ende setzte.

Diese beiden Inkarnationsregressionen erfüllten ihren Zweck, denn schon beim ersten Frühjahrsgewitter nach unserer Sitzung hatte Ken keine Angst mehr. Er drückte nun großes Interesse an einer Zukunftsprogression aus, und ich war nur allzu gern bereit, ihm diesbezüglich weiterzuhelfen.

Für seine erste Progression in ein künftiges Leben wählte Ken das Ende des 21. Jahrhunderts. Er war ein männlicher College-Schüler mit Namen Scott und lebte in einer unterirdischen Stadt in Arizona. Die Stadt wurde aufgrund der Bedrohung durch einen Atomkrieg unter der Erde gebaut. Dieser Krieg fand jedoch zu Scotts Lebzeiten niemals statt.

Dr. Goldberg: Scott, leben auf der Erdoberfläche auch Menschen?

Ken: Ja. Wir leben unter der Erde, weil meine Familie sehr wohlhabend ist, und wir uns das leisten können.

Dr. Goldberg: Wie würden Sie diese Stadt beschreiben?

Ken: Nun, sie ist sehr wissenschaftlich orientiert. Fließbänder transportieren uns durch die Stadt. Computer sind überall, und die meisten meiner Kurse werden am Computer unterrichtet.

Diese Gesellschaft war sehr technologisch ausgerichtet. Scott sollte Naturwissenschaften studieren, aber dazu hatte er keine Lust. Daher verließ er die Schule. Später arbeitete er als Techniker für einen Roboterhersteller. Er wurde bei der Arbeit angelernt und genoß dies sehr. Ich progressierte Ken daraufhin in ein Alter von 25 Jahren.

Dr. Goldberg: Wo sind Sie jetzt, Scott?
Ken: Ich treffe Susan zum Mittagessen.
Dr. Goldberg: Wer ist Susan?
Ken: Meine Verlobte.
Dr. Goldberg: Welchem Beruf geht sie nach?
Ken: Sie ist Lehrerin.

Scott haßte es, unter der Erde zu leben. Scott und Susan heirateten und zogen auf die Erdoberfläche. Scotts Eltern enterbten ihn, und Susan war in der Lage, überirdisch eine Stelle als Lehrerin zu bekommen. Scott verkaufte Solarhäuser.

Dr. Goldberg: Wie stehen die Dinge jetzt für dich, Scott?
Ken: Alles läuft großartig. Ich bin glücklich. Susan ist glücklich. Wir haben zwei Kinder, und ich verdiene eine Menge Geld.
Dr. Goldberg: Haben Sie langfristige Ziele?
Ken: Ja, die habe ich. Ich möchte, daß einige der Armen auf der Erdoberfläche die unterirdische Stadt sehen. Ich möchte, daß sich die Kulturen weiter vermischen.
Dr. Goldberg: Gibt es noch mehr Menschen, die so empfinden?
Ken: Ja, aber sie haben kein Geld, um sich die unterirdische Stadt anzusehen.

Dr. Goldberg:	Sie haben die unterirdische Stadt doch gehaßt. Warum befassen Sie sich jetzt mit ihr?
Ken:	Meine Familie und ich hatten ein gutes Leben, und ich möchte das weitergeben. Ich möchte auch meine Eltern wiedersehen und ihnen zeigen, zu was ich es im Leben gebracht habe.
Dr. Goldberg:	Ich zähle bis fünf. Dann sind wir beim Ausgang dieses Projekts. Eins… zwei… drei … vier … fünf. Was ist geschehen, Scott?
Ken:	Wir hatten viele Probleme. Die wohlhabenden Leute hatten etwas gegen den Zuzug der Armen. Die Armen hielten nicht viel vom Snobismus der Reichen.
Dr. Goldberg:	Und Ihr Familienleben?
Ken:	Susan und ich arbeiten immer noch gut zusammen, aber all diese Probleme haben unsere Beziehung sehr belastet.
Dr. Goldberg:	Unterrichtet sie noch?
Ken:	Nein, sie ist jetzt als Sozialarbeiterin tätig. Sie bedauert es nicht, den Unterricht aufgegeben zu haben.

Ich progressierte Scott um weitere fünf Jahre und fand heraus, daß er sein Solarhaus-Unternehmen verkauft hatte und im Ruhestand lebte. Seine Beziehung zu Susan hatte sich verbessert, und er war finanziell abgesichert. Scotts Eltern hatten ihn schließlich akzeptiert und sich für ihr früheres Verhalten entschuldigt. Jahre später, als Scotts Eltern starben, erbte er ihren Besitz. Scott und Susan verbrachten einen Großteil ihres Lebens mit Reisen. Im Alter von 57 starb Scott bei einer Bergtour in Europa.

Als ich Ken zur Ebene seines Überbewußtseins führte und ihn fragte, was er als Scott gelernt hatte, meinte er, er hätte gelernt, zu teilen und ein Familienmann zu sein. Ken hatte ein schlechtes Gewissen, weil er nicht in der Lage war, die Leute an der Oberfläche mit denen, die unterirdisch lebten, zusammenzubringen. Dieses Leben war eine eindeutige Verbesserung gegenüber dem von Jake Miller und dessen Betrügereien zu Anfang seines Lebens.

Das letzte zukünftige Leben, das wir erforschten, war auch das ungewöhnlichste. Meine Anweisungen an Ken lauteten, sich ein künftiges Leben auszusuchen, das den Höhepunkt seiner beruflichen Laufbahn symbolisieren würde. Er beschrieb sein Leben auf einem Asteroiden zu Anfang des 24. Jahrhunderts. Er überwachte den Shuttledienst, mit dem die Touristen in dieses Erholungsgebiet gebracht wurden. Riesige vertikale Neonröhren dienten als Markierungen für die Landefläche. Kens Name war Xarva, und er leitete ein Team von Technikern.

Der Asteroid gehörte der Regierung der Erde (Der Liga der Einheit) und wurde auch von ihr verwaltet.

Dr. Goldberg: Xarva, wie sind Sie denn auf diesem Asteroiden gelandet?

Ken: Ich habe viele Jahre als Cheftechniker für das Raumfahrtzentrum der Liga gearbeitet. Eines Tages erlitt ich unglücklicherweise eine schwere Beinverletzung während eines Unfalls auf der Startrampe. Die Folgen meiner Verletzung waren bleibend, und die Regierung bot mir diese Stelle anstatt einer Pensionierung an. Da ich gern aktiv bin, habe ich den Job angenommen.

Dr. Goldberg: Lebt Ihre Familie auf der Erde?

Ken: Nein, ich bin alleinstehend.

Dr. Goldberg: Sind Sie hier glücklich?

Ken: Lassen Sie es mich so ausdrücken: ich bin

	zufrieden. Ich habe viel Arbeit und finde trotzdem die Zeit, mich um meine Lieblingsprojekte zu kümmern.
Dr. Goldberg:	Was sind das für Projekte?
Ken:	Ich bin eine Art Amateur-Erfinder.
Dr. Goldberg:	Haben Sie schon etwas erfunden?
Ken:	Noch nicht, aber ich arbeite an einem Kommunikationsgerät, das uns die Kommunikation mit Wesen von anderen Planeten ermöglicht.

Xarva blieb viele Jahre auf diesem Planeten, und kehrte dann zur Erde in den Ruhestand zurück. Er lebte in Florida, und erfand im Alter von 80 Jahren ein Gerät, das zur Kommunikation mit Außerirdischen führte.

Dr. Goldberg:	Was geschah mit dieser Erfindung?
Ken:	Die Liga übernahm meine Erfindung. Ich erhielt die volle Anerkennung dafür und wurde sowohl beruflich als auch finanziell ausgezeichnet entschädigt.
Dr. Goldberg:	Arbeiten Sie auch weiter für die Liga?
Ken:	Ja. Ich wurde zum Leiter dieses Projekts ernannt.
Dr. Goldberg:	Sind Sie für diese Stelle nicht schon etwas zu alt?
Ken:	Aber keineswegs. Die Menschen arbeiten, bis sie weit über 100 Jahre alt sind.
Dr. Goldberg:	Welche Nachrichten erhalten Sie aus dem Weltraum?
Ken:	Zuerst empfingen wir nur seltsame Geräusche. Später wurde uns klar, daß es sich dabei um eine außerirdische Sprache handelte.
Dr. Goldberg:	Wie konnten Sie sie übersetzen?
Ken:	Wir setzten unsere fortschrittlichsten Com-

puter ein und entdeckten schließlich einen Sinn darin.

Dr. Goldberg: Wie lauteten die Nachrichten, die Sie empfingen?

Ken: Sie warnten uns davor, das Universum zu verschmutzen.

Dr. Goldberg: Was meinten sie mit »Verschmutzung«?

Ken: Wir hatten vor einigen Jahren einen kleinen Atomkrieg. Darüber hinaus sandten wir Raumsonden ins All und lagerten unseren Atommüll im Weltraum.

Dr. Goldberg: Kamen diese Warnungen in Form einer Drohung?

Ken: Anfangs nicht, aber als wir die Warnungen ignorierten, entwickelten sie sich zu regelrechten Drohungen.

Dr. Goldberg: Haben Sie versucht, die Regierung davon zu überzeugen, diesen Warnungen Beachtung zu schenken?

Ken: Und wie ich das habe, aber auf mich wollte ja keiner hören. Ich habe alles versucht, aber ich erntete für meine Bemühungen nur den vorzeitigen Ruhestand.

Xarva war frustriert und deprimiert. Sein Abgang aus dem Regierungsamt war schimpflich. Er war nun über 100 Jahre alt und völlig ausgebrannt. Eines nachts starb er im Schlaf – zumindest dachte er, er sei tot. Was als nächstes geschah, war sehr seltsam – ganz eindeutig keine typische Todeserfahrung: Xarvas Seele wurde aus seinem Körper herausgebeamt[24] und durch den Weltraum in eine andere Galaxie transportiert. Die Außerirdischen, die dies bewerkstelligten, schienen sehr wütend und enttäuscht von Xarva.

Dr. Goldberg:	Wie sehen diese Außerirdischen aus?
Ken:	Sie bestehen aus reinem Licht und ihre Kommunikation erfolgt rein telepathisch.
Dr. Goldberg:	Warum sind sie so verstimmt über Sie?
Ken:	Sie sagten, ich sei ausgewählt worden, um die Kommunikation zwischen unseren Galaxien zu eröffnen. Sie hatten erwartet, daß ich meine Regierung davon überzeuge, ihren Warnungen Beachtung zu schenken.
Dr. Goldberg:	Haben Sie ihnen nichts von Ihren Bemühungen erzählt?
Ken:	Natürlich habe ich das, aber überzeugen Sie mal einen grünen Lichtball davon, daß Sie Ihr Bestes gegeben haben. Diese Wesen waren nicht besonders verständnisvoll.
Dr. Goldberg:	Was haben sie als nächstes getan?
Ken:	Sie schickten mich zu einem anderen Planeten, um dort die Aktivitäten einer sich schnell entwickelnden Kultur zu überwachen. Dies wurde als Bestrafung angesehen.
Dr. Goldberg:	Wie erging es Ihnen dort?
Ken:	Eigentlich ganz gut. Ich arbeitete sehr hart und gab dieser Gesellschaft auf telepathischem Wege jene Anweisungen weiter, die mir die Außerirdischen vermittelten. Diese Kultur entwickelte sich sehr gut, und es machte mir richtig Spaß. Soviel Spaß, wie ein Lichtstrahl eben haben kann.
Dr. Goldberg:	Was geschah dann?
Ken:	Als Belohnung für meine Anstrengungen

---

[24] Das »Beamen« ist eine Reiseart der Zukunft, bei der die Partikel des Körpers zertrümmert werden und als Welle durch den Raum reisen. Am Bestimmungsort wird man Teilchen für Teilchen wieder zusammengesetzt. Dieser Begriff erschien zuerst in der Science-Fiction-Fernsehserie »*Raumschiff Enterprise*«.

	durfte ich einen Repräsentanten jenes Volkes zur Erde begleiten. Das klang wirklich merkwürdig.
Dr. Goldberg:	Und dann?
Ken:	Wir kamen auf der Erde an, und diese Außerirdischen übermittelten der Liga irgendwie ihre Botschaft.
Dr. Goldberg:	Was geschah mit Ihnen?
Ken:	Die Liga suchte alternative Entsorgungsmöglichkeiten für den Atommüll. Ich wurde irgendwie in meinen Körper zurückgeführt und erwachte wie aus einem Winterschlaf. Das nächste, an das ich mich erinnern kann, ist, wie ich von der Liga wie ein Held behandelt wurde. Die Außerirdischen sorgten dafür, daß ich für diesen diplomatischen Erfolg die volle Anerkennung erhielt.

So endete die ungewöhnlichste Progression, die ich jemals durchführte. Xarva lebte den Rest seines Lebens in Frieden und wurde als Koryphäe geachtet. Er starb glücklich im Alter von 144 Jahren. Ken sah, daß er in etwa 400 Jahren berufliche Größe erlangen würde.

Zusätzlicher Pluspunkt an dieser Geschichte: Ken war von seinen Regressionen und Progressionen so bewegt, daß er seine Sitzungen im WBAL-Radio während seiner Show von Mitternacht bis fünf Uhr früh sendete. Montag bis Freitag. Seine Zuhörerschaft liebte es. Al Burke, der damalige Direktor des Radiosenders WBAL, hörte einige dieser Regressionen und fragte mich, ob ich Interesse daran hätte, meine eigene wöchentliche Show im WBAL-Radio zu moderieren.

Ich stimmte freudig zu, und acht Monate lang moderierte ich jeden Samstag von Mitternacht bis fünf Uhr früh eine fünfstündige Show im Sender WBAL. Die Show hieß

»Einblicke in die Parapsychologie«. Jede Woche stellte ich Gäste vor, die das ganze Gebiet der Parapsychologie abdeckten – von Ufos zu Geisterjägern, von Bigfoot[25] bis zu außerkörperlichen Erfahrungen. Ich führte gelegentlich live in der Sendung Inkarnationsregressionen durch. Es war ein gelungenes Beispiel von Zeitreisen auf den Ätherwellen. Zuhörer von Bermuda bis Kanada verfolgten die Show, und die Rolle des Talkshow-Moderators machte mir sehr viel Spaß.

---

[25] Bigfoot ist Nordamerikas Antwort auf den Yeti. Dieses menschenähnliche, haarige Monster wird auch »Sasquatch« genannt und soll in den Wäldern der USA und Kanadas beheimatet sein. Seit 1811 macht er hin und wieder durch riesige Fußabdrücke auf sich aufmerksam.

KAPITEL 17

MARSHA:
EINE KARRIEREFRAU DER ZUKUNFT

Nancy, eine 34jährige Kellnerin in einem kleinen Restaurant in Baltimore, suchte mich auf und bat um eine Inkarnationsregression. In einem ihrer früheren Leben während des 19. Jahrhunderts war sie Putzfrau in einem Hotel in Madrid. Sie arbeitete sehr hart, um ihren Sohn (in diesem Leben ihre Tochter) durch die Schule zu bringen. Eines Nachts wurde sie vergewaltigt und mußte auch noch die demütigende Entrüstung des Hoteldirektors (ihrem Ex-Mann in diesem Leben) ertragen. Eine weitere Inkarnationsregression zeigte, daß Nancy im 14. Jahrhundert als Bettler in Italien gelebt hatte. Nach weiteren erfolgreichen Regressionen sprachen wir über eine mögliche Zukunftsprogression. Sie war sehr daran interessiert, und wir vereinbarten, sie bei ihrer nächsten Sitzung in ein zukünftiges Leben zu progressieren.

Nancy hatte nicht viel Ahnung von Parapsychologie. Sie hatte niemals ein Buch zu diesem Thema gelesen. Sie besaß kaum Schulbildung. Ihr Interesse an diesem Gebiet begann, als sie mich in einem Fernsehinterview sah. Sie war seit sieben Jahren geschieden und wurde immer wieder von ihrem früheren Ehemann schikaniert. Und doch war sie nicht verbittert. Sie war vielmehr immer freundlich und kooperativ.

An einem Mittwoch nachmittag Ende Oktober begann diese sympathische junge Frau ihre Reise in das 23. Jahrhundert. Nancy fiel schnell in hypnotische Trance. Nach

241

wenigen Minuten befand sie sich in einer Tieftrance und reagierte bereitwillig auf meine Fragen. Als ich ihr die entsprechende Anweisung erteilte, machte sie sich so unmittelbar in ein zukünftiges Leben auf, als ob sie so etwas täglich tun würde. Hier nun, was wir in diesen aufgezeichneten Sitzungen offenlegten.

Dr. Goldberg:	Was sehen Sie in diesem Augenblick?
Nancy:	Ich – ich bin mir nicht sicher. Ich scheine zu schweben. Ich kann nichts erkennen.
Dr. Goldberg:	Konzentrieren Sie sich auf meine Stimme. Ich zähle bis drei, dann schweben Sie nicht länger. Eins... zwei... drei. Können Sie mir jetzt sagen, was Sie sehen?
Nancy:	Ich bin auf dem Weg ins Ministerium.
Dr. Goldberg:	Welches Ministerium?
Nancy:	Natürlich das Friedensministerium. Meine Ausbildung ist so gut wie abgeschlossen, und ich bin schon sehr gespannt auf meine Karriere.
Dr. Goldberg:	Welches Jahr schreiben wir?
Nancy:	2206.
Dr. Goldberg:	Wie ist Ihr Name?
Nancy:	Marsha.
Dr. Goldberg:	Wie lange arbeiten Sie schon im Ministerium?
Nancy:	Vier Jahre. In einigen Monaten erhalte ich meinen ersten Auftrag. Ich bin schrecklich aufgeregt. Das wollte ich schon immer tun, seit ich ein Kind war.

Marshas Stimme klang kindlich, als sie mir diese Szene beschrieb. Ihr Vokabular war jedoch sehr gebildet, und sie schien über einen größeren Gefühlsreichtum zu verfügen als Nancy.

242

Dr. Goldberg:	Wie alt sind Sie, Marsha?
Nancy:	Ich bin 24.
Dr. Goldberg:	Zu welchem Land gehört das Friedensministerium?
Nancy:	Nun, wir sind ein Mitglied der Westlichen Staatenföderation. Sie müssen hier neu sein.
Dr. Goldberg:	Was halten Ihre Eltern von Ihrer Arbeit?
Nancy:	Sie sind ziemlich stolz auf mich. Ich bin ihr einziges Kind, und meine Eltern möchten, daß ich das tue, was ich will.
Dr. Goldberg:	Wie heißen Ihre Eltern, und welche Berufe üben sie aus?
Nancy:	Der Name meiner Mutter ist Lani, und sie ist jetzt Hausfrau. Sie hat früher als Architektin gearbeitet. Mein Vater heißt Howard, und er ist Atomingenieur.
Dr. Goldberg:	Wer bildet Sie im Friedensministerium aus?
Nancy:	Ein Großteil unserer Ausbildung erfolgt über Simulatoren (Videokassetten für den Selbstunterricht). Wir begleiten die Diplomaten, wenn bestimmte Phasen unserer Ausbildung abgeschlossen sind. Zuerst müssen wir aber ziemlich umfassende Prüfungen bestehen.

Mit ruhiger, monotoner Stimme beschrieb Nancy (Marsha) eine ultramoderne Stadt. Die Bürgersteige bewegten sich wie Förderbänder oder horizontal laufende Aufzüge. Die meisten Häuser waren weiß und sehr hoch. Die Straßen waren tadellos sauber und glatt, fast wie Marmor. Es gab nur wenig Lärm, der die Menschen ablenkte. Die beiden wichtigsten Transportformen waren die überirdische Einschienenbahn und eine Untergrundbahn. Innerhalb der Stadtgrenzen waren Autos nicht erlaubt, daher gab es so gut wie keine Umweltverschmutzung und auch keine

Autounfälle. Die Einschienenbahn, die Untergrundbahn und die beweglichen Bürgersteige verursachten kaum Geräusche. Es schien, daß diese Gesellschaft den Lärm ebenso besiegt hatte wie die Luftverschmutzung.

Die Lebenserwartung betrug durchschnittlich 110 Jahre. Mit 85 wurde man zwangspensioniert.

Die mangelnde Stabilität während der Progressionen, auf die ich bereits an früherer Stelle hingewiesen habe, zeigte sich im nächsten Gespräch. Ich erhielt diese Informationen aufs Geratewohl und aus dem Zusammenhang gerissen. Hier mein Versuch, die Geschichte dieser Karrierefrau des 23. Jahrhunderts zusammenzusetzen.

Dr. Goldberg: Marsha, können Sie mir mehr über Ihre Arbeit erzählen?
Nancy: Wie ich schon sagte arbeite ich für das Friedensministerium im Diplomatischen Korps. In einigen Monaten ist meine Ausbildung abgeschlossen, und wenn ich die Prüfungen bestehe, werde ich meine erste Aufgabe erhalten. Ich bin sehr ...

Plötzlich hörte sie auf zu sprechen und verharrte bewegungslos und entspannt im Stuhl.

Dr. Goldberg: Marsha, wo Sind Sie jetzt?
Nancy: Ich bin im Dschungel. Es ist schrecklich feucht und heiß.
Dr. Goldberg: Wo befindet sich dieser Dschungel?
Nancy: In Brasilien, nicht weit vom Amazonas. Ich bin hier im Auftrag des Diplomatischen Korps.
Dr. Goldberg: Welches Jahr schreiben wir?
Nancy: 2207.

Nancy hat sich selbst ein Jahr weiter progressiert. Sie schwitzte, obwohl in meinem Behandlungsraum nur etwa 20 Grad herrschten. Marsha kam einem Auftrag in Brasilien nach. Es schien, daß ein Erdbeben – unabsichtlich hervorgerufen durch die von der Westlichen Föderation durchgeführten Wetterversuche – eine Reihe kleinerer Städte in diesem Gebiet zerstört hatte. Die Westliche Föderation hatte Marsha und zwei andere Diplomaten abgesandt, um Einzelheiten einer finanziellen Unterstützung auszuarbeiten und die Angelegenheit politisch zu glätten. Marsha wußte nicht viel über diese Versuche, aber die Föderation versuchte anscheinend, das Wetter durch den Einsatz hoher Töne zu regulieren. Brasilien gehörte zur Westlichen Föderation, und ebenso Nordamerika, der Rest von Südamerika, Mittelamerika, Westeuropa, Afrika und der Mittlere Osten.

Dr. Goldberg: Marsha, können Sie mir sagen, was jetzt geschieht?

Nancy: Meine Vorgesetzte arbeitet die Einzelheiten der Mission mit einem Vertreter Brasiliens aus. Ich filme das Katastrophengebiet.

Dr. Goldberg: Warum treffen Sie sich im Dschungel anstatt in einem Botschaftsgebäude?

Nancy: Die Föderation schreibt vor, das Katastrophengebiet zu untersuchen. Wir müssen Videoaufzeichnungen der betroffenen Gebiete mitbringen.

Dr. Goldberg: Ist das Ihre erste Aufgabe?

Nancy: Himmel, nein. Ich hatte in den letzten neun Monaten schon sechs andere Aufträge.

Dr. Goldberg: Was geschieht jetzt?

Nancy: Ich scheine offenbar ... ich sitze an meinem Schreibtisch und schreibe den Bericht über die Katastrophe in Brasilien.

Anscheinend hatte sich Marsha von der Dschungelszene gelöst und war zum Friedensministerium zurückgekehrt. Sie hatte sich zwei Wochen weiter progressiert. Ich progressierte Marsha nun zu einer Situation außerhalb des Ministeriums.

Dr. Goldberg: Welche Wetterbedingungen herrschen draußen?

Nancy: Es ist sonnig und warm. Die SDs werden Überstunden schieben müssen.

Dr. Goldberg: Wer oder was sind SDs?

Nancy: Nun, das sind natürlich Solardiscs. Es ist eigentlich sehr schön, wenn man sieht, wie sie sich so bewegen.

Auf meine Fragen hin stellte sich heraus, daß Solardiscs riesige Gebilde waren, die langsam und in weitem Bogen rotierten. Sie sorgten für die Heizung und Kühlung der Stadt sowie für andere Energiebedürfnisse. Ich progressierte Marsha daraufhin zu ihrer Wohnung. Sie lebte in einem Apartment in der Innenstadt.

Dr. Goldberg: Marsha, können Sie mir Ihre Wohnung beschreiben?

Nancy: Tja, ich lebe in der neunten Erhöhung. Was genau wollen Sie denn wissen?

Dr. Goldberg: Wie bereiten Sie Ihre Nahrung zu?

Nancy: Meine Wohnung ist mit einem Omni-Regulator ausgerüstet.

Dr. Goldberg: Was ist ein Omni-Regulator?

Nancy: Eine selbstregulierende Kocheinheit, die alle Formen von Verzehrgütern gemäß meinen vorher einprogrammierten Spezifikationen zubereitet.

Dr. Goldberg: Wie kommunizieren Sie aus Ihrer Wohnung heraus mit anderen Menschen?

Nancy:	Ich benütze mein Bildtelefon.
Dr. Goldberg:	Was ist ein Bildtelefon?
Nancy:	Das ist ein Apparat, in den ich hineinspreche. Er besitzt einen kleinen Bildschirm, in dem ich die Person sehen kann, die mich anruft. Wir setzen Geräte dieses Typs zur Sicherheitsüberwachung im Ministerium ein; die sind allerdings viel komplexer.
Dr. Goldberg:	Können Sie einen anderen mechanischen Gegenstand aus Ihrer Wohnung beschreiben?
Nancy:	Türen und Fenster können elektronisch geöffnet und geschlossen werden. Sie sind so programmiert, daß sie auf bestimmte Worte reagieren. Wenn ich diese Worte oder Sätze ausspreche, kann ich die Fenster und Türen öffnen oder schließen, ohne aufstehen zu müssen.
Dr. Goldberg:	Können Sie mir mehr über Ihre Arbeit im Ministerium erzählen?
Nancy:	Ich bin nicht befugt, über alle Aspekte meiner Stellung zu sprechen, aber ich will so informativ wie möglich sein.
Dr. Goldberg:	Haben Sie nicht gesagt, Ihr Ministerium sei Teil der Westlichen Staatenföderation?
Nancy:	Das ist richtig.
Dr. Goldberg:	Welche anderen Großstaaten gibt es derzeit?
Nancy:	Es gibt keine anderen Großstaaten, nur die Allianz.
Dr. Goldberg:	Was ist die Allianz?
Nancy:	Zur Östlichen Allianz gehören all jene Länder, die nicht Mitglied in der Westlichen Staatenföderation sind.

Rußland, China, Indien, Japan, Südostasien, Neuseeland, Australien und einige kleinere Inseln sowie Teile Osteuropas gehörten zur Östlichen Allianz. Zwischen der Westlichen Staatenföderation und der Östlichen Allianz schien es jedoch keine Unstimmigkeiten zu geben. Die Hauptunterschiede waren rein philosophisch. Es hatte seit über 100 Jahren keine Kriege mehr gegeben. Ich progressierte Marsha daraufhin in das Jahr 2221.

Dr. Goldberg:	Was sehen Sie jetzt?
Nancy:	Ich bin in meinem Büro. Es liegt ziemlich viel Arbeit an.
Dr. Goldberg:	Wie kommt das?
Nancy:	Wir haben viele Probleme mit der Östlichen Allianz.
Dr. Goldberg:	Welche Probleme sind das im Einzelnen?
Nancy:	Dem Ministerium ging eine Eingabe von Indien zu, als Schlichter in einer lokalen Grenzstreitigkeit zu agieren. Das Problem entstand, als diese Botschaft von einer unserer Computerbänke fehlgeleitet wurde, und wir daher nicht auf sie reagierten. Die indische Delegation sandte eine ähnliche Anfrage an die Östliche Allianz. Letzte Woche rückte der Computer die Nachricht endlich heraus, und wir sandten sofort ein Team nach Indien. Jetzt befinden sich da unten zwei Gruppen von Schlichtern, und es gibt kein Protokoll, das darüber entscheidet, wer bleibt und wer geht.
Dr. Goldberg:	Warum hat sich Indien nicht gleich an die Östliche Allianz gewendet?
Nancy:	Indien ist mit der Allianz nicht glücklich und versucht seit Jahren, der Föderation beizutreten.

Dr. Goldberg:	Welche Stellung nehmen Sie derzeit im Ministerium ein?
Nancy:	Ich bin die Leiterin der Schlichtungsabteilung, Sektion C-311.
Dr. Goldberg:	Was gehört zu dieser Aufgabe?
Nancy:	Ich leite ein Team von 47 Schlichtern. Diese Schlichter führen kleinere Verhandlungen durch, die ich ihnen zuweise. Bei Problemen oder in ungewöhnlichen Situationen nehme ich die Sache selbst in die Hand.
Dr. Goldberg:	Dann sind Sie meistens im Ministerium und nicht draußen vor Ort?
Nancy:	Das ist richtig. Hin und wieder gehe ich gern auf Dienstreise, das ist mal etwas anderes.
Dr. Goldberg:	Sind Sie mittlerweile verheiratet?
Nancy:	Nein. Ich habe mein Leben dem Ministerium gewidmet. Ich liebe meine Arbeit.
Dr. Goldberg:	Gehen Sie oft aus?
Nancy:	Nicht allzu oft. Derzeit bin ich mit niemandem befreundet, aber das macht mir nichts aus.
Dr. Goldberg:	Was machen Sie in Ihrer Freizeit am liebsten?
Nancy:	Ich ziehe ein hohes Maß an Befriedigung aus meinen Gewächsen (Pflanzen).

Während meiner Befragung versetzte Marsha sich plötzlich in einen großen Konferenzraum im Friedensministerium. Anscheinend ging sie in diesem großen Raum ihre Notizen durch. Das fand nur einige Stunden nach ihrer letzten Antwort auf meine Frage hinsichtlich ihrer Freizeit-Interessen statt. Diese besondere hypnotische Sitzung war ziemlich lang (etwa eineinhalb Stunden), und die Frequenz der sich abwechselnden Szenen war gegen Ende der letzten halben

Stunde dieser Trance kein ganz so großes Problem mehr.
Ich fragte sie erneut nach ihren Interessen.

Dr. Goldberg:	Gehen Sie manchmal ins Theater?
Nancy:	Ja, aber nicht sehr häufig.
Dr. Goldberg:	Welche Spiele werden derzeit in New York aufgeführt?
Nancy:	New York? Das verstehe ich nicht. Was ist New York?
Dr. Goldberg:	Gibt es nicht eine Stadt namens New York, die für ihre Theater berühmt ist?
Nancy:	Ach, Sie meinen wahrscheinlich New City. Es gab früher einen Ort namens New York, aber diese Stadt wurde bei dem großen Erdbeben vor 150 Jahren völlig zerstört. Die Stadt wurde dem Erdboden gleichgemacht, und es dauerte viele Jahre, sie wieder aufzubauen. Man hat sie dann in New City umbenannt. Ich habe den Namen New York seit meinem Geschichtsunterricht in der Schule nicht mehr gehört.
Dr. Goldberg:	Ist New City immer noch eine Theaterstadt?
Nancy:	Eigentlich nicht. Wenn ich mich historisch richtig erinnere, wurde die Theaterlandschaft nach dem Wiederaufbau universeller und konzentrierte sich nicht länger auf nur eine einzige Stadt. New City ist einfach eine Stadt wie alle anderen.
Dr. Goldberg:	Wurden bei dem großen Erdbeben noch andere Städte zerstört?
Nancy:	Ja, auch eine Reihe kleinerer Städte. San Francisco und Los Angeles wurden kurz vor New York zerstört. Ich fand es schon immer seltsam, daß San Francisco und Los Angeles ihre Namen nach dem Wiederauf-

bau beibehielten, New York jedoch in New City umbenannt wurde.

Als Marsha von dem großen Erdbeben sprach, zeigte sie sich emotional völlig losgelöst. Die Zerstörung hatte für sie offenbar nur geringe Bedeutung. Die Ereignisse der Vergangenheit waren so gut wie vergessen. Das Einzige, was für Marsha wichtig schien, waren ihre Aktivitäten im Minsterium und ihre Gewächse.

Ich progressierte Marsha ins Jahr 2235. Sie war nun 53 Jahre alt. Sie beschrieb ein ausgefülltes Leben mit vielen sportlichen Aktivitäten und Diensten für die Gemeinschaft. Sie wirkte wie eine Frau Ende Zwanzig oder Anfang Dreißig im 20. Jahrhundert. Ihre Gewächse waren ihr immer noch wichtig. Es gab keine Kriege oder anderen Katastrophen während der vergangenen 14 Jahre, und die Östliche Allianz verstand sich ausgezeichnet mit der Westlichen Föderation. Marsha war Leiterin der gesamten Schlichtungsabteilung im Friedensministerium, nicht nur von Sektion C-311. Es war für eine Frau keineswegs ungewöhnlich, hohe Stellungen in der Regierung einzunehmen. Deswegen gab es offenbar auch keine feministische Bewegung oder andere Bemühungen in dieser Richtung; dazu bestand einfach keine Notwendigkeit. Die Menschheit hatte offensichtlich gelernt, in Frieden zu leben; Vorurteile, Eifersucht, Gier, Hunger und Angst waren so gut wie ausgelöscht. Wenn ein Problem entstand, wurde schnell und effizient damit umgegangen.

Fernsehen, Computer und andere elektronische Wunder waren ganz alltäglich. Die Menschen wurden sofort über die laufenden Ereignisse informiert; Krankheiten traten nur ganz selten auf. Ich fand den Mangel an psychologischen Problemen äußerst interessant. Die Bürger des 23. Jahrhunderts schienen weder ängstlich noch depressiv zu sein. Tranquilizer wurden nicht benötigt. Kommunikationsprobleme tauchten nur gelegentlich auf. Dies wirkte sich unmittelbar auf die Politik aus (und erleichterte Marshas Aufgabe ungemein).

Als ich Nancy in die Gegenwart zurückführte, war sie entspannt. Sie hatte ein gutes Gefühl in bezug auf diese Erfahrung. Sie fand es zwar schwer zu akzeptieren, aber allmählich gestand sie ein, daß ein zukünftiges Leben als Marsha möglich sein könnte.

An dieser Sitzung fallen einige interessante Punkte auf. Zum einen wurde Nancys Stimme tiefer, und ihr Sprachmuster verlangsamte sich signifikant, wenn sie als Marsha sprach. Am auffallendsten war die deutliche Zunahme ihres Wortschatzes. Nancy war über ihre Sprachbeherrschung in der Trance geschockt. Drittens verhielt Nancy sich viel selbstbewußter als Marsha. Marsha war sehr stolz auf das, was sie erreicht hatte, und sprach fast ausschließlich über Angelegenheiten des Ministeriums. Nancy dagegen sprach nie über ihre Arbeit als Kellnerin und verbrachte viele Stunden mit ihren Freunden und ihrer Tochter. Nancy heiratete schon mit 17, Marsha ging niemals den Bund der Ehe ein. Es bestanden sichtlich große Unterschiede zwischen Nancy und Marsha – das ist möglicherweise zum Teil dem verbesserten sozialen Status von Frauen in dieser zukünftigen Gesellschaft zuzuschreiben.

Nancys gesellschaftliche Stellung in ihren früheren Inkarnationen war auf der sozioökonomischen Skala ziemlich niedrig. Als Kellnerin in diesem Leben hatte sie in der Gegenwart diesbezüglich nicht eben viele Fortschritte gemacht. Durch das Erleben ihrer Zukunft als erfolgreiche Karrierefrau im Friedensministerium spürte Nancy, daß sie ihren beruflichen Status nicht nur verbessern konnte, sondern auch würde. Als Marsha nahm sie eine sehr verantwortungsvolle Stellung ein und widmete ihr Leben dem Ministerium. Ich bemerkte, wie stolz Nancy sich verhielt, nachdem sie dieses zukünftige Leben gesehen hatte.

Auch das Karma kam hier zur Anwendung. Die enge Beziehung zwischen Nancy und ihrer Tochter zeigte sich beispielhaft im 19. Jahrhundert, als Nancy hart als Putzfrau arbeitete, um ihren Sohn (in diesem Leben ihre Tochter) durch die Schule zu bringen. Darüber hinaus zeigte sich die Erniedrigung durch den Hoteldirektor in Spanien (in diesem Leben ihr Ex-Mann) in diesem Leben als Schikane durch ihn, sogar nach der Scheidung. Die Lektionen eines engen Familienlebens waren gelernt, und als Marsha benötigte sie nicht länger den engen Familienverbund, um ihre Ziele zu erreichen. Ihre Karriere beherrschte im 23. Jahrhundert ihr Leben.

KAPITEL 18

Vom Wahrsager zur Hüterin des Wissens

Für eine erfolgreiche Zukunftsprogression ist es normaler-weise erforderlich, zuerst in mehrere frühere Inkarnationen zu regressieren. Die Gründe hierfür sind unklar, aber meine klinische Erfahrung führt mich zu der Annahme, daß die meisten Menschen einfach zu viele Blockierungen auf-grund dessen aufbauen, was uns laut Aussage unserer Gesellschaft möglich beziehungsweise unmöglich ist. In unserer Kindheit und Jugend wurde uns häufig gesagt, die Zukunft könne nicht vorhergesagt oder begriffen werden. In unserer Kultur vertiefen sich nur Scharlatane und schlechte Menschen in die Beschäftigung mit der Zukunft.

Auf diese Weise werden Blockierungen aufgebaut, und nur die praktische klinische Erfahrung kann diesen Berg von Hemmungen abbauen. Da grundsätzlich alle meine Patienten und Patientinnen ein ganzes Aufgebot an selbst-schädigenden Handlungsmustern vorweisen, ist es von ent-scheidender Bedeutung, diese Blockierungen abzubauen. Erst dann kann lang andauernder Fortschritt erzielt werden.

Gute Beispiele von solchen selbst-schädigenden Hand-lungsmustern sind ständiges Aufschieben, Verspätungen, zwanghafter Kaufrausch, Alkoholismus, Völlerei, Unge-duld und so weiter. Wir neigen in diesen Fällen dazu, Schwierigkeiten im eigenen Leben zu erschaffen (und in mehr als einem Leben), die uns davon abhalten, unsere selbstgesetzten privaten und beruflichen Ziele zu erreichen. Das Selbstbild (wie wir uns selbst wahrnehmen, nicht wie andere uns sehen) wird herabgesetzt. Der erste Schritt in der Hypnotherapie besteht darin, dieses Selbstbild zu verbessern. Wenn Sie ein Haus auf Treibsand bauen, wird es nicht lange genug stehen, um bewundert zu werden. Ich habe bereits erwähnt, daß ich persönlich für meine Patienten und Patientinnen Kassetten aufnehme, um ihnen zu helfen, eine gesunde und starke seelische Grundlage aufzubauen, aus der heraus sie ihren karmischen Sinn verstehen und Schritte zur Erfüllung ihres Karmas unternehmen können.

Die Therapie mit Inkarnationsregression und Zukunftsprogression ist die einzige von mehr als 250 anerkannten Therapieformen in den Vereinigten Staaten, die sich der Traumebene zur Reinigung, Neuprogrammierung und Zielerreichung bedient. Neueste medizinische Forschungsergebnisse zeigen, daß wir jede Nacht im Schnitt drei Stunden in der REM-Phase[26] der Traumebene verbringen. Dies ist eine Alpha-Ebene vermischt mit den unterbewußten (Theta und Delta) Ebenen des Schlafes. Meine Therapie trägt dazu bei, die Patienten zu ihren eigenen Therapeuten werden zu lassen, die nachts selbst eine hypnotische Trance einleiten, sich der Traumebenen für Inkarnationsregressionen und Zukunftsprogressionen bedienen und ihr Überbewußtsein anzapfen können (um Informationen von ihren Meistern und Führern zu erhalten, zur Reinigung und Neuprogrammierung).

Emilys Fall ist interessant, weil er viele der zuvor erwähnten Prinzipien verdeutlicht. Wir werden ihre Inkarnationen erforschen: von Achmud, dem Wahrsager im alten Ägypten, bis zu Sequestra, der 300 Jahre alten Hüterin des Wissens im 36. Jahrhundert. Emily kam im Som-

---

[26] REM-Phase, in der Psychologie die Schlafphasen, die durch schnelle Bewegungen des Augapfels (= REM: Rapid Eye Movement) gekennzeichnet sind und von Träumen begleitet werden.

mer 1981 zu mir. Sie litt unter ulzeröser Kolitis (Colitis ulcerosa). Diese gastro-intestinale Störung wird als chronische, unspezifische, entzündliche und ulzeröse Krankheit des Dickdarms definiert, häufig von blutigem Durchfall begleitet. Die Krankheit beginnt meistens im Alter zwischen 15 und 40 Jahren. Die Ursache ist unbekannt. Die Symptome sind höchst unangenehm, denn es besteht ein erhöhter Drang zum Stuhlgang mit Krämpfen im Unterbauch sowie Blut und Schleim im Stuhl. Es ist nicht ungewöhnlich, daß die Patienten täglich zehn bis zwanzig Mal Stuhlgang haben, häufig begleitet von starken Krämpfen. Es muß mit Dickdarmkrebs gerechnet werden. Bis zum vierten Jahrzehnt dieser Krankheit haben 70 % aller Patienten kolorektalen Krebs entwickelt. Annähernd ein Drittel aller Patienten mit starker ulzeröser Kolitis müssen operiert werden. Aus dieser Aufzählung ist ersichtlich, daß diese Krankheit für den Patienten kein Zuckerschlecken ist.

Emily war 41 Jahre alt, als sie mich aufsuchte. Sie hatte die Corticosteroide, die man ihr gegeben hatte, abgesetzt, da diese 13 Jahre lang nicht die geringste Wirkung gezeigt hatten. Heute leidet Emily nicht mehr unter ulzeröser Kolitis. Sie kann stundenlang Autofahren und muß sich nicht alle 15 bis 30 Minuten darum kümmern, eine öffentliche Toilette zu suchen.

Wir wissen, daß Streß Kolitis-Anfälle hervorruft. Diese Streß-Quelle aufzudecken und sich neu zu programmieren, löste buchstäblich das Problem. Emily ging in eine Reihe früherer Inkarnationen zurück, um den Streß zu beseitigen.

Im alten Ägypten war Emily ein Knabe namens Achmud. Achmuds Vater war der Hauptschreiber des Pharao. Der Junge mochte die Arbeit seines Vaters nicht und wollte Baumeister werden. Gelegentlich nahm Achmuds Vater ihn mit zum Tempel, und sie besuchten die Priester. Jedes Mal, wenn Achmud den Tempel betrat, spürte er ein Beben im ganzen Körper.

Eines Tages ärgerte Achmud auf der Baustelle einen Baumeister. Dieser Baumeister verprügelte Achmud und schlug seinen Kopf gegen einen Tisch. Daraufhin wurde Achmud auf dem rechten Auge blind. Aber es geschah etwas Interessantes: Er konnte von nun an in die Zukunft sehen.

Die Priester entdeckten sein Talent und holten Achmud als Unterstützung für die Priesterschaft. Nach Jahren harten Trainings wurde Achmud zum Priester geweiht. Später war er Ratgeber des Pharao. Als sich Achmud weigerte, das Todesdatum des Pharao vorauszusehen, wurde er aus der Stadt gewiesen. Achmud kehrte nach Hause zurück, um seinem Bruder Housad zur Hand zu gehen.

Achmud und Housad setzten gemeinsam Achmuds mediale Fähigkeiten ein, aber das verwirrte die örtlichen Behörden. Ein Politiker bat Achmud, die Zukunft ausschließlich für ihn vorherzusagen. Als Achmud sich weigerte, banden Soldaten sowohl seinen Bruder als auch ihn an Pfähle in der Wüste und ließen die beiden dort zum Sterben zurück. Achmud schrie, als sein Magen nach Nahrung verlangte. Schließlich starben er und sein Bruder. Daraus resultierten Emilys Darm-Probleme.

Im Mittelalter lebte Emily als Mann namens Alfred in England. Sein Vater war ein wohlhabender Landbesitzer, der Alfreds älteren Bruder Jeremy bevorzugte. Sein Vater war ein grausamer Mann und sehr selbstsüchtig. Jeremy war selbstsicherer als Alfred, aber gütig seinem jüngeren Bruder gegenüber. Später zogen Jeremy und sein Vater in den Krieg und ließen Alfred zurück. Beide wurden getötet, und Alfred übernahm den Landsitz, da seine Mutter schon viel früher gestorben war und es keine anderen Familienmitglieder gab. Alfred konnte den Druck, einen Landbesitz zu leiten, Steuern einzusammeln, die Arbeiter zu überwachen und was dergleichen mehr war, nicht ertragen. Er litt unter Magenbeschwerden und Schlaflosigkeit. Schließlich starb er an einem Fieber. Er hinterließ keine Erben.

Im 16. Jahrhundert war Emily wieder ein Mann. Sein Name war Stefan, und er lebte in Holland. Stefan war ein großer Mann mit riesigem Appetit. Als seine Frau Maria bei der Geburt ihres Kindes starb, verabschiedete sich Stefan von seinem bisherigen Leben und ging zur See. Der Kapitän, unter dem er arbeitete, war ein Tyrann. Später organisierte Stefan eine Meuterei und tötete den Kapitän. Daraufhin wurde Stefan zum Piraten. Nach zahlreichen Überfällen wurde Stefans Schiff versenkt. Er und sein Obermaat flohen auf eine kleine Insel, auf der sie Rum herstellten. Schließlich wurde Stefan zum Alkoholiker und bekam ein Magengeschwür. An diesem Geschwür starb er eines Nachts unter gräßlichen Schmerzen.

In einem anderen Leben, Anfang des 19. Jahrhunderts, lebte Emily als Seminole-Indianer namens Osciola. Osciola war zum Teil auch Weißer. Er war sehr aufsässig und führte Überfälle auf weiße Siedler in Florida an. Nachdem die weißen Soldaten sein Volk besiegt hatten, wurde Osciola inhaftiert, und sein Volk wurde nach Westen vertrieben. Osciola konnte fliehen und half einigen Angehörigen seines Stammes, der erzwungenen Auswanderung zu entkommen. Schließlich wurde er erneut gefangen genommen. Er hungerte sich im Gefängnis zu Tode und weigerte sich aus Prinzip, Nahrung zu sich zu nehmen. Von seinen zahllosen Stunden voller Leid, mit starken Schmerzen in Magen und Darm, wurde er schließlich dadurch erlöst, daß er zu Geist wurde.

Erst Ende des 19. Jahrhunderts entdeckte Emily ein früheres Leben als Frau. Ingrid lebte in Deutschland und war mit Anson verheiratet. Sie besaßen eine kleine Landwirtschaft, und Anson arbeitete als Förster. Eines Tages wurde ihr Haus von einer Lawine verschüttet, die auch den Kamin verstopfte. Ingrid wäre beinahe erstickt, wurde aber von ihren Nachbarn gerettet. Man brachte sie in ein Krankenhaus. Dort stellte sich heraus, daß ihre Beine gelähmt waren. Die Lähmung war ausschließlich psychosomatisch – Ingrid hatte Angst, daß Anson sie verlassen würde, und dieses Symptom war ihr Versuch, ihn an sich zu binden. Eines Tages, nachdem Anson ihr seine Liebe versichert hatte, bewegten sich Ingrids Beine, und bald darauf konnte sie wieder normal gehen. Sie verließ das Krankenhaus als geheilte Frau. Ingrid lebte viele Jahre und starb eines natürlichen Todes. Interessant daran ist, daß das psychologische Profil eines Patienten mit ulzeröser Kolitis das Bedürfnis nach Aufmerksamkeit aufweist (als psychologischen Nebengewinn).

In dieser Phase der Hypnotherapie verschwanden Emilys Kolitis-Symptome. Die meisten dieser Inkarnationen wiesen Schmerzen und Probleme im Magen- und Darmbereich auf. Und immer gab es viel Streß. Nach jedem Leben führte ich Emily auf die Ebene ihres Überbewußtseins und ließ sie die Streß-Reste ausräumen. Emily war sehr zufrieden mit ihren Resultaten, und sie fragte mich, ob es so etwas wie ein künftiges Leben gibt.

Während der folgenden vier Wochen lebte Emily ohne Kolitis-Symptome. Sie erledigte verschiedene Pflichten ihrer Familie gegenüber, und sie und ihr Mann gingen ein wenig auf Reisen. Daher sah ich Emily erst über einen Monat später wieder. Sie wollte nun ein zukünftiges Leben erforschen, »wenn es das wirklich gibt.«

Da Emily in vier ihrer fünf früheren Inkarnationen ein Mann war, wußte ich nicht, was ich von ihrem zukünftigen Leben erwarten konnte. Als guter Kliniker näherte ich mich dem Progressionsaspekt ihrer Therapie objektiv und erklärte ihr ausführlich die Theorie, die dem, was wir durch die Hypnose zu erforschen suchten, zugrunde lag.

Emily war keine sehr gebildete Frau, daher mußte ich meine Erklärungen einfach formulieren. Ich machte sie mit dem Frequenz-Modell vertraut. Es gibt mindestens fünf wichtige Frequenzen bzw. mögliche Zukunftsformen, aus denen Sie wählen können. Wenn Sie nichts tun, wird Ihre gegenwärtige Frequenz auch Ihre zukünftige Frequenz sein. Wenn Sie jedoch in der Lage sind, alle wichtigen Optionen (Frequenzen) wahrzunehmen, können Sie die für Sie optimale Zukunft auswählen und entsprechend Ihrer Wahl programmiert werden. Diese ideale Frequenz wird dann zu Ihrer Wirklichkeit (das heißt Ihre Zukunft hat sich nun von der Frequenz, auf der Sie sich befanden, zu der positiveren Wahl hin verändert). Die anderen Frequenzen sind gleichbedeutend mit Paralleluniversen.

Emily kratzte sich während dieser Einweisung mehrere Male am Kopf, aber allmählich verstand sie es wirklich. Ich teilte ihr mit, daß zukünftige Inkarnationen genauso funktionieren. Die Prinzipien der Regression, Progression, der Paralleluniversen, und so weiter sind in der Quantenphysik durch ziemlich komplizierte mathematische Formeln allesamt gut dokumentiert. Darüber hinaus gibt es von Quantenphysikern ausgeklügelte Laborexperimente zur Demonstration des Raum-Zeit-Kontinuums.

Es gibt noch ein anderes Vorstellungsmodell, ich nenne es den Verästelungseffekt. Stellen Sie sich vor, die verschiedenen Zweige eines Baumes stellen das Ergebnis einer Reihe von Entscheidungen dar; nun sind Sie auf dem besten Weg, dieses Modell zu verstehen. Nehmen Sie an, Sie treffen eine Wahl, und diese Wahl führt Sie zu anderen Entscheidungen, die auf der zuerst getroffenen Wahl beruhen. Mit anderen Worten, hätten Sie sich zu Anfang für eine Alternative entschieden, wären Sie mit einer völlig anderen Reihe von nachfolgenden Entscheidungen konfrontiert. Dieser Verästelungseffekt kann nach einer Reihe von Entscheidungen ziemlich kompliziert werden. Ein angenehmer Aspekt dieser Theorie ist, daß wir nicht einfach nur Opfer unseres Karma sind, wenn wir unser Leben wirklich kontrollieren. Wenn wir unser Karma ausarbeiten (Weisheit löscht negatives Karma), können wir die Qualität unserer Entscheidungen verbessern, und unsere Aufgabe wird leichter.

Selbst-schädigende Handlungsmuster symbolisieren Blockierungen, die wir selbst erschaffen und die uns davon abhalten, ein gewünschtes Ziel zu erreichen. Beispiele selbst-schädigender Handlungsmuster sind neben den zu Anfang dieses Kapitels erwähnten auch Rauschgiftsucht, Rauchen, sexuelle Störungen und Depression. Der Sinn der Inkarnationsregression liegt darin, diese selbst-schädigenden Handlungsmuster zu identifizieren, sich ihnen entgegenzustellen und sie zu beseitigen, damit die Patienten mit ihrem Leben fortfahren und zusätzlich negatives Karma auslöschen können. Darüber hinaus wird die erlernte Lektion (Weisheit) positives Karma hinzufügen, und das macht automatisch einen Teil des negativen Karma unwirksam. Auf diese Weise schreiten die Patienten in Richtung auf das ultimative Ziel, alle ihre karmischen Lektionen zu erfüllen und sich dann über den karmischen Kreislauf hinaus zu höheren Ebenen zu erheben (Himmel, Nirwana oder wie immer Sie es nennen wollen).

Emilys verschiedene frühere Inkarnationen zeigen Muster von Schuld, Übervorteilung, Unsicherheit, Aufsässigkeit und niedrigem Selbstwertgefühl, und diese Blockierungen übertrugen sich in ihr gegenwärtiges Leben als internalisierter Alltagsstreß, der sich schließlich als ulzeröse Kolitis manifestierte. Indem sie diese Blockierungen von der Ebene des Überbewußtseins (der höchsten Ebene des Unterbewußtseins) aus konfrontierte und verarbeitete, wurden die Ursachen beseitigt, und die Symptome verschwanden ganz natürlich.

Im Jahr 2984 lebte Emily in einer unterirdischen Stadt namens Tera. Sie hieß Alexandra und war von Beruf Botanikerin. Tera lag im Staat New Georgia (nach dem großen Atomkrieg während des 25. Jahrhunderts wurden viele Länder, die heute im Gebiet der Vereinigten Staaten liegen, umbenannt). Es war überaus schwierig, diese Progression durchzuführen, weil Emily von Natur aus sehr emotional war, und als ihr Verstand einige der Fehler dieser zukünftigen Gesellschaft wahrnahm, weinte sie und wurde sehr traurig.

Die Liga der Einheit, die wir im 26. Jahrhundert gesehen haben, wurde im 28. Jahrhundert durch die Atlantische und Pazifische Föderation ersetzt. Alexandra arbeitete für die Atlantische Föderation. Beide Föderationen waren einander freundlich gesinnt, und wissenschaftliche Daten wurden frei ausgetauscht. Interessanterweise war jede Föderation stolz darauf, die Beste zu sein, also bestand doch eine Form von Nationalismus. Emily (als Alexandra) beschrieb es als eine freundliche und gesunde Rivalität, die in etwa einem Menschen entsprach, der sein Lieblingsfootballteam beim Superbowl[27] anfeuert.

Dr. Goldberg:	Alexandra, können Sie mir etwas über Ihren Alltag erzählen?
Emily:	Ich weiß nicht genau, was Sie von mir wissen wollen.
Dr. Goldberg:	Nun, beispielsweise wo genau in Tera wohnen Sie?
Emily:	Mein Quartier besteht aus einer kleinen, aber funktionalen Wohnung, natürlich in blau.
Dr. Goldberg:	Warum sagen Sie »natürlich in blau«?
Emily:	Wann immer ich für ein neues Projekt instruiert oder programmiert werde sowie bei allen Abschluß-Deprogrammierungen

---

[27] »Superbowl« heißt das seit 1967 an einem Sonntag Ende Januar ausgetragene Endspiel der beiden Gruppenersten der American Football Conference und der National Football Conference um die NFL-Meisterschaft und ist nicht nur für Fans der eigentliche Nationalfeiertag der USA.

	nach Beendigung eines Projektes, wird mein Geist mit der Farbe blau gereinigt.
Dr. Goldberg:	Sagten Sie nicht, es gebe einen freien Austausch von wissenschaftlichen Daten zwischen der Atlantischen und der Pazifischen Föderation. Warum also eine Deprogrammierung?
Emily:	Die Deprogrammierung wird nur deshalb durchgeführt, um das Durcheinander früherer Projekte aus unserem Geist zu entfernen, damit wir unsere ganze Energie auf das nächste Projekt richten können. Alle Daten, die aufgezeichnet und getestet wurden, werden den Computerdatenbänken übermittelt, und beide Föderationen haben freien Zugang zu diesen Datenbänken.
Dr. Goldberg:	Haben Sie Familie?
Emily:	Ich lebe allein. Wir haben keine Familien, wie Sie es nennen.

Alexandra beschrieb daraufhin den Vorgang der Nachwuchs-Selektion, der ausschließlich in der Hand der Regierung lag. Babies aus der Retorte, wie im 26. Jahrhundert beschrieben, wurden bis zum Exzeß getrieben. Es wurden Sperma- und Eizellenbanken errichtet, und man überwachte die Genetik mittels Laser- und Röntgenstrahlen. Dies war ein ziemlich kaltschnäuziges System, aber es brachte körperlich überlegene Menschen mit langer Lebenserwartung hervor, die zu Höchstleistungen fähig waren. Das Problem bei diesem System war, daß es keine Möglichkeit gab, den emotionalen Zustand der Kinder zu kontrollieren. Einige von Teras Einwohnern entwickelten emotionale Probleme, und nur die Farbprogrammierung konnte hier bis zu einem gewissen Grad Abhilfe schaffen. Die Farbprogrammierung war eine Art von Hypnose; zusätzlich wur-

den der Wasserversorgung bestimmte Chemikalien beige-
geben, um die Programmierung aufrecht zu erhalten.

Dr. Goldberg: Kommen Sie viel mit anderen Menschen
zusammen?

Emily: Wir nehmen unsere Mahlzeiten gemeinsam,
nach Sektoren getrennt, ein. Wir pflegen
gesellschaftliche Kontakte, aber ich bin nur
an meiner Arbeit interessiert.

Dr. Goldberg: Erzählen Sie mir mehr über die Farbprogrammierung.

Emily: In meiner Wohnung befindet sich ein Bildschirm, auf dem bestimmte Farben auf-
leuchten. Jede Farbkombination ist ein
Symbol für das, was ich zu einer bestimmten Zeit tun soll. Und blau wird immer zur
Verstärkung eingesetzt.

Dr. Goldberg: Wozu wird die Farbe blau noch verwendet?

Emily: Es gibt bestimmte Tageszeiten, an denen ich
mich ausruhe, und der Bildschirm programmiert mich auf meine Projekte beziehungsweise er deprogrammiert mich. Er zerstreut
auch alle eventuellen Anspannungen, die
ich verspüre.

Dr. Goldberg: Warum leben Sie in einer unterirdischen
Stadt?

Emily: Die Oberfläche ist zwar bewohnbar, aber
wir leiden unter einem Mangel an Nahrungsmitteln. Wir entwickeln hier neue
Arten der Vegetation, um die Menschen zu
ernähren. Der letzte Atomkrieg (im 25. Jahrhundert) hat unsere Grundnahrungsmittel,
darunter das Getreide, so ziemlich zerstört.

Dr. Goldberg: Wie viele Menschen leben derzeit auf der
Erde?

Emily:	Etwa eineinhalb Milliarden Menschen, aber unsere Bevölkerung wächst sehr rasch, und es ist unsere Aufgabe, ausreichend Nahrungsmittel für sie bereitzustellen.

Ich progressierte Alexandra zu einem wichtigen Ereignis in ihrem beruflichen Leben. Sie war nun 55 Jahre alt.

Dr. Goldberg:	Was ist geschehen, seit ich das letzte Mal mit Ihnen gesprochen habe?
Emily:	(Sehr emotional) O je, o je – warum konnte ich nur so dumm sein?
Dr. Goldberg:	Was ist passiert?
Emily:	Ich habe meinen Anweisungen nicht Folge geleistet und weiter an einer Methode gearbeitet, die ich entwickelt habe, um die Größe und Qualität bestimmter Pflanzen zu verbessern. Meine Methode war ein Fehlschlag, und weil ich so viel Zeit und so viele Ressourcen verschwendet habe, sendet man mich an die Oberfläche.
Dr. Goldberg:	Was werden Sie auf der Oberfläche tun?
Emily:	Ich bekomme eine neue Aufgabe. Man bildet mich für eine Tätigkeit im Wetterkontrollministerium aus.

Ich progressierte Alexandra fünf Jahre weiter.

Dr. Goldberg:	Was ist Ihre derzeitige berufliche Aufgabe?
Emily:	Nachdem ich ein ziemlich teures Umschulungsprogramm durchlaufen habe, überwache ich jetzt die Solardiscs in Sektor 834HR.
Dr. Goldberg:	Wie steht es mit Ihrem früheren Beruf als Botanikerin? Vermissen Sie das nicht?

| Emily: | Doch, sehr. Gelegentlich denke ich an die alten Tage zurück, aber meine Neuprogrammierung hat mir geholfen, mich in meinen neuen Pflichten zurechtzufinden. |

Anscheinend wurde die Farbprogrammierung mit der Farbe blau, von der sie zuvor gesprochen hatte, bei ihrer Neuprogrammierung und umfassenden Umschulungsprogrammierung für die Arbeit mit den Solardiscs eingesetzt.

Dr. Goldberg:	Was tun Sie in Ihrer Freizeit?
Emily:	Ich verbringe meine freie Zeit mit meiner besten Freundin.
Dr. Goldberg:	Wer ist das?
Emily:	Mara K2. Sie ist eine Androidin, aber wir haben viel Spaß zusammen.
Dr. Goldberg:	Wie steht es mit Männern?
Emily:	Ach, habe ich Ihnen das nicht gesagt? Ich werde mich mit Azram zusammenschließen.

Azram war Alexandras Verlobter. Der Begriff *zusammenschließen* war gleichbedeutend mit heiraten. Alexandra schien jetzt emotional stabiler und hegte offenbar kein Bedauern mehr über ihre Zwangsversetzung. Das karmische Muster der Aufsässigkeit hatte in diesem Leben wieder seinen häßlichen Kopf erhoben, und diese Lektion wurde schließlich gelernt.

Nach dieser Zukunftsprogression zeigte sich Emily zunehmend fasziniert von der Aussicht auf die Zukunft. Sie hatte von den Reisen in ihre früheren Inkarnationen reichlich gelernt und profitiert, aber diese Progression war etwas anderes. Zuerst einmal veränderte sich die Modulation ihrer Stimme. Zum anderen wurde ihre Ausdrucksweise in der Zukunft viel gewählter. Zum dritten schien sie emotional stabiler und produktiver. Alexandra hatte ihre Höhen und Tiefen, aber Emily respektierte, was sie repräsentierte und erreichte, und dies gab ihr ein neues Leben.

Die Aussicht, noch weiter in die Zukunft zu reisen, interessierte Emily. Sie bat mich, noch eine Zukunftsprogression durchzuführen. Wie Sie sich erinnern, erwähnte ich bei meiner Einführung in die Progression, daß diese bisweilen äußerst unstabil und sporadisch sein kann. Das war auch der Fall während Emilys zukünftigem Leben als Sequestra im 36. Jahrhundert.

Ich progressierte Emily zu einem zukünftigen Leben, das den Höhepunkt ihrer karmischen Leistungen illustrieren sollte. Sie zählte eine Reihe von fragmentarischen Szenen auf, die sich schon bald zu einem recht bedeutenden Leben zusammenfügten.

Dr. Goldberg: Was nehmen Sie gerade wahr, Sequestra?
Emily: Ich höre Stimmen, sie singen... Da ist ein Mann, Jason. Ich kenne ihn. Nein... nicht springen. Himmel, er ist von einem Gebäude in den Tod gesprungen.
Dr. Goldberg: Wer war Jason?
Emily: Jason war der Führer der Aracatha. Eigentlich ist er es immer noch.
Dr. Goldberg: Ich verstehe nicht. Vor einem Augenblick sagten Sie, er habe sich selbst getötet.
Emily: Nun, es stimmt, daß sein Körper starb, aber Jason ist reine Energie und muß sich nur einen anderen Körper suchen.
Dr. Goldberg: Was ist die Aracatha?
Emily: Die Aracatha ist eine religiöse Gruppe, die unser Volk anführt. Sie sind reine Energie in Form von Licht.

Sie erinnern sich vielleicht an die Inkarnationsregression, die ich mit Bob (Bob und die Lichtmenschen) durchführte.

Es könnte sein, daß die ultimative Form der Evolution reine Energie ist.

Dr. Goldberg:	Wie heißt Ihr Land, Sequestra?
Emily:	Ich lebe auf Phonican, einem Planeten im Andromeda-Nebel.
Dr. Goldberg:	Was halten Sie von der Aracatha?
Emily:	Ich habe zwei Meinungen. Meine Meinung, wenn ich überprüft werde, unterscheidet sich sehr von der, wenn ich nicht überprüft werde.
Dr. Goldberg:	Was halten Sie von der Aracatha, wenn Sie nicht überprüft werden?
Emily:	Ich verachte sie, aber ich fürchte sie nicht. Sie sind grausam, und sie haben mein Volk durch Gedankenkontrolle versklavt.
Dr. Goldberg:	Wie bringen Sie die Gedankenkontrolle zustande?
Emily:	Die Aracatha stören mittels hoher Töne unsere Gehirnphysiologie. Dann programmieren Sie uns, alles zu tun, was sie wollen.
Dr. Goldberg:	Wie kommt es, daß Sie nicht völlig von ihnen versklavt wurden?
Emily:	Da ich einen Körper habe, bin ich ihnen nützlich, denn gelegentlich brauchen sie einen Körper. Außerdem bin ich die »Hüterin des Wissens«, daher dürfen sie es nicht riskieren, meinem Gehirn irreversiblen Schaden zuzufügen.
Dr. Goldberg:	Was bedeutet »Hüterin des Wissens«?
Emily:	Seit über tausend Jahren wird jeweils eine Person erwählt, das Wissen unserer Zivilisation zu hüten. Es ist ein sehr komplizierter Vorgang, der viele Eingriffe und neurochirurgische Maßnahmen erforderlich macht.

	Ich wurde von meinem Volk gewählt, diese Information zu bewahren.
Dr. Goldberg:	Warum kann die Aracatha Sie nicht einfach zwingen, diese Information herauszugeben?
Emily:	Ihre Techniken zeichnen sich durch bestimmte unvorhersagbare Nebenwirkungen aus. Wenn sie aus Versehen die Funktion meines Gehirns beeinträchtigen, wird die Information, die sie suchen, für immer verloren sein.
Dr. Goldberg:	War der Selbstmord von Jason ein Beispiel für diese Nebenwirkungen?
Emily:	Ja. Machen Sie sich keine Sorgen um Jason. Seine Energie wird einfach seinen Körper verlassen, und er wird sich wieder mit dem Rest der Aracatha vereinen.
Dr. Goldberg:	Warum sprechen Sie von Jason in der männlichen Form? Ist er nicht nur Energie?
Emily:	Ja, aber Jason sucht sich immer nur Körper von Männern aus, darum beziehe ich mich auf ihn als Mann.
Dr. Goldberg:	Erzählen Sie mir mehr von sich.
Emily:	Ich bin etwas über zwei Meter groß, und mein Körper ist annähernd vollkommen, wie bei allen Angehörigen meines Volkes. Ich bin 159 Jahre alt.
Dr. Goldberg:	Erzählen Sie mir etwas über Ihre Eltern.
Emily:	Meine Mutter verließ Phonican, als ich noch ein Kind war, daher kenne ich nur meinen Vater richtig.
Dr. Goldberg:	Was war er von Beruf?
Emily:	Er war Tierhüter, bevor die Aracatha ihn töteten, weil er versuchte, eine Revolution anzuzetteln. Ich nehme an, ich habe seine Aufsässigkeit geerbt.

Dr. Goldberg:	Wie haben die Aracatha von den Aktivitäten Ihres Vaters erfahren?
Emily:	Auf den meisten Häusern befinden sich hohe Metallstangen. Diese Stangen scannen die Gedanken unserer Bevölkerung und erlauben es den Aracatha, unsere Gedanken zu lesen. Mein Vater hat einen Helm aus einem ungewöhnlichen Metall entwickelt, der diese Scanner offenbar blockierte. Er funktionierte ausgezeichnet, aber eines Tages bildete sich in der Mitte ein winziger Riß, und die Stangen der Aracatha scannten erfolgreich seine Gedanken.
Dr. Goldberg:	Wie können Sie diesem Schicksal entgehen?
Emily:	Bevor mein Vater gefangen genommen wurde, baute er Dutzende von Helme, und er unterwies darüber hinaus einige Angehörige meines Volkes, wie man noch mehr Helme herstellen kann.
Dr. Goldberg:	Tragen Sie gerade einen solchen Helm?
Emily:	Natürlich. Ich trage ihn meistens, außer wenn ich weiß, daß die Aracatha in der Nähe sind.
Dr. Goldberg:	Woher wissen Sie, wann die Aracatha in der Nähe sind?
Emily:	Das ist ganz leicht. Wir tragen Geräte, die uns über Veränderungen der Energiefelder informieren, und die funktionieren sehr gut. Wann immer sich der Aracatha nähert, beeinflußt er die Energiefelder so sehr, daß jedes Kind seine Anwesenheit spürt.
Dr. Goldberg:	Warum trägt Ihr Volk diese Helme nicht ständig und bekämpft die Aracatha?
Emily:	Unsere Sonne stirbt, und unsere Technologie reicht nicht aus, um unser ganzes Vok

	auf einen anderen Planeten zu bringen. Unser Überleben hängt von den Aracatha und ihrem überlegenen Wissen ab. Das ist eine sehr traurige Angelegenheit.
Dr. Goldberg:	Das ist es tatsächlich. Was verlangen die Aracatha von Ihrem Volk?
Emily:	Absoluten Gehorsam. Wir sind ihre Sklaven. Sie wollen die Technik perfektionieren, einen Körper zu übernehmen, und ich bin der einzige, der ihnen dabei helfen kann.
Dr. Goldberg:	Gibt es irgendeine organisierte Bewegung gegen die Aracatha?
Emily:	Ja. Ich bin die Anführerin dieser Bewegung. Wir treffen uns in unterirdischen Gängen (in einem mit Atomkraft betriebenen U-Bahn-System). Die Gehirnwäschesignale der Aracathas sind dort unten unwirksam.

Ich progressierte Sequestra weiter, und es wurde mir klar, daß dies tatsächlich ein bedeutsames Leben war. Zum ersten Mal in all ihren Inkarnationen hatte Emily eine Art Kontrolle über ihr Schicksal. Sie war nicht länger ein kleiner Bauer auf einem großen Schachbrett, sondern ein Führer ihres Volkes. Emily sprach als Sequestra mit selbstsicherer Stimme, und ihre Körperbewegungen spiegelten ein Vertrauen wider, daß ich zuvor in ihrem Verhalten nicht entdecken konnte. Sequestra war 202 Jahre alt, als ich das nächste Mal mit ihr sprach.

Dr. Goldberg:	Sequestra, was hat sich ereignet, seit ich das letzte Mal mit Ihnen gesprochen habe?
Emily:	Es hat sich einiges getan. Mein Volk wurde von Phonican nach Phibus gebracht (einem kleineren Planeten im Andromeda-Nebel, nicht weit von Phonican entfernt).

Dr. Goldberg:	Warum dieser Umzug? Haben Sie Ihr Volk begleitet?
Emily:	Es gab zu viele Erdbeben und andere Probleme mit unserem Planeten. Ja, ich habe mein Volk begleitet, aber unglücklicherweise versklaven uns die Aracatha immer noch. Sie halfen uns, Phibus für unsere Inbesitznahme vorzubereiten.
Dr. Goldberg:	Wie viele Menschen leben jetzt auf Phibus?
Emily:	Wir sind nicht sehr viele – nur einige Tausend. Viele Millionen wurden getötet oder starben während der Erdbeben und während des Umzugs.
Dr. Goldberg:	Wie steht es mit der Widerstandsbewegung?
Emily:	Wir sind weitgehend unverändert geblieben. Es gibt einen festen Kern von einigen Hundert von uns, und ich bin immer noch ihre Anführerin.
Dr. Goldberg:	Wie werden Sie von den Aracatha jetzt behandelt?
Emily:	Nun, Sie waren ziemlich wütend auf mich, als ich Sie davon unterrichtete, daß unsere Sonne stirbt und daß sie in ferner Zukunft unser Volk über weite Strecken zu einem neuen Planeten transportieren müßten.
Dr. Goldberg:	Was haben sie mit Ihnen gemacht?
Emily:	Sie haben mich geächtet und mich als eine Art Fanatikerin verschrien. Dann setzten sie mich in einen Glaskäfig, damit alle sich über mich lustig machen können.
Dr. Goldberg:	Wie lange befanden Sie sich in diesem Käfig?
Emily:	Nur einige Wochen, dann kehrte alles zum Normalzustand zurück. Was sie nicht wußten war, daß ich die Technik beherrsche,

meinen Körper zu verlassen, daher war diese Strafe für mich leicht zu ertragen.

In den nächsten Jahren übertrugen die Aracatha Sequestra immer mehr Verantwortung. Sie wurde nach Lexicon II gebracht (einer Raumstation), um an einem wichtigen Treffen teilzunehmen. Anscheinend wurde Gorad (ein kleiner Mond in der Nähe von Phibus) kolonisiert und bedurfte dringend der Überwachung. Die Aracatha dachten, Gorad wäre der ideale Ort für eine Forschungseinrichtung, die ihnen schließlich gestatten würde, freien Zugang zu einem Körper zu haben. Aufgrund von Sequestras einzigartiger Veranlagung und der Tatsache, daß sie die Hüterin des Wissens war, wurde sie zur Gouverneurin von Gorad ernannt. Sie durfte selbst bestimmen, wen sie mitnehmen wollte, um ihr auf Gorad zu helfen. Sequestra ließ daraufhin alle Mitglieder der Widerstandsbewegung nach Gorad bringen. Sequestra stellte sicher, daß auch die Helme nach Gorad transportiert wurden (als Lasertest-Schilder verkleidet). Dann progressierte ich Sequestra zu einem Alter von 275 Jahren.

Dr. Goldberg:	Was ist geschehen, seit ich das letzte Mal mit Ihnen gesprochen habe?
Emily:	Ich besitze mein eigenes Haus und ein Labor, um die Forschungen der Aracatha zu überwachen. Mein Assistent, Arcon der Akadier, ist höchst amüsant. Er koordiniert die Studien zur körperlichen Veranlagung, um die emotionalen Probleme zu beseitigen, mit denen sich die Aracatha bei der Übernahme eines Körpers konfrontiert sehen.
Dr. Goldberg:	Warum müssen Sie dann den Helm tragen, um der Gehirnwäsche zu entgehen?

Emily:	Der Helm ist deswegen notwendig, weil ich nicht ständig den Frequenzänderungen widerstehen kann, die durch die verschiedenen Töne hervorgerufen werden. Ein operatives Verfahren kann jedoch durch mein eigenes Neurotransfersystem umgangen werden.

Anscheinend wurde Sequestra als junges Mädchen behandelt, um operativen Versuchen der Gehirnwäsche zu widerstehen. Bestimmte Gehirnwege wurden verändert, um ein natürliches Bypass-System zu aktivieren, wann immer eine Operation an ihr vorgenommen wurde. Das half Sequestra auch, der Gehirnwäsche mittels der Metallstangen zu widerstehen, aber sie konnte diese Art des Widerstands nicht über längere Zeiträume hinweg aufrecht erhalten.

Dr. Goldberg:	Ich verstehe immer noch nicht, wie Ihre Mithilfe bei diesem Forschungsprojekt Ihr Volk von den Aracatha befreien kann.
Emily:	Die Antwort ist überraschend einfach. Gorad ist der ideale Ort für dieses Projekt. Ich trage in mir das Wissen, um diese Aufgabe zu erfüllen. Sehen Sie, mein Wissen reicht weit über unsere Technologie hinaus und umfaßt viele Geheimnisse des Universums. Der karmische Kreislauf ist unsere einzige Rettung. Es gibt sechzehn Aracatha, und ihr Ziel ist es, sich menschliche Körper nach Belieben anzueignen. Wenn ich ihnen bei der Vervollkommnung dieser Technik behilflich bin, weiß ich, daß jeder Aracatha sofort mit diesem neuen Spielzeug spielen will. Sie werden sich einen Körper aneignen und »spielen«.

Dr. Goldberg:	Nehmen Sie einmal an, die Aracatha wählen Ihren Körper und die Ihrer Mitrebellen?
Emily:	Das werden sie nicht, weil nur ein bestimmter genetischer Typ von Körper ihre Bedürfnisse erfüllt. Mein Körper und die meiner Widerstandsgruppe werden diesen Voraussetzungen nicht gerecht. Wir arbeiten in der Gentechnik seit Jahren daran, einen idealen Körper zu erschaffen, der über stabile Emotionen verfügt. Wir haben diese Art Körper soeben perfektioniert.
Dr. Goldberg:	Und wie lautet jetzt Ihr Plan?
Emily:	Wenn ein Aracatha einen dieser Körper besetzt, wird er sich gut fühlen, die Emotionen sind stabil. Sie werden begeistert sein. Wenn dann alle sechzehn Dummköpfe einen Körper besetzt haben, werde ich sie mittels eines Resonanzfrequenzgerätes in diesen Körpern gefangen setzen. Sie werden dann eine ganze Lebenspanne darin aushalten müssen und karmische Schuld auf sich laden (da sie ja böse Kräfte sind). Ihr karmischer Kreislauf nimmt seinen Anfang.
Dr. Goldberg:	Aber werden sie beim Tod dieses Körpers nicht wieder zu reinem Licht? Können Sie dann Ihr Volk nicht erneut versklaven?
Emily:	Nein. Sehen Sie, wenn sie erst einmal in den karmischen Kreislauf eingetreten sind, müssen sie immer wieder neu geboren werden, bevor sie sich aus diesem System befreien können.
Dr. Goldberg:	Und da ihr seelisches Profil darin besteht, andere zu benützen und zu manipulieren, wird es mindestens Tausende von Jahren

	dauern, bis sie wieder zu reiner Energie werden.
Emily:	Genau. Mein Plan ist narrensicher. Mir gefällt nur eines nicht, daß nämlich unsere genetisch und emotional vollkommenen Forschungskörper diese Schurken beherbergen müssen.
Dr. Goldberg:	Wann werden Sie das Projekt abschließen?
Emily:	Wir stehen kurz davor. Nächstes Jahr werden wir soweit sein.

Ich progressierte Sequestra zum Abschluß des Projektes. Sie war fast 300 Jahre alt und stand immer noch in voller Kraft. Jason selbst war der Erste, der einen dieser neuen Körper ausprobierte. Es funktionierte hervorragend: Jason war in der Lage, nach Belieben zu kommen und zu gehen. Er berichtete den anderen 15 Aracatha von seinem Erfolg. Einer nach dem anderen probierte einen Körper aus (es gab sechzehn Körper). Sie blieben anfangs nur wenige Stunden in den Körpern, später jedoch mehrere Tage. Sequestra war sehr geduldig. Sie wußte, sie mußte mit der Ausführung ihres Planes warten, bis sich alle sechzehn Aracatha gleichzeitig in ihren Körpern befanden. Sie mußte auch warten, bis die Wachsamkeit der Aracatha nachließ und sie in diesen Körpern gefangen werden konnten. Der dazu notwendige Apparat war fertig, mußte aber ständig versteckt werden.

Wann immer sich die Aracatha in ihren Körpern befanden, zeigte sich die Genialität von Sequestras Plan. Die Aracatha nahmen an ungewöhnlichen Sexpraktiken teil, brachten einige von Sequestras Leuten aus Spaß um und luden alles in allem schwere karmische Schuld auf sich. Weitere drei Jahre vergingen, bevor sich die ideale Gelegenheit bot. Als sie kam, waren Sequestra und ihre Leute bereit. Sie warteten, bis alle sechzehn Aracatha in ihren

Körpern an einem Bankett zu ihren Ehren teilnahmen. Alle Aracatha wurden betäubt und zum Labor gebracht, wo Sequestra und Arcon die Falle bedienten und die Tat vollführten. Sequestra und ihre Leute jubelten.

Die Aracatha waren in den Körpern gefangen und konnten nicht entkommen. Sie wurden auf einen kleinen Asteroiden verbannt, um dort den Rest ihres Lebens zu verbringen. Gelegentlich kamen Sequestra deren Aktivitäten zu Ohren. Wie zu erwarten, luden die Aracatha immer größere karmische Schuld auf sich, konnten jedoch Sequestra oder ihrem Volk nicht länger schaden. Sequestra blieb als Anführerin auf Gorad. Sie stattete Phibus hin und wieder Besuche ab, zog es aber vor, auf Gorad zu leben.

Emily hatte inzwischen sehr viel über ihren karmischen Kreislauf gelernt. Sie wußte sich jetzt als Frau, die in annähernd 1.600 Jahren einen bedeutenden Aufstand gegen wahrhaft negative Wesen erfolgreich anführen würde. Sie wendete die Prinzipien des Karma an, um ihre Feinde auszutricksen und einen Großteil ihres eigenen negativen Karma zu beseitigen. Sie lernte, mit Frustration, Grausamkeit und Unmenschlichkeit umzugehen. Gleichzeitig wahrte sie ihre Haltung und verlor ihre Ziele zu keiner Zeit aus den Augen.

Emily profitierte wirklich von dem Progressionsaspekt meiner Therapie. Sie leidet heute nicht länger unter Kolitis und führt ein neues Leben.

KAPITEL 19

ZEKU:
EIN FALL VON GENTECHNIK

Zukunftsprogressionen haben zwei ungewöhnliche Charakteristika. Zum einen wird der Patient normalerweise in ein früheres Leben regressiert, bevor man ihn in ein künftiges Leben progressiert. Zum anderen, das habe ich bereits erwähnt, zeigt sich ein Mangel an Situationsstabilität. Es scheint nicht darauf anzukommen, ob es sich um positive, negative oder neutrale Szenen handelt; sie tauchen plötzlich auf und verschwinden ebenso schnell wieder. Während dieser Zeit bleibt der Patient völlig entspannt. Viele Szenen erscheinen nebelhaft; die Hintergrundgeräusche sind dem Patienten bewußt und lenken ihn bisweilen ab. Häufig wird von hohen Tönen und wiederholtem Pochen berichtet, beides verschwindet jedoch rasch.

Larry stand der Hypnose ganz generell skeptisch gegenüber. Er rief mich 1977 an und erkundigte sich nach meiner Hypnosepraxis. Eine Freundin seiner Frau war von mir in zahlreiche frühere Inkarnationen regressiert worden, und Larry hatte sich mit ihr über ein Jahr lang herumgestritten. Er machte mir deutlich, daß er dieses ganze Gebiet für reine Phantasie hielt, ohne die geringste wissenschaftliche Basis. Larry war unzweideutig in seiner Skepsis, und er beendete das Gespräch mit der Frage, ob ich es unter diesen Umständen trotzdem in Betracht ziehen würde, ihn zu regressieren.

Ich mag Herausforderungen. Die Vorstellung, Larry erfolgreich zu regressieren, fand ich äußerst reizvoll, nicht weil ich dachte, es würde seine Einstellung ändern, sondern weil ich schwierige Fälle mag. Larry machte auf mich den Eindruck eines äußerst logischen Denkers. In seinem Beruf leitete er zahlreiche Angestellte eines großen Unternehmens in Baltimore. Er stand in seiner Arbeit unter großem Druck, und er war ein wenig gefühlvoller Mann. Als ich ihn fragte, warum er sich überhaupt die Mühe machte, mit der Freundin seiner Frau zu argumentieren, meinte er, unlogische und unwissenschaftliche Weltbilder würden ihm widerstreben.

Die argumentative und überkritische Einstellung, die Larry aufwies, ist für eine Hypnose ganz und gar nicht ideal, aber ich nahm die Herausforderung an. Im April regressierte ich Larry in seine Kindheit zurück. Ich war positiv überrascht, wie gut Larry sich hypnotisieren ließ. Um ihm die positiven Auswirkungen der Hypnose zu zeigen, gab ich ihm einige motivierende Suggestionen, die ihm bei seinem Hochdruckjob helfen sollten. Diese Suggestionen wirkten schnell und gut. Larry brauchte nicht lange, um die Vorzüge und die Gültigkeit der Hypnose zu erkennen, aber hinsichtlich früherer Inkarnationen war er immer noch skeptisch.

Anfang Mai machten wir uns auf die Reise in Larrys frühere Leben. Die ersten beiden Inkarnationsregressionen waren nebelhaft, aber Larrys Interesse wuchs, und seine Skepsis nahm ab. Nach zwei weiteren Inkarnationsregressionen freundete er sich zunehmend mit dieser Vorstellung an. Wir entdeckten eine Reihe karmischer Lektionen, die wir auf sein gegenwärtiges Leben anwenden konnten, und die Erkenntnis ihrer Bedeutung führte zu einigen bedeutsamen Verbesserungen in Larrys persönlichem und beruflichem Leben. In einer dieser Regressionen lebte Larry während des 16. Jahrhunderts als Kaufmann in England. Er war in jenem Leben streitsüchtig, dickköpfig und engstirnig, und das brachte ihm einen frühen und gewaltsamen

Tod. Eines Tages stritt er sich mit einem Kunden so heftig, daß dieser Larry erwürgte. Jetzt fühlte er sich nicht mehr so streitsüchtig.

Zu diesem Zeitpunkt brachte ich die Idee einer Progression in künftige Leben auf. Er drückte großes Interesse an einer Reise in die Zukunft aus; wir vereinbarten hierfür einen Termin. Larry war einer meiner ersten Progressionspatienten. Die Herausforderung dieser neuen Technik zusammen mit Larrys skeptischer Einstellung empfand ich als äußerst reizvoll.

An einem heißen Juninachmittag begannen wir mit Larrys Progression. Zuerst regressierte ich ihn in ein früheres Leben. Es war ein anderes Leben als in der vorherigen Sitzung. Ich gab ihm die entsprechenden Suggestionen, um sich von dieser Situation zu lösen und in die Zukunft zu reisen. Er berichtete von einer höchst ungewöhnlichen Existenz.

Dr. Goldberg:	Was sehen Sie gerade?
Larry:	Den Dekompressionsraum.
Dr. Goldberg:	Welchen Zweck hat der Dekompressionsraum?
Larry:	Die Taucher ruhen sich darin aus.
Dr. Goldberg:	Wer sind die Taucher?
Larry:	Bauarbeiter. Im Meer wird die neue Stadt erbaut, und die Taucher müssen erst einige Zeit im Dekompressionsraum verbringen, bevor sie wieder an die Oberfläche können.
Dr. Goldberg:	Wie heißen Sie?
Larry:	Zeku.
Dr. Goldberg:	Welches Jahr schreiben wir?
Larry:	2542.
Dr. Goldberg:	Wie alt sind Sie, Zeku?
Larry:	14.

Zeku war der Sohn eines Wissenschaftlers, der einer Gruppe von Technikern vorstand, die die Unterwasserstadt entwarfen. Der Name des Wissenschaftlers war Lus-Lu, und wenn ich sage, er war Zekus Vater, so erfordert das eine Erklärung. Die Genetik hatte in dieser Gesellschaft einige bedeutende Fortschritte gemacht. Anscheinend wurde die Eizelle der Mutter durch eine spezielle Operationstechnik entnommen und in ein Reagenzglas gegeben. Das Sperma des als Vater vorgeschlagenen Kandidaten wurde dann auf seinen genetischen Inhalt überprüft und mit dem der Eizelle verglichen. Unerwünschte genetische Eigenschaften wurden daraufhin durch exakte Laserstrahlen und einer Art von Strahlungsbehandlung verändert oder vom Sperma oder der Eizelle entfernt.

Nach den erforderlichen Änderungen wurde das Ei wieder in den Uterus der Mutter verpflanzt, und die Schwangerschaft lief völlig normal ab. Es war nicht ungesetzlich, Kinder ohne wissenschaftlichen Eingriff zu bekommen, aber die meisten Menschen entschieden sich für diese Methode, um zu vermeiden, intellektuell oder körperlich minderwertige Kinder zu bekommen.

Die Situation veränderte sich schnell, und Zeku befand sich als nächstes in einer wüstenartigen Umgebung. Wir konnten erst an Informationen gelangen, als der Patient seine Orientierung in dieser Situation gefunden hatte.

Dr. Goldberg: Warum befinden Sie sich in dieser Wüste?
Larry: Es ist so heiß. Das mag ich gar nicht. Mein Vater will, daß ich Wissenschaftler werde, aber diese Art Arbeit will ich nicht verrichten. Ich bin hier mit dem Wetterkontrollteam, um den Thermaltransformator umzubauen.
Dr. Goldberg: Worin besteht die Aufgabe eines Thermaltransformators?

Larry:	Er reguliert das Wetter. Die Feuchtigkeit, aber auch die Bodentemperatur werden durch den Transformator kontrolliert. Er funktionierte nicht richtig, und man entsandte mein Team, um ihn zu reparieren.

Anscheinend war Zeku jetzt zwanzig Jahre alt, und befand sich in der Ausbildung zum Wetterkontrollbeamten. Diese Gesellschaft hatte eine Möglichkeit entdeckt, das Wetter durch eine Reihe von Thermaltransformatoren in aller Welt zu kontrollieren. Die Durchschnittstemperatur lag während des ganzen Jahres zwischen 20 und 25 Grad. Zeku lernte nicht sehr gut und wollte das Wetterkontrollteam verlassen. Lus-Lu gestattete ihm dies nicht, also machte Zeku unglücklich weiter.

Ich konnte nicht viele Informationen über die Regierungsform jener Zeit erlangen. Anscheinend gab es keine separaten Nationen, nur eine einzige Gesellschaft. Die gesamte Bevölkerung der Erde betrug aufgrund zweier wichtiger Ereignisse weniger als eine Milliarde Menschen. Das eine war eine bedeutende geographische Veränderung der Erdoberfläche durch Erdbeben, Flutwellen und andere Naturkatastrophen. Viel Land wurde verschlungen, und viele unserer heutigen Nationen wurden völlig zerstört. Der zweiter Faktor war ein kleinerer Atomkrieg, der sich im 24. Jahrhundert ereignete und ein viel größerer Krieg im 25. Jahrhundert, der einen Großteil der Weltbevölkerung auslöschte. Gebäude waren kaum betroffen, aber das menschliche Leben wurde so gut wie ausgelöscht. Schließlich wurde Frieden erzielt, und jetzt arbeitete man auf der Welt harmonisch in Richtung technologischen Fortschritts und Erziehung.

Zeku schien relativ gleichgültig. Ganz im Gegensatz zu Larry hatte er kein Interesse an aktuellen Ereignissen, sondern wollte nur allein gelassen werden. Ich progressierte Zeku in ein Alter von 24 Jahren.

Dr. Goldberg:	Zeku, hast du eine Freundin?
Larry:	Ja. Ich sehe Kara ziemlich oft.
Dr. Goldberg:	Welchen Beruf übt Kara aus?
Larry:	Sie arbeitet für das Nukleare Hygieneteam. Ihre Aufgabe ist es, die Wasserversorgung zu überwachen und bestimmte Nahrungsmittel auf Strahlungsverseuchung zu überprüfen.

Als Ergebnis des Atomkriegs im 25. Jahrhundert war immer noch vieles radioaktiv verseucht und blieb eine Gefahr für die Öffentlichkeit. Die Regierung, bekannt als die Liga der Einheit, bestand aus verschiedenen Fachteams, jedes mit einer bestimmten Aufgabe. Zekus Team mußte viele Reisen unternehmen, und diese Reisen trennten ihn allzu oft von Kara. Daher entschloß er sich, seinen Job aufzugeben. Er bekam eine neue Aufgabe als Aufsichtsbeamter in einem Raumhafen. So ein Raumhafen war ein Transportzentrum, ähnlich unseren Flughäfen und Bahnhöfen. Der Unterschied bestand in der Verkehrsform. Man konnte beispielsweise von einem Planeten zum anderen gebeamt werden. Dabei wurden die Moleküle des Körpers auseinandergenommen und im Zieltransportzentrum wieder zusammengesetzt. (Auch in Harry Martins Zukunftsprogression kam dies vor.) Ein anderes Beförderungsmittel war ein atomar angetriebenes Kleinflugzeug. Diese kleinen Flugzeuge brachten 25 bis 50 Menschen zu verschiedenen Kleinstädten. Die dritte Transportart war ein gewaltiges, atomar angetriebenes Flugzeug, das zwischen 150 und 500 Menschen ausschließlich in Großstädte brachte.

Dr. Goldberg:	Zeku, worin besteht Ihre neue Aufgabe?
Larry:	Ich überwache das Transportdepot R-16.
Dr. Goldberg:	Wer kümmert sich um die täglichen Wartungsaufgaben?

Larry:	D-7164 und E-431.
Dr. Goldberg:	Wer sind D-7164 und E-431?
Larry:	Androiden, die gebaut und programmiert wurden, um bestimmte Reinigungs- und Organisationaufgaben zu übernehmen.
Dr. Goldberg:	Werden Androiden auch noch zu anderen Zwecken eingesetzt?
Larry:	Ja. Androiden führen alle niederen Aufgaben aus. Die Liga schickt Millionen dieser Androiden in alle Welt, um Aufgaben wie Heben, Reinigen, allgemeine Wartung und ganz besondere Funktionen auszuführen. Sie sind die ständigen Begleiter aller Teams.
Dr. Goldberg:	Gefällt Ihnen diese Aufgabe?
Larry:	Sie ist ganz in Ordnung. Ich kann mehr Zeit mit Kara verbringen, und ich muß nicht tagaus, tagein im Labor sein.

Zekus Mutter war gestorben, und er und sein Vater sahen sich kaum noch. Zeku beschrieb viele technologische Neuerungen seiner Gesellschaft. Anscheinend entwickelte man die mentale Telepathie zu einer Form der Kommunikation. Eine bestimmte Pille versetzte die Menschen in einen medialen Zustand (wahrscheinlich eine Art chemisch induzierte Hypnose), der einen freien Gedankenaustausch gestattete. Es handelte sich hierbei um experimentelle Techniken, aber laut Zeku erzielte man gute Fortschritte.

Die Landwirtschaft hatte sich radikal verändert. Genetiker hatten riesige Pflanzen entwickelt, die Früchte in der Größe von Autos trugen. Nahrungsstoffe wurden mittels Laserstrahlen zerteilt und verarbeitet. Die Erziehung war Teil des Alltags. Der durchschnittliche Arbeitnehmer arbeitete nur drei Tage die Woche, jeweils sechs Stunden. Der Rest war Freizeit. Jedes Jahr fuhr man mehrmals in Urlaub, und das Leben schien recht einfach. Die durchschnittliche Lebenserwartung betrug über 125 Jahre.

Als Folge des Atomkriegs im 25. Jahrhundert gab es Mutanten. Die Mutanten wurde mit Laserstrahlen behandelt, obwohl diese Behandlungen nicht immer erfolgreich verliefen.

Eine Informationspille, die alle neuen wissenschaftlichen Errungenschaften, allgemein interessante Nachrichten und die neuesten Fortschritte enthielt, stand täglich zur Verfügung. Ein unzerstörbares Plastikmaterial wurde zur Erbauung von Fahrzeugen, Gebäuden und Maschinen verwendet.

Man forschte viel in bezug auf interplanetare und intergalaktische Reisen. Diese Gesellschaft hatte Kontakt zu anderen Planeten, aber es dauerte immer noch viel zu lange, diese Planeten zu erreichen. Die molekulare Methode des Beamens, die ich zuvor erwähnte, wurde nur bei relativ kurzen Distanzen eingesetzt. Selbst mit atomgetriebenen Maschinen und Reisen in Lichtgeschwindigkeit dauerte es immer noch viele Jahre, in andere Galaxien zu gelangen.

Ich progressierte Zeku daraufhin zu einem bedeutenden Ereignis in seinem Leben. Er war nun 27 Jahre alt.

Dr. Goldberg: Wo befinden Sie sich jetzt?
Larry: Ich arbeite an R-16, aber ich mache mir Sorgen.
Dr. Goldberg: Warum sorgen Sie sich?
Larry: Es hat ein Problem mit einigen der molekularen Beförderungseinrichtungen gegeben.
Dr. Goldberg: Was genau ist das Problem?
Larry: Zwischen den einzelnen Verkehrsknotenpunkten sind Zeitverzögerungen aufgetreten. Es ist äußerst unsicher, länger als fünf Minuten zerlegt zu sein.

Dr. Goldberg:	Wer ist für die ordnungsgemäße Funktionsweise verantwortlich?
Larry:	Ich. Wenn ich sie nicht bald reparieren kann, werden vielleicht Menschen verletzt.
Dr. Goldberg:	Warum schließen Sie sie nicht einfach zu Wartungszwecken?
Larry:	Das ist mir ohne entsprechende Genehmigung nicht möglich. Da diese Einheiten meistens ordnungsgemäß funktionieren, und da diese Fehlfunktion weder ständig auftritt noch vorhersagbar ist, könnte ich Schwierigkeiten bekommen, wenn ich sie schließe.
Dr. Goldberg:	Warum das?
Larry:	Diese Einheiten werden täglich von unzähligen Menschen genützt, und ich muß dafür sorgen, daß sie einwandfrei laufen.
Dr. Goldberg:	Ist das der einzige Grund für Ihre Besorgnis?
Larry:	Nein. Mein Chef, Deui, wird mich wahrscheinlich versetzen, wenn ich dieses Problem nicht in den Griff bekomme. Er hat bereits Treva und Graf versetzt, und ich weiß, ich bin als nächster an der Reihe. Wenn er mich versetzt, werde ich Kara nicht mehr so oft sehen können.
Dr. Goldberg:	Was werden Sie also tun?
Larry:	Ich werde heute Nacht hierbleiben, und so lange an allen Einheiten arbeiten, bis sie einwandfrei funktionieren.
Dr. Goldberg:	Werden Sie das allein tun?
Larry:	Ja. Die Androiden werden nach dem normalen Arbeitstag eingeschlossen.

Zeku beschrieb eine Szene, in der er fleißig an einer einer molekularen Transporteinheit arbeitete. Es war ohne die

Hilfe der Androiden nicht leicht für ihn, und er schien sehr angespannt und gestreßt.

Dr. Goldberg: Was geschieht jetzt gerade, Zeku?

Larry: Ich glaube, ich habe das Fehlfunktionsproblem gelöst. Es scheint an einem defekten Schaltkreis in der Hauptenergieeinheit zu liegen. Ich werde ihn schnell reparieren, und dann alle anderen Einheiten testen.

Dr. Goldberg: Haben Sie den fehlerhaften Schaltkreis repariert?

Larry: Ich arbeite gerade an diesem Schaltkreis. Ich bin sehr müde, aber ich weiß, daß ich recht habe. Ich habe jetzt den neuen Schaltkreis angeschlossen und ...

In der nächsten Minute herrschte Stille. Ich fand schnell heraus, was geschehen war. Anscheinend hatte Zeku während der Reparatur des fehlerhaften Schaltkreises versehentlich die Transporteinheit aktiviert. Seine Moleküle wurden auseinandergenommen und niemals wieder zusammengesetzt. Er starb einen schmerzlosen Tod. Er berichtete von einer ungewöhnlichen Empfindung des Schwebens und von dem Fehlen jedes Unbehagens, beides wird von Regressions-Patienten im Anschluß an ihren Tod häufig berichtet.

Ich führte Larry in die Gegenwart zurück und besprach die Geschehnisse mit ihm. Es war eine relativ lange Sitzung, und ich fühlte mich hinterher wie ausgelaugt. Auch Larry war erschöpft, aber die Erfahrung hatte ihn ungeheuer glücklich gemacht. Ich weiß nicht, ob er die Vorstellung der Progression wirklich ganz akzeptierte, aber er hielt sie nun einer genaueren Betrachtung für würdig.

In seinen vergangenen Inkarnationen war Larry streitsüchtig und dickköpfig. Das führte im 16. Jahrhundert zu

einem gewaltsamen Tod in England. In der Gegenwart verursachte seine Neigung zum Widerspruch eheliche Probleme und Konflikte mit seinen Angestellten. Der Sieg über
diese negative Charaktereigenschaft verbesserte Larrys
persönliches und berufliches Leben.

Larry hatte sich schon immer für aktuelle Ereignisse
und für logisch-wissenschaftliches Denken interessiert. Er
drückte sein Interesse an der Progression aus, obwohl er
anfangs an der Hypnose zweifelte. Als Zeku kümmerte er
sich weder um die Wissenschaft, noch um etwas anderes -
außer um Kara. Zeku zeigte einen Mangel an Verantwor-
tungsgefühl, aber als es um die Reparatur der molekularen
Transporteinheit ging, nahm er die Herausforderung an.
Der Druck, unter dem er stand, ähnelte Larrys Umfeld in
seiner Stellung als Manager einer großen Zahl von Angestellten im 20. Jahrhundert. Obwohl sie zu seinem Tod
führte, nahm Zeku diese große Verantwortung an. Larry
nahm ebenfalls viel Verantwortung auf sich, als er seinen
streitsüchtigen Charakter aufgab. Die karmische Lektion
war gelernt und würde wahrscheinlich nicht wieder auftreten.

KAPITEL 20

VON GRIECHENLAND NACH MOONAN

Ende Juli 1987 rief mich eine sehr interessierte College-Studentin an und bat um einen Termin. Sie hatte mich einige Wochen zuvor in der Phil-Donahue-Show gesehen und interessierte sich für die Erforschung vergangener und zukünftiger Inkarnationen. Sie hatte schon zuvor von Inkarnationsregressionen gehört, aber als ich ihr das Konzept der Progression vorstellte, wuchs ihr fester Wunsch, selbst Zeitreisen durchzuführen. Sie genoß auch meine Kommentare hinsichtlich meines persönlichen Glaubens an die Reinkarnation. Ich hatte in der Show erwähnt, daß das Nummernschild auf meinem Wagen Karma-2 lautet und meine drei Hunde Karma, Phoenix und Alpha heißen.

Francesca war eine attraktive und sympathische 20-jährige Frau. Sie studierte im ersten Semester an der örtlichen Universität. Ihr Hauptfach war Betriebswirtschaft, und sie beichtete mir, sie habe schon befürchtet, ich würde sie nicht empfangen, weil sie keine ernsthaften Probleme hätte. Es stimmt zwar, daß ich meine Zeit nach Prioritäten einteile und Patienten mit wirklichen Problemen wie Völlerei, Zigarettensucht, Schlaflosigkeit, Phobien, Stimmungsschwankungen, Zwangsvorstellungen und ähnlichem bevorzugt behandle, aber ich plane immer auch Zeitpuffer für Patienten mit existentiellen Schwierigkeiten ein. Eine existentielle Schwierigkeit wird dadurch gekennzeichnet, daß man nicht weiß, warum man hier ist. Welchen karmischen Sinn hat mein Leben? Warum mache ich dieselben

Fehler immer und immer wieder? Solche Fragen werden von Patienten mit existentiellen Schwierigkeiten gestellt.

Francesca hatte ein existentielles Bedürfnis. Sie wollte wissen, warum sie hier ist, was sie war und wer sie sein würde. Ich besprach mit ihr in aller Ausführlichkeit die Grundlage meiner Therapie. Sie war höchst interessiert an meinen Kommentaren zum Thema Träumen. Es überraschte sie, daß ein Großteil meiner Therapie darauf abzielt, die REM Traumphase in der Nacht zur Reinigung und Neuprogrammierung einzusetzen. Sie hatte von den REM-Alpha-Ebenen schon zuvor gehört, aber sie war sich nicht bewußt, daß wir gemäß neuesten medizinischen Forschungen jede Nacht drei Stunden damit verbringen.

Da die Beta-Ebene (zu der unsere Verteidigungsmechanismen und unsere Willenskraft gehören) während dieser Phase nicht funktioniert, ist dies die perfekte Gelegenheit, um die Alpha-Ebene zu trainieren, das zu tun, was sie am besten kann: nämlich reinigen. Schlafstudien zeigen, daß ein Mangel an REM-Phasen zu Müdigkeit, Ruhelosigkeit, Halluzinationen und schließlich zum Tod führt. Ja, wir können ohne unsere natürlichen Alpha-Ebenen, die uns »ent-stressen« und entspannen, nicht überleben. Der Sinn dieser Traumebene ist es, uns von unseren Ängsten zu reinigen. Das Problem besteht in unserer Neigung, uns vor dem Einschlafen so viel zu sorgen, daß wir Angst programmieren und folgerichtig Alpträume mit in unsere Traumebenen nehmen.

Jeder, der durch Hypnose angemessen geführt wird, kann darauf trainiert werden, das Unterbewußtsein neu zu programmieren und die reinigende Alpha-Ebene wirksam einzusetzen. Auf diese Weise können wir jede Nacht in den Genuß von drei Stunden kostenloser Therapie gelangen. Nicht schlecht für eine natürliche Ebene.

Francesca fand das faszinierend und konnte es kaum erwarten. Also führte ich sie Anfang August durch ihre erste Inkarnationserfahrung. Erste Station war das alte Griechenland. Ihr Name war Kassandra, und sie besuchte eine philosophische Schule. Sie hatte keine wirklichen Ziele, aber sie wußte, was sie *nicht* wollte. Sie wollte nicht heiraten, besonders nicht im reifen Alter von sechzehn Jahren. Ihr Vater hatte für Kassandra eine Heirat mit dem Sohn eines wohlhabenden Landbesitzers arrangiert. Statt dessen rückte Kassandra von zu Hause aus. Sie suchte Zuflucht in einem Tempel und blieb dort mit einigen ihrer Freundinnen von der Philosophenschule. Schließlich kehrte sie nach Hause zurück, wurde jedoch nicht zu einer Eheschließung gezwungen. Später traf sie einen anderen Jungen und heiratete ihn. Im Alter von 24 Jahren wurden sie, ihr Ehemann sowie ein Großteil ihres Dorfes bei einem Überfall massakriert. Obwohl dies kein besonders bedeutendes Leben zu sein scheint, begriff Francesca jetzt den Mechanismus der Zeitreisen unter Hypnose.

Francescas nächstes Leben führte uns Anfang des 16. Jahrhunderts nach Irland. Ihr Name war Katie, und sie heiratete schon sehr früh einen Mann namens Sean. Sie liebte Sean nicht wirklich, aber in ihrem Dorf gehörte eine Heirat einfach dazu. Sean und Katie lebten auf einer Farm. Katie war in den ersten Jahren ihrer Ehe recht glücklich, doch nach einer Fehlgeburt veränderte sich Sean. Er wollte unbedingt einen Sohn und Katies Unfähigkeit, ihm dieses Kind zu schenken, trieb Sean in die Trinkerei. Er hatte häufig Wutanfälle und schlug Katie regelmäßig. Katie wußte nicht, was sie tun sollte. Sie konnte Sean nicht verlassen, aber sie konnte auch nicht bleiben. Kurz nachdem er angefangen hatte, sie zu schlagen, stritt sich Sean mit einem Nachbarn über ein paar Kühe und wurde dabei getötet. Katie verbrachte den Rest ihres Lebens allein und in Bitterkeit.

Mittlerweile war Francesca verwirrt. Was hatte dies alles zu bedeuten? In Griechenland wollte sie keine arrangierte Ehe eingehen. Sie hatte sich durchgesetzt und diese Alternative vermieden. Aber nach nur wenigen Jahren Ehe und Glück wurde sie bei einem Überfall auf ihr Dorf getötet. In Irland heiratete sie jemanden, den sie nicht liebte, und mußte den Preis dafür bezahlen. Es folgten körperlicher und verbaler Mißbrauch und danach Jahre der Einsamkeit. Bestand ihre karmische Lektion darin, daß sie den Kuchen nicht gleichzeitig behalten und essen konnte? Erst die Progression in ein zukünftiges Leben warf Licht auf diese Frage.

An einem heißen Nachmittag im August machte sich Francesca auf ihre Reise in die Zukunft. Sie hatte es schwer, sich in dem zukünftigen Leben zu orientieren – keineswegs ungewöhnlich, insbesondere während der ersten Zukunftsprogression. Schließlich berichtete sie von einem Leben in der zweiten Hälfte des 27. Jahrhunderts. Ihr Name war Tia, und sie lebte in Colton, einer Stadt in Asien (wir wir es heute nennen). Ihr Vater arbeitete als Astronom für die Liga der Einheit, und ihre Mutter war Künstlerin. Sie war ein Einzelkind und besuchte die Universität. Ihr Hauptfach war Anthropologie.

Tia klang sehr aufgeregt hinsichtlich ihrer akademischen Ziele. Sie mochte die Anthropologie, weil sie ihr die Gelegenheit bot, an der Gestaltung der Zukunft mitzuwirken. Die Gesellschaft hatte im 27. Jahrhundert hinsichtlich der Evolution unterentwickelter Gesellschaftsformen auf anderen Planeten Fortschritte gemacht. Offensichtlich waren Außerirdische zu uns in Kontakt getreten, und wir waren daran beteiligt, diesen Kontakt zu ermöglichen. Ein Großteil des Kontakts machte jahrelange Reisen zu anderen Galaxien erforderlich. Anthropologen halfen dabei, die Evolution primitiver Kulturen mit so wenig Eingriffen wie möglich voranzutreiben. Tia wollte Teil dieser Arbeit sein.

Dr. Goldberg: Was macht dieses Gebiet für Sie so reizvoll?

Francesca: Stellen Sie sich vor, Sie können einer
ganzen Kultur helfen, sich zu entwickeln
und die Fehler, die wir machten, zu vermeiden.

Dr. Goldberg: Treffen Sie nicht bisweilen auf Kulturen,
die zivilisierter sind als wir auf der Erde?

Francesca: Schon, aber wir machen das noch nicht
sehr lange. Wenn wir auf eine fortschrittlichere Gesellschaft treffen, so lautet
unsere Anweisung, die Pläne unseres Planeten vorzustellen und von ihnen weitere
Anleitung zu erbitten, um uns von diesen
Wesen nicht zu entfremden. Wenn wir
auf unterentwickelte Gesellschaftsformen
treffen, helfen wir ihnen, sich zu entwickeln und kümmern uns um ihre
Bedürfnisse.

Dr. Goldberg: Haben Sie Ihr Examen schon abgelegt?

Francesca: Noch nicht, aber bald.

Ich progressierte Tia zu einem Zeitpunkt nach ihrem
Examen. Sie berichtete, sie sei glücklich und arbeite als
Anthropologin für die Regierung.

Dr. Goldberg: Tia, erzählen Sie mir von Ihrem derzeitigen
Leben.

Francesca: Die Zeit meines Studium an der Universität
liegt noch nicht lange zurück. Da ich das
Examen als Beste meiner Klasse ablegte,
wurde ich einem besonderen Projekt zuge-
teilt.

Dr. Goldberg: Um welches Projekt handelt es sich dabei?

Francesca: Man hat in der Nähe des Mars einen kleinen

Asteroiden entdeckt. Dieser Asteroid verfügt überraschenderweise über Atmosphäre und Schwerkraft und ist bewohnt.

Tia erzählte mir, daß eine solche Situation keineswegs ungewöhnlich war. Normalerweise ist ein Asteroid einfach nur ein riesiger Steinbrocken, der durch das Weltall fliegt, ohne Schwerkraft und ohne Atmosphäre. Aber andere, fortschrittlichere Planeten führten diverse Experimente durch und schufen erfolgreich eine künstliche Atmosphäre mit Schwerkraft, Magnetfeldern und so weiter. Sie experimentierten auf diesen planetenähnlichen Asteroiden auch mit pflanzlichem und tierischem Leben. Die Größe dieses Asteroiden versetzte ihn in eine Kategorie mit unserem Mond, und so wurde aus ihm auf gewisse Weise ein ganz ansehnlicher Planet.

Das Problem bestand darin, daß nach der Entwicklung dieser Asteroiden dessen Bewohner sich selbst überlassen wurden, weil die Außerirdischen, die sie anfänglich schufen, damit rein experimentelle Zwecke verfolgten. Sie testeten verschiedene Techniken für eine Anwendung in größerem Umfang aus. Die Liga betrachtete es als ihre moralische Aufgabe, diese experimentellen Planeten zu überwachen.

Dr. Goldberg: Welche Pläne haben Sie jetzt?
Francesca: Man hat mir Moonan zugewiesen.
Dr. Goldberg: Wer oder was ist Moonan?
Francesca: Moonan ist der Name, den die Liga dem Asteroiden in der Nähe vom Mars gegeben hat.
Dr. Goldberg: Wann machen Sie sich auf den Weg nach Moonan?
Francesca: Schon bald.

Später progressierte ich Tia zum Zeitpunkt ihrer Ankunft auf Moonan. Sie war Teil eines Teams. Dies war ihre erste wirkliche Aufgabe, und sie arbeitete direkt für Nahill, den Chef-Anthropologen. Ihre Ankunft auf Moonan blieb von den primitiven Einwohnern unbemerkt. Die Liga hatte eine Art Unsichtbarkeitsschild entwickelt, um die direkte Beobachtung ihrer Raumfahrzeuge durch andere Kulturen zu verhindern, insbesondere bei dieser Art von Einsätzen. Nachdem sie weit entfernt von jeder Ansiedlung der Eingeborenen ihre Basis errichtet hatten, machten sich Tia und ihr Team an die Erforschung von Moonan. Eine Reihe von Monaten war ins Land gegangen, als ich meine Befragung wieder aufnahm.

Dr. Goldberg: Wie ist es denn so auf Moonan?

Francesca: Sehr interessant. Es erinnert mich an die Erde. Die Atmosphäre ist ganz ähnlich, und die Küste ist traumhaft.

Dr. Goldberg: Gibt es Wasser auf diesem Asteroiden?

Francesca: Ja. Wie ich schon sagte, ähnelt er der Erde.

Dr. Goldberg: Wie steht es mit den Einwohnern?

Francesca: Wir haben nur zwei Gruppen von Humanoiden vorgefunden. Sie sind den Menschen äußerlich recht ähnlich, aber in unseren Monaten hier haben wir große Unterschiede in ihrer Psychologie entdecken können.

Dr. Goldberg: Können Sie genauer werden?

Francesca: Dieser Asteroid ist sehr klein, und wir haben nur eine einzige zusammenhängende Landfläche entdeckt, die von Menschen bewohnt wird. Das Volk im Landesinneren heißt Hecow. Es ist barbarisch, primitiv, sehr materialistisch und kriegerisch. Die Saleaner leben an der Küste. Sie sind spiritueller und friedlicher.

Dr. Goldberg: Gibt es Kontakte zwischen diesen beiden Gruppen?

Francesca: Nur sehr wenige. Die Hecow pflegten die Saleaner früher anzugreifen, aber dies ist schon lange nicht mehr geschehen.

Dr. Goldberg: Warum nicht?

Francesca: Die Saleaner haben einfach nichts, was die Hecow wollen. Die Saleaner sind sehr einfache Leute. Die Hecow dagegen sind besessen von heroischen Taten. Saleaner zu besiegen wäre einfach nicht heldenhaft.

Dr. Goldberg: Was können Sie tun, um ihnen zu helfen?

Francesca: Unsere Aufgabe ist sehr kompliziert und schwierig. Einerseits müsen wir den Saleanern helfen, autark zu werden. Darüber hinaus müssen wir die aggressiven Neigungen und den Materialismus der Hecow minimieren. Andererseits wollen wir keinen Eingriff in ihre Kultur nehmen.

Dr. Goldberg: Gibt es in der Umgebung etwas, was Ihnen bei Ihrer Aufgabe helfen könnte?

Francesca: Die Hecow benötigen viel Zeit, um von den Bergen an die Küste zu gelangen. Daher ist für die beiden Völker eine Zusammenarbeit schon rein physisch schwierig.

Dr. Goldberg: Ist eine Zusammenarbeit denn notwendig?

Francesca: Ja, sie müssen ihr jeweiliges Umfeld kennenlernen und voneinander lernen.

Dr. Goldberg: Gibt es gefährliche Tiere?

Francesca: Nein, nur kleineres Wild und einige ungewöhnliche Kreaturen.

Dr. Goldberg: Was meinen Sie mit »ungewöhnlich«?

Francesca: Es gibt hier fliegende Eidechsen. Sie sind nicht besonders groß, aber sie haben Flügel und fliegen. Das nenne ich seltsam.

Dr. Goldberg:	Noch etwas?
Francesca:	Eigentlich nicht. Die Flora nährt die Fauna, und es gibt reichlich Nahrung für alle.
Dr. Goldberg:	Wie sieht Ihr nächster Schritt aus?
Francesca:	Wir haben Kontakt zu den Saleanern hergestellt.
Dr. Goldberg:	Wie haben die Saleaner Sie aufgenommen?
Francesca:	Es gab überraschend wenig Probleme mit ihnen. Sie führten uns in ihre Kultur ein. Es sind überaus friedliche Menschen. Einen Großteil des Tages verbringen sie mit Meditation. Sie sind sehr religiös und verehren den Gott des Lichts.
Dr. Goldberg:	Wie haben Sie ihre Sprache gelernt?
Francesca:	Darüber müssen wir uns keine Gedanken machen. Die Liga hat uns alle mit Gedankenübertragungs-Koordinatoren ausgestattet.
Dr. Goldberg:	Was ist ein Gedankenübertragungs-Koordinator?
Francesca:	Ein kleiner Metallkasten, den wir mit uns tragen. Er überträgt unsere Gedanken durch Mentaltelepathie in jede Sprache, so daß wir vom Empfänger immer verstanden werden.
Dr. Goldberg:	Was haben Sie noch gelernt?
Francesca:	Die Saleaner sind viel fortschrittlicher, als wir vermutet haben.
Dr. Goldberg:	Auf welche Weise?
Francesca:	Wenn man ihre Lebensweise betrachtet, würde man nicht viel davon halten. Aber ihre Meditationen reichen viel weiter.
Dr. Goldberg:	Was meinen Sie mit »viel weiter«?
Francesca:	Sie praktizieren eine Art von Astralprojektion. Sie verlassen ihre Körper und bereisen Moonan in Gruppen.

Dr. Goldberg:	Sie meinen, die Seelen bereisen Moonan einen ganzen Tag lang?
Francesca:	Ja, genau.
Dr. Goldberg:	Ist das nicht ungewöhnlich für eine solche Kultur?
Francesca:	Eigentlich nicht. Es ist für primitive Menschen, die ihre grundlegenden Bedürfnisse erfüllt wissen, nicht ungewöhnlich, spirituelle Praktiken auszuüben.
Dr. Goldberg:	Aber die Astralprojektion ist eine sehr fortschrittliche Technik.
Francesca:	Genau.
Dr. Goldberg:	Kommt das nicht unerwartet?
Francesca:	Nicht wirklich. Denken Sie daran, wir kennen die ursprüngliche Rasse, die auf diesem experimentellen Planeten eingesetzt wurde, nicht. Ihre Vorfahren waren höchstwahrscheinlich sehr erfahren in Astralreisen.

Es gestaltete sich für Tias Leute schwierig, mit den Saleanern zu kommunizieren, weil diese soviel Zeit außerhalb ihres Körpers verbrachten.

Dr. Goldberg:	Wie konnten Sie mit den Saleanern zusammenarbeiten?
Francesca:	Wir haben eine Zeitlang mit diesem Problem gekämpft, kamen dann aber auf eine ganz einfache Lösung.
Dr. Goldberg:	Wie sah diese Lösung aus?
Francesca:	Wir führten gleichzeitig ebenfalls eine Astralprojektion durch.
Dr. Goldberg:	Einfach so?
Francesca:	Ja. So einfach war das. Sie wiesen uns in die Kunst der Astralreise ein, und wir taten

	uns mit ihnen in einer anderen Dimension zusammen.
Dr. Goldberg:	Konnten Sie auf dieser Ebene wirksam kommunizieren und Ihre Arbeit tun?
Francesca:	Anfangs war es äußerst seltsam, aber je mehr wir uns daran gewöhnten, desto angenehmer wurde es, unseren Körper zu verlassen.
Dr. Goldberg:	Wenn die Saleaner ihren Körper willentlich verlassen können, heißt das dann nicht, daß sie Ihre Hilfe gar nicht benötigen?
Francesca:	Es sind nun einmal primitive Menschen, und die Hecow stellen eine ernsthafte Bedrohung für sie dar. Wir müssen ihnen helfen, miteinander ins Gespräch zu kommen und gemeinsam in Frieden zu leben.

Während der folgenden vier Monate kommunizierte Tias Gruppe ungehindert mit den Saleanern. Sie fanden heraus, daß die Saleaner die Hecow nicht fürchteten. Ihr Lebensmotto lautete »leben und leben lassen.« Wenn die Hecow sie angriffen und ihr Volk töteten, dann hat das »sein müssen.« Die Saleaner waren wirklich sehr primitiv. Sie reagierten gut auf die Spezialisten des Projekts und entwickelten effizientere Techniken in der Landwirtschaft, der Bewässerung, in ihrer Bauweise, und so weiter.

Die nächste Phase des Projekts bestand darin, sich mit den Hecow zu treffen. Tia hatte schon vor der bloßen Aussicht Angst. Der Rest ihres Teams war von der Idee auch nicht gerade begeistert. Die Saleaner hatten ein ziemlich schreckliches Bild der Hecow gezeichnet.

Die Hecow waren wahrhaft Barbaren. Sie jagten aus Spaß und um Nahrung zu bekommen. Töten war hoch angesehen, und diese Bergbewohner zeigten dabei keinerlei Hemmungen. Ich progressierte Tia bis zu ihrer Arbeit mit den Hecow.

Dr. Goldberg:	Was kam bei den Versuchen mit den Hecow heraus?
Francesca:	Es steht nicht zum Besten.
Dr. Goldberg:	Wie meinen Sie das?
Francesca:	Zuerst griffen die Hecow unsere Gruppe an und töteten beinahe einen unserer Leute.
Dr. Goldberg:	Wie schützen Sie sich selbst?
Francesca:	Wir arbeiten immer in Gruppen. Unsere Waffen können betäuben und bewegungslos machen, ohne zu verletzen.
Dr. Goldberg:	Halten die Hecow Sie für böse Geister?
Francesca:	Ja, auf gewisse Weise. Sie haben auf unsere erste Kontaktaufnahme nicht so gut reagiert. Wir versuchen es weiter.
Dr. Goldberg:	Haben sie bezüglich Ihrer Arbeit mit den Saleanern Fragen gestellt?
Francesca:	Ja. Das war auch unser erster Durchbruch.
Dr. Goldberg:	Das verstehe ich nicht.
Francesca:	Die Hecow besitzen ein übersteigertes Ego. Sie reagierten sehr eifersüchtig darauf, daß die Saleaner Dinge lernten, die sie selbst nicht erhielten.
Dr. Goldberg:	Das hat also ihr Interesse geweckt?
Francesca:	Ja, das hat es. Die Hecow wurden gute Schüler. Ich habe trotzdem ein schlechtes Gefühl.
Dr. Goldberg:	Wie meinen Sie das?
Francesca:	Ich vertraue ihnen nicht. Ich habe das Gefühl, die Hecow werden das Wissen, das wir ihnen vermitteln, auf irgendeine Weise gegen die Saleaner verwenden.
Dr. Goldberg:	Wie könnten sie ihre eigene Verbesserung gegen die Saleaner einsetzen?
Francesca:	Das kann ich wirklich nicht sagen. Ich mag einfach nicht, wie sie sich gebärden. Ich

300

	habe über ähnliche Fälle gelesen, und ich habe einfach ein schlechtes Gefühl.
Dr. Goldberg:	Haben Sie mit Nahill darüber gesprochen?
Francesca:	Anfangs nicht, aber später.
Dr. Goldberg:	Wie reagierte er darauf?
Francesca:	Er hat mich wirklich überrascht. Er denkt genauso und hat seine Bedenken auch den anderen mitgeteilt.
Dr. Goldberg:	Ist dies das Ende des Projekts?
Francesca:	Keineswegs, wir werden nur besonders vorsichtig sein.

Die Hecow eigneten sich die Techniken und Informationen von Tias Gruppe sehr gut an. Niemals wieder bedrohten sie die Teilnehmer des Projektes. Dennoch war jedes Mitglied des Teams zunehmend besorgt.

Ein weiterer interessanter Punkt war Tias wachsende Zuneigung zu Nahill. Nahill war ein gutes Stück älter als Tia, aber sie standen sich sehr nahe. Das trug zu Tias Ruhelosigkeit bei. Sie konnte das Ende dieses Projektes und ihre Heimkehr kaum erwarten. Diese Erfahrung würde zu anderen freiwilligen Aufgaben führen. Außerdem hoffte sie auf eine Ausweitung ihrer Beziehung zu Nahill.

Ich progressierte Tia weiter zu einer bedeutenden Entwicklung im Hecow-Teil des Projektes. Tias Bericht bestätigte ihre Verdachtsmomente und die der restlichen Teammitglieder.

Dr. Goldberg:	Was ist geschehen seit ich das letzte Mal mit Ihnen gesprochen habe, Tia?
Francesca:	Die Dinge sind uns irgendwie aus der Hand geraten.
Dr. Goldberg:	Wie genau?
Francesca:	Die Hecow waren eifersüchtig, weil wir zuerst mit den Saleanern arbeiteten.

Dr. Goldberg:	Was haben sie getan?
Francesca:	Sie haben eine kleine Gruppe die Berge hinunter geschickt, um die Saleaner zu beobachten.
Dr. Goldberg:	Was haben sie herausgefunden?
Francesca:	Sie bemerkten, daß sich die Saleaner schneller entwickelten, und sie wurden sehr eifersüchtig. Sie dachten, die Saleaner würden ihre überlegenen Kräfte einsetzen, um die Hecow anzugreifen.
Dr. Goldberg:	Das ist doch lächerlich. Die Saleaner sind friedlich.
Francesca:	Natürlich. Aber die Hecow hören nicht auf die Vernunft.
Dr. Goldberg:	Haben Ihre Leute denn nicht zu erklären versucht, daß die Saleaner zu einer solch barbarischen Tat unfähig sind?
Francesca:	Wir haben es immer wieder versucht, aber als der Spähtrupp in die Hauptstadt der Hecow zurückkehrte, schmiedeten sie Kriegspläne.
Dr. Goldberg:	Krieg?
Francesca:	Ja, Krieg.
Dr. Goldberg:	Warum sollten die Hecow den Saleanern den Krieg erklären?
Francesca:	Die Hecow sind in ihrem Denken sehr unsicher und von Paranoia besessen. Sie haben das Gefühl, die einzige Lösung bestehe darin, die Saleaner auszulöschen, bevor die Saleaner die Hecow töten.
Dr. Goldberg:	Und das nennen Sie »etwas aus der Hand geraten?«
Francesca:	Ich glaube, ich neige zu Untertreibungen.
Dr. Goldberg:	Haben Ihre Leute nicht versucht, eine Übereinkunft auszuhandeln?

Francesca:	Die Hecow haben unser Camp angegriffen, und wir sind gerade noch einmal mit dem Leben davongekommen. Wären wir länger geblieben, hätten wir in Selbstverteidigung einige der Hecow töten müssen, und das läuft unserem Ehrencodex völlig zuwider.
Dr. Goldberg:	Wie steht es um die Sicherheit der Saleaner?
Francesca:	Nahill hat uns angewiesen, an die Küste zurückzukehren und die Saleaner zu warnen.Wir haben ihnen gesagt, sie sollen sich gegen die Hecow wehren.
Dr. Goldberg:	Überschreiten Sie da nicht ein wenig Ihre Befugnisse?
Francesca:	Ja, schon, aber was bleibt uns übrig? Wir haben schon irreversibel in diesen »Planeten« eingegriffen, und jetzt können wir nicht mehr zurück.
Dr. Goldberg:	Wie haben die Saleaner auf Ihre Warnungen und auf Ihr Angebot der Hilfe reagiert?
Francesca:	Das ist auch so ein Problem. Sehen Sie, die Saleaner glauben nicht an Gewalt oder Krieg. Sie meditieren nur, führen Astralprojektionen durch und hoffen das Beste.
Dr. Goldberg:	Die Hecow werden sie massakrieren.
Francesca:	Das müssen Sie mir nicht sagen!
Dr. Goldberg:	Nahill scheint doch das Sagen zu haben. Was empfiehlt er?
Francesca:	Er ist unser Gruppenleiter. Er weiß nicht, was er tun soll, und, ehrlich gesagt, habe ich Angst.

In Tias Gruppe wurde viel diskutiert. Keiner konnte mit einem gangbaren Lösungsweg aufwarten. Die Mission steuerte auf einen völligen Mißerfolg zu. Die Hecow hatten die Saleaner seit vielen Jahren nicht angegriffen. Und nun, nur wenige Monate nach der Ankunft von Tias Gruppe, planten die Hecow die Ausrottung der Saleaner. Ich progressierte Tia zur Lösung dieses Problems.

Dr. Goldberg: Wo befinden Sie sich jetzt?

Francesca: Ich bin in einem Treffen mit Nahill und den anderen. Wir versuchen verzweifelt, den Karren aus dem Dreck zu ziehen.

Dr. Goldberg: Welche Lösung hat die Gruppe gefunden?

Francesca: Keine. Absolut keine. Die einzige Möglichkeit, an die wir denken können, ist, den Saleanern einige unserer Waffen (auf Betäubung eingestellt) zu ihrem Schutz zu überlassen.

Dr. Goldberg: Aber die Saleaner werden diese Waffen nicht benützen, weil sie nicht an den Krieg glauben.

Francesca: Das ist richtig. Wir stecken fest.

Dr. Goldberg: Gehen Sie jetzt zur Lösung dieses Problems.

Francesca: Nahill ist ein Genie.

Dr. Goldberg: Was hat er getan?

Francesca: Er hat in letzter Minute eine Lösung gefunden.

Dr. Goldberg: Bitten erzählen Sie mir von seiner Lösung.

Francesca: Die Saleaner verbringen den Großteil ihrer Zeit mit Astralprojektionen.

Dr. Goldberg: Und?

Francesca: Und daher hat Nahill vorgeschlagen, daß sie sich auf dieselbe Ebene projizieren, auf der sich die Hecow im Schlaf befinden. Wir wissen, wenn wir schlafen und uns in der REM-Phase befinden, verlassen wir unseren

Körper und begeben uns auf die Astralebene. Die Saleaner haben Nahill erzählt, sie
würden während ihrer eigenen REM-Phase
gelegentlich der Seele eines Hecow begegnen.

Dr. Goldberg: Und?

Francesca: Nahills Lösung besteht darin, daß die Saleaner zu den Seelen der Hecow Kontakt auf-
nehmen und ihnen von der wahren Natur
der saleanischen Lebensweise erzählen.

Dr. Goldberg: Wieviel Zeit nimmt diese Neuprogrammierung in Anspruch?

Francesca: Da die Saleaner im Astralreisen so
geschickt sind, würde eine einzige Nacht
genügen.

Dr. Goldberg: Eine einzige Nacht?

Francesca: Ja, eine einzige Nacht.

Jetzt mußten nur noch die Saleaner davon überzeugt werden, sich an der Erziehung der Hecow auf deren Traumebene zu beteiligen. Ich progressierte Tia zu der so wichtigen
Nacht dieser Astralverhandlungen.

Dr. Goldberg: Wie läuft der Plan?

Francesca: Alles ist vorbereitet. Die Saleaner waren
sehr kooperativ und betrachteten dies als
Gelegenheit, ihr Bewußtsein zu erweitern.

Dr. Goldberg: Wann wollen die Hecow angreifen?

Francesca: Wir vermuten, in etwa zwei Tagen.

Dr. Goldberg: Dann bleibt Ihnen nicht viel Zeit.

Francesca: Heute nacht werden die Saleaner den
Hecow auf der Astralebene begegnen.

Das war eine höchst interessante Lösung für ein uraltes
Problem. Tia beschrieb, wie sie und das Team die Saleaner

(astral) auf dieser Reise begleiteten. Sie projizierten sich alle gemeinsam astral. Inzwischen waren Tia und das Team recht geschickt im Astralreisen. Sie brauchten nicht lange, um sich in dieser anderen Dimension zurechtzufinden.

Die Konferenz der Seelen verlief sehr gut. Die Hecow verhielten sich auf der Astralebene ganz anders als ihre Gegenstücke auf der körperlichen Ebene. Was wie eine Ewigkeit erschien, dauerte in Wirklichkeit nur wenige Moonan-Augenblicke, da auf der Astralebene Gleichzeitigkeit herrscht.

Dr. Goldberg: Was geschah daraufhin?

Francesca: Am folgenden Tag kamen die Hecow auf einer Friedensmission von den Bergen herunter. Sie waren andere Menschen. Sie begegneten den Saleanern mit offenen Armen, und alle waren zufrieden.

Dr. Goldberg: Ist dies das Ende des Projekts?

Francesca: Im Grunde ja. Wir werden noch ungefähr einen Monat bleiben, um sie zu überwachen. Ich habe jetzt ein sehr gutes Gefühl.

Dr. Goldberg: Sie hatten Glück.

Francesca: Danken Sie nicht mir, danken Sie Nahill.

Das Projektteam blieb noch etwa einen Monat auf Moonan. Ihre Arbeit war abgeschlossen, und sie kehrten zur Erde zurück. Der Schlußbericht des Teams war ganz besonders interessant. Sie waren sehr ehrlich hinsichtlich der Ereignisse. Anstatt wegen Inkompetenz diszipliniert zu werden, wurden sie von ihren Vorgesetzten belohnt. Die Technik des Astralreisens wurde später in anderen Projekten eingesetzt, und Nahill, Tia und der Rest des Teams genossen hohes Ansehen in der wissenschaftlichen Gemeinschaft.

Tia traf Nahill auch auf der Erde. Sie bekamen eine

ständige Aufgabe als Team. Darüber hinaus verliebten sie sich ineinander und heirateten.

Die Jahre vergingen und Tia wurde Universitätsprofessorin. Sie und Nahill zogen zwei Kinder auf. Sie blieb ihr ganzes Leben lang in akademischen und wissenschaftlichen Kreisen sehr angesehen.

Francesca war mit ihrer Zukunftsprogression äußerst zufrieden. Als Betriebswirtschaftlerin hatte sie kein großes Interesse an der Naturwissenschaft, und darüber hinaus konnte sie sich für ihr jetziges Leben nicht vorstellen, die Dinge zu tun, die Tia tat. Trotzdem schien diese Zukunftsprogression Francescas Leben Bedeutung und Sinn zu verleihen. Sie sah, daß sie in Nahill einen guten Mann wählen und ein glückliches, produktives Leben führen würde. Das unterschied sich beträchtlich von ihren Inkarnationen als Kassandra und Katie.

Dieser Fall war auch für mich sehr befriedigend. Schlechte Angewohnheiten, Phobien, Stimmungsschwankungen, etc. sind ein wichtiger Teil meiner Arbeit als Hypnotherapeut. Trotzdem hat das Leben mehr zu bieten, als die Beseitigung von Problemen. Es gibt existentielle Bedürfnisse, die wir ebenfalls befriedigen müssen. Um diesen globalen Überblick unserer Perspektive geht es beim karmischen Kreislauf. Francesca fand den Sinn ihres Lebens. Das können Sie auch.

KAPITEL 21

EIN ZUKÜNFTIGES LEBEN HINTER GLAS

Als Janet 1984 in meinem Büro anrief, klang sie beinahe hysterisch. Seit Wochen war sie durcheinander, weil ihr langjähriger Freund Mike die Beziehung beendet hatte. Ich machte mit Janet noch für den gleichen Tag einen Termin aus. Als sie in mein Büro kam, konnte ich sehen, daß sie an diesem Tag viel geweint hatte.

Anscheinend war sie zwei Jahre mit Mike gegangen. In dieser Zeit hatte er sie ständig »betrogen«. Als ich Janet fragte, warum sie trotzdem bei ihm geblieben war, meinte sie lapidarisch, sie liebe ihn und wolle bei ihm bleiben, ganz gleich, was geschehe.

Mir war klar, daß Janet eine äußerst abhängige Persönlichkeitsstruktur aufwies und daß Mike sie ausgenutzt hatte. Zuerst besprach ich eine ganz persönliche Kassette für sie und erklärte ihr die Notwendigkeit, die Ursache ihres Dilemmas zu beseitigen. Sie war mit der Behandlungsmethode einverstanden, und wir begannen mit der Therapie.

Janet war 31 Jahre alt und Ernährungsberaterin. Sie war leicht übergewichtig und sah immer etwas unordentlich aus. Ihre Kleider waren zerknittert, und ihr Haar sah aus, als ob es eben von einen Sturm zerzaust worden wäre. Sie hatte wenig Selbstwertgefühl und war bei allen ihren früheren Versuchen mit psychotherapeutischen Behandlungen gescheitert. Dies war ihr erster Versuch mit der Hypnotherapie. Sie war von einer guten Freundin, die im gleichen

Krankenhaus wie Janet arbeitete, an mich verwiesen worden.

Ihr Fall ist in vielerlei Hinsicht interessant. Janet war keine sehr gute Hypnosepatientin, da ihre Trance nur leicht war und sie meine Induktion ständig mit skeptischen Fragen unterbrach. Nach einigen hypnotherapeutischen Sitzungen fühlte sie sich emotional besser und wurde zu einer kooperativeren Patientin. Trotzdem blieb ihre Trance sehr leicht. Das zeigt, daß man für die Regressions- und Progressionstherapie keine sehr tiefe Trance erreichen muß. Darüber hinaus können auch in diesen leichten Trancezuständen qualitativ hochstehende Ergebnisse erzielt werden.

Janets Verhaltensweise in ihren Liebesbeziehungen war selbstzerstörerisch. Sie wurde von Männern angezogen, die sich nicht um sie »kümmern« wollten. Sie hatte Schwierigkeiten, in sexueller Hinsicht Männern gegenüber »nein« zu sagen, weil sie fürchtete, sie würden sich dann nicht für ihre anderen Qualitäten interessieren. Dies ist ein weiteres Beispiel für selbst-schädigende Handlungsmuster.

In einem früheren Leben war Janet eine junge Frau namens Tabatha. Sie lebte im Jahre 1693 in England zusammen mit ihrer Mutter und ihrem Stiefvater. Tabathas Stiefvater schlug sie und versuchte eines nachts, sie zu vergewaltigen. Tabathas Mutter konnte dies verhindern, indem sie ihren Ehemann mit einem Stück Feuerholz bewußtlos schlug. Tabathas einziges Ventil war die schwarze Magie, die sie recht gut beherrschte. Sie belegte ihren Stiefvater mit einem Zauber, und eines nachts beging er aufgrund dieses Zauberspruchs einen Mord. Bevor die Behörden seiner habhaft wurden, kehrte er nach Hause zurück und konfrontierte Tabatha mit ihrem Zauberbann. Sie gab alles zu, woraufhin er sie verprügelte und vergewaltigte. Daraufhin tötete sie ihn mit einem Messer und stellte sich den Behörden.

Später wurde sie vom Magistrat verdächtigt, eine Hexe zu sein. Sie stand unter Beobachtung. Tabatha war sehr vorsichtig, aber schließlich wurde sie als Hexe vor Gericht gestellt und auf dem Scheiterhaufen verbrannt. Ihr Stiefvater in jenem Leben war Mike, und ihre damalige Mutter war jetzt ihre beste Freundin Joan. Janet lud als Tabatha, was Mike betraf, viel karmische Schuld auf sich.

In einer anderen Inkarnation lebte Janet als Frau namens Giselle im mittelalterlichen Frankreich. Sie war mit einem Mann namens Sebastian verlobt. Die Ehe war durch ihren Vater arrangiert worden. Giselle mochte Sebastian überhaupt nicht. Er war übergewichtig und körperlich keineswegs attraktiv. Darüber hinaus besaß er keine Manieren und litt unter einem Sprachfehler. Giselles Vater hatte auf dieser Ehe bestanden, da es um ihre Finanzen mit den Jahren immer schlechter bestellt und Sebastians Familie recht wohlhabend war.

Marc trat etwa drei Jahre nach Giselles Eheschließung mit Sebastian in ihr Leben. Marc war ein reicher Landbesitzer und mit Isabelle verheiratet. Er fühlte sich zu Giselle hingezogen und sie sich zu ihm. Sie begannen eine Affäre, und endlich hatte Giselle etwas, auf das sie sich freuen konnte. Die Jahre gingen ins Land, und alle waren glücklich, außer Isabelle. Isabelle wollte unbedingt ein Kind, aber es schien ihr nicht zu gelingen. Giselle haßte Isabelle und war sehr eifersüchtig auf sie, weil sie mit Marc verheiratet war. Giselle wäre liebend gern Marcs Ehefrau geworden.

Giselle sprach über ihre Enttäuschung mit Marc, und er schien ihre Bedürfnisse zu verstehen. Sie schlug einen Plan vor, wie Marc Isabelle loswerden und dafür sie heiraten könne. Marc war von der Idee zuerst entsetzt, stimmte jedoch später zu. Sie planten, Isabelle zu ermorden, wenn sie auf ihrem Pferd in die Berge ritt. Giselle wollte dabei sein, wenn es geschah.

Eines Tages ritt Isabelle aus. Giselle und Marc lauerten ihr hinter einem Felsen auf. Laut Plan sollte Mark einen langen Stab nehmen und Isabelle vom Pferd und in den Abgrund stoßen. In der letzten Minute schreckte Marc davor zurück. Giselle war so aufgeregt, daß sie den Stab nahm und den Plan selbst ausführte. Im allerletzten Moment sprang das Pferd von Isabelle jedoch nach vorn, und Giselle stürzte zu Tode. Marc entkam unentdeckt und sprach niemals mit seiner Frau über diesen Vorfall.

Durch Janets Neigung zur Gewalt blieb eine große karmische Schuld. Außerdem war Marc Janets früherer Liebhaber in diesem Leben und Isabelle war Marcs Ex-Frau. Marc beendete schließlich die Beziehung zu Janet, weil er wieder mit seiner Ex-Frau zusammenzog. Sebastian ist in diesem Leben Janets Vater, den sie verabscheut.

Die Bühne war nun frei für eine Zukunftsprogression. Janet fühlte sich emotional besser – ein Ergebnis dieser beiden Erfahrungen früherer Leben zusammen mit der Reinigung, die auf der Ebene des Überbewußtseins durchgeführt wurde. Ich erklärte Janet die Vorgehensweise und die Ideen hinter einer Zeitreise in die Zukunft, und sie schien äußerst motiviert, den Kreislauf zu vollenden.

Im Jahr 3015 war Janet eine Frau namens Melodea. Sie lebte auf einem kleinen Mond im Shyron-System, viele Lichtjahre von der Erde entfernt. Dieser Mond war unserem Mond sehr ähnlich. Um normal leben zu können, mußte Melodeas Volk eine Glaskugel über ihrer Stadt errichten. Dieses Glas hatte nichts mit dem Glas zu tun, das wir kennen. Dieses Glas war unzerstörbar und doch federleicht und natürlich durchsichtig. Es gab viele Kammern in dieser Überdachung, damit kleine Raumfahrzeuge kommen und gehen konnten, ohne die Bewohner zu gefährden. Der Planet, von dem Melodea ursprünglich stammte, war aufgrund von Atomkriegen unbewohnbar geworden, daher war ihr Volk aufgebrochen und hatte Monde wie diesen besiedelt. Es lebten etwa 100.000 Menschen auf diesem Mond, und alle wohnten in der Stadt hinter Glas.

Die Gebäude in dieser Stadt waren rund und konisch. Sie bestanden aus einem sehr leichten Metall, das auch sehr haltbar war. Der Verkehr in der Stadt lief über ein bewegliches Förderband und eine einschienige Hochbahn. Es gab Raumfahrzeuge, die große Entfernungen zurücklegen und zu anderen Monden und Planeten reisen konnten.

Melodea war 21 Jahre alt, als ich zuerst mit ihr sprach. Sie lebte zusammen mit ihren Eltern, zwei Brüdern und zwei Schwestern. Sie arbeitete in einem Reisebüro und liebte ihren Job.

Dr. Goldberg:	Erzählen Sie mir etwas über Ihr Leben, Melodea.
Janet:	Heute bin ich traurig.
Dr. Goldberg:	Was ist geschehen?
Janet:	Mein Großvater ist gestern gestorben, und ich komme gerade von der Besichtigung seines Körpers zurück. Die Ringe waren wunderschön. (Sie beginnt zu weinen.)
Dr. Goldberg:	Was meinen Sie mit »Ringe«?
Janet:	Wenn wir sterben, werden zwei große Kristallringe um unsere Körper gelegt. Sie reinigen unsere Aura und ermöglichen uns einen sanften Übergang in die andere Dimension.
Dr. Goldberg:	Standen Sie Ihrem Großvater sehr nahe?
Janet:	Ja. Meine Großmutter ist vor einigen Jahren gestorben, und ich vermisse sie beide.

Ich progressierte Melodea etwa acht Jahre weiter.

Dr. Goldberg:	Was ist geschehen, seit ich das letzte Mal mit Ihnen gesprochen habe?
Janet:	Ich habe jetzt meine eigene Wohnung. Ich bin auch wieder zur Schule gegangen und

	habe jetzt einen Abschluß als Medizintechnikerin.
Dr. Goldberg:	Ich war der Meinung, Sie waren gern in dem Reisebüro tätig.
Janet:	Das war ich auch, aber es wurde mir zu fade. Ich brauchte eine Herausforderung in meinem Leben. Außerdem mag ich die Medizin.
Dr. Goldberg:	Treffen Sie sich derzeit mit jemandem?
Janet:	Ja, ich treffe mich mit Romor.
Dr. Goldberg:	Welcher Tätigkeit geht Romor nach?
Janet:	Er ist Arzt, genauer gesagt, er ist Laser-Chirurg.
Dr. Goldberg:	Wie lange treffen Sie sich schon?
Janet:	So etwa drei Jahre, aber in letzter Zeit ist es uns ziemlich ernst geworden.
Dr. Goldberg:	Was hält Ihre Familie von Romor?
Janet:	Sie halten ihn für großartig, wie ich auch.
Dr. Goldberg:	Über welche medizinischen Einrichtungen verfügen Sie?
Janet:	Unsere Krankenhäuser liegen alle mitten in der Stadt. Gleichgültig, an welcher Stelle man sich befindet, es dauert nicht lange, bis man zu einem Krankenhaus gelangt. Wir haben zahlreiche mobile Einheiten, um die Patienten so lange zu stabilisieren, bis sie in unser Haupthaus gebracht werden können.
Dr. Goldberg:	Heißt das, Sie arbeiten in der Nähe von Romor?
Janet:	Ja. Wir arbeiten im selben Gebäude. So bin ich ihm auch begegnet.
Dr. Goldberg:	Bevor Sie Romor getroffen haben und seit Sie sich kennen, war da Eifersucht jemals ein Thema für Sie?

Janet:	Überhaupt nicht. Ich habe immer dazu geneigt, den Menschen zu vertrauen, insbesondere den Männern. Meine Familie meint sogar, ich sei zu vertrauensvoll.

Offenbar hatte Janet ihre frühere Eifersucht und Unsicherheitsprobleme im 31. Jahrhundert besiegt. Sie schien eine gut angepaßte und hoch motivierte junge Frau zu sein, deren Zukunft noch vor ihr lag.

Dr. Goldberg:	Wie behandelt Romor Sie?
Janet:	Er ist sehr nett und rücksichtsvoll. Es ist erstaunlich, wie er so hingebungsvoll und ernsthaft im Krankenhaus sein kann und gleichzeitig so aufmerksam und einfühlsam mir gegenüber.
Dr. Goldberg:	Das klingt nach mehr als einer beiläufigen Beziehung.
Janet:	Für mich ist es das auch. Mein Problem liegt darin, Romor davon zu überzeugen, mich ernst zu nehmen.

Daraufhin progressierte ich Melodea zu einem bedeutenden Ereignis in ihrer Beziehung zu Romor, wenn es ein solches Ereignis gab. Sie beschrieb eine ziemlich umständliche Hochzeitszeremonie. Ihre ganze Familie und alle Verwandten nahmen daran teil. Sie waren das glücklichste Paar in dieser Stadt hinter Glas.

Dr. Goldberg:	Erzählen Sie mir, was alles geschehen ist, seit wir das letzte Mal miteinander gesprochen haben.
Janet:	Unsere Ehe ist wunderbar. Ich kann Ihnen gar nicht sagen, wie glücklich wir sind.
Dr. Goldberg:	Sind Sie noch berufstätig?

Janet:	Ja. Ich habe nicht die Absicht, meinen Beruf aufzugeben. Romor ermutigt mich vielmehr, mit meiner Arbeit fortzufahren.
Dr. Goldberg:	Gibt es Probleme dadurch, daß Sie beide im selben Haus arbeiten?
Janet:	Nein, überhaupt nicht. Wir arbeiten in verschiedenen Abteilungen, aber manchmal essen wir zusammen zu Mittag. Romor arbeitet länger als ich, und häufig darf er stundenlang nicht gestört werden.
Dr. Goldberg:	Hat sich Romor seit der Hochzeit verändert?
Janet:	Nein, er ist so süß und einfühlsam wie immer.

Ich progressierte Melodea zu einem Ereignis, das ihre Beziehung zu Romor entscheidend beeinflussen würde, wenn es ein solches Ereignis gab.

Dr. Goldberg:	Wie sieht Ihr Leben gerade aus, Melodea?
Janet:	Ich weiß nicht. Etwas stimmt nicht.
Dr. Goldberg:	Was meinen Sie?
Janet:	Nun, eine ganze Anzahl Einwohner ist relativ jung gestorben. Normalerweise werden wir hier weit über 150 Jahre alt. Die Ursache ist ein Virus.
Dr. Goldberg:	Machen Sie sich Sorgen, daß der Virus Sie und Romor befallen könnte?
Janet:	Eigentlich nicht; Romor ist in letzter Zeit nur so abweisend, und er kommt häufig erst spät nach Hause.
Dr. Goldberg:	Vermuten Sie, daß er sich mit einer anderen Frau trifft?
Janet:	Natürlich nicht (in sachlichem Ton). Da kenne ich Romor besser.

Dr. Goldberg:	Haben Sie mit ihm über Ihre Sorgen gesprochen?
Janet:	Ja, das habe ich. Aber er scheint nicht darüber sprechen zu wollen. Er ist in letzter Zeit so geistesabwesend.

Nach weiteren Fragen war ich in der Lage, einige interessante Tatsachen herauszufinden. Krankheiten traten in dieser Stadt nur selten auf. Der Virus war von so ungewöhnlicher Beschaffenheit, daß er schnell das Immunsystem seiner Opfer lahmlegte. Keiner konnte verstehen, warum der Virus nur eine kleine Prozentzahl der Bevölkerung befiel. Die meisten neuen Virusarten befallen viel mehr Menschen. Ein Beispiel in heutiger Zeit wäre ein neuer Grippevirus, der in ein Land eingeführt wird. Die Grippe würde sich wie ein Buschfeuer ausbreiten. Melodeas Mitbürger schienen anfangs immun dagegen.

Doch immer mehr Menschen fielen dem Virus zum Opfer. Der Virus verursachte den Tod seines Wirtes in weniger als zwei Tagen. Das beunruhigte die Ältesten der Stadt nicht wenig. Sie stellten ein spezielles Forschungsteam auf die Beine und rekrutierten Romor. Da er einer der besten Chirurgen der Stadt war und schon zuvor sehr viel über Viren geforscht hatte, fiel die Wahl logischerweise auf ihn.

Romor nahm diese Aufgabe bereitwillig an und wurde Teil eines geheimen Projektes der Regierung. Dieses Projekt wurde aus Furcht vor einer allgemeinen Panik geheimgehalten. Es gab keine Möglichkeit, den Mond in kurzer Zeit zu evakuieren, und die Zahl der Todesfälle durch den Virus trieb die Regierung zu schnellem Handeln. Romor hatte die strikte Anweisung, mit niemandem über dieses Projekt zu sprechen, und das galt auch für Melodea. Melodea wußte, daß Romor an einem Geheimprojekt beteiligt war, aber sie konnte nur schwer akzeptieren, daß sie nicht Teil davon war.

Dr. Goldberg:	Erzählt Ihnen Romor von seiner Arbeit?
Janet:	Nein, und das enttäuscht mich.
Dr. Goldberg:	Beeinflußt das Ihre Ehe?
Janet:	Ja und nein. Romor ist immer noch aufmerksam und rücksichtsvoll, aber seine intensive Arbeit wirkt sich auf seine Gesundheit aus.
Dr. Goldberg:	Ist er sich dessen bewußt?
Janet:	Ja, aber er hält das Projekt für wichtiger.
Dr. Goldberg:	Was können Sie tun?
Janet:	Nichts.

Ich progressierte Melodea zum nächsten bedeutungsvollen Ereignis in bezug auf dieses Projekt und ihrer Beziehung zu Romor.

Dr. Goldberg:	Sie sehen beunruhigt aus. Was ist passiert?
Janet:	Das glaube ich nicht. Ich glaube einfach nicht, das so etwas geschehen konnte.
Dr. Goldberg:	Was ist denn geschehen?
Janet:	Nun, Romor erhielt von der Regierung die Anweisung, die Krankenakten unserer Leute durchzusehen, um eine menschliche Versuchsperson zu finden, an der man ein Antiserum gegen den Virus ausprobieren kann.
Dr. Goldberg:	Ich dachte, dies sei ein Geheimprojekt.
Janet:	Das ist es auch. Romor konnte nur eine Handvoll Leute finden, die für dieses Experiment geeignet waren.
Dr. Goldberg:	Warum nur eine Handvoll?
Janet:	Es gab noch viele andere Anwärter, aber die meisten von ihnen haben unsere Stadt verlassen oder nehmen Schlüsselstellungen in unserer Gesellschaft ein.
Dr. Goldberg:	Fahren Sie bitte fort.

317

Janet:	Von allen möglichen Personen fiel die einzig logische Wahl für dieses Experiment auf mich. Ich nehme keine Schlüsselstellung ein und meine Krankengeschichte war perfekt für diesen Test.
Dr. Goldberg:	Hat er Ihnen deswegen von diesem Experiment erzählt?
Janet:	Ja. Das Witzige ist, daß er recht hat. Wenn er sich an jemand anderen wendet, riskieren wir eine Panik. Er weiß, ich werde niemandem davon erzählen.
Dr. Goldberg:	Halten Sie Romors Entscheidung für kalt?
Janet:	Ja, das könnte sein. Ich halte es Romor nicht wirklich vor. Er macht nur seine Arbeit. Ich kann nur nicht glauben, daß die einzige Möglichkeit, wie ich mehr von meinem Ehemann sehen kann, darin liegt, daß ich als Versuchskaninchen bei einem seiner Experimente fungiere.
Dr. Goldberg:	Wie wirkt sich das auf Ihre Ehe aus?
Janet:	Eigentlich hat uns das näher zueinander geführt. Romor kann offen mit mir über das Projekt sprechen. Wir sind uns wirklich nähergekommen.
Dr. Goldberg:	Erzählen Sie mir mehr über das Projekt.
Janet:	Dieses Projekt ist Top Secret und läuft seit etwa zwei Jahren. Romor ist von Anfang an dabei. Zuerst hat man Tierversuche durchgeführt, um ein Serum zu finden. Das war jedoch ein Fehlschlag; alle Tiere starben.
Dr. Goldberg:	Seit wann verlaufen die Tierversuche erfolgreich?
Janet:	Erst seit den letzten sechs Monaten sind die Tierversuche erfolgreich. Jetzt ist ein Ver-

318

	such am Menschen angezeigt, und ich werde dieser Mensch sein.
Dr. Goldberg:	Haben Sie Angst vor dem Experiment?
Janet:	Nicht wirklich … nun, vielleicht ein wenig. Etwas anderes beunruhigt mich mehr.
Dr. Goldberg:	Was ist das?
Janet:	Wenn sich das Serum als erfolgreich erweist, dann wird es in Massen produziert. Romor wird dann wieder von mir getrennt werden, und unsere Beziehung leidet noch mehr.
Dr. Goldberg:	Sollte das Serum erfolgreich sein, werden Sie dann die Herstellung und Verteilung nicht anderen überlassen?
Janet:	Das schon, aber Romor muß für Problemfälle zur Verfügung stehen, und Probleme gibt es immer.

An dieser Facette von Melodeas Persönlichkeitswachstum fällt die völlige Abwesenheit von Eifersucht und Unsicherheitsproblemen auf, die sie in der Vergangenheit aufwies. Offenbar arbeitete sie diese Punkte in anderen Inkarnationen aus. Ihre Sorge um Romor war ganz natürlich und normal. Sie wollte nicht, daß er zu lange arbeitete, weil sie sich um seine Gesundheit sorgte. Das war wirklich nicht selbstsüchtig, sondern wahrhaft fürsorglich und liebevoll. Ich progressierte sie zu ihrer Beteiligung am Projekt.

Dr. Goldberg:	Erzählen Sie mir von Ihrer Rolle in diesem Experiment.
Janet:	Zuerst mußte ich alle möglichen Tests über mich ergehen lassen: Bluttests, Gewebe-Entnahmen, Raster-Untersuchungen des Gehirns und andere Sachen, die ich lieber nicht erwähnen möchte. Diese Tests waren

	notwendig, um mich auf die Impfungen vorzubereiten.
Dr. Goldberg:	Wo befand sich Romor während dieser Zeit?
Janet:	Er war immer in meiner Nähe. Wenn er nicht gerade mit irgend etwas in mich hineinstach, unterstützte er mich emotional.
Dr. Goldberg:	Überwachte er auch die Details dieser Untersuchungen?
Janet:	Ja, natürlich. Romor ist mir gegenüber sehr aufmerksam, wenn er nicht gerade die Tests durchführt oder sich mit anderen berät.
Dr. Goldberg:	Wie sieht Ihre Verantwortung in diesem Projekt aus?
Janet:	Wie ich schon sagte, bin ich das menschliche Versuchskaninchen. Nach bestimmten Voruntersuchungen wurde ich mit dem experimentellen Serum geimpft.
Dr. Goldberg:	Und dann?
Janet:	Dann wurde ich beobachtet. Ich wurde von meiner Arbeit freigestellt und blieb 24 Stunden täglich in diesem Raum.
Dr. Goldberg:	Wer beobachtet Sie?
Janet:	Jemand von der Belegschaft ist immer anwesend. Romor ist den ganzen Tag und einen Teil des Abends da. Er führt verschiedene Tests mit mir durch und tröstet mich tagsüber.
Dr. Goldberg:	Daraus schließe ich, daß Sie das Gebäude nicht verlassen können.
Janet:	Das ist richtig. Es ist eigentlich gar nicht so schlecht. Mein Zimmer ist sehr gemütlich, und Romor hat dafür gesorgt, daß meine persönlichen Dinge hergebracht wurden. Es ist wie ein Zuhause fern von zu Hause.

Dr. Goldberg:	Spüren Sie Nebenwirkungen des Serums?
Janet:	Nur Schläfrigkeit. Ich möchte den ganzen Tag und die ganze Nacht nur schlafen.
Dr. Goldberg:	Wie verhält sich Romor während dieser Zeit?
Janet:	Er ist wunderbar. Romor ist ein hervorragender Kliniker und unterstützt mich emotional ganz enorm.
Dr. Goldberg:	Ist er ungeduldig mit Ihnen hinsichtlich der Ergebnisse des Medikaments?
Janet:	Nein, er ist sehr nett und geduldig.

Ich progressierte Melodea daraufhin zu einer wichtigen Entwicklung in diesem Test. Sie berichtete von ständiger Schläfrigkeit, aber dann geschah etwas höchst Ungewöhnliches.

Dr. Goldberg:	Was ist geschehen, seit wir das letzte Mal miteinander gesprochen haben?
Janet:	Wo bin ich?
Dr. Goldberg:	Was geht gerade vor?
Janet:	Ich schwebe.
Dr. Goldberg:	Sind Sie gestorben oder hinübergegangen?
Janet:	Nein.
Dr. Goldberg:	Wo sind Sie?
Janet:	Ich muß meinen Körper verlassen haben, aber ich kann ein silbernes Band sehen.

Melodea fiel in ein Koma und wäre beinahe gestorben. Als sie zu mir sprach, hatte sie gerade ein Nahtoderlebnis. Denken Sie daran, Janet war während meiner Therapie vollkommen sicher. Gleichgültig, was ein Patient während eines früheren oder zukünftigen Lebens erlebt, es besteht für ihn absolut keine Gefahr, weder emotional oder körperlich, noch seelisch oder spirituell. Melodea berichtete von der klassischen Szene eines Nahtoderlebnisses – man bewegt sich durch einen Tunnel, man hört seltsame Geräusche, sieht Farben, spürt die Gegenwart eines lieben Verstorbenen, usw.

Ein Spezialteam sollte Melodea wiederbeleben, aber sie lag auch weiterhin im Koma. Romor blieb Tag und Nacht an ihrer Seite. Es war schon etwas Besonderes mit einer Patientin zu sprechen, die gerade ein Nahtoderlebnis hatte. Melodea paßte sich dieser Ebene ziemlich schnell an, und wir konnten mit der Befragung fortfahren.

Dr. Goldberg: Was geschieht gerade?
Janet: Alle sind in Panik. Ich bin die ideale Kandidatin für dieses Serum und wäre fast daran gestorben. Jetzt wissen sie nicht, was sie tun sollen. Ich bin ihre einzige Hoffnung.

Ich progressierte sie zur Lösung dieser Schwierigkeit, wie auch immer diese aussehen würde.

Dr. Goldberg: Wo befinden Sie sich jetzt?
Janet: Ich schwebe immer noch – warten Sie, ich fühle etwas Seltsames.
Dr. Goldberg: Was ist?
Janet: Ich weiß nicht. Es ist als ob ... o ... o ... o

Melodea kehrte schnell in ihren Körper zurück und erlangte langsam das Bewußtsein. Nach wenigen Stunden ging es ihr wieder gut. Die Krise war überstanden.

Dr. Goldberg: Ist die Lage nicht mehr so schlimm, wie Sie sie beschrieben haben?
Janet: Nein. Aus irgendeinem Grund war meine Reaktion auf das Serum nur vorübergehend. Ich werde immer noch überwacht.

Dr. Goldberg:	Ich meinte etwas anderes. Das Serum hat Sie beinahe getötet. Heißt das nicht, daß es zu unsicher ist, um damit ihr Volk gegen den Virus zu impfen?
Janet:	Das habe ich zuerst auch gedacht, aber offenbar muß nur die Dosis neu angepaßt werden. Man ist immer noch optimistisch.
Dr. Goldberg:	Wollen Sie damit sagen, Romor wird Sie erneut dem Serum aussetzen?
Janet:	Er wollte jemand anderen auswählen, aber ich habe darauf bestanden, daß er mich nimmt. Es ist zu spät, um jemand anderes zu bekommen.

Die Dosis wurde neu angepaßt, und trotz Romors Einwänden wurde Melodea erneut mit dem Serum geimpft.

Dr. Goldberg:	Wie fühlen Sie sich jetzt?
Janet:	Es geht mir gut.
Dr. Goldberg:	Wieviel Zeit ist seit der zweiten Injektion vergangen?
Janet:	Über zwei Wochen.
Dr. Goldberg:	Wie lange werden Sie noch warten, bis Sie es als Erfolg werten?
Janet:	Nur noch eine Woche.

Eine weitere Woche verstrich, und Melodea zeigte keine Nebenwirkungen. Das Serum war ein Erfolg, und ihr Volk war gerettet.

Dr. Goldberg:	Was geschah als nächstes?
Janet:	Das Serum wurde schnell in großen Mengen hergestellt und an alle Bewohner der Stadt verteilt.
Dr. Goldberg:	Hat es funktioniert?

Janet:	Ja, sehr gut sogar.
Dr. Goldberg:	Hat das Volk schließlich etwas über diese Krise erfahren?
Janet:	Die Regierung ordnete für alle Bewohner eine Zwangsimpfung an. Da wurden natürlich Fragen gestellt. Ich bin sicher, daß viele Leute erraten haben, daß etwas nicht stimmt, aber es brach keine Panik aus.
Dr. Goldberg:	Gab es noch weitere Todesfälle durch den Virus?
Janet:	Nach der Zwangsimpfung nicht mehr.
Dr. Goldberg:	Wie steht es mit Ihrer Beziehung zu Romor?
Janet:	Sie wurde überraschenderweise kaum beeinträchtigt. Romor mußte zwar lange arbeiten, aber nicht allzu oft. Wir stehen uns sehr nahe.
Dr. Goldberg:	Haben Sie aus dieser Erfahrung etwas gelernt?
Janet:	Auf jeden Fall (sehr glücklich)! Ich vermute, ich habe meine Beziehung zu Romor einfach nicht richtig verstanden.
Dr. Goldberg:	Oder was er wirklich für Sie empfindet?
Janet:	Genau.
Dr. Goldberg:	Und nach diesem Vorfall?
Janet:	Was meinen Sie?
Dr. Goldberg:	Hatten Sie weitere Probleme mit Romor oder mit dieser Virus-Sache?
Janet:	Nein, wir wurden alle immunisiert und mußten uns nie wieder Sorgen um diesen Virus machen. Und was Romor und mich betrifft, waren wir niemals glücklicher.
Dr. Goldberg:	Wie steht es mit Ihrer Karriere als Medizintechnikerin?
Janet:	Ich bin gleich nach der Entlassung aus dem Krankenhaus wieder zur Arbeit gegangen.

So endete die Zukunftprogression in der Stadt hinter Glas. Bis zu einem gewissen Maße wollte Melodea, daß Romor sich um sie »kümmerte«, wie Janet sich das in diesem Leben wünschte. Aber der Unterschied war doch beträchtlich. Melodea war eine sehr zuversichtliche, selbstsichere und unabhängige Frau, die sich um sich selbst kümmern konnte. Im 31. Jahrhundert hatte Janet einen Großteil ihres Karma eliminiert. Mike war aus ihrem karmischen Kreislauf verschwunden (aus der Ebene ihres Überbewußtseins heraus informierte Melodea mich, daß sie Romor in ihrem derzeitigen Leben als Janet nicht kannte). Janet war als Melodea nicht länger die eifersüchtige und unsichere Frau, die sie früher war.

Die Zukunftsprogression hatte noch eine interessante Auswirkung. Janet wurde viel selbstsicherer und nahm eine Beziehung zu einem Mann auf, der sich von seinen Vorgängern völlig unterschied. Janet nahm ein Verhaltensmuster an, das dem von Melodea in 1.100 Jahren schon sehr viel ähnlicher war. Die Zukunftsprogression hatte meiner Meinung für Janet sogar noch einen größeren therapeutischen Nutzen als ihre Inkarnationsregressionen.

KAPITEL 22

Ein verseuchtes Leben in der Zukunft

Zwang wird als sich wiederholendes und scheinbar sinnloses Verhalten definiert, das gemäß bestimmten Regeln oder auf stereotype Weise durchgeführt wird. Das Verhalten ist kein Ziel an sich, sondern soll ein zukünftiges Ereignis bzw. eine Situation hervorrufen oder vermeiden. Die Aktivität ist exzessiv und steht mit dem, was es hervorrufen oder vermeiden soll, in keinem realistischen Zusammenhang. Das Individuum erkennt im allgemeinen die Sinnlosigkeit seines Verhaltens und zieht kein Vergnügen aus dieser Aktivität. Dennoch wird Spannung freisetzt.

Mit diesem Wissen können Sie Petes mißliche Lage besser einschätzen. Pete rief mich im August 1984 an. Er war klinischer Psychologe und stand unter dem ständigen Zwang, sich die Hände zu waschen. Ihm war die Definition einer Zwangshandlung sehr wohl bewußt, aber er konnte nicht anders. Pete unterzog sich jahrelang einer Therapie, jedoch ergebnislos. Er wusch sich dauernd die Hände, Tag und Nacht. Er wechselte zwei- bis dreimal täglich die Kleider, um »den Schmutz zu entfernen.«

Pete war ein äußerst sympathischer Mann. Ich konnte direkt sehen, wie gut er sich mit seinen Patienten und Patientinnen verstand. Er war immer tadellos gekleidet, eine gepflegte Erscheinung und sehr gewinnend. Unter keinen Umständen konnte er jedoch unter Zwang stehende Patienten behandeln. Das ging ihm einfach zu nahe, daher überwies er sie weiter. In seinem Praxisalltag gab es viele

Unterbrechungen, da er seine Hände mindestens einmal während einer Sitzung wusch, normalerweise nachdem er die Hand des Patienten geschüttelt hatte.

Pete fürchtete sich am meisten vor einer Ansteckung. Seine Angst war absolut unlogisch. Er war der Überzeugung, wenn er seine täglichen Rituale nicht ausführte, würde er irgendwie verseucht und krank. Ein weiterer ungewöhnlicher Aspekt seines Seelenlebens war die Zahl 8. Diese Zahl verfolgte ihn. Er wurde im August geboren (dem achten Monat). Alle seine Telefonnummern und alle neuen Adressen, an die er zog, hatten eine Acht darin. Seine Großmutter war im August gestorben, und viele Todesfälle in seiner Familie traten im achten Monat eines Jahres ein.

Als Folge hiervon legte Pete jeden August Angst und Niedergeschlagenheit an den Tag. Sein erster Anruf, um einen Termin zu vereinbaren, erfolgte Ende August. Eine andere seltsame Erscheinung war der Name Teresa. Das ist kein allzu häufiger Name, aber einer, den Pete mit etwas Negativem assoziierte. Ein Mädchen, mit dem er in der Hochschule ausging, beendete ihre Beziehung ziemlich grausam kurz vor seiner mündlichen Doktor-Prüfung. Ihr Name war Teresa. Während seiner formativen Jahre verursachte ihm der Name Teresa eine Gänsehaut. Den Grund dafür konnte er sich nicht erklären.

Pete erholte sich von jener Teresa, die ihre Beziehung zu ihm abgebrochen hatte, aber der Name verfolgte ihn immer noch. Er mußte sich von diesem Zwang ein für allemal befreien. Er litt dadurch unter Schlaflosigkeit, und darüber hinaus war es auch seiner therapeutischen Praxis nicht sonderlich zuträglich. Viele Menschen erhalten einen schlechten Eindruck von einem Psychologen, der seine Hände unmittelbar nach der Begrüßung wäscht.

Pete erwies sich als durchschnittlicher Hypnosepatient. Damit meine ich, daß die Tiefe seiner Trance im mittleren

Bereich lag. Die Mehrheit der Bevölkerung kann diese Ebene mühelos erreichen. Wie schon erwähnt, muß für eine Inkarnationsregression bzw. Zukunftsprogression keine Tieftrance erreicht werden. In Petes Fall war die Tiefe der Trance mehr als ausreichend für seine Forschungsreise.

Petes erstes früheres Leben trug viel zur Klärung seiner derzeitigen Symptome bei. Man schrieb das Jahr 1888 (Achten Sie auf die Häufigkeit der Zahl 8), und wir befanden uns in Paris. Pete war eine Sängerin namens Marie Duvall. Marie war auf der Bühne sehr erfolgreich, aber ihre Moral ließ sehr zu wünschen übrig. Sie arbeitete jahrelang als Prostituierte, bevor sie durch ihre musischen und schauspielerischenTalente zu Ruhm gelangte.

Auch nachdem Marie sich auf der Bühne einen Namen gemacht hatte, benützte sie ihren Körper, um das zu bekommen, was sie wollte. Sie war sehr ehrgeizig und aggressiv (das genaue Gegenteil vom heutigen Pete). Pete krümmte sich bei dem Gedanken daran, was Marie getan hatte und was sie symbolisierte. Sie war eitel, selbstsüchtig, grausam und rücksichtslos. Sie schlief wahllos mit Männern, nur um das von ihnen zu bekommen, was sie wollte. Sie war niemals zufrieden und wollte immer mehr.

Pete kommentierte während dieser Sitzungen, wie »schmutzig« Marie war. Während ihrer Zeit als Prostituierte hatte sie Sex mit einem Mann und schlief gleich darauf mit einem anderen, ohne sich dazwischen zu waschen. Eines der Ereignisse, die Marie wirklich traurig stimmten, war der Tod eines ihrer Liebhaber. Sie verliebte sich in einen Mann, der für die Regierung arbeitete. Er war sehr einflußreich, und Marie konnte nicht genug von ihm bekommen. Sie liebte die Macht. Eines Tages wurde er von einem deutschen Agenten getötet.

Die französische Regierung wußte von dieser Affäre und überzeugte Marie, für sie zu arbeiten. Marie stimmte freudig zu, denn Rache war Teil ihrer Persönlichkeit. Sie war dann gelegentlich als Spionin für die französische Regierung tätig und wollte immer nur Aufgaben gegen Deutschland annehmen. Eines Nachts schlief sie mit einem deutschen Agenten. Ihre Mission war nunmehr vollendet; sie erlangte die benötigten Informationen, beschloß jedoch, den Agenten selbst zu töten. Mit mehreren gewalttätigen Messerstichen brachte Marie den Deutschen um. Ihr nackter Körper war von seinem Blut bedeckt. Sie lachte nur darüber. Erst eine Stunde später wusch sie sich ab. Während dieser Szene krümmte Pete sich im Stuhl. Er konnte den Anblick von Marie nicht ertragen, wie sie da in Blut getränkt stand und über den Mord, den sie gerade begangen hatte, lachte.

Kurz darauf unterrichtete Marie die französische Regierung davon, daß sie nicht länger für sie arbeiten könne. Sie lebte weiter, befriedigt durch die Rache am Tod ihres Geliebten. Die Jahre vergingen, und der Mord verursachte ihr allmählich Alpträume. Sie wurde von Schuldgefühlen heimgesucht und wußte nicht mehr, was sie tun sollte.

Obwohl sie keine religiöse Frau war, hatte Marie das Gefühl, eine Reise zu einem Kloster vor den Toren der Stadt wäre die Lösung. Sie wollte ihre Sünden bekennen, besonders den Mord. Als sie im Kloster ankam, verbrachte die verantwortliche Schwester viel Zeit mit ihr und lauschte ihrer Geschichte. Schließlich sagte sie Marie, daß sie sie von ihren Sünden nicht freisprechen könne. Es war der 8. August, und die Nonne hieß Schwester Teresa.

Als Pete aus dieser Trance erwachte, wurden ihm eine Reihe von Dingen bewußt. Erstens hatte die Zahl 8 eine wichtige Rolle in Maries Leben gespielt. Zweitens hatte ein Mensch namens Teresa sich als mögliche Quelle seiner Angst erwiesen. Und drittens tauchte eine mögliche Ursache für seinen Zwang, sich ständig die Hände zu waschen, auf. (Sie werden bemerken, daß ich von *einer* Quelle und nicht von *der* Quelle spreche. Petes Fall war viel zu kompliziert, um durch eine einzige Inkarnationsregression erklärt werden zu können.) Maries Versagen, ihren Frieden mit Schwester Teresa zu finden, ist ebenfalls ein interessanter Aspekt dieses Lebens. Vielleicht war das der Hauptgrund, warum Pete sich die Psychologie als berufliches Tätigkeitsfeld aussuchte: jetzt konnte er Menschen helfen, obwohl er selbst vor 100 Jahren nicht die nötige Hilfe erlangen konnte.

Der Rest von Maries Leben war für Petes Zustand belanglos, also ließen wir sie sein und erforschten ein anderes Leben. In einem Leben in Afrika war Pete Frau und Mutter. Ihr Ehemann wurde in einem Krieg getötet. Sie blieb allein zurück und mußte ihre Tochter großziehen. Einsamkeit war ganz sicher ein Problem, doch bedeutsamer war, daß eine Seuche sowohl ihr Baby als auch einen Großteil ihres Dorfes dahinraffte. Sie überlebte viele Jahre, fürchtete jedoch ständig um ihr Leben und gab sich selbst die Schuld am Tod ihrer kleinen Tochter, obwohl sie nichts hätte tun können, um ihn zu verhindern. Schließlich starb diese Frau. Schlüsselpunkte in diesem Leben waren die Seuche und ihre Schuldgefühle. Hier sehen wir eine weitere Ursache-Wirkung-Beziehung zu Petes derzeitiger Zwangshandlung.

Auf Petes dritter Reise in frühere Zeiten beschrieb er ein Leben in England während des 15. Jahrhunderts. Diesmal war Pete ein Mann namens James. James war ein Edelmann und verbrachte viel Zeit am Hof des Königs. Er hatte einen älteren Bruder, Robert, der ebenfalls an der Seite des Königs lebte. Später hatte der König ein Verhältnis mit James und seinem Bruder. Peter krümmte sich wieder, als er seine homosexuelle Beziehung beschrieb. Er nannte sie »krank« und »schmutzig«.

Die Zeit verging, und zwischen James und seinem Bruder entwickelte sich ein Machtkampf. Da beide Liebhaber des Königs waren, kamen sie in den Genuß einer Sonderbehandlung und erhielten viele Gefälligkeiten. Robert war der Ältere und genoß daher mehr Macht und Einfluß. Das erbitterte James, und ein Kampf um Macht und Stellung entbrannte zwischen den intelligenten Brüdern.

James (Pete) verlor diesen Kampf und wurde aus England verbannt. Er wurde depressiv und plante von Frankreich aus seine nächsten Schritte. Er kehrte mit einigen Männern zurück und brachte Robert um. Der König schäumte vor Wut, und James wurde geköpft.

Pete krümmte sich während seiner Todeserfahrung in meinem Behandlungsstuhl. Er beschrieb die Klinge als »schmutzstarrend vom Blut der früheren Opfer.« Hier sehen wir wieder eine Ursache-Wirkung-Beziehung zu Petes derzeitiger Zwangshandlung. Ignorieren Sie nicht die Schuldgefühle, die er aufgrund der Gewalt (dem Mord an seinem Bruder) und seiner homosexuellen Beziehung zum König verspürte. Sex, Gewalt, Schuldgefühle und eine schmutzige Klinge waren der karmische Übertrag aus seinem Leben in England.

Die Bühne war nun bereit für das wichtigste Leben in bezug auf Petes heutiger Zwangshandlung. Schon an anderer Stelle in diesem Buch habe ich erwähnt, daß die Zeit an sich immer gleichzeitig ist, daher kann die Ursache eines Problems der Gegenwart sehr wohl in einem zukünftigen Leben zu finden sein. Obwohl alle Inkarnationen, die wir erforschten, zur Kausalität beitrugen, boten sie weder die einzige noch die wichtigste Erklärung. In Petes Fall war das wichtigste Leben ein zukünftiges Leben.

An diesem Punkt seiner Hypnotherapie zeigte Pete langsam Fortschritte. Er schlief besser, und seine zwanghaften Symptome traten weniger häufig und weniger intensiv auf. Er wollte unbedingt mit der Therapie fortfahren und erwartete höchstwahrscheinlich in seiner nächsten Sitzung, wieder in ein früheres Leben zurückzukehren. Das war jedoch nicht der Fall. Pete reiste statt dessen in die zweite Hälfte des 21. Jahrhunderts.

Dr. Goldberg:	Wie heißen Sie?
Pete:	Ben. Ben Kingsley.
Dr. Goldberg:	Wo befinden Sie sich?
Pete:	Ich bin in der Schule, und ich mag dieses Fach.
Dr. Goldberg:	Was lernen Sie gerade?
Pete:	Es ist ein Wissenschaftskurs, und ich mag den Lehrstoff.

Ben befand sich in einer Physikstunde an der High School. Er hatte ein natürliches Talent für die Wissenschaft und liebte es, Dinge zusammenzusetzen, sie auseinanderzunehmen und die Wahrscheinlichkeit verschiedener Experimente zu berechnen.

Dr. Goldberg:	Wo leben Sie, Ben?
Pete:	Tulsa. Tulsa, Oklahoma.
Dr. Goldberg:	Welches Jahr schreiben wir?
Pete:	2074.
Dr. Goldberg:	Erzählen Sie mir etwas von Ihrer Familie.
Pete:	Was wollen Sie wissen?
Dr. Goldberg:	Was ist Ihr Vater von Beruf?
Pete:	Er ist Psychiater.
Dr. Goldberg:	Und Ihre Mutter?
Pete:	Sie arbeitet als Architektin.
Dr. Goldberg:	Haben Sie Geschwister?
Pete:	Ich habe einen Bruder, Roger, und eine Schwester, Tenina.
Dr. Goldberg:	Sind beide älter als Sie?
Pete:	Nein, sie sind beide jünger.
Dr. Goldberg:	Was wollen Sie mit Ihrem Leben anfangen?
Pete:	Ich will aufs College und in die Naturwis-

senschaft gehen. Ich weiß aber noch nicht genau, in welchen Bereich.

Als ich mit Bens Befragung fortfuhr, fand ich heraus, daß er ein sehr gewissenhafter junger Erwachsener war. Er schien keine schlechten Angewohnheiten zu haben. Er war ein guter Schüler und verstand sich problemlos mit seiner Familie. Ben zeigte viel Respekt für seine Eltern. Er bewunderte deren Hingabe an ihre jeweiligen Berufe, fühlte sich aber gleichzeitig keineswegs vernachlässigt. Ben war freundlich und half seinen jüngeren Geschwistern.

Ben wurde über seine High School Jahre hinaus zu einer bedeutenden Situation während seiner Ausbildung bzw. seines Berufes progressiert. Er beschrieb seine College-Jahre und sein Hauptfach Physik.

Dr. Goldberg: Gefällt Ihnen die Schule?
Pete: Ich liebe sie.
Dr. Goldberg: Was ist Ihr Hauptfach?
Pete: Ich konzentriere mich jetzt auf Atomphysik.
Dr. Goldberg: Mit welchem Ziel?
Pete: Nach meinem Abschluß will ich als Techniker in einem Atomkraftwerk arbeiten.
Dr. Goldberg: Bei Ihren Fertigkeiten? Warum werden Sie da nicht Atomphysiker?
Pete: Das könnte ich nicht.
Dr. Goldberg: Warum nicht?
Pete: Für diese Art von Verantwortung bin ich nicht gemacht.
Dr. Goldberg: Meinen Sie nicht, Sie könnten die Ausbildung schaffen?
Pete: Das könnte ich ganz sicher, aber sehen Sie, ich werde immer etwas nervös, wenn es Schwierigkeiten gibt.

Dr. Goldberg:	Was meinen Sie mit »etwas nervös«?
Pete:	Nun, hin und wieder, wenn ich nervös und frustiert bin, gerate ich in Panik.
Dr. Goldberg:	Was tun Sie dann?
Pete:	Ich raste gelegentlich aus und kann einige Minuten lang nicht mehr klar denken.
Dr. Goldberg:	Das klingt wie ein ernsthaftes Problem. Haben Sie Ihrem Vater davon erzählt?
Pete:	Ja, er weiß davon.
Dr. Goldberg:	Hat er etwas dagegen unternommen?
Pete:	Ich sehe einen seiner Kollegen, einen Dr. Margolis.
Dr. Goldberg:	Was hält Dr. Margolis von Ihrem Zustand?
Pete:	Er meint, es sei nicht sehr ernst. Ich sollte mein Streßniveau niedrig halten und wiederholte Konfrontationen vermeiden.
Dr. Goldberg:	Schließt das eine Karriere als Techniker in einem Atomkraftwerk nicht aus?
Pete:	Das würde es, wenn man darüber etwas erführe. Aber das wird kein Problem sein.
Dr. Goldberg:	Warum nicht?
Pete:	Dr. Margolis ist ein sehr guter Freund meines Vaters. Er schuldet Dad einen großen Gefallen. Darüber hinaus kennt er meine schulischen Leistungen sehr genau.
Dr. Goldberg:	Damit meinen Sie, daß es über Ihre Behandlung keine Unterlagen gibt.
Pete:	Genau.
Dr. Goldberg:	Gibt es noch etwas an Ihnen, das sich in dem von Ihnen gewählten Beruf als Problem erweisen könnte?
Pete:	Nicht daß ich wüßte.

Ich suchte nach einem Übertrag auf Petes Zwanghandlung, konnte aber keinen finden. Ben rastete gelegentlich aus und geriet außer Kontrolle, aber das schien keinen weiter zu kümmern. Das soll heißen, keinen außer mir.

Keine von Petes Charaktereigenschaften schien in Ben vorhanden zu sein. Wenn überhaupt, war er das genaue Gegenteil von Petes heutiger Persönlichkeit. Ich progressierte Ben zu einem wichtigen Ereignis während seiner College-Jahre.

Dr. Goldberg: Wo sind Sie gerade, Ben?
Pete: Ich treffe mich mit Gail.
Dr. Goldberg: Wer ist Gail?
Pete: Sie ist meine Verlobte.
Dr. Goldberg: Weiß sie von Ihren Anfällen?
Pete: Nein. Ich weiß gar nicht, warum Sie dauernd auf diesen seltenen Anfällen herumhacken. Wenn Gail in meiner Nähe ist, bin ich ruhig und habe mich völlig unter Kontrolle.

Ben hatte völlig recht. Im Beisein von Gail war er ein anderer Mensch. Er war ruhig und selbstsicher und doch offen für ihre Bedürfnisse. Sogar wenn die Dinge für Ben nicht gut liefen, machte es Gails Gegenwart für ihn leichter. Sie war offensichtlich das Beste, was ihm jemals geschehen war.

Dr. Goldberg: Wie läuft es mit der Behandlung von Dr. Margolis?
Pete: Ich denke, gut.
Dr. Goldberg: Was macht er, wenn Sie ihn aufsuchen?
Pete: Er setzt bei mir eine Art Biofeedback ein.
Dr. Goldberg: Hat er Ihnen Medikamente verschrieben?
Pete: Nur gelegentlich. Er verschreibt nur etwas, wenn ich von einer ganzen Reihe von Anfällen berichte.

Dr. Goldberg: Ist Ihnen das in letzter Zeit passiert?
Pete: Nein. Mir geht es in letzter Zeit sehr gut.

Ben hatte recht: es ging ihm besser. Gail war zu ihm gezogen, und Ben fühlte sich glänzend. Dr. Margolis war sehr zufrieden und bestellte Ben nur noch einmal im Monat zu sich. Gail hatte keine Ahnung, daß Ben Dr. Margolis aufsuchte. Sie arbeitete als Computerprogrammiererin und war sehr beschäftigt.

Gail sah Ben niemals, wenn es ihm schlecht ging. Er lernte in der Bücherei, und wenn er im Labor frustriert war, dann meistens, weil er allein war. Bens Vater war stolz auf seinen Sohn und hatte das Gefühl, alles sei in bester Ordnung.

Ben war ein sehr glücklicher Mann. Er machte seinen Abschluß am College und heiratete Gail. Seine Familie war stolz auf ihn, und er war auf dem besten Weg, seine lebenslangen Ziele zu erreichen. Ich progressierte Ben daraufhin zu seiner Arbeitsumgebung.

Dr. Goldberg: Erzählen Sie mir etwas über Ihre Arbeit.
Pete: Ich liebe sie. Ich arbeite als Techniker in dem Atomkraftwerk bei Tulsa.
Dr. Goldberg: Sie sind also in Tulsa geblieben.
Pete: Ja. Ich bin Nachwuchstechniker. Mein Vorgesetzter heißt Ralph.
Dr. Goldberg: Wie verstehen Sie sich mit Ralph?
Pete: Wir arbeiten gut zusammen. Er ist ein hervorragender Lehrer, und wir sind gute Freunde geworden.
Dr. Goldberg: Regen Sie sich bei der Arbeit manchmal auf?
Pete: Manchmal frustriert mich die gewaltige Komplexität der Anlage, aber ich rege mich nicht wirklich auf.

336

Dr. Goldberg:	Und zu Hause?
Pete:	Gar nicht. Gail und ich lieben uns.
Dr. Goldberg:	Treffen Sie sich immer noch mit Dr. Margolis?
Pete:	Nur drei oder vier Mal im Jahr. Er sagt, es ginge mir gut.
Dr. Goldberg:	Warum bestellt er Sie dann noch zu sich?
Pete:	Mein Vater will ganz sicher sein, daß es mir gut geht. Da die Therapie von Dr. Margolis absolut inoffiziell ist, fühlt sich Dad für mein seelisches Wohlbefinden verantwortlich.

Ich progressierte Ben weiter, und er erzählte von seiner großen Liebe zum Leben. Sein Familienleben war ihm wichtig, aber wirkliche Hingabe empfand er nur für seinen Beruf. Für mein Empfinden etwas zu viel Hingabe. Ben besaß eine zwangsneurotische Persönlichkeit, aber das ist unter wissenschaftlich gebildeten Menschen nicht ungewöhnlich. Was mich besorgte, waren die exzessiven Züge eines Workaholics, die er an den Tag legte, zusammen mit seinem reizbaren Naturell – eine potentiell explosive und gefährliche Mischung.

Keine meiner Befürchtungen verwirklichte sich während Bens Befragung. Ich progressierte ihn fünf Jahre weiter.

Dr. Goldberg:	Was ist seit unserem letzten Gespräch geschehen?
Pete:	Ich genieße meine Arbeit sehr. Ich wurde schon dreimal befördert und bin jetzt stellvertretender Leiter meiner Einheit.
Dr. Goldberg:	Wer ist Ihr Vorgesetzter?
Pete:	Immer noch Ralph.
Dr. Goldberg:	Verstehen Sie sich immer noch mit ihm?

Pete:	Ja. Wir sind sehr gute Freunde, und unsere Familien verbringen viel Zeit miteinander.
Dr. Goldberg:	Sie sprechen von Familien. Heißt das, Sie haben Kinder?
Pete:	Gail und ich sind die stolzen Eltern zweier Söhne, Aaron und Ronald.
Dr. Goldberg:	Ärgert es Sie, daß Sie nicht der Leiter Ihrer Einheit sind?
Pete:	Nein. Sehen Sie, ich wurde einer neuen Forschungseinheit zugeteilt und werde derzeit dazu ausgebildet, dieser Einheit vorzustehen.

Für Ben hatte sich alles gut entwickelt. Nur die Hälfte der Woche arbeitete er mit Ralph zusammen. Den Rest der Zeit verbrachte er in einem brandneuen Atomforschungszentrum etwa 20 Meilen vom Atomkraftwerk entfernt. In diesem Forschungszentrum wurden verschiedene Möglichkeiten ausprobiert, Atomkraft sicher nutzbar zu machen und zu kontrollieren. Diese Einheit war etwas ganz Besonderes, und es stellte eine große Ehre dar, für diese Arbeit ausgesucht zu werden. Bens Ehrgeiz und seine Fähigkeiten hatten dazu geführt, daß er die Beförderungsleiter schneller als andere erklomm, und das freute ihn sehr.

Dr. Goldberg:	Was hält Gail von Ihren zwei Tätigkeiten?
Pete:	Sie steht voll dahinter. Sie hat meine Karriere schon immer sehr unterstützt, und dafür liebe ich sie.
Dr. Goldberg:	Wie steht es mit der langen Arbeitszeit?
Pete:	Das macht mir überhaupt nichts aus.
Dr. Goldberg:	Hat Gail nichts dagegen, daß Sie so lange von zu Hause weg sind?
Pete:	Gail hat ihre eigene Karriere, und die Sorge

um die Jungs hält sie beschäftigt. Wir haben wirklich keinerlei Probleme.

Dr. Goldberg: Wie steht es mit Ihren Anfällen? Ist das noch ein Problem für Sie?

Pete: Überhaupt nicht. Ich bin seit über drei Jahren nicht mehr ausgerastet.

Dr. Goldberg: Billigt Ihr Vater die Tatsache, daß Sie die Therapie bei Dr. Margolis beendet haben?

Pete: Er hat lange nicht darüber gesprochen. Dr. Margolis hat vor dem Ende der Therapie Rücksprache mit Dad gehalten; folglich war das wohl in Ordnung.

Dr. Goldberg: Hat irgend jemand in den beiden Einrichtungen, für die Sie arbeiten, etwas über Ihre früheren psychischen Probleme herausgefunden?

Pete: Keine Chance. Wenn meine Behandlung bekannt würde, würde man mich meiner Stellungen entheben.

Dr. Goldberg: Obwohl Dr. Margolis Sie für »geheilt« hält?

Pete: Es kommt nicht darauf an, was Dr. Margolis denkt. Meine früheren psychologischen Probleme wären für mich das berufliche Ende.

Dr. Goldberg: Wie steht Ralph Ihrer Stellung in der Forschungsabteilung gegenüber? Ist er eifersüchtig auf Sie?

Pete: Er ist stolz auf mich. Schließlich hat *er* mich ausgebildet. Um Ihre Frage zu beantworten: ich glaube nicht, daß Ralph auch nur im geringsten eifersüchtig auf mich ist. Ralph ist ein viel ausgeprägterer Familienmann, und er würde niemals so viel arbeiten, wie ich das tue.

Als wir diesen Teil von Bens Leben besprachen, konnte ich sehen, daß er wirklich glücklich war. Seine Neigung zum Workaholic schien Gail, seine Freunde und seine anderen Familienmitglieder nicht zu stören. Bens Vater war sehr stolz auf ihn, und ebenso Bens Kollegen. Ich war jedoch immer noch nicht davon überzeugt, daß Ben seelisch so stabil war, wie Dr. Margolis das annahm.

Ben führte ein erfülltes Leben. Er liebte seine Arbeit und genoß in seiner Freizeit sein Familienleben und seine Freunde. Er konnte seine ehrgeizige Persönlichkeitsstruktur ausleben, und fraglos hatte Ben die Kontrolle über sein Leben.

Ich progressierte Ben zu einer wichtigen Herausforderung bzw. Schwierigkeit in seinem Leben, und nun tauchten einige interessante Verhaltensmuster auf.

Dr. Goldberg: Was hat sich seit unserem letzten Gespräch ereignet?

Pete: Ich weiß nicht, was ich mit Aaron tun soll.

Dr. Goldberg: Aaron, Ihr ältester Sohn?

Pete: Ja.

Dr. Goldberg: Was ist mit ihm?

Pete: Er hält sich gar nicht gut. Er ist so klug. Dafür gibt es einfach keine Entschuldigung.

Dr. Goldberg: Was sagen seine Lehrer?

Pete: Sie sagen, er versucht es einfach nicht. Er ist zu sehr mit anderen Dingen beschäftigt.

Dr. Goldberg: Wie gehen Sie mit dieser Situation um?

Pete: Ich habe versucht, mit dem Jungen zu reden. Er scheint mich zu verstehen, aber er tut nichts dagegen.

Dr. Goldberg: Haben Sie schon daran gedacht, ihn zu einem Kinderpsychologen zu schicken?

Pete: Daran möchte ich nicht einmal denken.

Ich drang tiefer in diese Situation ein. Anscheinend hatte ich einen wunden Punkt getroffen. Aaron war nach Bens Vater benannt worden. Ben wollte, daß Aaron in allem glänzte, was er auch tat, und setzte ihn unbewußt unter großen Leistungsdruck. Das führte zu Aarons Verweigerung. Indem er schlechte Leistungen brachte, stieg Aaron in seiner Selbstachtung. Das fand Ben ganz und gar nicht lustig.

Gail überließ Ben die Erziehung der Jungen. Der Gedanke, daß Aaron eine psychologische Beratung benötigen könnte, ließ in Ben Erinnerungen an die Behandlung durch Dr. Margolis aufsteigen. Ben wurde niedergeschlagen und wütend. Er war nahe daran auszurasten.

Dr. Goldberg: Wie hat sich diese Situation aufgelöst?

Pete: Aaron und ich haben lange miteinander gesprochen. Ich ging anders mit ihm um, habe einige meiner Ansprüche an ihn gelockert.

Dr. Goldberg: Hat es funktioniert?

Pete: Ja. Seine schulischen Leistungen verbesserten sich, und alles kehrte zum Normalzustand zurück.

Dr. Goldberg: Hat das Ihre Beziehung zu Gail belastet?

Pete: Anfangs ja, aber später haben wir das ausgearbeitet.

Dr. Goldberg: Hat sich das auf Ihre Arbeit ausgewirkt?

Pete: Tja, ich glaube schon. Es ist nicht leicht, so viel zu arbeiten, wie ich das tue.

Dr. Goldberg: Können Sie mir das an einem Beispiel erklären?

Pete: Ralph mußte einige meiner Berechnungen und Berichte in der Fabrik korrigieren. Wir haben uns darüber gestritten. Ich dachte, er wollte einfach nur auf mir herumhacken.

Dr. Goldberg: Warum sollte er das tun?

Pete:	Ich glaubte, er sei auf meine Stellung in der Forschungsabteilung eifersüchtig. Das war dumm. Ralph ist mein bester Freund und will nur mein Bestes.
Dr. Goldberg:	Sind Sie in seiner Gegenwart jemals ausgerastet?
Pete:	Nein, aber manchmal war ich nahe dran.
Dr. Goldberg:	Haben Sie daran gedacht, Dr. Margolis wieder aufzusuchen?
Pete:	Niemals. Ich werde jetzt selbst damit fertig. Ich brauche keine Therapie.

Ben reagierte immer noch empfindlich, wenn ich auf eine Therapie zu sprechen kam. Schon der Gedanke an eine Therapie für Aaron beunruhigte Ben. Das Problem mit Aaron löste sich ohne Beteiligung eines Therapeuten. Interessant ist, daß Pete in diesem Leben Psychologe ist, in seinem nächsten Leben der Therapie jedoch negativ gegenübersteht.

Ralph schien Ben nicht böse zu sein. Es war nur ein kleiner Vorfall, und Ralph hatte sich an das Ego seiner Crew-Mitglieder gewöhnt. Niemand ahnte, daß Ben gravierende Probleme hatte.

Ich progressierte Ben zu einem wichtigen Ereignis in bezug auf seine Emotionen und seine Anfälle.

Dr. Goldberg:	Wo sind Sie gerade, Ben?
Pete:	Ich bin zu Hause und streite mit Gail.
Dr. Goldberg:	Worum geht es?
Pete:	Sie hatte einen Autounfall. Es war nur dumm. Wir hatten einen Streit, und sie fuhr einfach weg, ohne auf die anderen Fahrzeuge zu achten.
Dr. Goldberg:	Wurde sie verletzt?
Pete:	Nein, Gott sei Dank nicht.

Dr. Goldberg:	Sind Sie ausgerastet?
Pete:	Ja, und Gail war geschockt. Sie hielt es allerdings nicht für so wichtig. Sie schrieb es einfach dem Unfall zu.
Dr. Goldberg:	Denken Sie jetzt daran, wieder zu Dr. Margolis zu gehen?
Pete:	Nein, und ich will nie mehr darüber sprechen, wieder in Therapie zu gehen. Ist das klar?

Ben war sehr empfindlich hinsichtlich seines seelischen Zustands. Er bedrohte mich sogar. Ich machte mir Sorgen um sein explosives Naturell, und nach Jahren der Ruhe tauchte der Sturm am Horizont auf.

Ich kann Bens Sorge um seine Karriere verstehen. Trotzdem war es unverantwortlich von ihm, nicht zu Dr. Margolis zurückzukehren. Seine Therapie hätte erneut vertraulich behandelt werden können, aber Ben wollte davon nichts hören.

Im folgenden Jahr beruhigten sich die Dinge etwas. Ben fühlte sich besser und nahm natürlich an, daß es keine Probleme mehr geben würde. Ich war da keineswegs so sicher.

Daraufhin progressierte ich Ben zu einem weiteren wichtigen Ereignis in seinem Leben.

Dr. Goldberg:	Was geht gerade in Ihnen vor, Ben?
Pete:	(Weint) Ich will nicht darüber sprechen.
Dr. Goldberg:	Was ist geschehen?
Pete:	Es ist alles so sinnlos. Warum geschieht so etwas?
Dr. Goldberg:	Was ist denn geschehen?
Pete:	Mein Vater wurde bei einem Flugzeugabsturz getötet. Er befand sich auf dem Rückflug von einer medizinischen Tagung.
Dr. Goldberg:	Wann haben Sie von seinem Tod erfahren?

Pete:	Vor einer Woche. Seine Beerdigung war für mich nicht leicht.
Dr. Goldberg:	Und Ihre Mutter?
Pete:	Sie nimmt es viel besser auf als ich. Ich weiß nicht, wie sie das kann.

Der Tod seines Vaters war für Ben nicht leicht. Er nahm sich Urlaub und widmete sich ganz seiner Familie. Das war eine sehr emotionale Zeit für ihn. Interessanterweise hatte Ben während seiner Trauer keine Probleme mit Temperamentsausbrüchen. Er fühlte sich emotional taub, aber funktionstüchtig.

Nach mehreren Wochen kehrte er an seinen Arbeitsplatz zurück. Alles war wie immer. Er arbeitete sehr lange, erledigte seine Arbeit gut und kam mit dem Leben zurecht. An der Oberfläche schien alles in Ordnung. Trotzdem war mir klar, daß Ben seine Gefühle unterdrückte. Er ignorierte seine inneren Bedürfnisse und spielte nur eine Rolle. Das war unnatürlich und angesichts seiner seelischen Krankengeschichte möglicherweise sehr gefährlich.

Nach außen hin ging es Ben gut. Seine Beziehung zu Gail blühte. Er war der alte Ben, so schien es zumindest. Ein Jahr später erhielt Ben eine sehr bedeutende Beförderung.

Dr. Goldberg:	Was macht Ihre Karriere?
Pete:	Ich wurde zum Cheftechniker der Forschungsanlage befördert.
Dr. Goldberg:	Welchen Einfluß hat das auf Ihren anderen Job?
Pete:	Ich verbringe jetzt meine gesamte Zeit in der Forschungseinrichtung. Obwohl ich dem Atomkraftwerk auf Abruf zur Verfügung stehe, verbringe ich dort nur sehr wenig Zeit.

Dr. Goldberg:	Arbeiten Sie jetzt nicht mehr so lange?
Pete:	Etwas weniger, aber ich verbringe viel Zeit im Forschungslabor.
Dr. Goldberg:	Sehen Sie Ralph häufig?
Pete:	Ja, privat sehen wir uns oft. Er interessiert sich sehr für meine Arbeit, und unsere Familien kommen hin und wieder zusammen.
Dr. Goldberg:	Ben, erzählen Sie mir von der Forschungseinrichtung.
Pete:	Was wollen Sie wissen?
Dr. Goldberg:	Ist Ihre Arbeit vertraulich?
Pete:	Nein. Wir erforschen nur den sicheren und wirksamen Einsatz von Atomkraft.
Dr. Goldberg:	Wird Ihre Arbeit von der Regierung finanziert?
Pete:	Ja. Wir haben ein Riesenbudget, und wir sind die angesehenste Forschungseinrichtung des Landes.
Dr. Goldberg:	Haben Sie Angst vor einer Entlassung?
Pete:	Keineswegs. Die Stelle ist absolut sicher. Meine einzige Sorge ist, meine Arbeit so gut es mir möglich ist zu erledigen. Schließlich bin ich der Cheftechniker in meiner Einheit, und von meinen Fähigkeiten hängt eine Menge ab.
Dr. Goldberg:	Wie sieht die Anlage aus?
Pete:	Wir haben ein recht großes Gebäude in verschiedene Flure unterteilt. Jeder Flur symbolisiert eine andere Abteilung, und alle Abteilungen haben einen Farb-Code.
Dr. Goldberg:	Haben diese Abteilungen einen Namen?
Pete:	Ja, natürlich. Es gibt Norad-Alpha und Norad-Beta, Gani-Alpha und Gani-Beta. Meine Einheit heißt Teres-Alpha.

Dr. Goldberg:	Gibt es auch Teres-Beta?
Pete:	Ja. Habe ich das nicht gesagt? Bitte entschuldigen Sie mein Versehen.
Dr. Goldberg:	Übersehen Sie hin und wieder etwas bei der Arbeit?
Pete:	Jetzt fangen Sie schon wieder damit an! (wird ärgerlich) Ich erledige meine Arbeit kompetent, und ich muß nicht zu Dr. Margolis.
Dr. Goldberg:	Ich habe Dr. Margolis mit keinem Wort erwähnt.
Pete:	Ich weiß, aber Sie wollten es, oder?
Dr. Goldberg:	Ben, haben Sie überhaupt Schwierigkeiten bei der Arbeit?
Pete:	Manchmal verrechne ich mich, und meine Männer müssen mich korrigieren.
Dr. Goldberg:	Macht Sie das wütend?
Pete:	Nicht so sehr, daß man es merkt, aber ja, ich ärgere mich über mich selbst.
Dr. Goldberg:	Sind Sie ein Perfektionist?
Pete:	Ich denke nicht. Ich will nur alles korrekt erledigen.
Dr. Goldberg:	Wo liegt da der Unterschied?
Pete:	Vielleicht gibt es keinen. Ich gebe zu, Perfektionist zu sein. Macht mich das zu einem Geisteskranken?
Dr. Goldberg:	Vielleicht, wenn es Sie wütend genug macht, um Ihr Verhalten unkontrolliert von Ihren Emotionen regieren zu lassen.
Pete:	Nun, da dies nicht geschieht, nehme ich doch an, in Ordnung zu sein.

Ben erzählte mir mehr von seiner Stellung. Er leitete die Teres-Alpha-Abteilung, die sich mit der Erforschung der Atomkraftkonservierung und der wirksameren Atommüllentsorgung befaßte. Ben war wirklich ein guter Vorgesetzter. Er war jung, aggressiv, kenntnisreich und absolut begeistert. Wenn man seine emotionalen Probleme außer Acht ließ, war er für diese Stelle bestens geeignet. Ich konnte sein psychologisches Profil jedoch nicht ignorieren, und meine Sorge wuchs minütlich.

Ich progressierte Ben weiter, und er beschrieb seine zahlreichen Aktivitäten in der Forschungsanlage. Er nahm unter anderem an Konferenzen teil, plante wichtige Projekte, übertrug die Daten seiner Abteilung und erledigte die Öffentlichkeitsarbeit. Mit anderen Worten trug Ben viel Verantwortung. Meiner Ansicht nach hatte er angesichts seines emotionalen Zustands »mehr abgebissen, als er kauen konnte«.

Ich progressierte ihn zu dem wichtigsten Ereignis in seinem Leben.

Dr. Goldberg:	Welches Jahr schreiben wir, Ben?
Pete:	2088.
Dr. Goldberg:	Was geschieht gerade in Ihrem Leben?
Pete:	Ich bin wirklich sehr erregt über mein neues Projekt.
Dr. Goldberg:	Worum geht es in diesem Projekt?
Pete:	Ich arbeite an einer Möglichkeit, den Atomstrom von einer Reaktoranlage zur anderen aufzuteilen und zu regulieren.
Dr. Goldberg:	Das klingt kompliziert und gefährlich.
Pete:	Das ist es auch. Aber es ist auch aufregend.
Dr. Goldberg:	Arbeiten alle Ihre Männer an diesem Projekt?
Pete:	Nein, nur ich und Chet. Ich erstelle die meisten Berechnungen.
Dr. Goldberg:	Machen Sie dafür viele Überstunden?
Pete:	Ja.

Dr. Goldberg:	Gibt es irgendwelche Probleme?
Pete:	Nur die gewöhnlichen Enttäuschungen – nichts Größeres.
Dr. Goldberg:	Macht Chet ebenfalls Überstunden?
Pete:	Nein, er geht pünktlich nach Hause. Ich bleibe allein zurück.
Dr. Goldberg:	Arbeiten Sie besser, wenn Sie allein sind?
Pete:	Darüber habe ich noch nie nachgedacht. Aber wahrscheinlich schon. Ich mag es nachts lieber, wenn nur der Nachtdienst da ist.
Dr. Goldberg:	Wollen Sie damit sagen, daß nachts niemand dort arbeitet?
Pete:	Nein, eigentlich nicht. Das übliche Sicherheitspersonal kommt abends, aber nur sehr wenige Wissenschaftler oder Techniker sind nachts da.

Ich progressierte Ben daraufhin zu einem tatsächlichen Ereignis, das bedeutsam für ihn war. Er berichtete, daß er sich eines Abends im Jahr 2088 in der Anlage befand. Er war allein, und es gab einige Probleme.

Dr. Goldberg:	Was ist los, Ben?
Pete:	Hier stimmt etwas nicht.
Dr. Goldberg:	Was genau stimmt nicht?
Pete:	Es ist zuviel Atommüll da, und die Diffraktionskammer, die ich entwickelt habe, funktioniert nicht.
Dr. Goldberg:	Wie meinen Sie das, »sie funktioniert nicht«?
Pete:	Offenbar waren meine Berechnungen falsch, und jetzt gibt es aufgrund einer Verstopfung einen Überschuß an Müll.
Dr. Goldberg:	Können Sie mit diesem Notfall umgehen?

Pete:	Da bin ich ganz sicher. Warten Sie – es funktioniert nicht. Was soll ich nur tun?
Dr. Goldberg:	Handeln Sie, aber ganz ruhig.
Pete:	Die Anzeigen spielen verrückt. Demnächst wird das Gefahrensignal erreicht.
Dr. Goldberg:	Können Sie Hilfe rufen?
Pete:	Ich kann allein damit fertig werden. Schließlich bin ich der Cheftechniker.
Dr. Goldberg:	Machen Sie weiter.
Pete:	Zwecklos. Das System ist verstopft.
Dr. Goldberg:	Was bedeutet das?
Pete:	Es könnte eine Kernschmelzung eintreten. Alles würde verseucht. Das darf ich nicht zulassen.
Dr. Goldberg:	Was werden Sie tun?
Pete:	Ich habe Signal gegeben. Die Sicherheitskräfte werden gleich da sein. Ich darf Sie nicht sehen lassen, was ich getan habe.
Dr. Goldberg:	Wie wollen Sie das bewerkstelligen?
Pete:	Ich werde mich von ihnen isolieren.
Dr. Goldberg:	Ist im Moment jemand bei Ihnen?

Es herrschte Stille – zwei Minuten zogen sich endlos hin. Als Ben schließlich reagierte, beschrieb er eine ganz bizarre Situation. Ein Wachmann machte seine Runde in der Teres-Alpha Einheit. Ben schlug ihn mit einem harten Metallgegenstand bewußtlos und verlor daraufhin völlig die Kontrolle.

Die Enttäuschung über sein persönliches Versagen hatte ihn tief getroffen. Ben konnte mit dieser Situation nicht umgehen. Die Kernschmelzung und die Verseuchung waren seine Fehler. Er allein hatte die Berechnungen angestellt, die zu einer Fehlprogrammierung des Computers führten. Als er sich etwas beruhigt hatte, setzte ich die Befragung fort.

Dr. Goldberg:	Was geschieht jetzt, Ben?
Pete:	Ich bin völlig isoliert. Ich habe diese Einheit abgeriegelt, und sie werden Stunden brauchen, bis sie hier hereinkommen.
Dr. Goldberg:	Ist das eine Lösung?
Pete:	Nein, aber ich muß allein sein.
Dr. Goldberg:	Was haben Sie getan, um diese Situation zu entschärfen?
Pete:	Ich habe den gesamten Strom abgedreht und die Diffraktionsschalter hochgestellt.
Dr. Goldberg:	Führt das nicht zu einer Überlastung?
Pete:	Natürlich tut es das. Das Baby fliegt in die Luft und ich mit ihm.
Dr. Goldberg:	Wollen Sie denn nicht, daß dies auf andere Weise endet?
Pete:	Nein. Mich feuert keiner. Mir sagt niemand, daß ich mich geirrt habe.
Dr. Goldberg:	Was ist mit der Wache und den anderen?
Pete:	Das kümmert mich nicht. Das ist mir egal.

Ben hatte einen Nervenzusammenbruch. Auf die Vernunft wollte er nicht hören. Pete, der in meinem Behandlungsstuhl saß, war nicht in Gefahr. Mit Ben konnte man nicht logisch reden. Als Folge von Bens Handlungen gab es eine Kernschmelzung in der Forschungsanlage. Die Wachmannschaft und Ben wurden getötet. Die nukleare Verseuchung aufgrund von Bens Fehlberechnungen wirkte sich auf ganz Tulsa und Umgebung aus. Das Wasser und sämtliche Nahrungsmittel wurden verseucht. Alles war verseucht. Ich sprach auf der Ebene des Überbewußtseins mit Ben.

Dr. Goldberg:	Ben, was haben Sie daraus gelernt?
Pete:	Ich habe gelernt, wie man eine Großstadt durch Dummheit verseucht. Ich habe gelernt, wie man unschuldige Menschen verletzt.

Ben konnte eine andere Verbindung zu seinem zukünftigen Leben nicht sehen. Er starb im August des Jahres 2088. Der achte Monat und das Jahr 2088 waren eine sehr wichtige Assoziation der Zahl acht. Darüber hinaus arbeitete er in der Teres-Alpha Einheit. Wenn man es ausspricht, klingt es wie Teresa – der Name, der Pete einen Großteil seines Lebens verfolgte.

Als Pete aus der Trance erwachte, fühlte er sich ausgelaugt. Er war sich nicht sicher, was all dies bedeuten solle. Ich erklärte ihm, daß sein zukünftiges Leben der wirkliche Grund für seine derzeitige Verseuchungszwanghaftigkeit war sowie auch der Ursprung seiner Schwierigkeiten mit der Zahl 8 und dem Namen Teresa. Er verstand die Verbindung und gratulierte mir zu meiner Fähigkeit, seine wirklichen seelischen Probleme zu erkennen, wo alle anderen getäuscht wurden.

Trotzdem war ich nicht auf Komplimente aus. Ich wies darauf hin, daß Ben weiterhin Dr. Margolis hätte sehen sollen, aber selbst das hätte die Explosion wohl nicht verhindern können. Ben war ein Pulverfaß, daß nur darauf wartete zu explodieren. Was es letztendlich auch tat.

Pete war verwirrt. Wie konnte sein zukünftiges Leben ihm heute helfen? Die Aussicht auf ein solches Leben war furchtbar. Mit Sicherheit wollte er dies nicht in 100 Jahren erleben. Ich stimmte ihm zu. Obwohl ich von der Ebene des Überbewußtseins einige reinigende Prozesse vornahm, würde das sein Problem nicht lösen. Die Antwort lag in der Anwendung der Prinzipien der Quantenphysik.

Sie werden sich erinnern, daß in allen anderen Zukunftsprogressionen, über die ich in diesem Buch berichtet habe, die Ergebnisse positiv waren. Mit anderen Worte, die zukünftigen Inkarnationen symbolisierten die Anhäufung der Leistungen eines Patienten. Der Patient wurde für diese Frequenz programmiert, und dies wurde seine Wirklichkeit.

Aber das war nur eine Möglichkeit von mindestens fünf wahrscheinlicheren Frequenzen. Pete nahm eine negative Frequenz bzw. Wahrscheinlichkeit wahr, obwohl ihm mindestens fünf andere Frequenzen zur Verfügung standen, aus denen er wählen konnte. Die Lösung für Petes Problem war in Wirklichkeit ganz einfach: ich mußte ihm nur die anderen vier Wahlmöglichkeiten aufzeigen; wenn er dann die ideale Frequenz gewählt hatte, würde ich diese Frequenz in seine Wirklichkeit programmieren. So würde ich Pete auf gewisse Weise helfen, die Frequenz zu wechseln, und sein zukünftiges Leben würde ganz anders verlaufen, als wenn wir nichts taten.

Ich weiß, dies klingt verwirrend. Vielleicht fragen Sie sich, wie ich dies tun kann. Wie kann ich die Zukunft verändern? Sie müssen bedenken, daß Sie jedes Mal, wenn Sie eine Wahl treffen, in die Zukunft eingreifen und sie verändern. Ich mußte Pete nur zu seinen anderen Parallelexistenzen am Ende des 21. Jahrhunderts führen, um eben dieses Ziel zu erreichen.

Pete konnte mühelos zu vier anderen Inkarnationen im selben Zeitrahmen geführt werden. Jedes Leben wurde geprüft, und er überlegte sorgfältig, welches ideal wäre. Daraufhin progressierte ich ihn zu dieser Frequenz. Denken Sie daran: Peter war derjenige, der die ideale Frequenz wählte. Ich würde eine solche Entscheidung niemals treffen. Die verschiedenen Umweltfaktoren können in diesen Parallelfrequenzen ganz ähnlich sein; das war auch hier der Fall. Trotzdem bestehen immer große Unterschiede, und alles, was Pete auf einer bestimmten Frequenz unternimmt, wird entsprechende Auswirkungen auf das Gesamtergebnis seines Lebens haben.

Darum gibt es keine Vorherbestimmung. Die Seele verfügt immer über einen freien Willen. Bis zu einem gewissen Grad ist der grundlegende Rahmen der Frequenz vorherbestimmt. Die Einzelheiten können durch neue, andere

352

Entscheidungen verändert werden, aber der grundlegende Rahmen ist unveränderbar. Sie können nicht einfach nur die besten Aspekte aller fünf Frequenzen wählen. Sie können sich nur für eine Frequenz entscheiden, und das Gute zusammen mit dem Schlechten annehmen. Das ist einer der Gründe, warum ich diese Wahl immer nur durch den Patienten treffen lasse.

Das typische Strickmuster dieser fünf Frequenzen sieht wie folgt aus: eine ist sehr schlecht, eine liegt unter dem Durchschnitt, eine ist ziemlich neutral, eine liegt über dem Durchschnitt und eine ist hervorragend (nicht vollkommen). Es ist für die Patienten nicht schwierig, ihre Frequenzen in diese Kategorien einzuordnen. Das läuft alles ziemlich planmäßig.

Ich werde Sie nicht mit den Einzelheiten von Petes anderen Frequenzen langweilen – und berichte nur von der einen, für die er sich entschied. Vergessen Sie nicht, die grundlegenden Umweltfaktoren waren ähnlich. Sein Name, seine Familienangehörigen und die beruflichen Tätigkeiten seiner Eltern waren identisch. Nur Ben selbst zeigte auf dieser idealen Frequenz einige beachtliche Unterschiede.

Dr. Goldberg: Wo sind Sie gerade, Ben?
Pete: Ich bin in der Abschlußklasse am College.
Dr. Goldberg: Welches Hauptfach haben Sie belegt?
Pete: Atomphysik.
Dr. Goldberg: Was ist Ihr Ziel?
Pete: Ich möchte zur Hochschule und Atomphysiker werden.
Dr. Goldberg: Regen Sie sich hin und wieder auf und verlieren die Kontrolle?
Pete: Nein. Blöde Frage.

Auf dieser Frequenz wollte Ben nicht einfach nur Techniker werden. Er strebte nach Höherem und wurde Atomphysiker. Darüber hinaus zeigte er keine emotionale Instabilität wie in der vorherigen Frequenz. Daher gab es keine Besuche bei Dr. Margolis und auch keine Anfälle.

Gail betrat Bens Leben, und sie heirateten nach Bens Abschluß an der Hochschule. Sie waren sehr verliebt, und Bens Eltern billigten die Beziehung. Ich progressierte Ben in das Jahr 2084.

Dr. Goldberg:	Erzählen Sie mir etwas über Ihre Arbeit.
Pete:	Nun, ich bin Atomphysiker an der neuen Forschungseinrichtung außerhalb von Tulsa.
Dr. Goldberg:	Wie läuft es so?
Pete:	Ziemlich gut. Ich habe ein hervorragendes Team und könnte nicht glücklicher sein.
Dr. Goldberg:	Erzählen Sie mir von Ihrem Team.
Pete:	Mein Cheftechniker ist jemand, den ich seit einigen Jahren kenne. Er ist auch mein bester Freund.
Dr. Goldberg:	Wie heißt er?
Pete:	Ralph. Ralph Straeger.

Sie sehen also, daß sich das Muster etwas geändert hat. Nun nimmt Ralph die Stelle ein, die Ben auf der vorigen Frequenz ausfüllte. Ben war ein höchst kompetenter und emotional stabiler Atomphysiker, der gleichzeitig Ralphs Chef war. Ben und Ralph waren immer noch die besten Freunde. Ihre Familien trafen sich oft, und Ben war ein sehr glücklicher Mann.

Dr. Goldberg:	Erzählen Sie mir von Ihrem Vater.
Pete:	Dad ist Psychiater. Wir verstehen uns sehr gut.
Dr. Goldberg:	War es jemals sein Wunsch, daß Sie in seine Fußstapfen treten und Psychologie studieren?

Pete:	Er ließ mich entscheiden, was ich mit meinem Leben anfangen möchte. Er hat mich immer unterstützt.

Ich progressierte Ben in das Jahr 2088.

Dr. Goldberg:	Erzählen Sie mir von Ihrer Familie.
Pete:	Meinen Sie meine Frau und meine Kinder?
Dr. Goldberg:	Ja.
Pete:	Nun, meine Frau Gail ist ein Traum, der zur Wirklichkeit wurde. Wir haben zwei Söhne. Ich weiß nicht, was Sie noch wissen wollen.
Dr. Goldberg:	Haben Sie jemals richtig Streit mit Gail?
Pete:	Eigentlich nicht. Wir haben ein paar kleinere Meinungsverschiedenheiten wie alle Paare, aber wir sind niemals wirklich böse aufeinander. Wir sind sehr verliebt.
Dr. Goldberg:	Wie kommen Ihre Kinder in der Schule zurecht?
Pete:	Prima. Besonders der älteste, Aaron. Er ist so klug, daß sogar ich Schwierigkeiten habe, mit ihm mitzuhalten.
Dr. Goldberg:	Verbringt Ihr Vater viel Zeit mit Ihren Söhnen?
Pete:	Was für eine seltsame Frage. Meine Mutter und mein Vater besuchen uns gelegentlich. Sie dürfen nicht vergessen, daß mein Vater ein sehr beschäftigter Mann ist. Er nimmt an zahlreichen medizinischen Kongressen teil.

Diese Frequenz war in der Tat ideal und anders. Im August 2088 liefen die Dinge völlig unterschiedlich. Ben hatte keine emotionalen Probleme. Sein Sohn Aaron war ein herausragender Schüler. Sein Vater war am Leben, und es ging ihm gut. Bens Beziehung zu Ralph war sehr gut und alle Probleme der vorigen Frequenz wurden anscheinend vermieden.

Ich progressierte Ben zum Jahresende 2088.

Dr. Goldberg: Erzählen Sie mir von Ihrer Arbeit.

Pete: Ich arbeite an einer Technik, um Atommüll sicher zu entsorgen und Atomkraft effizienter einzusetzen.

Dr. Goldberg: Wie läuft es?

Pete: Recht gut. Dank eines hervorragenden Teams und meines guten Freundes Ralph haben wir diese neue Technik erfolgreich getestet.

Dr. Goldberg: Also ist sie ein Erfolg?

Pete: Ein großer Erfolg!

Dr. Goldberg: Wie heißt Ihre Einheit?

Pete: Sie heißt Teres-Alpha.

Das Muster war vollendet. Pete hatte das magische Jahr 2088 hinter sich gebracht, ohne wie in der vorigen Frequenz eine Katastrophe zu verursachen. Er arbeitete als Ben immer noch in Teres-Alpha, aber der Name war kein Unglücksbringer mehr. Man könnte sogar sagen, es war jetzt ein Glücksbringer.

Diese Frequenz trug noch viele andere positive Aspekte in sich, aber diese waren für Petes Problem nicht relevant. Ich beendete die Trance und programmierte ihn auf seine ideale Frequenz.

Nach dieser Sitzung machte Pete schnelle Fortschritte. Er hatte keine Angst mehr vor der Zahl 8 oder dem Namen Teresa. Er verstand, was es wirklich bedeutete und warum die zwanghafte Angst vor einer möglichen Verseuchung so tief in seiner Seele verwurzelt war.

Petes frühere Inkarnationen waren kausale Faktoren.

Ich kann sie nicht ignorieren. Aber als Grund seiner Probleme muß ich ein größeres Gewicht auf sein zukünftiges Leben als Ben Kingsley legen. Der einzige Grund für die unumkehrbare Verseuchung einer ganzen Stadt zu sein, ist weitaus bedeutsamer als einen einzigen Mann umzubringen oder ein unmoralisches Leben zu führen.

Pete erzielte erst nach seinem zukünftigen Leben größere Fortschritte, weitaus mehr als nach seinen Inkarnationsregressionen. Ich hege keinerlei Zweifel daran, daß sein zukünftiges Leben als Ben die Hauptursache für Petes Problem war.

Heute ist Pete völlig geheilt. Er hat dies selbst ermöglicht, mit Hilfe einer Regressions- und Progressionstherapie. Ich mag diesen Fall, weil er das Prinzip verdeutlicht, daß die Zukunft *jetzt* stattfindet. Wir können die Zukunft ändern, aber wir müssen sie zuerst wahrnehmen.

Das Wassermannzeitalter, in dem wir uns heute befinden, bietet uns ein reiches Potential und gewaltige Gelegenheiten. Wenn Sie sie ignorieren, wird sich Ihr Leben nicht sehr verändern. Sie werden auf durchschnittlichen bzw. unterdurchschnittlichen Frequenzen bleiben. Wenn Sie jedoch den Gesetzen des Karma folgen, werden Sie zu einer viel wünschenswerteren Frequenz gelangen, die Ihnen nicht nur ein besseres Leben in dieser Inkarnation ermöglicht, sondern auch zu positiveren zukünftigen Leben führt. Wie immer, liegt die Entscheidung bei Ihnen.

KAPITEL 23

INKARNATIONSTHERAPIE
IM 22. JAHRHUNDERT

Kims Fall gehört zu meinen Lieblingsfällen, weil er so viele Prinzipien des Karma und des Raum-Zeit-Kontinuums verdeutlicht. Es ist nicht ungewöhnlich, daß ein Patient Interesse an der Erforschung eines zukünftigen Lebens ausdrückt. Meistens sind die Ergebnisse faszinierend.

1982 kam eine übergewichtige Verkäuferin namens Kim mit einer solchen Bitte in mein Büro. Sie hatte die amerikanische Erstausgabe dieses Buches *Past Lives/Future Lives* (Newcastle Publishing Co., 1982) zwar nicht gelesen, aber sie hatte davon gehört. Wenn es so etwas wie ein zukünftiges Leben gab, wollte sie es erforschen.

Meine Erklärung der Theorie vom Raum-Zeit-Kontinuum, die der Zukunftsprogression und der Hypnotherapie zugrundeliegt, traf auf begeistertes Interesse. Kim besaß auf diesem Gebiet überhaupt kein Hintergrundwissen. Sie hatte einfach von mir und meiner Arbeit gehört. Kim hatte niemals Bücher über Reinkarnation oder Parapsychologie gelesen, also begann sie diese Therapie ohne vorgefaßte Meinungen.

Ende Juli 1982 machte sich Kim auf ihre Reise in ein zukünftiges Leben. Sie erwies sich als exzellente Hypnosepatientin und ihre REM-Phase (Rapid Eye Movement) hielt über die gesamter Dauer der Trance an.

Dr. Goldberg: Was nehmen Sie gerade wahr?
Kim: Ich sehe eine junge Frau mit dunklem,

| | schulterlangen Haar, schwarzen Augen, sehr zierlich und etwa 18 Jahre alt. |

Dr. Goldberg: Wie ist Ihr Name?

Kim: Barbara. Barbara Parkhurst.

Dr. Goldberg: Was tragen Sie?

Kim: Ich trage einen weißen Overall mit weißen Stiefeln. Die Kleider sind sehr leicht. Die Stiefel haben eine spezielle, blasenähnliche Sohle zur optimalen Stützung des Fußgewölbes und zum Schutz.

Dr. Goldberg: Sind das Ihre Alltagskleider?

Kim: Das ist meine Arbeitskleidung.

Dr. Goldberg: Welcher Tätigkeit gehen Sie nach?

Kim: Ich arbeite in einer unterirdischen Forschungseinrichtung.

Dr. Goldberg: Welches Jahr schreiben wir?

Kim: 2219.

Dr. Goldberg: Sie sagten, Sie arbeiten unter der Erde. Gibt es hierfür einen besonderen Grund?

Kim: Ja. Wir brauchen die Isolation. Wir haben keinen Kontakt zur äußeren Welt.

Dr. Goldberg: Was genau tun Sie?

Kim: Wir sind eine Denkfabrik. Wir sollen neue, hochtechnische Ideen erforschen und entwickeln, zur ultimativen Verbesserung der gesamten Menschheit.

Dr. Goldberg: Arbeiten Sie für die Regierung?

Kim: Nein. Wir haben keine Verbindung zu einer politischen Partei oder zur Regierung. Wir sind eine unabhängige Forschungsorganisation.

Dr. Goldberg: Erzählen Sie mir mehr über Ihre unterirdische Anlage.

Kim: Alle Gebäudekomplexe liegen unter der Erde und sind völlig unzerstörbar. Wenn die

	ganze Welt einen Holocaust erleben sollte, würde uns das nicht einmal kratzen. Hoffentlich wird unsere Arbeit die Zerstörung der Menschheit verhindern.
Dr. Goldberg:	Wie steht es mit Ihren Familien?
Kim:	Wir haben keine Familien. Wir sind das Ergebnis der Gentechnik. Nur Sperma und Eizellen mit Genie-Qualitäten wurden verwendet und entsprechend gepaart. Wir haben uns alle der Wissenschaft verpflichtet.
Dr. Goldberg:	Welchen Sinn hat Ihr Leben Ihrer Meinung nach?
Kim:	Die Menschen in ihrem natürlichen Zustand zerstören langsam ihre eigene Art. Wir arbeiten daran, die primitiven Emotionen der Menschheit allmählich zu mindern. Das ist die einzige Überlebenshoffnung der Menschheit. Der Schwerpunkt unserer Arbeit liegt auf positiven emotionalen Reaktionen. Wir wissen um menschliche Verhaltensmuster und wählen die Verstärkung positiver Reaktionen für unsere Forschung.
Dr. Goldberg:	Wie viele von Ihnen gibt es?
Kim:	Es gibt eine Menge Forscher in vielen Bereichen. Wir sind alle Spezialisten. Nur ganz selten taucht jemand von außerhalb der Gruppe auf dem Bildschirm auf.

Der Bildschirm war ein Kommunikationsmonitor von einem Bereich zum anderen. Selten kommunizierte ein Wissenschaftler von der Oberfläche mit dieser Gruppe.

Dr. Goldberg:	Auf welchen Bereich haben Sie sich spezialisiert, Barbara?

Kim:	Ich arbeite an der Lichtbrechung, insbesondere durch Ionisierung der Molekularstruktur.
Dr. Goldberg:	Zu welchem Zweck?
Kim:	Wir hoffen durch die Veränderung der Molekularstruktur bestimmter Hirnbereiche dauerhaft destruktive menschliche Eigenschaften zu beseitigen.

Ich progressierte Barbara daraufhin in ein Alter von 22 Jahren. Sie beschrieb den unterirdischen Komplex als eine Reihe von Tunnelschächten (wie in einem Labyrinth), die zu den Laboratorien führten. Es gab Wohnquartiere für die Forscher, und an strategischen Orten im Komplex wurden Sichtschirme aufgebaut. Der Verkehr innerhalb des Komplexes erfolgte über kleine Luftkissenfahrzeuge. Diese Fahrzeuge hatten keinen Bodenkontakt und liefen annähernd geräuschfrei. Man konnte ein schwaches Zischen hören, wenn sich eines dieser Fahrzeuge näherte. Diese Geräte wurden ebenfalls durch eine der Forschungsgruppen innerhalb des Komplexes entwickelt.

Dr. Goldberg:	Wie lernen Sie von den anderen in Ihrer Gruppe?
Kim:	Unterricht und Analyse erfolgen über programmierte Disketten. Es gibt keinen »persönlichen« Unterricht. Unsere gesamte Arbeit wird auf Disketten gespeichert, und wir haben freien Zugang zu jeder Diskette, die wir wählen.
Dr. Goldberg:	Wie steht es mit Ihrem Privatleben?
Kim:	Es gibt keine Beziehungen zwischen Männern und Frauen, wie an der Erdoberfläche. Wir empfinden Gefühle tiefen Respekts und tiefer Bewunderung füreinander.

361

Dr. Goldberg: Gibt es jemanden, den Sie mehr als andere respektieren und bewundern?

Kim: Ja.

Dr. Goldberg: Wer ist das?

Kim: Howard Pennington. Ich hege ein besonderes, fast unbeschreibliches Gefühl für Howard Pennington. Es handelt sich nicht um körperliche Anziehung, sondern um eine intensive berufliche Verehrung. Ich wünschte, ich könnte zu seinen Füßen sitzen und lernen – eine Meister-Schüler-Beziehung in ihrer reinsten Form. Diese Liebe ist rein, unbefleckt durch körperliche Anziehung. Ich wünschte, ich könnte jede freie Sekunde in seiner Gegenwart verbringen.

Dr. Goldberg: Woran arbeitet Howard?

Kim: Howard Pennington ist ein derart genialer Mensch, daß es uns sehr schwer fällt, seine Arbeit zu verstehen. Er hat früher eine auf Schwingungen basierende Technik entwickelt, um überirdisch »familiäre Emotions-Reaktionen« zu stimulieren. Er war in der Lage, dies für unsere Experimente auf Diskette zu speichern. Howard meint, mein Ionisierungskonzept könnte ähnliche Auswirkungen erzielen. Ich fühle mich geehrt, daß er mit meiner Arbeit so vertraut ist.

Dr. Goldberg: Woran arbeitet er sonst noch?

Kim: Howard arbeit an einem Zeit-Biotelemetrie-Konzept.

Dr. Goldberg: Was ist das?

Kim: Er versucht, Tausende von Jahren auf wenige Stunden zu komprimieren. Auf diese Weise kann eine Versuchsperson in einer äußerst kurzen Zeitspanne von einem

362

ganzen Spektrum an menschlichen Emotionen profitieren.

Dr. Goldberg: Wollen Sie ihm hierbei assistieren?

Kim: Das wünsche ich mir mehr als alles andere.

Dr. Goldberg: Warum hat Howard im Augenblick keinen Assistenten?

Kim: Wegen unserer Reaktionsweise.

Dr. Goldberg: Wie meinen Sie das?

Kim: Wir alle verehren Howard Pennington und seine Arbeit. Das beeinflußt unsere Reaktionsweise. Die meisten unserer Reaktionsweisen fallen in den negativen Bereich, für gewöhnlich in den Bereich des Minderwertigkeitskomplexes.

Dr. Goldberg: Sind Sie denn qualifiziert genug, um mit Howard zu arbeiten?

Kim: So einfach ist das nicht. Meine Reaktionsweisen sind relativ einheitlich. Mein einziges Problem liegt in der Frustrationsreaktion. Meine Einheitlichkeitsraten sind jedoch denen aller anderen in unserer Anlage überlegen. Wenn überhaupt jemand von uns ausgewählt wird, um mit Howard zu arbeiten, dann werde ich das sein.

In weiteren Gesprächen mit Barbara fand ich heraus, daß sie sich durch ihre eigene Technik der Ionisierung von Molekularstrukturen als Howards Assistentin qualifizieren konnte. Sie begann, mit Howard zu arbeiten, und durch ihre Hilfe machte seine Arbeit große Fortschritte.

Dr. Goldberg: Wie läuft es denn so?

Kim: Recht gut. Wir haben einige unserer ursprünglichen Ansätze modifiziert, um das Ergebnis durchführbarer zu machen.

Dr. Goldberg:	Wie meinen Sie das?
Kim:	Howard ließ die Versuchsperson mittels Disketten für jede bekannte Emotion andere Inkarnationen durchleben. Dafür wurden nur wenige Stunden benötigt.
Dr. Goldberg:	Wird die Versuchsperson dadurch nicht verwirrt?
Kim:	Eigentlich nicht. Die Versuchsperson muß sich nicht an diese Inkarnationen erinnern oder sie gar verstehen. Wir sind nur an der emotionalen Reinigung und Neuprogrammierung interessiert.

Es sah ganz so aus, als ob die Inkarnationsregression im 22. Jahrhundert noch sehr lebendig war. Die Prinzipien, die ich heute anwende, wurden von Howard mit einer zusätzlichen Zeitkomprimierung eingesetzt. Barbara und Howard arbeiteten gut zusammen. Sie perfektionierten diese Technik und erhielten viele erfolgreiche Reaktionen von ihren Versuchspersonen.

Dr. Goldberg:	Was wird jetzt geschehen?
Kim:	Die Ergebnisse werden an die Oberfläche geschickt und werden dort in speziellen Behandlungszentren eingesetzt.

Diese Behandlungszentren arbeiteten wie psychiatrische Kliniken. Patienten mit emotionalen Problemen wurden mit Howards Inkarnationsdisketten behandelt. Das erwies sich als ziemlich erfolgreich,

Dr. Goldberg:	Arbeiten Sie immer noch mit Howard?
Kim:	Ja. Ich freue mich rasend über seinen Erfolg. Meine Begeisterung ist jetzt noch größer.
Dr. Goldberg:	Warum? Ist noch etwas geschehen?

Kim:	Ja. Howard hat zugestimmt, seine Technik an mir auszuprobieren. Ich kann es nicht glauben. Stellen Sie sich vor, in Kürze werde ich meine früheren Inkarnationen neu erleben und von der daraus resultierenden emotionalen Reinigung profitieren.
Dr. Goldberg:	Aber werden Sie sich überhaupt daran erinnern können? Dies ist doch ein komprimierter Ansatz.
Kim:	Normalerweise nicht, aber weil ich Howard eine solche Hilfe war, hat er spezielle Vorbereitungen getroffen, um das Verfahren zu verlangsamen. Daher werde ich mich an diese Inkarnationen erinnern können.

Und nun beschrieb diese Forscherin der Zukunft namens Barbara Parkhurst ihre früheren Inkarnationen. Ich will versuchen, die Regressionen, die durch Howards Disketten ermöglicht wurden, zu beschreiben. Dieser höchst ungewöhnliche Ansatz erwies sich für Kim als sehr informativ und therapeutisch.

Barbara kehrte ins das frühe 18. Jahrhundert zurück. Sie lebte in Frankreich als minderjährige Dienerin eines französischen Edelmannes namens Charles. Ihr Name war Antoinette und die Chefdiener waren Sofie und Josef.

| Dr. Goldberg: | Erzählen Sie mir von Ihrem Leben, Antoinette. Was gefällt Ihnen daran? |
| Kim: | Ich bin gern Dienerin. Charles ist zu allen von uns sehr nett. Ich esse auch gern die übrig gebliebene Pastete. |

Kim liebte Süßigkeiten, und die Ursache hierfür war nicht schwer zu finden. Antoinette mochte Charles sehr, weil er sie und die anderen Diener so gut behandelte.

Dr. Goldberg:	Bittet Charles Sie um irgendwelche besonderen Dienste?
Kim:	Wenn Sie wissen wollen, ob er mit mir ins Bett geht, so lautet die Antwort ja. Das ist Teil meiner Pflichten. Mir macht es nichts aus. Charles ist ein netter Mann, und ich fühle mich geehrt, daß er mir erlaubt, ihm zu Gefallen zu sein.

Offenbar behandelte Charles Antoinette ausgesprochen gut. Sie war sein Liebling, und Antoinette verliebte sich in ihn. Ich progressierte Antoinette zu einem bedeutenden Ereignis.

Dr. Goldberg:	Antoinette, ist etwas Wichtiges geschehen, seit wir das letzte Mal miteinander gesprochen haben?
Kim:	Ja (weinend).
Dr. Goldberg:	Und was ist das?
Kim:	Ich werde ein Kind von Charles bekommen. Ich bin so glücklich.
Dr. Goldberg:	Was ist mit Charles Frau?
Kim:	Niemand darf wissen, daß ich schwanger bin. Charles Frau ist von schwacher Gesundheit, und sie hatte bisher immer nur Totgeburten. Sie darf von diesem Kind nichts erfahren.
Dr. Goldberg:	Wie wollen Sie Ihre Schwangerschaft denn verbergen?
Kim:	Charles bringt mich in sein Sommerhaus. Seine Frau geht nie dorthin. Tom, der Stallmeister, wird sich um mich kümmern. Charles wird seiner Frau erzählen, ich sei entlassen worden.

366

Also zog Antoinette ins Sommerhaus. Tom kümmerte sich um sie, und Charles besuchte Antoinette etwa alle zehn Tage.

Dr. Goldberg: Ist das nicht etwas ungewöhnlich?

Kim: Charles kümmerte sich um alles. Ich war sehr einsam, aber Charles veranlaßte Tom, mich zu heiraten, damit das Kind nicht unehelich zur Welt käme. Nur Sofie, Josef und Tom wissen von dem Baby.

Dr. Goldberg: Was hat Charles noch getan?

Kim: Er schenkte Tom ein herrliches Pferd und überließ ihm das Gesindehaus. Ich blieb im großen Haus. Charles wies Tom an, mich niemals zu berühren, und das tat er auch nie, obwohl ich seine Frau war. Charles könnte mich niemals heiraten. Er hatte des Landes wegen geheiratet.

Dr. Goldberg: Wie hat Charles sie im Sommerhaus behandelt?

Kim: Er behandelte mich wie eine Dame, nicht wie eine Dienerin. Er brachte mir bezaubernde Kleider, Süßigkeiten und exotische Leckereien. Er gab mir niemals eine Perücke. Er mochte keine Perücken an Damen. Charles liebte natürliches Haar.

Ich progressierte Antoinette zur Geburt ihres Babys.

Dr. Goldberg: Erzählen Sie mir, was geschehen ist.

Kim: Das Baby war ein Junge. Wir nannten ihn David. Charles brachte mir einen Ring mit einem Rubin darin. Ich fühlte mich wie seine Frau. Die Frauen, die mir bei der Geburt von David halfen, wurden von Tom weggeschickt, damit niemand Charles sehen konnte. Er blieb zwei Tage bei mir, das hat er noch nie zuvor getan. Ich wünschte, er würde uns niemals verlassen. Er kam immer vorbei, wenn er auf die Jagd ging, aber er kehrte am selben Tag wieder zurück.

Dr. Goldberg: Gibt es keine anderen Besucher im Sommerhaus?

Kim: Charles nahm nie mehr jemandem zum Sommerhaus mit. Er erzählte seinen Freunden, daß seine Frau zu krank sei und sein gesamter gesellschaftlicher Umgang nur noch im Herrenhaus stattfinde.

Als David zwei Jahre alt war, starb Charles Frau im Kindbett und auch das Baby starb. Charles beschloß, sich wieder zu verheiraten, um noch mehr Land zu bekommen.

Dr. Goldberg: Wen hat Charles geheiratet?

Kim: Charles hat eine Ausländerin geheiratet. Sie war schön und reich. Sie war auch ziemlich skrupellos, und Charles schien sich etwas vor ihr zu fürchten.

Dr. Goldberg: Hat Charles das nicht beunruhigt?

Kim: Nein. Als Frau hatte sie keine wirkliche Macht, solange Charles der Herr war.

Dr. Goldberg: Wie steht es mit Ihnen?

Kim: Charles mochte sie nicht wirklich. Es war eine reine Geschäftsverbindung. Ich war unglücklich, weil ich eifersüchtig war. Ich hatte Angst, sie bekäme einen Sohn, und Charles würde uns verlassen und mich und David vergessen.

Dr. Goldberg: Was fühlten Sie noch?

Kim: Seine erste Frau tat mir leid. Sie war so

kränklich. Ich fühlte mich besser als sie, weil ich Charles einen Sohn geschenkt habe. Ich hatte niemals Angst vor seiner ersten Frau. Diese neue Frau ließ mich fürchten, Charles zu verlieren. Sie vermutete, daß Charles eine andere Frau traf, aber sie dachte, es handele sich um eine Dame – nicht um mich.

Dr. Goldberg: Was unternahm Charles aufgrund ihrer Vermutungen?

Kim: Er verabscheut sie, weil sie ihn offen beschuldigte und mit ihm stritt. Sie hat seinen Stolz verletzt. Ein französischer Edelmann sollte niemals von einer Frau ausgefragt werden.

Dr. Goldberg: Was geschah als Folge davon?

Kim: Er besuchte uns häufiger und liebte David mehr denn je. Er brachte uns mehr Geschenke. Wir baten ihn niemals um etwas. Charles erzählte mir ständig, wie sehr seine Frau ihn enttäuschte. Ich fühlte mich wieder sicher. Er versprach uns, daß er sich immer um uns kümmern würde und daß seine Frau uns niemals verletzen könnte.

Dr. Goldberg: Waren Sie Charles immer treu?

Kim: Ja. Ich hatte niemals einen anderen Mann als Charles, und ich habe niemals um ein Geschenk gebeten, außer um meine kleine Ziege, Julia. Als Charles mich zum Sommerhaus brachte, sagte er, ich könne ein Geschenk haben. Da ich wußte, daß ich einsam sein würde, bat ich um Julia. Ich spielte immer mit ihr im Herrenhaus. Sie leistete mir Gesellschaft.

Dr. Goldberg: Hat er Julia zu Ihnen gebracht?

Kim:	Ja, das hat er. Ich sagte ihm, Sofie wisse, welche der Ziegen Julia sei. Er ließ Tom die Ziege mit dem Pferd zu mir bringen. Außer der Ziege habe ich niemals einen Wunsch geäußert. Ich liebe und schätze alles, was Charles uns gebracht hat. Er konnte nie viel Zeit mit uns verbringen, aber er tat alles, um uns glücklich zu machen. Er tat wirklich alles, was er nur konnte.
Dr. Goldberg:	Hatte Charles keine anderen Geliebten?
Kim:	Er hatte viele Frauen fürs Bett. Er war keiner treu, aber ich glaube, uns hat er wirklich geliebt. Die Reichen haben alle viele Frauen. Charles war nicht schlecht, aber ich wünschte trotzdem, er wäre mir so treu, wie ich ihm treu war.

Die Zeit verstrich, und Antoinette fühlte sich von Charles immer mehr angezogen. Sie liebte ihn sehr, obwohl sie sich seiner Fehler und seines Lebensstils durchaus bewußt war. Ich progressierte Antoinette zu dem wichtigsten Ereignis in ihrem Leben.

Dr. Goldberg:	Wo sind Sie gerade?
Kim:	O mein Gott! Ich weiß nicht, was ich tun soll. Bitte helfen Sie mir.
Dr. Goldberg:	Was ist geschehen?
Kim:	Charles ist tot. Er hatte einen Herzanfall und starb in meinen Armen.

Ich beruhigte sie und versuchte, gewissenhaft die nächste Kette von Ereignissen zu verfolgen. Tom half Antoinette, Charles Körper loszuwerden. Er durfte nicht im Haus gefunden werden. Tom begrub Charles in den Wäldern.

Dr. Goldberg:	Was geschieht nun?
Kim:	Wir mußten hastig all unsere persönliche Habe aus dem Haus schaffen. Ich packte alles und rannte mit Tom zum Gesindehaus. Ich zog meine alten Keider an und steckte alle schönen Kleider und Geschenke von Charles in Taschen. Tom vergrub diese Taschen im Wald.
Dr. Goldberg:	Bitte erzählen Sie mir, was geschehen ist.
Kim:	Charles Ehefrau sandte vier Männer aus, um nach der Frau zu suchen, die von Charles ausgehalten wurde. Tom fürchtete, sie würden uns töten.
Dr. Goldberg:	Aber haben Sie nicht gesagt, alle wohlhabenden französischen Edelmänner hätten viele Frauen? Warum sollte sie sich gerade aus Ihnen etwas machen?
Kim:	Sie haben viele Frauen, aber eine ausgehaltene Frau ist etwas anderes. Ich stelle für sie eine größere Gefahr dar. Darüber hinaus hat sie Gerüchte gehört, diese ausgehaltene Frau habe einen Sohn, und das macht mich ganz besonders gefährlich für sie.
Dr. Goldberg:	Weiß sie schon von Charles Tod?
Kim:	Nein, das ist unmöglich. Er ist erst vor wenigen Stunden gestorben.
Dr. Goldberg:	Was hat Tom als nächstes getan?
Kim:	Er erzählte mir, diese Männer würden alle Häuser von Charles durchsuchen. Sie hätten den Befehl, das Mädchen und das Kind zu töten. Tom ließ uns im Gesindehaus bleiben. Er dreckte meine Hände ein und zerzauste mein Haar. Er zog Klein-David alte Kleider an und ließ auch ihn schmutzig aussehen. Er sagte mir, ich solle

nicht um Charles weinen oder irgendwelche Gefühle zeigen, wenn die Soldaten
kämen.

Ich progressierte Antoinette zur Ankunft der Soldaten.

Dr. Goldberg: Was tun die Soldaten?
Kim: Die Soldaten drangen in das große Haus ein
und durchsuchten es. Dann kamen sie zum
Gesindehaus und fragten Tom aus. David
und ich arbeiteten im Garten, und wir konnten hören, wie Tom den Soldaten erzählte,
wir seien seine Frau und sein Sohn. Er sagte
ihnen, eine Dame wäre zum großen Haus
gekommen, um Charles zu treffen, sei aber
schon lange nicht mehr wiedergekommen.
Er sagte, Charles habe ihm nie erlaubt, sie
zu sehen, und er wisse nicht, wer sie sei.
Dr. Goldberg: Was geschah als nächstes?
Kim: Die Soldaten glaubten Tom und gingen. Sie
kamen niemals zurück. Wir hatten immer
noch Angst und kehrten nicht in das große
Haus zurück. Wir blieben in Toms Haus
und trugen häßliche Kleider und aßen gräß-
liche Sachen.
Dr. Goldberg: Trat Tom Ihnen zu nahe?
Kim: Aber nein. Er blieb im Stall. Er achtete
Charles Wünsche. Tom benahm sich wie
unser Diener.

Später übernahm Charles Ehefrau den Ansitz. Sie war
ziemlich grausam und skrupellos. Die Soldaten erzählten
ihr von dem Gespräch mit Tom. Sie dachte, Tom würde
absichtlich die wahre Identität von Charles ausgehaltener
Frau vor ihr verbergen. Sie sandte Tom auf eine lange

Reise, um besondere Materialien für ihre Kleidung zu besorgen. Antoinette sah Tom niemals wieder.

Dr. Goldberg:	Was haben Sie getan?
Kim:	Ich verkaufte den Rubinring, den Charles mir geschenkt hatte, um Lebensmittel zu kaufen. Wir froren und wußten nicht wohin. Später starb David.
Dr. Goldberg:	Und dann?
Kim:	Ich vergrub ihn neben Charles. Dann setzte ich mich in eine Ecke des Gesindehauses und weinte. Ich habe nie wieder etwas gegessen.

Antoinette verhungerte aus Kummer um Charles und David. Auf der Ebene des Überbewußtseins fand ich heraus, daß Charles Kims Ex-Ehemann war. Sie ließ sich von ihm scheiden, weil er sie einmal zu oft »betrogen« hatte. David kam als Kims Sohn Jeremy wieder. Sie stehen sich sehr nahe.

Der wichtige Punkt in diesem Leben war Antoinettes Vorliebe für Süßigkeiten. Für eine Dienerin waren Süßigkeiten eine willkommene Abwechslung von dem langweiligen Essen, das sie normalerweise zu sich nahm. Als von Charles ausgehaltene Frau symbolisierten sie eine besondere Belohnung und erinnerten sie an ihn. Der Hungertod dieses Lebens übertrug sich als Kims ständiger, aber aussichtsloser Kampf mit Abmagerungsdiäten.

Barbara Parkhurst wurde von diesem Leben sehr berührt. Howard Pennington freute sich über diese Erfahrung, und am folgenden Tag schickte er Barbara »mittels Diskette« in ein weiteres ihrer früheren Leben.

Dieses Leben fand in Rom Anfang des 16. Jahrhunderts statt. Barbara war ein 19jähriger Wachsoldat des Papstes und hieß Paolo. Dieses Leben schien ohne Sinn. Er tat seine Arbeit gut, schien aber keine Freunde zu haben; er schien einfach nur zu existieren.

Dr. Goldberg:	Paolo, erzählen Sie mir von Ihrer Familie.
Kim:	Ich kenne meine Familie eigentlich nicht. Ich wurde von der Kirche erzogen. Meine Mutter war eine Prostituierte in Florenz, und mein Vater war ein Edelmann.
Dr. Goldberg:	Macht Sie das zu einem Bastard?
Kim:	Ja. Ich bin der Bastard eines Edelmannes und einer Prostituierten. Was für eine Mischung!
Dr. Goldberg:	Haben Sie Ihre Mutter jemals wieder besucht?
Kim:	Nein. Die Kirche hat mir verboten, jemals wieder nach Florenz zu gehen.
Dr. Goldberg:	Macht Ihnen das Kummer?
Kim:	Nein. Ich vermisse meine wirklichen Eltern nicht. Ich tue einfach meine Arbeit.

Ich progressierte Paolo zu einem wichtigen Ereignis in seinem Leben. Er berichtete von einer Mission, auf der er sich mit einer Reihe anderer Soldaten befand. Sie wurden von der Armee ausgesandt, um die Einwohner eines kleinen Dorfes zu töten.

Dr. Goldberg:	Warum hat man Sie hierher geschickt?
Kim:	Ich stelle meine Befehle nicht in Frage.
Dr. Goldberg:	Wollen Sie diese wehrlosen Leute wirklich töten?
Kim:	Nein, will ich nicht. Aber wenn ich mich meinen Befehlen widersetze, werde ich getötet.

Paolo war der jüngste Soldat bei dieser Mission. Er hatte

374

noch nie zuvor jemanden getötet und wollte jetzt auch nicht damit beginnen.

Dr. Goldberg:	Erzählen Sie mir, was Sie tun.
Kim:	Nun, es waren gar nicht viele Leute im Dorf. Die anderen Soldaten trieben sie zusammen und töteten sie. Ich sollte diese Frau und ihr Kind töten.
Dr. Goldberg:	Haben Sie es getan?
Kim:	Nein.
Dr. Goldberg:	Wie ist Ihnen das gelungen?
Kim:	Ich stach mein Schwert in den Körper eines Mannes, der tot auf der Straße lag. Dann wies ich die Frau und ihren Sohn an, sich zu verstecken und zu warten, bis wir fort waren. Ich sagte ihr auch, sie solle am nächsten Tag in ein anderes Dorf ziehen und niemals wieder an diesen Ort zurückkehren.
Dr. Goldberg:	Und Ihr Schwert?
Kim:	Das Blut an meinem Schwert vom Körper des toten Mannes überzeugte die anderen Soldaten davon, daß ich meinen Befehlen Folge geleistet hatte.

Dieser Plan funktionierte offensichtlich sehr gut. Paolo kehrte nach Rom zurück und blieb als Wächter im Vatikan.

Dr. Goldberg:	Was ist geschehen, seit ich das letzte Mal mit Ihnen gesprochen habe?
Kim:	Ich habe ein wunderschönes Mädchen namens Julianna getroffen. Wir haben geheiratet, und ich bin sehr glücklich.
Dr. Goldberg:	Haben Sie Kinder?
Kim:	Ja, wir haben einen Sohn, Antonio.

Die Jahre verstrichen, und Paolos Leben hatte endlich einen Sinn. Er liebte Julianna und Antonio. Das Problem war seine Einstellung gegenüber seinen Arbeitgebern. Als Antonio sein Interesse bekundete, ebenfalls Wachsoldat wie sein Vater zu werden, befahl ihm Paolo, sich eine andere Beschäftigung zu suchen.

Dr. Goldberg: Warum halten Sie Antonio davon ab, in Ihre Fußstapfen zu treten?

Kim: Diese Männer, die ich bewache, sind nicht heilig.

Dr. Goldberg: Meinen Sie den Papst?

Kim: Nein. Die Kirchenfürsten, die ich jetzt bewache, scheinen eher Politiker zu sein. Ich vertraue ihnen nicht. Ich glaube nicht, daß sie wirklich gottesfürchtige Männer sind. Ich respektiere sie nicht, und es ist mir egal, ob sie leben oder sterben.

Dr. Goldberg: Ist das nicht ein großes Problem? Schließlich bewachen Sie sie.

Kim: Ich tue meine Arbeit, aber ich mag sie nicht. Das Einzige, was mir etwas bedeutet, sind Julianna und Antonio. Antonio und ich gehen manchmal zusammen auf den Markt. Er trägt Früchte und Brot in seinem Korb. Ich liebe ihn und bin sehr stolz auf ihn. Nichts sonst in meinem Leben ist von Bedeutung.

Später wurde Antonio Lehrling bei einem Handwerksmeister. Paolo war stolz auf seinen Sohn. Er war immer noch Wachsoldat, und sein Job frustrierte ihn. Ich progressierte Paolo zu einer wichtigen Zeit seines Lebens.

Dr. Goldberg: Was ist geschehen, seit wir das letzte Mal miteinander gesprochen haben?

Kim:	Ich bin sehr traurig.
Dr. Goldberg:	Warum?
Kim:	Meine Frau und mein Sohn sind tot. Sie sind beide an einem Fieber gestorben. Jetzt bin ich 35 Jahre alt, und mein Leben ist völlig bedeutungslos.

Ich fragte Paolo, ob er an Selbstmord denke, und er verneinte dies. Er berichtete, daß er nur ungern mit den ausländischen Wachsoldaten im Vatikan zusammenarbeitete. Dann progressierte ich Paolo zum Ende seines Lebens.

Dr. Goldberg:	Wo befinden Sie sich gerade, Paolo?
Kim:	Ich stehe Wache.
Dr. Goldberg:	Erzählen Sie mir, was als Nächstes geschieht.
Kim:	Ich mache eines Nachts meine Runde, und plötzlich springt mich jemand aus einer Ecke heraus an. Er durchbohrt mir mit seinem Schwert Bauch und Rippen. Ich falle zu Boden, als er das Schwert aus mir herauszieht. Ich schwebe höher und spüre keinen Schmerz. Ich fühle mich frei, und ich bin froh, frei zu sein. Ich weiß sofort, daß ich tot bin, und ich freue mich, dieses Leben los zu sein.

Interessant ist diese völlige Emotionslosigkeit Paolos. Er war wirklich glücklich, dieses Leben eines ausgebrannten Wachsoldaten im 16. Jahrhundert in Rom los zu sein.

Aus der Ebene des Überbewußseins berichtete Kim (Barbara), daß Antonio ihr derzeitiger Sohn Jeremy sei. Sie konnte weder Julianna noch die Frau aus dem Dorf und deren Sohn, die sie beide gerettet hatte, identifizieren. Nebenbei gesagt fällt auf, daß Kim eine weiterführende christliche Schule besucht hatte und einen Abschluß in Theologie besaß. Obwohl sie diese Ausbildung niemals beruflich nützte, war sie von dem wissenschaftlichen Studium der Bibel seltsam fasziniert. Bis heute hält sie sich von allen etablierten Religionsformen fern.

Ich habe selbst Untersuchungen hinsichtlich der Ereignisse in Rom während der ersten Hälfte des 16. Jahrhunderts angestellt und konnte einige interessante Tatsachen bestätigen. 1527 befahl Karl V. von Frankreich die Plünderung Roms. Er nahm Papst Clemens gefangen. Die Schweizergarde beschützte den Papst zusammen mit einigen einheimischen Wachen. In der *Encyclopedia Americana* steht, daß die Schweizergarde 1527 schwere Verluste erlitt. Paolo erwähnte, daß er von den ausländischen Wachen zwar getrennt wurde, jedoch an diesem schicksalshaften Tag bei ihnen war.

Eine weiterer interessanter Punkt, der sich aus der Überprüfung von Kims Angaben ergab, war die Beschreibung des Vatikan durch Paolo. Paolo erinnerte sich nicht an eine Statue des Heiligen Paulus auf der Säule des Marc Aurel. Es stellte sich heraus, daß der Papst die Statue von Marc Aurel entfernen und 1589, etwa 60 Jahre nach Paolos Tod, durch die Statue des Heiligen Paulus ersetzen ließ. Daher konnte Paolo die Statue des heiligen Paulus zu Lebzeiten auch gar nicht gesehen haben.

Barbara Parkhurst kehrte leicht verwirrt und ausgelaugt ins 22. Jahrhundert zurück. Sie und Howard besprachen diese beiden Inkarnationen in allen Einzelheiten. Sie wollte unbedingt mit der Erforschung ihrer früheren Leben fortfahren, also machte sie sich am folgenden Tag auf ihre dritte Zeitreise in die Vergangenheit.

Barbaras nächstes Leben führte sie weit über tausend Jahre zurück. Sie war ein chinesisches Mädchen namens Soon Lin. Soon Lin war etwa 14 Jahre alt und arbeitete in den Reisfeldern. Sie trug grobe, dunkle Kleidung, ähnlich einem Pyjama. Sie besaß keine Schuhe, und sie verbrachte einen Großteil des Tages im Wasser stehend.

Soon Lin beschrieb ihre Familie als zahlreich, jedoch einander nahestehend. Sie waren sehr arme, aber stolze Menschen. Ich progressierte sie zu einem wichtigen Tag in ihrem Leben.

Dr. Goldberg: Wo sind Sie gerade?
Kim: Ich arbeite in den Feldern. Was ist das?
Dr. Goldberg: Was ist was?
Kim: Die Krieger kommen hierher.
Dr. Goldberg: Welche Krieger?
Kim: Sie sind mir schon früher aufgefallen. Es reiten häufig Krieger an den Feldern vorbei. Sie halten nur selten an, aber heute ist es anders.
Dr. Goldberg: Wo sind diese Krieger jetzt?
Kim: Sie haben am Rand der Felder angehalten. Sie starren mich und die anderen Mädchen an. Ich habe Angst.
Dr. Goldberg: Was geschieht als nächstes?
Kim: Einer der Krieger reitet ins Wasser und trampelt beinahe über eine meiner Schwestern. Er reitet in meine Richtung. Ich habe Angst – –

Der Krieger griff nach Soon Lin und zog sie auf sein Pferd. Er trug sie aus den Feldern heraus und hielt mit seinem Pferd vor ihren Eltern.

Dr. Goldberg: Was tut er als nächstes?
Kim: Er wirft meinem Vater einen kleinen Beutel zu und zeigt mit dem Kopf auf mich. Ich glaube, das bedeutet, er zahlt für mich mit diesen Münzen.

Dr. Goldberg:	Was tut Ihr Vater?
Kim:	Er nickt nur zustimmend, und der Krieger reitet mit mir davon.

Ohne ein Wort zu wechseln hat dieser chinesische Krieger Soon Lin gekauft. Er nahm sie mit sich und ritt mit seinen Kriegergefährten davon. Einige Stunden später hielten sie an und schlugen ihr Lager auf. Der Krieger zog Soon Lin die Kleider aus und starrte auf ihren Körper. Offenbar wollte er sehen, ob sie noch Jungfrau war. Sie bestand den Test.

Man brachte Soon Lin zu einem Dorf. Dort wurde sie von dem Krieger an einen ältlichen, fetten und ziemlich häßlichen Chinesen verkauft. Soon Lin fiel in Ohnmacht, als ihr klar wurde, daß sie an diesen grotesken Mann verkauft worden war. Das Nächste, an das sie sich erinnerte, war, daß sie in einem Zelt aufwachte. Sie lag auf einem Berg aus Seidenkissen.

Dr. Goldberg:	Wo sind Sie jetzt, Soon Lin?
Kim:	Ich … ich weiß es nicht. Ich vermute, es ist das Haus dieses Mannes. Sein Name ist Chu.
Dr. Goldberg:	Wo ist Chu im Augenblick?
Kim:	Er befindet sich hier im Zelt mit zwei anderen Frauen. Sie sind älter als ich und sehr hübsch. Igitt – seine Nägel sind abstoßend.
Dr. Goldberg:	Was meinen Sie?
Kim:	Seine Fingernägel reichen bis zum Boden. Es sieht abstoßend aus.
Dr. Goldberg:	Was geschieht als nächstes?
Kim:	Chu kommt auf mich zu und schlägt mir ins Gesicht. Dann reißt er mir die Kleider vom Leib und vergewaltigt mich vor diesen beiden anderen Frauen. Sie lachen, als er mich

mißbraucht und achten nicht auf meine Schreie.

Dr. Goldberg: Wie lange dauert das?

Kim: Ich weiß nicht. Ich bin wieder in Ohnmacht gefallen. Als ich aufwachte, hatte ich am ganzen Körper Striemen und blaue Flecke.

Über eine Woche ging das so. Eines Nachts konnte Soon Lin es nicht länger ertragen und rannte davon.

Dr. Goldberg: Wohin sind Sie gegangen?

Kim: Ich rannte ins Nachbardorf und fand einen netten, alten Mann, der dort mit seinem Sohn lebte. Er ließ mich bleiben und versteckte mich eine Zeitlang.

Dr. Goldberg: Hat der alte Mann Wort gehalten?

Kim: Ja, zumindest ein paar Tage lang.

Dr. Goldberg: Was geschah dann?

Kim: Später kamen einige Soldaten, und der Junge sagte mir, ich solle schnell weglaufen. Sein Vater habe Geld von den Soldaten angenommen und ihnen gesagt, wo ich mich verstecke.

Dr. Goldberg: Sind Sie entkommen?

Kim: Nein, ich hatte nicht die geringste Chance. Die Soldaten fingen mich, schlugen mich und brachten mich zu Chu zurück.

Dr. Goldberg: Was geschah mit dem alten Mann?

Kim: Sie töteten seinen Sohn, weil er mir helfen wollte. Dann nahmen sie das Geld wieder an sich, das sie ihm gegeben hatten. Sein Herz war gebrochen, aber er lebte noch.

Anscheinend wurde Soon Lin als Chus Eigentum betrachtet. Er hatte sie gekauft, und nun gehörte sie ihm. Er konnte

381

mit ihr tun, was immer er wollte. Als sie zu Chus Zelt zurückgebracht wurde, brach man ihr den rechten Fuß. Er heilte nur sehr langsam, und sie hinkte stark. Damit wollte man verhindern, daß sie wieder weglief.

Dr. Goldberg: Was haben Sie dann getan?
Kim: Ich blieb und kümmerte mich um Chus Frauen. Ich war eine Dienerin, aber immer noch sein Spielzeug. Chu mißbrauchte mich, wann immer er Lust dazu hatte. Er machte sich über mein Bein lustig und schlug mich aus Spaß. Ich hasse ihn.

So ging es etwa ein Jahr lang. Soon Lin versuchte, wieder davonzulaufen. Diesmal kam sie nicht sehr weit. Sie wurde eingefangen, und man schlug ihr vor den anderen Frauen das rechte Bein ab. Sie verblutete langsam zu Tode.

Aus der Ebene des Überbewußtseins identifizierte sie Chu als ihren Ex-Mann und den Jungen, der versucht hatte, sie vor dem Verrat des alten Mannes zu retten, als ihren Sohn Jeremy. Die Lektionen, die sie lernen sollte, waren Demut und Unterwerfung. Sie lernte Demut, aber nicht Unterwerfung.

An diesem Leben ist interessant, daß Kim, wie sie mir später berichtete, lange Fingernägel haßte. Sie hatte eine Lieblingstante, die ihre Fingernägel lang trug, und Kim fühlte sich erst wohl in ihrer Gegenwart, als diese ihre Nägel kürzte.

Barbara Parkhurst nahm aus diesen früheren Leben viel mit. Sie und Howard besprachen ihre Inkarnationen nach jeder Sitzung in allen Einzelheiten. Howard erkannte allmählich den Vorteil von langsamen Inkarnationsregressionen im Vergleich zu den Instant-Regressionen, die er ursprünglich auf die Disketten programmiert hatte.

Die Bühne war bereit für eine weitere Regression. Howard bereitete Barbara auf ihre vierte Zeitreise in die Vergangenheit vor.

Auch dieses Mal wählte Barbara das alte China. Sie war ein Mann namens Yun Chang. Er wurde zum Ratgeber des Kaisers ausgebildet. Yun Chang befand sich in einem Kloster, umgeben von herrlichen Statuen, orientalischen Teppichen und anderen schönen Dingen.

Dr. Goldberg: Was lernen Sie gerade?

Kim: Ich lerne alles. Die Künste, Geschichte, Philosophie, Meditation. Mir steht alles Wissen zur Verfügung.

Dr. Goldberg: Sie hören sich wie ein Mann des Friedens an.

Kim: Das bin ich.

Dr. Goldberg: Ist denn der Kaiser auch ein Mann des Friedens?

Kim: Ich weiß nicht viel über ihn. Darauf kommt es nicht an. Ich werde ihn meiner Ausbildung entsprechend beraten.

Dr. Goldberg: Werden Sie mit anderen zusammen ausgebildet?

Kim: Ja, es gibt noch drei andere. Wir werden alle zu Ratgebern des Kaisers.

Dr. Goldberg: Ist denn Ihre Ausbildung mit der der anderen identisch?

Kim: Nein, nicht ganz. Wir haben alle unsere Fachgebiete, aber wir haben auch ein gemeinsames Ziel.

Dr. Goldberg: Was ist das für ein Ziel?

Kim: Wir werden unseren Führer so beraten, daß dieser dem Allgemeinwohl am besten dient.

Die Jahre vergingen. Yun Chang und seine drei Kollegen machten ihren Abschluß und wurden zu Ratgebern des Kaisers. Doch Wu Dee war kein Kaiser des Friedens. Er liebte den Krieg und machte seinen Ratgebern deutlich, daß er es keineswegs gern sieht, wenn man ihm zum Frieden rät, solange der Krieg eine mögliche Alternative ist.

Dr. Goldberg: Wenn Wu Dee dauernd Krieg führen will, warum braucht er dann Ratgeber?

Kim: Er ist nicht ständig auf Krieg aus. Es gibt viele Staatsangelegenheiten, für die unser Wissen benötigt wird. Dann werden wir gefragt.

Dr. Goldberg: Aber haben Sie sich nicht an das System verkauft?

Kim: Wir gehen für das Allgemeinwohl Kompromisse ein.

So ging Yun Changs Idealismus vor die Hunde. Er hatte sich an das System verraten. Seine Ratschläge wurden von Angst regiert – Angst um sein eigenes Leben.

Ich führte Yun Chang zu der wichtigsten Zeit seines Lebens.

Dr. Goldberg: Was geschieht gerade?

Kim: Wu Dee hat uns zusammengerufen, um einen ziemlich großen Krieg zu billigen.

Dr. Goldberg: Braucht Wu Dee denn Ihre Zustimmung?

Kim: Nein, aber wenn wir nicht zustimmen, wird er uns umbringen.

Dr. Goldberg: Wie haben Sie sich entschieden?

Kim: Wir haben abgestimmt. Zwei waren dagegen, und zwei waren dafür. Ich war ebenfalls dafür. Ich ließ mein Urteilsvermögen von meinem Intellekt überschatten und überzeugte die anderen davon, daß wir diesem Krieg alle zustimmen müßten.

Dr. Goldberg: Haben alle zugestimmt?

Kim: Ja, und ich wurde für mein Urteilsvermögen geehrt.

Wu Dee nahm ihre Zustimmung an und erklärte den Krieg. Er war sehr erfolgreich und ehrte seine Ratgeber. Yun Chang wurde zum obersten Ratgeber erklärt.

Dr. Goldberg: Was ist noch geschehen?

Kim: Ich bekam ein eigenes Haus mit Dienern. Ich überzeugte mich selbst fälschlicherweise davon, daß es weise war, diesen Krieg zu billigen.

So ging das viele Jahre. Jedes Mal, wenn die Ratgeber mit Wu Dee einer Meinung waren, wurden sie geehrt und erhielten zusätzliche Privilegien. Auf der Ebene des Überbewußtseins war Yun Chang klar, daß er versagt hatte und Weisheit weder erlangt hatte noch an den Tag legte. Weisheit ist nicht bloß Intellekt, sondern eine Kombination aus Intellekt, Verständnis und Mitgefühl.

Yun Changs intellektuelles Urteilsvermögen war weder weise noch verdiente es, geehrt zu werden. Er mißbrauchte seinen Einfluß über andere, um eine einstimmige Billigung des Krieges zu erlangen. Arroganter Stolz und Angst durchdrangen Wu Dees ruchlose Taten.

Es ist hochinteressant, daß Yun Chang zeitlich vor Soon Lin lebte. Vielleicht war das Leben von Soon Lin sowohl karmische Strafe als auch eine wirkliche Lektion in der ungelernten Demutsecke von Kims karmischem Kreislauf.

In der Zwischenzeit verglichen Barbara Parkhurst und

Howard Pennington im 22. Jahrhundert ihre Aufzeichnungen der früheren Inkarnationen. Sie arbeiteten sehr gut zusammen, aber zwischen ihnen funkte es nicht. Dies war eben eine andere Gesellschaft. Die Zusammenarbeit mit Howard Pennington war für Barbara der Gipfel ihres Erfolgs.

Auch Howard hatte von dieser Zusammenarbeit profitiert. Er war in der Lage, seine Forschungen in praktischer Anwendung an einer kompetenten Kollegin zu erleben, nicht einfach an einer Versuchsperson, die man von der Erdoberfläche herunterschickte. Nach weiteren Testläufen modifizierte Howard seine Disketten und verlangsamte das Regressionsverfahren. Es war nicht so langsam wie heutzutage, aber es war auch nicht länger die »Hochgeschwindigkeits«-Methode, die er ursprünglich im Auge hatte.

Barbara lernte viel von Howard. Sie arbeiteten in ihrer isolierten unterirdischen Anlage lange Jahre zusammen. Die Inkarnationsregressionen lehrten Barbara viele Dinge. Sie lernte ihre Vergangenheit kennen, ihre Schwächen und ihre Herausforderungen. Als Barbara lernte Kim, wie es sein würde, mit einem Mann zusammenzuarbeiten, den sie sehr schätzte, eine Art höherer Liebe.

Trotz Howards überlegenem Verstand scheute Barbara sich nicht vor der Herausforderung und ließ sich nicht in die negative Reaktionsweise, d.h. in einen Minderwertigkeitskomplex, fallen. Sie stand über diesen Dingen. Als Ergebnis des Vertrauens und der Verehrung, die sie Howard entgegenbrachte, verstärkte Howard nur ihre innere Verpflichtung, ihr Leben der Verbesserung der Menschheit zu widmen.

Aber wer in Barbaras Vergangenheit war Howard? Er zeigte sich in keiner ihrer vier früheren Inkarnationen. Materialisierte er sich einfach im 22. Jahrhundert? Die

Antwort lautet nein. Kim erzählte mir auf der Ebene des Überbewußtseins von Howards wahrer Identität. Vor vielen Jahren ging Kim mit einem Mann namens George aus. George war ein wirklich netter und gutaussehender Mann. Sie hatten sich verlobt.

Aber das Schicksal war gegen diese Verbindung. George erkrankte an einer seltenen Form von Leukämie und kam ins Krankenhaus. Kim besuchte ihn jeden Tag in Tränen aufgelöst. Sie betete jede Nacht um seine schnelle Genesung. Vielleicht handelte es sich hierbei um eine späte Folge von Antoinettes Verlangen nach Charles oder Paolos Verlangen nach Julianna. George wurde immer schwächer und starb.

Kim konnte die Tränen nicht zurückhalten, als sie mir dies beschrieb. »So nah und doch so fern« war alles, was sie sagen konnte. Sie brauchte lange, bis sie über den Verlust von George hinwegkam. Sie konnte George nie vergessen. Ihr Ex-Ehemann erfuhr niemals von ihrem früheren Liebhaber und Verlobten. Es war am besten, daß sie George geheim hielt.

Die Beziehung zwischen Kim und ihrem Sohn Jeremy war sehr eng. Kim erkannte in ihm David und den Sohn des alten Chinesen. Er war das einzig Gute, das ihrer Ehe entsprang.

Das Ergebnis dieser Zukunftsprogression war ganz erstaunlich. Kim nahm ab. Sie kleidete sich besser und entwickelte ein positives Selbstbild. Sie machte Karriere als Verkäuferin und legte ihre Neigung ab, alles hinauszuschieben.

Sie beschrieb ihre Erkenntnisse wie folgt: »Liebe ist der Schlüssel zu allen Dingen. Das gibt mir wirklich das Gefühl, mich auf dem richtigen Weg zu befinden. Die Liebe, die ich für Howard während der Progression empfand, wurde durch meine Liebe zu Gott abgerundet.«

Kim erzielte diese Verbesserungen, weil ihr Leben nun einen Sinn hatte. Es wird noch 230 Jahre dauern, aber sie wird wieder mit George zusammen sein, mit George als Howard Pennington. Sie werden ihre Aufgabe gemeinsam beenden.

Die Zukunft ist jetzt, Kim: genieße sie.

KAPITEL 24

WIE IST ES, WENN MAN STIRBT?

Der Tod ist für die meisten Menschen deprimierend und furchterregend. Trotzdem wissen wir alle, daß der Tod – wie die Steuern – unvermeidbar ist. In diesem Kapitel werde ich die Todesberichte meiner Regressions- und Progressions-Patienten näher beleuchten. Bei fast jeder Inkarnationsregression, an der ich teilgenommen habe, und bei vielen, die ich in diesem Buch vorgestellt habe, gibt es den unvermeidbaren Augenblick des Todes – und in allen Berichten der Patientinnen und Patienten gleichen sich die Erkenntnisse.

Tatsächlich ist der Tod an sich keine traumatische Erfahrung. Vielmehr ist die Geburt traumatisch. Stellen Sie sich einen Augenblick vor, Sie sind schwerkrank und liegen in einem Krankenhausbett. Stellen Sie sich nun vor, wie sich Ihr Astralkörper anhebt, und plötzlich sind sie tot. Es dauert Stunden, Tage, manchmal sogar Wochen, bis Ihnen klar ist, daß Sie wirklich tot sind. Das ist kaum traumatisch. Alle Schmerzen und jegliches Unbehagen wird im Augenblick des Todes völlig beseitigt.

Stellen Sie sich nun vor, Sie werden geboren. Das Neugeborene hat gerade ein Unterbewußtsein bekommen. Es mußte die gemütliche Gebärmutter für eine helle, sterile Umgebung verlassen, die völlig anders ist und höchst unbequem im Vergleich zu dem, was es neun Monate lang gewöhnt war. Das Neugeborene wird geschlagen, seine Fußabdrücke werden abgenommen, es wird abgesaugt, gewaschen und weitergereicht. Sein Überleben hängt völlig von Fremden in weißen Uniformen ab. Es gibt keine Angaben zu den wirklichen Schmerzen des Geburtsprozesses, aber stellen Sie sich die eiskalte Stahlzange um Ihren Kopf vor oder eine Frühgeburt. Mir persönlich scheint die Geburt viel angsteinflößender als der Tod.

Der größte Nutzen der Regressions- und Progressionstherapie besteht darin, daß man die Angst vor dem Tod verliert. Die Erkenntnis, daß der Tod kein Ende ist, sondern der Eintritt in ein größeres, volleres und bedeutenderes Leben, ist einfach herrlich. Der Tod ist lediglich der Austausch des alten Körpers gegen einen neuen. Der Tod symbolisiert den Anfang einer Ruhe- und Neubewertungsphase. Er ist eine Form der Erholung und der Erneuerung. Es ist ein Übergangs-, kein Endzustand. Der Tod ist vielleicht nur schwer zu erklären oder zu verstehen, aber er muß nicht gefürchtet werden.

Viele Probleme, bei denen meine Patienten und Patientinnen mich um Hilfe bitten, haben ihren Ursprung in der Todesszene eines früheren Lebens. Sobald diese Todesszene neu durchlebt wird, verschwinden die Symptome entsprechend. Ein traumatischer Tod, wie beispielsweise der Fall von einer Klippe, kann zu Höhenangst führen. Wird der Fall erneut durchlebt, verschwindet in vielen Fällen die Phobie.

Ich möchte Sie bitten, einen Augenblick lang jeden Gedanken an Himmel, Hölle und Fegefeuer beiseite zu legen. Vergessen Sie einmal Ihre religiösen Überzeugungen, und öffnen Sie Ihren Geist dem, was ich zu sagen habe. Natürlich müssen Sie diese Informationen nicht annehmen. Ich bitte Sie nur darum, sie offenen Geistes zu überdenken.

Wenn wir sterben, sind wir nicht wirklich tot im üblichen Sinn des Wortes. Wir sind auf der Erd-Ebene nicht mehr funktionstüchtig, aber auf anderen Ebenen funktionieren wir ausgezeichnet. Wir existieren dann auf der Astralebene, und schließlich werden wir in das weiße Licht eintreten und zur Ebene der Seele gehen. Was wir also für den Tod halten ist in Wirklichkeit lediglich der Wechsel zu einer anderen Existenzebene.

Bevor ich Ihnen die parapsychologischen Erklärungen des Todes in allen Einzelheiten erläutere, möchte ich Ihnen erst einmal die medizinischen Fakten nahebringen. Die Zellen unseres Körpers sterben ständig und werden ständig neu ersetzt. Eine der Aufgaben des Schlafes, zumindest aus medizinischer Sicht, besteht darin, die vielen Millionen Zellen, die während jedes Tages unseres Lebens absterben, zu erneuern. Wir laden während des Schlafes verlorene Energie neu auf. Die Wissenschaft lehrt uns, daß etwa alle neun Monate jede einzelne unserer Zellen mindestens einmal ersetzt wird.

Technisch gesehen, sterben wir also alle neun Monate. Unser Körper ist ganz anders, als er das noch vor einem Jahr war, und er wird heute in einem Jahr schon wieder völlig anders sein. Offensichtlich fühlen wir uns nicht tot, und wir funktionieren ja auch reibungslos. Der Prozeß der Zellerneuerung geht so problemlos vor sich, daß wir uns seiner nicht bewußt sind. Unsere Körperempfindung wird genarrt und denkt, unser Körper bliebe von Jahr zu Jahr unverändert.

DIE ERFAHRUNG DES TODES

Offenbar erfahren Sie, zumindest anfangs, den Tod so, wie Sie es *erwarten*. Mit anderen Worten, Ihre Erwartungen hinsichtlich des Todes beeinflußen die wirkliche Erfahrung bzw. die Wahrnehmung des Todes. Der Glaube an die Feuer der Hölle oder die Wolken des Himmels wird sich manifestieren, wenigstens vorübergehend. Glücklicherweise verschwinden diese Phantasievorstellungen schnell, und Ihre Meister und Führer gesellen sich zu Ihnen. Diese engel-ähnlichen Wesenheiten werden versuchen, Ihnen bei der Anpassung an die Astralebene behilflich zu sein. Sie werden von ihnen allmählich zu der Erkenntnis geführt, daß Sie gestorben sind und daß es nun an der Zeit ist weiterzugehen. Möglicherweise akzeptieren Sie Ihren Tod anfangs nicht, da Sie sich gar nicht so anders fühlen als zuvor. Es gibt jedoch einen wichtigen Unterschied: Sie sind jetzt völlig frei von jeglichem Unbehagen. Ihre neue Umgebung wird viel grenzenloser sein als die der körperlichen Ebene, die Sie soeben verlassen haben.

Auf der Astralebene treffen Sie möglicherweise auf ihre bereits verstorbenen Verwandten oder Freunde. Hier kommuniziert man mittels Telepathie, so daß Sie Ihre wahren Gefühle diesen Freunden oder Verwandten vermitteln können und umgekehrt. Auf der Astralebene gibt es keine Heuchelei.

Wenn Sie nachts einschlafen treten außerkörperliche Wahrnehmungen auf und simulieren die Todeserfahrung. Dieser simulierte Todeszustand ist nur ein Training für später. Träume, in denen Sie fliegen oder fallen, sind bewußte Überreste dieser Astralprojektion.

Ich habe an früherer Stelle auf ein weißes Licht angespielt. Dieses weiße Licht ist ein Expresszug zur Seelenebene – der Ebene, auf der Sie Ihr vergangenes Leben bewerten und Ihr nächstes Leben wählen. Ihre Meister und Führer sowie ihre bereits verstorbenen Verwandten und Freunde werden Ihnen raten, in dieses weiße Licht einzutreten. Wenn Sie das tun, ist alles gut. Wenn Sie es aber nicht tun, werden Sie, wie schon zuvor erwähnt, zu einem »gequälten Geist« und verbleiben auf der Astralebene, unsicher, wer Sie sind und was Sie tun sollen. Man kann Sie auf der Erdebene als Geist wahrnehmen; Sie können aber auch unbeobachtet bleiben und einfach ziellos umherwandern. Sie werden von Ihren Meistern und Führern immer wieder ermahnt, in das weiße Licht einzutreten. Aber nichts kann Sie dazu zwingen.

Denken Sie einmal so darüber: Sie sind gerade gestorben. Vielleicht waren die Augenblicke vor Ihrem Tod sehr traumatisch. Sie sind von Ihren Erwartungen an Himmel oder Hölle durchdrungen. Plötzlich versucht eine unbekannte Wesenheit Sie davon zu überzeugen, in dieses gleißende, weiße Licht einzutreten. Sie haben Angst und wehren sich. Denken Sie daran, daß die Seele immer einen freien Willen hat. Man kann sich leicht vorstellen, wie jemand zögert, vom Regen in die sprichwörtliche Traufe zu springen, aber Sie müssen unbedingt in das weiße Licht eintreten, um die Ebene der Seele zu erreichen. Ihre Aufgabe ist nun klar. Was ist Wirklichkeit? Was ist nur Vorstellung? Was ist gut? Was ist böse? Wer sind die guten Jungs? Wer oder was sind die bösen Jungs? All diese Fragen müssen eventuell beantwortet werden, bevor sich die Seele entschließt, in das weiße Licht einzutreten.

Die Seele wird mittels ihres Urteilsvermögens entscheiden, wem oder was sie vertrauen kann. Ausschließlich die Seele trifft diese Entscheidung. Der Geisteszustand während des Todes, der karmische Kreislauf, die Umgebung auf der Astralebene und andere Faktoren helfen bei diesem Entschluß. Bis zu dieser Antwort können wenige Stunden oder ein Jahrhundert verstreichen. Eine erfahrenere Seele, die gerade, karmisch gesehen, ein positives Leben beendet hat, braucht weniger Zeit und trifft viel wahrscheinlicher die richtige Entscheidung.

Interessanterweise besteht selten eine Verbindung zwischen der religiösen Überzeugung eines Menschen und seiner Todeserfahrung. Mit anderen Worten, es scheint nicht darauf anzukommen, ob der Patient Agnostiker, Atheist, Christ, Jude, Hindu oder anderen Glaubens ist; die mir berichteten Erfahrungen sind immer ähnlich.

Meine Patienten berichten von allen möglichen Reaktionen, wenn sie ihre Todesszene bei einer Inkarnationsregression neu durchleben. Ich werde nur die häufigsten Beschreibungen meiner Patienten zur Todeserfahrung wiedergeben.

DER ÜBERGANG

Zuerst wird fast immer von einer Empfindung des Schwebens berichtet. Welche körperlichen Beschwerden die Patienten im Augenblick des Todes auch verspürt haben, sie sind nun völlig verschwunden. Es gibt keinerlei Schmerz oder irgendein anderes Gefühl. Der Patient schwebt ganz einfach. Gefühle des inneren Friedens und der Ruhe zusammen mit einer völligen Abwesenheit von Angst treten sehr häufig auf. Der unten liegende Körper wird nun nicht länger als Teil des Patienten erlebt. Genau das ist ja auch der Fall. Lassen Sie mich wiederholen, selbst auf tiefsten Tranceebenen besteht absolut keine Gefahr, daß der Patient wirklich stirbt, während er die Todeserfahrung eines früheren Lebens erneut durchlebt.

Den Patienten wird schnell klar, daß sie einen Körper haben, aber es ist ein anderer Körper, der völlig anderen physikalischen Gesetzen unterliegt. Dieser Astralkörper besitzt die Fähigkeit, viele Dinge zu tun, die dem physischen Körper nicht möglich waren. Beispielsweise kann dieser Astralkörper durch Wände und Türen gehen und Tausende von Kilometern in wenigen Sekunden zurücklegen. Die Zeit wird auf dieser Ebene nicht wahrgenommen. Jeder Astralkörper besitzt ein umfassendes Wissen des früheren Lebens und kann sogar die Gedanken anderer Menschen aus diesem Leben lesen.

DAS SILBERNE BAND

Eine häufige Beobachtung, von der mir berichtet wird, ist die Anwesenheit eines »silbernen Bandes«. Bei Astralprojektionen ohne Todeserfahrung verbindet das silberne Band theoretisch den Hinterkopf des Astralkörpes mit dem Solarplexus des irdischen Körpers. Solange dieses silberne Band nicht zerreißt, ist der physische Körper des Patienten noch am Leben. Beim Tod wird dieses silberne Band zerrissen.

TODESGERÄUSCHE

Eine weitere Wahrnehmung ist auditiv. Kurz nach dem Tod hört man alle möglichen Geräusche. Häufig wird von einem Summen, das aus dem Kopf zu kommen scheint, berichtet; von lautem Klingeln, Klicken, Donnern, von schlagenden Geräuschen, Pfeifen und von melodischen Tonfolgen. Es gibt eine Theorie, nach der jede Ebene durch eine charakteristische Kombination aus Licht und Klang gekennzeichnet ist. Diese Kombination verändert sich, wenn man zu einer anderen Ebene auf- oder absteigt. Die Schwingungsrate des Indviduums verändert sich ebenfalls. In diesen Momenten werden häufig helle Farben wahrgenommen. Sie wechseln ständig und scheinen rasant vorüberzuziehen.

DER TUNNEL

Das Gefühl, sich durch einen langen, dunklen Tunnel zu bewegen, ist meiner Meinung nach die faszinierendste und wichtigste Beobachtung der Todeserfahrung. Manche Patienten benützen den Begriff »Vakuum«. Es scheint, als ob der Patient in diesen Tunnel hineingezogen wird. Sobald er sich in dieser dunklen Struktur befindet, wird er zur anderen Seite bzw. zur Astralebene transportiert. Das ist mit einem Zeitsprung oder einem schwarzen Loch vergleichbar.

Wenn ich mit meinen Patienten Regressionen bzw. Progressionen durchführe, suggeriere ich ihnen für gewöhnlich, sie würden einen Tunnel betreten, an dessen Ende ein helles, weißes Licht scheint. Ich suggeriere ihnen, am Ende des Tunnels befinde sich eine Gabelung. Wenn der Patient die rechte Abzweigung einschlägt, wird er zu einem früheren Leben gelangen. Wenn ein zukünftiges Leben der Zielort wäre, müßte die linke Abzweigung genommen werden. Diese Technik ist sehr erfolgreich und eine der häufigsten Methoden, den Patienten in ein früheres oder zukünftiges Leben zu führen. Ob im Zustand der Hypnose oder des Todes, der Tunnel scheint ganz eindeutig den Durchgang zur nächsten Ebene zu symbolisieren.

Die Anwesenheit anderer

Sobald der Patient in der Lage ist, sich nach dem Auftauchen aus dem Tunnel zu stabilisieren und er sich an die schwebende Empfindung gewöhnt hat, wird die Anwesenheit anderer bemerkt. Mit »anderer« meine ich die Meister und Führer, die ihre Hilfe und Anleitung anbieten. Der Patient kann auch auf bereits verstorbene Verwandte und Freunde treffen, die versuchen, ihm zu helfen. Während dieser Zeit erfolgt jegliche Kommunikation über Telepathie. Ein Gefühl der Wärme, der Sicherheit und des inneren Friedens herrscht üblicherweise vor. Der Patient fühlt sich geliebt; alle Angst vor dem Tod ist verschwunden.

Das weisse Licht

Das weiße Licht ist der Höhepunkt der Todeserfahrung. Dem Patienten wird das weiße Licht gezeigt, das in diesem Augenblick als fast blendend helle und doch friedliche Aura aus reinem weißen Licht erscheint. Dieses Licht ähnelt sehr der Vorstellung, die bei verschiedenen Heiltechniken auf der Erd-Ebene eingesetzt wird. Wenn der Patient sich vorstellt, das Umfeld des geschädigten Körperteils sei von diesem weißen Licht umgeben, so fördert er seine eigene Heilung. Auf der Astralebene profitiert der Patient am meisten, wenn er in das weiße Licht eintritt. Er wird dann zu der Ebene der Seele geführt, um sein letztes Leben zu bewerten und das nächste zu wählen. Aber wie schon zuvor erwähnt, entscheidet sich nicht jeder dafür, unmittelbar in das weiße Licht einzutreten. Manch einer wandert viele Jahre oder gar Jahrhunderte auf der niedrigeren Astralebene herum, bevor er schließlich eintritt.

Individuelle Varianten

Die Todeserfahrungen folgen nicht immer den Richtlinien, die ich hier beschrieben habe. Zwischen den einzelnen Stufen können auch Zeitverzögerungen liegen. Manche Menschen akzeptieren den Zustand des Todes schnell und mühelos. Andere brauchen mehr Zeit und Anleitung, bevor sie auch nur die Vorstellung des Todes akzeptieren, ganz zu schweigen vom Eintritt in das weiße Licht.

Denken Sie daran, Ihre Erwartung vom Tod wird die tatsächliche Erfahrung beeinflussen. Wenn Sie erwarten, von Harfe spielenden Engeln in weißen Gewändern und mit Heiligenscheinen umgeben zu sein, werden Ihre Meister und Führer ihr Bestes tun, um diese Szene für Sie zu erschaffen, weil sie wissen, daß dies zu Ihrem Wohlbefinden beiträgt. Erst wenn Sie sich wohl fühlen, werden diese höheren Wesenheiten Sie davon unterrichten, wo Sie sich befinden, wer Sie sind und was Sie tun sollen.

Dieses Kapitel will Ihnen zeigen, daß der Tod keine Erfahrung ist, vor der man sich fürchten muß. Man kann sich möglicherweise nicht gerade darauf freuen, aber man muß auch keine Angst vor ihm haben.

Für einige von Ihnen mögen Todesberichte aus Inkarnationsregressionen nicht Beweis genug sein. Es gab zahllose Berichte von Patienten, die für klinisch tot erklärt wurden und schließlich doch überlebten. Als man sie nach ihren Erlebnissen befragte, berichteten sie von Beobachtungen, die den hier vorgestellten verblüffend ähnlich sind. Und doch haben Menschen, die ein Nahtoderlebnis hatten, normalerweise niemals von Inkarnationsregressionen gehört.

Wenn Menschen von unterschiedlicher religiöser Herkunft in der Regression und Menschen, die klinisch tot waren und ins Leben zurückkehrten, von ähnlichen Erlebnissen berichten, dann sind die Übereinstimmungen dieser Erlebnisberichte mehr als bloßer Zufall. Doch in letzter Instanz müsen Sie Ihre eigene Meinung bilden. Der Tod ist eine Erfahrung, der Sie oft gegenübertreten werden. Es liegt an Ihnen, diese Ideen so zu interpretieren, wie sie am besten zu Ihren eigenen Überzeugungen passen.

Ich wollte mit vielen der falschen Vorstellungen hinsichtlich der Todeserfahrung aufräumen, damit Ihre Erfahrung, wenn die Zeit für Sie kommt, so friedlich und gelassen wie möglich sein wird. In den vorigen Kapiteln haben Sie über viele beruhigend ähnliche Berichte von Todeserfahrungen gelesen. Wenn Sie nach der Lektüre dieses Kapitels auch nur einen Teil Ihrer Angst losgeworden sind, haben sich meine Bemühungen gelohnt.

KAPITEL 25

KARMA:
WANN WIRD ALLES ENDEN?

Wird der Kreislauf von Geburt und Wiedergeburt jemals enden? Natürlich. Dieses Buch will Ihnen unter anderem zeigen, wie Sie Ihren eigenen karmischen Kreislauf verbessern können. Wenn ich Ihnen zeigen konnte, daß Sie wieder und wieder leben und daß Ihre Zukunft viel angenehmer und erfüllender sein wird, wenn Sie den Gesetzen des Karma weise folgen, hoffe ich, Ihnen damit Hilfe zur Selbsthilfe gegeben zu haben.

Einige von Ihnen sind vielleicht immer noch nicht überzeugt, sind immer noch skeptisch und mißtrauisch. Andere ziehen nicht nur aus diesem Buch, sondern auch aus ihren eigenen Überzeugungen und Hoffnungen auf die Zukunft zusätzliche Unterstützung. Ich hoffe, daß Sie geistig offen bleiben. Nicht die Hypnotherapeuten heilen, sondern Sie selbst, und Sie tragen letztlich auch die Verantwortung. Inkarnationsregressionen und Zukunftsprogressionen erweitern und erforschen Ihr Bewußtsein und beseitigen Angst, Furcht, Depression und andere negative Neigungen wie auch die Furcht vor dem Tod.

Die Hypnotherapie hat nichts mit Magie zu tun, und sie ist auch kein Allheilmittel. Sie ist eine Möglichkeit, die Zukunft zu formen. Wenn Sie mit dem Wissen aus Ihrem Unter- und Überbewußtsein Ihre eigene Wirklichkeit schaffen, können Sie Ihr derzeitiges Leben und Ihre zukünftigen Inkarnationen positiv beeinflussen.

Karma besteht einfach aus Ursache und Wirkung.

Karma ist absolut gerecht. Man könnte es auch als praktischen Moralkodex bezeichnen. Sie haben die Kontrolle über Ihr Karma. Jede Seele spielt die Rolle des Richters und der Geschworenen. Sie können sich selbst immer nur vorübergehend täuschen. Karma lehrt Sie, daß Sie nur sich selbst für Ihr Leben die Schuld geben können und auch nur sich selbst Dank schulden. Schauen Sie sich nie einen anderen Menschen als Sündenbock aus. »Dir selbst sei treu.«

Es muß eine Ordnung geben, die unser Glück und unsere Not erklärt. Irgendein tätiger Mechanismus muß bestimmen, wer was bekommt und warum. Das Karma mit seinem Mechanismus der Reinkarnation ist die beste Antwort, die ich gefunden habe. Glückliche Zufälle erklären den Inhalt oder die Qualität unseres Lebens nicht; Zufall allein kann das alles nicht erklären. Das Karma sehr wohl. Die goldene Regel[28] trifft tatsächlich zu und bietet die beste Möglichkeit einer positiven Lebensführung.

Mit dem technologischen Fortschritt entstand der Trend zum Verlust des Persönlichkeitsgefühls in unserer Welt. Unser Leben scheint abgezählt, schubladisiert, mit einem Stempel versehen und verarbeitet – ohne daß der menschliche Geist sein Tun überdenkt. Aber die Selbst-Identifikation schlummert immer noch in uns allen. Wenn wir unser Unterbewußtsein anzapfen, können wir herausfinden, wer wir wirklich sind und was uns antreibt. Wenn wir die Toleranzschwelle der prozessierten Welt um uns herum erreicht haben, werden wir gegen Gewalt, Haß und Angst rebellieren. Wenn wir in uns selbst schauen, können wir unser eigenes Leben verbessern, aber auch die Qualität der Gesellschaft als Ganzes. Daraus resultiert eine optimistischere Sicht unserer kollektiven Zukunft.

---

[28] »Alles nun, was ihr wollt, daß euch die Leute tun sollen, das tut ihnen auch«.

Zuweilen vergessen wir, daß es einen Gott gibt. Gott straft uns nicht. Wir strafen uns selbst. Was einer sät, das soll er ernten. Wir werden uns in unserem nächsten Leben in einer weitaus angenehmeren Umgebung befinden, wenn wir jetzt die Gelegenheit ergreifen, unseren Mitmenschen zu dienen. Wenn wir in diesem Leben stehlen, werden uns unsere Besitztümer widerrechtlich genommen. Wenn wir töten, werden auch wir durch Gewalt sterben. Wir werden unserem karmischen Kreislauf erst dann entfliehen, wenn wir ihn durch Lernen, Lieben und Tun beenden.

Wir haben die Wahl. Die Seele verfügt immer über einen freien Willen. Wir können uns dafür entscheiden, Gutes oder Böses zu tun, das Richtige oder das Falsche. Wir wählen unsere zukünftigen Inkarnationen. Wer würde sich schon für Mord, Vergewaltigung, Diebstahl oder Betrug entscheiden, wenn ihm die karmischen Implikationen klar wären? Wenn wir lernen, die Prinzipien des Karma anzuwenden, um uns selbst zu bessern, werden wir unser aller Zukunft verbessern.

Viele Menschen bitten mich um Hilfe, ihren karmischen Kreislauf zu beschleunigen, damit sie nicht wiederkehren müssen. Das kann ich nicht tun; das können nur Sie selbst. Wenn Sie dieses Buch gelesen haben, besitzen Sie das grundlegende Wissen, um ihren karmischen Kreislauf zu beschleunigen bzw. alles zu tun, was Sie Ihrem Unterbewußtsein zu tun auftragen. Seien Sie ehrlich, wahrheitsliebend und ihrem eigenen Ehrenkodex treu. Wenn Sie diesem einfachen Ratschlag folgen, sind Sie auf dem besten Weg zu den höheren Ebenen.

Dieser ganze Kreislauf endet, wenn Sie Ihr Karma erfüllen. Wenn Sie alle Lektionen lernen, die Sie zu lernen haben und Güte und selbstlose Liebe all jenen zeigen, mit denen Sie in Kontakt kommen, ist der Kreis geschlossen. Wenn der karmische Kreislauf endet, werden Sie über die Ebene der Seele hinaus zu den höheren Ebenen gelangen und schließlich zu Gott. Karma ist nur ein Vorgang der Evolution, ein Erreichen höherer Ebenen der Vollkommenheit. Karma gibt Leben.

Ich stelle mir Karma gern als eine Reihe von Gelegenheiten vor. Wenn man einer neuen Gelegenheit gegenübersteht, müssen neue Entscheidungen getroffen werden, muß man neu wählen. Es erfordert Mut, sich seinen Schwächen zu stellen und ebenso viel Weisheit, diese Schwächen konstruktiv anzugehen. Wir haben die Wahl. Wir können unsere Zukunft bestimmen, indem wir in der Gegenwart entsprechend handeln. Die Vollendung unseres karmischen Kreislaufs ist nicht einfach, aber sie liegt im Bereich unserer Möglichkeiten. Wenn wir jede Gelegenheit objektiv prüfen und wenn wir uns unseres Karmas bewußt sind – mit dem Wissen aus vergangenen und zukünftigen Inkarnationen – wieviel besser könnte dann unser gegenwärtiges Leben sein? Stellen Sie sich das einmal vor.

Lernen Sie diese Lektionen gut, und Sie sind in Richtung auf Ihr Schicksal einen Schritt weiter gekommen.

KAPITEL 26

FRAGEN UND ANTWORTEN ZU INKARNATIONSREGRESSIONEN UND ZUKUNFTSPROGRESSIONEN MITTELS HYPNOTHERAPIE

Frage: Warum kann man sich nicht bewußt an frühere Inkarnationen erinnern?

Antwort: Alle Erinnerungen an unsere früheren und zukünftigen Inkarnationen sind im Unterbewußtsein gespeichert. Das Unterbewußtsein arbeitet unabhängig vom Wachbewußtsein. Da Ihr Bewußtsein zusammen mit Ihrem Körper starb, als Ihr früheres Leben endete, beginnen Sie jedes neue Leben mit einem jungfräulichen Wachbewußtsein. Dieses Wachbewußtsein kann sich nicht an seine früheren Inkarnationen erinnern, aus dem einfachen Grund, weil es darüber nichts im Gedächtnis gespeichert hat.

Nur unser Unter- oder Überbewußtsein kann sich an frühere bzw. zukünftige Inkarnationen erinnern. Dieser Mechanismus dient als Schutzfunktion. Unser Geist ist jeden Tag unseres Leben mehr als einer Million neuer Informationen ausgesetzt. Stellen Sie sich vor, was geschehen würde, wenn er sich auch noch bewußt an alle Informationen aus früheren und zukünftigen Inkarnationen erinnern müßte.

Es gibt bestimmte Hinweise auf unsere früheren

Inkarnationen, die wir bewußt wahrnehmen. Wir alle haben bestimmte natürliche Talente, Vorlieben und Abneigungen. Bestimmte intuitive Neigungen sind Überreste früherer Inkarnationen. In unseren Träumen sehen wir häufig Szenen aus früheren Inkarnationen. Viele Menschen erleben in ihren Träumen spontane Regressionen. Obwohl wir uns nicht bewußt an frühere oder zukünftige Inkarnationen erinnern, gibt es Erfahrungen, die uns das Wissen und die Überzeugung vermitteln, daß wir schon einmal gelebt haben und auch wieder leben werden.

Frage: Gibt es Menschen, die noch nie zuvor gelebt haben?

Antwort: Es gibt nur sehr wenige Menschen, die mich um eine Regression bzw. Progression bitten, und dann nicht fähig sind, das eine bzw. das andere zu erreichen. Das bedeutet nicht, daß sie noch nie zuvor gelebt haben. Es bedeutet lediglich, daß ich nicht in der Lage bin, diese Informationen in Hypnose erfolgreich von ihnen zu erlangen.

Wenn ich in Trance direkt mit dem Unter- bzw. Überbewußtsein eines Patienten spreche, erhalte ich für gewöhnlich Daten aus früheren bzw. zukünftigen Inkarnationen. Niemals hat das Überbewußtsein eines Patienten die Existenz früherer Inkarnationen geleugnet. Ich glaube nicht, daß irgend jemand heutzutage zum ersten Mal lebt, und ich habe dafür auch nicht den geringsten Beweis.

Frage: Waren die Menschen früher Tiere?

Antwort: Bei allen Regressionen und Progressionen, die ich durchgeführt haben, hat niemals einer meiner Patienten von einem Leben berichtet, das nicht in menschlicher Form stattfand. Die einzigen Ausnahmen sind die Regressionen von »Lichtmenschen«, wie in Kapitel 7 beschrieben. Selbst diese »Lichtmenschen« existieren in menschlicher Form und nicht als Pflanzen oder Tiere.

Bestimmte Richtungen des Hinduismus und Buddhismus erwähnen die Transmigration. Gemäß dieser östlichen Philosophie wird unsere Seele zuerst als ein Mineral, dann als Pflanze, als niedrige Tiere und schließlich in menschlicher Form geboren. Diese Auffassung der Transmigration vom Mineral zur menschlichen Form wird heutzutage nicht mehr von allen östlichen Philosophen geteilt. Ich persönlich kann diese Theorie nicht akzeptieren und habe auch niemals Beweise erlangt, die diese Theorie unterstützen würden.

Das außerirdische Konzept der Reinkarnation findet heute in vielen parapsychologischen Kreisen großen Anklang. Dieses Konzept wird in Kapitel 3 beschrieben. Es hebt die Transmigrationstheorie auf.

Frage: Welchen anderen Methoden außer der Hypnose können frühere und zukünftige Inkarnationen offenlegen?

Antwort: Astrologische Karmatafeln mit der Zeit, dem Ort und dem Datum Ihrer Geburt können für Sie erstellt werden. Diese Tafel sagt Ihnen viel über Ihre Vergangenheit, Gegenwart und Zukunft. Sie wird Ihnen tiefere Einsichten in Ihren gesamten karmischen Kreislauf sowie in Ihre Unterkreisläufe vermitteln.

Medial veranlagte Menschen können häufig in Ihrer Akasha-Chronik lesen oder zumindest mit Ihren Meistern und Führern kommunizieren. Auf jeden Fall können auch auf diese Weise viele Informationen hinsichtlich Ihrer früheren, momentanen und zukünftigen Inkarnationen erlangt werden.

Auch aus spontanen Regressionen und Progressionen können karmische Informationen erlangt werden. Diese Erfahrung tritt nur selten auf und ist völlig unvorhersagbar, aber sie stellt eine Möglichkeit dar, karmische Informationen zu erlangen. Träume sind eine weitere Möglichkeit.

Während des Traumzustandes können Sie Szenen aus vergangenen und zukünftigen Inkarnationen beobachten und sich beim Aufwachen bewußt daran erinnern.

Manche Menschen sprechen sich für eine Gruppenmeditation aus. Ich bin nicht davon überzeugt, daß zwischen Meditation und Hypnose ein großer Unterschied besteht. Für Gruppen funktioniert die Meditation lediglich besser als die Hypnose. Beide Techniken sind gute Beispiele für die Funktion der Alpha-Gehirnwellen.

Eine weitere Möglichkeit ist das automatische Schreiben. Bei dieser Technik sitzen Sie still mit einem Bleistift oder Füller in Ihrer Hand. Das Schreibgerät ruht auf einem Stück Papier. Ihre Hand wird sich plötzlich bewegen, und Ihr Unterbewußtsein wird mit Ihnen kommunizieren, indem es Ihre Hand in Form von Worten und Sätzen führt. Ich habe diese Technik schon bei bestimmten Patienten für verschiedene andere Therapieformen eingesetzt, aber persönlich habe ich sie nie angewendet, um Informationen über frühere oder zukünftige Inkarnationen zu erlangen.

Eine weitere Möglichkeit ist der bewußte Kontakt mit Meistern und Führern. Das kommt nur sehr selten vor, aber es sind völlig gesunde Menschen, die diese Fähigkeit für sich in Anspruch nehmen und berichten, daß sie Informationen über ihre früheren oder zukünftigen Inkarnationen auf diese Weise erlangt haben. Séancen sind eine weitere Möglichkeit, an diese Informationen zu kommen. Ich habe keine persönliche Erfahrung mit diesem Phänomen. Offenbar kann man bei einer Séance direkt mit Wesenheiten aus früheren, derzeitigen oder zukünftigen Inkarnationen kommunizieren.

Frage: Warum erinnern sich Kinder ohne die Hilfe der Hypnose häufiger an frühere Inkarnationen?

Antwort: Kinder haben nicht so viele Komplexe wie Erwachsene. Es stört sie nicht, was andere Menschen denken. Darüber hinaus ist das Nervensystem von Kinder erst ab einem Alter von ungefähr sechs Jahren voll ausgebildet. Es gibt viele kleine Öffnungen im Schädel, die es der Seele oder dem Unterbewußtsein theoretisch gestatten, zu entkommen und direkt mit dem Kind zu kommunizieren. Kinder sind in solchen Fällen in der Lage, sich bewußt an frühere Inkarnationen zu erinnern, ohne offiziell hypnotisiert zu werden. Diese Öffnungen schließen sich im Alter von zweieinhalb Jahren. Es gibt bei Kindern auch viele Fälle von spontanen Inkarnationregressionen sowie andere mediale Erfahrungen. Kinder sehen Geister und haben während des Tages mehr Astralprojektionen als Erwachsene. Ihre Eltern neigen dazu, diese Erfahrungen zu verurteilen; das ist unselig. Kinder sind nämlich hervorragende Hypnosepatienten, und viele äußerst interessante Regressionen und Progressionen sind schon aus der Arbeit mit Kindern entstanden. Eine aufregende Facette an der Arbeit mit Kindern ist, daß die erlangte Information häufig das Wissen und Vokabular eines Erwachsenen widerspiegelt. Es scheint mir keine andere Erklärung zu geben, wie sich diese Kinder solch ein Wissen angeeignet haben könnten, als durch frühere Inkarnationen.

Frage: Wie kann die derzeitige Bevölkerungsdichte durch Reinkarnation erklärt werden?

Antwort: Gemäß einer bestimmten Theorie ist jede Seele in der Lage, mehr als einen Körper gleichzeitig zu bewohnen. Wenn eine Seele beispielsweise drei Körper im Jahr 3000 vor Christus bewohnte, und wenn jede dieser Unterseelen jeweils drei weitere Körper bewohnte, wäre leicht zu erklären, wie eine Seele eineinhalb Millionen Körper in nur dreizehn Lebensspannen bewohnen kann.

Frage: Wann tritt die Seele in den Körper eines Neugeborenen ein?

Antwort: Obwohl die Seele während der gesamten Schwangerschaft nach Belieben kommen und gehen kann, hat sie für gewöhnlich innerhalb von 24 Stunden vor oder nach der Geburt ihren großen Auftritt. Denken Sie daran, daß die Seele jede Nacht während des Schlafes unseren Körper verläßt. Die Seele ist nie dauerhaft im Körper gefangen.

Frage: Wird die Reinkarnation in der Bibel erwähnt?

Antwort: Aber ja. Im dritten Jahrhundert nach Christus lebte ein Lehrer namens Origenes. Er sprach sich deutlich für die Vorstellung der Reinkarnation aus. Im Jahre 533 fand jedoch ein Kirchenkonzil in Konstantinopel statt. Bei dieser Konferenz, an der nicht einmal der Papst von Rom teilnahm, wurden die Lehren von Origenes verurteilt und die meisten Hinweise auf die Reinkarnation aus der Bibel entfernt. Glücklicherweise gibt es immer noch einige Anspielungen im Alten und Neuen Testament. Dazu gehören:

1. Johannes 9, 1-3
    Und Jesus ging vorüber und sah einen, der blind geboren war. Und seine Jünger fragten ihn und sprachen: Meister, wer hat gesündigt, dieser oder seine Eltern, daß er ist blind geboren? Jesus antwortete: Es hat weder dieser gesündigt, noch seine Eltern, sondern es sollen die Werke Gottes offenbar werden an ihm.

2. Obadja 1, 15
    Wie du getan, wird dir getan. Dein Tun fällt auf dein Haupt zurück.

3. Offenbarung 3, 12
    Wer überwindet, den will ich machen zum Pfeiler in

dem Tempel meines Gottes, und er soll nicht mehr hinausgehen.

4.   Weisheit Salomos 8, 19-20
Ich war ein wohlveranlagter junger Mann und hatte eine gute Seele empfangen; oder vielmehr, weil ich gut war, kam ich in einen unbefleckten Leib.

5.   Jesaja 26, 19
Deine Toten leben, meine Verstorbenen werden auferstehen, die Staubbewohner werden erwachen und frohlocken; ... die Erde wird Verblichene wieder gebären.

6.   Daniel 12, 2
Viele von denen, die im Land des Staubes schlafen, werden erwachen, die einen zu ewigem Leben, zur Schmach und zu ewigem Abscheu die anderen.

7.   Matthäus 17, 1-13
Und nach sechs Tagen nahm Jesus zu sich Petrus und Jakobus und Johannes, seinen Bruder, und ging mit ihnen allein auf einen hohen Berg. Und er ward verklärt vor ihnen, und sein Angesicht leuchtete wie die Sonne, und seine Kleider wurden weiß wie das Licht. Und siehe, da erschienen ihnen Mose und Elia; die redeten mit ihm. Petrus aber hob an und sprach zu Jesus: Herr, hier ist für uns gut sein! Willst du, so wollen wir hier drei Hütten machen, dir eine, Mose eine und Elia eine. Da er noch redete, siehe, da überschattete sie eine lichte Wolke. Und siehe eine Stimme aus der Wolke sprach: Dies ist mein lieber Sohn, an welchem ich Wohlgefallen habe; den sollt ihr hören! Da das die Jünger hörten, fielen sie auf ihr Angesicht und erschraken sehr. Jesus aber

trat zu ihnen, rührte sie an und sprach: Stehet auf und fürchtet euch nicht! Und da sie vom Berge herabgingen, gebot ihnen Jesus und sprach: Ihr sollt dies Gesicht niemand sagen, bis des Menschen Sohn von den Toten auferstanden ist. Und seine Jünger fragten ihn und sprachen: Was sagen denn die Schriftgelehrten, zuvor müsse Elia kommen? Jesus antwortete und sprach zu ihnen: Elia soll freilich kommen und alles zurechtbringen. Doch ich sage euch: Elia ist schon gekommen, aber sie haben ihn nicht erkannt, sondern haben mit ihm getan, was sie wollten. So wird auch des Menschen Sohn leiden müssen von ihnen. Da verstanden die Jünger, daß er von Johannes dem Täufer zu ihnen geredet hatte.

8. Hiob 33, 15-18
Im Traum, im Nachtgesicht, wenn tiefer Schlaf die Menschen befällt, im Schlummer auf dem Lager, da öffnet er der Menschen Ohr und setzt sie in Schrecken durch Verwarnung, um den Menschen zu bekehren von seinem Tun und Hochmut vom Manne fernzuhalten, seine Seele vor der Grube zu retten, sein Leben vor dem Hingang durch das Todesgeschoß.

9. Andere Reinkarnationshinweise:
a. »Was der Mensch sät, das wird er ernten.« Der heilige Paulus (Galater 6, 7)
b. Der heilige Augustinus in seinen *Confessiones* 1, 6
c. Der Heilige Hieronymus in seinem *Brief an Avitus*

Es gibt heute Fälle, bei denen Menschen innerhalb der römisch-katholischen Kirche den Reinkarnationsgedanken akzeptieren, ohne zu Herätikern erklärt zu werden. (Beispiel hierfür sind der verstorbene Kardinal Mercier [Prälat

410

der katholischen Belgier] und der verstorbene Dekan Inge von der Saint Pauls Kathedrale in London.)

Frage: Steht der Glaube an die Reinkarnation im Widerspruch zum Glauben an Gott?

Antwort: Ich hoffe, daß Ihnen beim Lesen meines Buches die vielen Hinweise auf Gott aufgefallen sind. Meine Arbeit als Hypnotherapeut, der auf Inkarnationsregressionen und Zukunftsprogressionen spezialisiert ist, hat meinen eigenen Glauben an Gott noch verstärkt. Ich kann mir nur schwer vorstellen, auf diesem Gebiet tätig zu sein, ohne wirklich an Gott zu glauben. Ich weiß, wenn sich immer mehr Menschen mit der Parapsychologie, und insbesondere mit dem karmischen Kreislauf, ernsthaft auseinandersetzen, werden wir eine Wiederkehr des Monotheismus (des Glaubens an einen einzigen Gott) erleben.

Frage: Verbessert man sich immer im nächsten Leben?

Antwort: Nicht unbedingt. Wenn Sie die Lektionen, die Sie eigentlich bewältigen sollten, nicht gelernt haben, dann werden Sie mit denselben Lektionen entweder in diesem oder in einem zukünftigen Leben erneut konfrontiert. Auch im Umgang mit anderen Wesenheiten kann sich negatives Karma ansammeln. Dies belastet Ihren karmischen Kreislauf eher, als daß es ihn entlastet. Da die Seele immer über einen freien Willen verfügt, ist Ihnen nicht automatisch mit jedem Leben eine Verbesserung garantiert. Die Tatsache, daß wir Tausende von Inkarnationen haben und immer noch viel Karma ausarbeiten müssen, weist stark darauf hin, daß wir uns in unserem karmischen Kreislauf nicht ständig verbessern.

Frage: Warum sind Progressionen schwieriger als Regressionen?

Antwort: Ich bin mir nicht sicher, warum Progressionen

411

schwieriger sind. Vielleicht weil wir alle auf die Überzeugung programmiert sind, die Zukunft sei noch nicht geschehen. Ein weiterer Grund könnte darin liegen, daß der tatsächliche Mechanismus der Progression den Denkprozeß unseres Unterbewußtseins verwirrt. Ich hoffe, die Forschung wird uns bald neue Erkenntnisse zu dieser Frage liefern.

Frage: Wechseln wir während des karmischen Kreislaufs unser Geschlecht?

Antwort: Wir müssen mindestens einmal unser Geschlecht wechseln, um unseren karmischen Kreislauf zu vollenden. Obwohl wir unser Geschlecht mindestens einmal wechseln, verbringen wir einen Großteil unserer Inkarnationen in einem bestimmten Geschlecht. Der Wandel der Geschlechter in unserem karmischen Kreislauf bietet eine mögliche Erklärung für die Homosexualität. Eine weitere karmische Erklärung der Homosexualität wäre, daß diese Menschen für ihr sexuelles Verhalten in früheren Inkarnationen verlacht, verfemt und bestraft werden.

Frage: Woher wissen Sie, daß diese früheren Inkarnationen keine Phantasieprodukte sind? Vielleicht erfinden einige Ihrer Patienten diese Inkarnationen?

Antwort: Meine Patienten und Patientinnen können aufgrund ihrer Inkarnationsregressionen negative Angewohnheiten ablegen und Phobien besiegen. Wenn sie sich diese Szenen einfach einbildeten, würden ihre Probleme nicht verschwinden. Das Abklingen der Symptome ist für mich Beweis genug. Zweitens sind die Inkarnationen, von denen mir meine Patienten berichten, kaum schmeichelhaft für sie. Die meisten dieser Inkarnationen sind langweilig und fade, statt glamourös. Schwerlich die Art von Leben, die man sich einbildet, um das eigene Selbstbild aufzubessern.

Darüber hinaus habe ich niemals einen Patienten regressiert, der das Leben einer berühmten historischen Gestalt führte. Das trägt zur Glaubwürdigkeit der hypnotischen Regression bei. Natürlich müßte man in Frage stellen, wenn jemand in ein- und demselben Jahr Napoleon, Kleopatra und George Washington regressierte. Die Chancen gegen die Regression einer historisch berühmten Person sind astronomisch hoch. Da ich Tausende von Regressionen durchgeführt habe und in keiner eine historische Figur vorkam, ist meiner Ansicht nach nicht die Phantasie der Patienten am Werke. Sie müssen sich jedoch selbst klar darüber werden, was Sie in'bezug auf das Karma akzeptieren wollen.

Frage: Wie finde ich einen qualifizierten Hypnotherapeuten?

Antwort: Ich möchte dieses Buch mit einigen Ratschlägen an jene beenden, die nun mittels Hypnose frühere oder zukünftige Inkarnationen erforschen möchten. Obwohl ich von keinem Fall weiß, in dem die Hypnose jemandem schadete, empfehle ich angelegentlich den Besuch bei einem qualifizierten Hypnotherapeuten. Der Begriff *Hypnotherapeut* sollte nur auf jemandem mit einem Doktortitel in Gesundheitswissenschaften angewendet werden. Das kann ein Zahnarzt sein (wie ich selbst), ein Doktor der Psychologie, ein Dr. med (ein Arzt) oder jemand mit einem anderen Ausbildungsgang im Gesundheitswesen.

Der Begriff *Hypnotiseur* bezieht sich auf Menschen ohne professionelle Ausbildung, die lediglich einen Lehrgang in Hypnose, der kaum länger als vier Tage dauert, besucht haben. Ich empfehle deswegen einen Doktor, weil Doktoren nach strengen ethischen Wertmaßstäben leben. Ein hypnotisierender Laie kann sich an diese Regeln halten oder auch nicht. Zweitens hat jeder Doktor auch immer eine Ausbildung in Psychologie und anderen Verhaltenswissenschaften.

Außerdem würde ich bei einem Hypnotherapeuten auf ein intensives Wissen im Bereich der Parapsychologie Wert legen. Er sollte über alle Aspekte des Karma gut informiert und in der Lage sein, Ihre Fragen zu beantworten und Sie angemessen anzuleiten.

Drittens würde ich auf Berufserfahrung achten. Der Therapeut sollte schon häufig Regressionen und Progressionen durchgeführt haben. Er sollte auch Schutztechniken beherrschen (wie diejenige des weißen Lichts), die jede Regression oder Progression beenden sollte.

Viertens sollten Sie in bezug auf den Therapeuten Ihrem Instinkt vertrauen. Wenn der Therapeut zwar qualifiziert ist, aber sie ihm nicht vertrauen oder ihn nicht mögen, verlassen Sie sofort seine Praxis. Sie werden nicht nur keinen Erfolg mit diesem bestimmten Therapeuten haben, sondern werden darüber hinaus auch für sein negatives Karma empfänglich sein.

Seit 1958 erkennt die *American Medical Association* formal die Hypnose als seriöses Heilmittel an. Die *British Medical Association* akzeptiert die Hypnose seit 1955. Hypnotherapeuten werden seither nicht länger für Scharlatane oder Bühnenkünstler gehalten. Als ich mit der Hypnotherapie anfing, suchten mich die Patienten als letzten Ausweg auf, für gewöhnlich nachdem die traditionelle Medizin und Psychotherapie versagt hatten. Heute werde ich oft gleich als erstes angesprochen, noch bevor andere, traditionellere Therapieformen in Betracht gezogen werden. Natürlich überweise ich diese Patienten an Ärzte weiter, um mögliche physiologische Gründe für ihre Beschwerden auszuschließen. Wenn die körperlichen Ursachen einer Krankheit beseitigt wurden, beginne ich meine Therapie. Jeder Therapeut, den Sie aufsuchen, sollte ebenfalls diesen klinischen Ansatz verfolgen.

DER AUTOR

Dr. Bruce Goldberg machte im Juni 1970 seinen Abschluß magna cum laude am *Southern Connecticut State College*, mit einem akademischen Grad in Biologie und Chemie. Er besuchte daraufhin die zahnmedizinische Fakultät der *University of Maryland* und erhielt im Mai 1974 seinen Doktor in Zahnmedizin. Nach Abschluß eines zahnärztlichen Assistenzprogramms eröffnete er in Baltimore eine Zahnarzt- und eine Hypnosepraxis. 1984 erhielt Dr. Goldberg seinen Magister in beratender Psychologie vom *Loyola College*.

Die *American Society of Clinical Hypnosis* bildete Dr. Goldberg im Januar 1975 in Technik und klinischer Anwendung der Hypnose aus. Diese Organisation bildet nur zugelassene Zahnärzte, Allgemeinmediziner und Psychologen in der Anwendung der Hypnose aus.

Dr. Goldberg ist schon bei vielen Fernseh- und Radioshows in ganz Amerika aufgetreten. Während dieser Sendungen hat er häufig live Inkarnationsregressionen durchgeführt (so zum Beispiel bei den Shows von Phil Donahue und Oprah Winfrey), und er hat bei WBAL-Radio in Baltimore selbst eine Talkshow zum Thema Parapsychologie moderiert. Durch Vorlesungen, durch Fernseh- und Radioauftritte und durch Artikel in Zeitschriften (einschließlich Interviews in *Time* und *The Washington Post*) war er in der Lage, vielen Menschen die Vorzüge der Hypnose nahezubringen. Dr. Goldberg führt seine Hypnosepraxis getrennt von seiner Zahnarztpraxis, obwohl er hypnotisch mit seinen zahnmedizinischen Patienten an ihrer Angst vor der Zahnbehandlung und zur Schmerzkontrolle arbeitet. Er hat Tausende von Inkarnationsregressionen und Zukunftsprogressionen durchgeführt und keiner seiner Patienten ist durch diese Technik jemals zu Schaden gekommen. Darüber hinaus verteilt Dr. Goldberg Kassetten, um die Menschen zur Selbsthypnose anzuleiten und sie in frühere bzw. zukünftige Inkarnationen zu führen.

Dr. Goldberg hält Vorträge und Seminare sowohl zur Hypnose als auch zur Regressions- und Progressionstherapie; darüber hinaus berät er die örtliche Polizei, Anwälte und die Medien (regional und überregional). 1989 zog Dr. Goldberg nach Los Angeles.

Wenn Sie weitere Informationen zu Selbsthypnosekassetten, Vorträgen oder Privatterminen wünschen, können Sie direkt mit Dr. Goldberg Kontakt aufnehmen. Schreiben Sie an:

Bruce Goldberg, D.D.S., M.S.
4300 Natoma Ave.
Woodland Hills, CA 91364, USA
Telefon: 001-818-713-8190

WEITERFÜHRENDE
LITERATURHINWEISE

Gina Cerminara. *Erregende Zeugnisse von Karma und Wiedergeburt*. Hermann Bauer Verlag, Freiburg/Br. 1963

Edward Conze. *Der Buddhismus*. Verlag W. Kohlhammer, Stuttgart 1953

Nevill Drury. *Lexikon Esoterischen Wissens*. Knaur Verlag, München 1988

Dr. med. Raymond A. Moody. *Leben vor dem Leben*. Rowohlt Verlag, Reinbek bei Hamburg 1990

Denis Scheck. *King Kong, Spock & Drella. Ein amerikanisches Trivia-Lexikon*. Straelener Manuskripte Verlag, Straelen 1993

Das Tibetanische Totenbuch. Walter-Verlag, Olten 1971

Ronald Zürrer. *Reinkarnation. Die umfassende Wissenschaft der Seelenwanderung*. Sentient Press, Zürich 1989

DANKSAGUNGEN

Ich danke Harry Martin, Edie House und allen Mitarbeitern und Mitarbeiterinnen von WBAL-TV, Sallee Rigler und dem Radiosender WRC, Charlie Donovan und Radio WFBR, meinen Lektoren Victoria Pasternack und Douglas Menville und zu vielen anderen, um sie alle zu nennen, für ihre Zusammenarbeit und Rücksichtnahme.

Erfahrungen

Jenny Cockell

Unsterbliche Erinnerung

Seit sie denken kann, ist Jenny davon überzeugt, daß sie schon einmal gelebt hat – als Mary, eine junge Irin, die 20 Jahre vor Jennys Geburt starb und mehrere Söhne und Töchter hinterließ. Die Sorge um diese Kinder läßt Jenny nicht mehr los, und so begibt sie sich auf die Suche nach ihnen...

BASTEI LÜBBE

Band 61306

Jenny Cockell

Unsterbliche Erinnerung

Von frühester Kindheit an konnte sich Jenny Cockell an ihr voriges Leben erinnern: Als Mary hatte sie in einem kleinen Ort in Irland gelebt und bei ihrem frühen Tod mehrere kleine Kinder zurücklassen müssen. Als sie in ihrem jetzigen Leben wieder Mutter wird, verstärkt sich die Sorge um ihre früheren Kinder, und sie will unbedingt wissen, was aus ihnen geworden ist. Sie setzt Puzzleteilchen aus Träumen und Erinnerungen zusammen und findet schließlich nicht nur das Dorf, sondern auch ihre einstige Familie. Jennys unglaubliche, faszinierende Geschichte beweist, was sie schon immer wußte: Sie hat schon einmal gelebt!

BASTEI LÜBBE